FLUSSKREUZFAHRTEN
NIL

Unterwegs zwischen Kairo und Abu Simbel

Barbara Kreißl

TRESCHER VERLAG

3., aktualisierte und erweiterte Auflage 2017

Trescher Verlag
Reinhardtstr. 9
10117 Berlin
www.trescher-verlag.de

ISBN 978-3-89794-347-6

Herausgegeben von Bernd Schwenkros und
Detlev von Oppeln

Reihenentwurf und Gesamtgestaltung:
Bernd Chill

Lektorat: Corinna Grulich, Alice Gayler
Stadtpläne und Karten: Johann Maria Just,
Martin Kapp, Bernd Schwenkros

Gedruckt auf chlorfrei gebleichtem Papier

Printed in Germany

Titelbild: Sphinx und Chephrenpyramide
Vordere Umschlagklappe:
Auf einer Felukka
Hintere Umschlagklappe:
Tuk-Tuk-Taxi in Esna

Auf dem Basar Khan el-Khalili in Kairo

Segelschiffe auf dem Nil bei Assuan

Vorwort

Kaum eine Kultur fasziniert so sehr wie die am Unterlauf des Nil um 3000 vor Christus entstandene Hochkultur der Pharaonen. Tief reichen unsere eigenen Wurzeln in diese Zeit zurück. Pyramiden, Tempel und Gräber prägen das Bild, das wir Heutigen von den alten Ägyptern haben. Zwischen Abu Simbel und Kairo finden sich ihre beeindruckenden Überreste. Auch Ägyptens islamische Geschichte hat eine Vielzahl faszinierender Denkmäler hinterlassen. Nicht umsonst schwärmten die Reisenden von Kairo als ›der Mutter der Welt‹.

Doch nur wenig wissen wir über das Leben in dem Land am Nil heute – bis vor kurzem kannte man vielleicht die Namen Sadat und Mubarak, hatte Bilder von den Badestränden am Roten Meer oder den Tempeln am Nil im Kopf. Seit dem 25. Januar 2011 gesellten sich zu diesen Bildern auch die demonstrierender Menschen, die für eine bessere Regierung auf die Straße gingen und nach nur achtzehn Tagen das seit Oktober 1981 bestehende Regime Mubarak beendeten. Die ganze Welt feierte damals mit den Menschen am Nil. Doch längst hat sich das Blatt gewendet: Die Muslimbrüder – für kurze Zeit Hoffnungsträger, dann aber Auslöser einer gesellschaftlichen Spaltung, die zu Gewaltexzessen führte – sind heute wieder verboten, gar als terroristische Gruppierung gebrandmarkt. Abdelfattah es-Sisi, der neue starke Präsident aus dem Militär, versucht mit harter Hand, die Bedrohungen für den inneren Frieden abzuwehren. Schlimmer wiegen noch die Angriffe international vernetzter Terrorgruppen, die für Attentate auf dem Sinai verantwortlich zeichnen. Daher sind die Sicherheitskräfte – Polizei und Militär – wieder allgegenwärtig, werden viele Oppositionelle und auch Journalisten verhaftet.

Doch das Leben geht weiter. Und trotz aller Schwierigkeiten und Zukunftssorgen werden Sie am Nil fröhliche Menschen entdecken. Junge Ägypter und Ägypterinnen, die abends singend und lachend an den Uferstraßen flanieren, Familien, die gemeinsam Popcorn oder Eiscreme naschen oder in den Grünflächen längs der Straßen bei einem Picknick sitzen. Gehen Sie mit offenen Augen für die Menschen und ihren Alltag durch die Städte und entdecken Sie in Luxor, Assuan, Esna oder Edfu den Markt, wo die Waren nur mit einer Plane zugedeckt über Nacht liegenbleiben. Die Angst vor Dieben ist gering, selbst in den Großstädten kann man sich diesbezüglich sicher fühlen.

Wenn auch Ägypten nach Maßstäben der Weltwirtschaft ein armes Land ist, so besitzt es doch einen unerschöpflichen Reichtum an Kultur und Herzlichkeit. Jeder, der mit offenen Augen und offenem Herzen unterwegs ist, wird beschenkt zurückkehren.

Dieses Buch soll Hilfe zum Verständnis für das alte und neue Ägypten geben. Ob wir uns einer längst vergangenen oder einer lebenden Kultur nähern, die Auseinandersetzung mit ihr wird immer unseren eigenen Standpunkt verändern. Das Andere besser zu verstehen macht unser eigenes Leben bunter.

Mit diesem Buch möchte ich meinen Eltern danken für ihre Liebe, Menschlichkeit und Unterstützung – dafür, dass sie so sind, wie sie sind.

Herausragende Sehenswürdigkeiten

Nasser-See ▼
Das Nubische Meer zwischen Assuan und Abu Simbel besticht durch seine Ruhe und Weite. Die Uferlinie schwankt je nach Wasserstand – mitunter entdeckt man am Ufer Krokodile, die hier bis zu sieben Meter lang werden. → S. 132

Assuan
Ein Riegel aus Granit quert hier das Flussbett. Im Osten liegt die moderne Stadt, am Westufer beginnt das Wüstengebirge. Auf den Inseln dazwischen wachsen Dattel- und Dumpalmen, zahlreiche Blütenbäume setzen Farbakzente. Dazwischen entdeckt man Wiedehopf, Eisvogel, Kuhreiher oder Graureiher. → S. 155

Isis-Tempel von Philae
Lage und Erhaltungszustand brachten dem Heiligtum der großen Göttin den Beinamen ›Perle des Nil‹. Nur mit dem Boot gelangt man zu der zwischen altem und neuem Staudamm gelegenen Insel. → S. 158

Tempel des Amun von Karnak
Eine über 1000-jährige Bauzeit brachte dem blauhäutigen Gott Amun den größten

Tempel des Landes. Zehn Pylone, fünf Höfe sowie ein riesiger Saal voller monumentaler Papyrussäulen, Priesterunterkünfte, Wirtschaftsräume, Stallungen plus von Sphinxfiguren gesäumte Alleen ergeben eine wahrhaftig göttliche Residenz. → S. 212

Museum für altägyptische Kunst Luxor
Überaus elegante Bildnisse der großen Herrscher des neuen Reichs sind hier versammelt: Thutmosis III., Amenophis III. oder Haremhab – welcher gefällt Ihnen am besten? Eindruck macht auch die große Puzzlewand des Aton-Tempels aus der Zeit des Echnaton. → S. 224

Das Tal der Könige ▶
›Die Stätte der Wahrheit‹ nannten die alten Ägypter das verborgene Tal im Westgebirge von Luxor. Unter den 64 Gräbern ist das schlagzeilenträchtigste das des früh verstorbenen Tutanchamun. Liegt wirklich hinter der Wand der Sargkammer noch eine weitere Bestattungsstätte versteckt? → S. 239

Niltal zwischen Assiut und Minya ▲
Wer per Schiff durch Mittelägypten reist, kann diese Landschaft besonders intensiv genießen: Mal rückt das Gebirge nah ans Ufer, dann wieder dehnt sich weites Ackerland aus. Schilf, Dattelpalmen, Bananenhaine und Zuckerrohrfelder wechseln sich ab. → S. 273

Saqqara

Das riesige Friedhofsareal bietet nicht nur die älteste Pyramide, sondern auch die ersten Pyramiden mit Inschriften, dazu Beamten- und Priestergräber mit exquisiten Reliefs, monumentale Grüfte für die heiligen Apis-Stiere – und regelmäßig neue Entdeckungen! → S. 300

Pyramiden von Gisa ▼

Das einzige der antiken Weltwunder, das auch in die moderne Liste aufgenommen wurde – und das seit Jahrtausenden die Menschen fasziniert. Die gewaltigen Grabmonumente sind noch immer nicht bis ins letzte Detail erforscht. Auch der Sphinx regt noch nach Jahrtausenden die Phantasie an. S. → 312

Kairo, Nationalmuseum

Direkt am Tahrir-Platz befindet sich die noch immer größte und großartigste Sammlung altägyptischer Kunstwerke aus über drei Jahrtausenden: Cheops, Hatschepsut, Echnaton und Ramses sind die Berühmtheiten, doch bezaubern auch die Modelle von Meketre, die Grabbeigaben von Juja und Tuja, der kurzbeinige Seneb und der weise Amenophis Sa Hapu. → S. 328

Alt-Kairos Koptenviertel

Die el-Mo'allaqa-Kirche erhebt sich über den Ruinen des antiken Römerhafens am Nil, nebenan erlaubt das Koptische Museum einen Blick in die Frühzeit des Christentums. Noch ein paar Schritte weiter steht die Synagoge, an der einst der große Gelehrte Moses Maimonides wirkte. → S. 337

Kairo, islamische Altstadt mit Moscheen und Basar ▲

Die ›Stadt der tausend Minarette‹ gehört zum UNESCO-Weltkulturerbe. Frisch renoviert locken die Moscheen, Wohnhäuser und Stadttore in der Nachbarschaft des Khan el-Khalili genauso wie die Prachtbauten im Umfeld der Zitadelle. → S. 347

Das Wichtigste in Kürze

Der erste Teil dieses Buches ist **Land und Leuten** gewidmet: der ägyptischen Kultur, Geschichte und dem heutigen Zustand des Landes, den Lebensbedingungen der Ägypter und ihrem Alltag.

Der **Reiseteil**, der zweite Teil, konzentriert sich auf die klassische Nilkreuzfahrt zwischen Abu Simbel und Kairo mit dem zur Zeit nur auf dem Landweg zu besuchenden Gebiet Mittelägyptens um Minya. Aus praktischen Gründen sind Informationen zum Sinai, dem Roten Meer sowie dem Delta und der Westwüste nur im allgemeinen Landesüberblick enthalten. Auf eine ausführliche Auflistung von Hotels und Schiffen wurde verzichtet – zumal die Auswahlmöglichkeit bei pauschal gebuchten Nilkreuzfahrten beschränkt ist.

Der dritte Teil umfasst nützliche **Reisetipps von A bis Z**, einen kleinen **Sprachführer** und Tipps für weitere Lektüre und Informationen aus dem Internet.

Für die Wiedergabe der arabischen und altägyptischen Worte wurde eine möglichst leicht verständliche, les- und sprechbare Umschrift gewählt. Mit Ausnahme der Metro-Karte von Kairo folgt auch die Beschriftung der Pläne diesem System. Vor Ort findet sich eine Vielzahl von Umschriften des Arabischen, die manchmal etwas Phantasie verlangen. Aber immerhin sind fast alle Straßen sowohl arabisch wie auch lateinisch beschildert. Jahreszahlen im Geschichtsüberblick sind gerundet und folgen weitgehend dem Lexikon der Pharaonen von Thomas Schneider – die Diskussion um die altägyptische Chronologie füllt Bände.

Die im Buch angegebenen **Hotelpreise** beziehen sich jeweils auf eine Person im Doppelzimmer (DZ) mit Frühstück:

Preiswert: bis 20 Euro
Mittel: bis 40 Euro
Teuer: bis 70 Euro
Sehr teuer: über 70 Euro

Die Preisangaben für Restaurants gelten für ein Hauptgericht:

Preiswert: bis 5 Euro
Mittel: bis 10 Euro
Teuer: über 10 Euro

Ein- und Ausreise

Für die Einreise brauchen Sie einen **Reisepass**, der noch mindestens sechs Monate gültig ist (für Deutsche noch drei Monate); bei Einreise mit Personalausweis, die für Deutsche möglich ist, unbedingt Passfotos mitbringen, an den Flughäfen gibt es keine Fotoautomaten!

Nilschiffe in Luxor

Am Flughafen erhalten Sie das einen Monat gültige **Touristenvisum**, die Gebühren schwanken je nach Herkunftsland.

Von einer **Einreise mit dem Auto** wird derzeit seitens der Auswärtigen Ämter abgeraten, die Grenzregion zu Libyen gilt weitgehend als Sperrzone, aus Israel kommend ist der Grenzübergang auch aufgrund der angespannten Sicherheitslage auf dem Sinai schwierig. Bitte informieren Sie sich beim Auswärtigen Amt (www.auswaertiges-amt.de) über die aktuelle Situation.

Die **Einfuhr von Geldmengen** über 10000 US-Dollar ist möglich, muss jedoch deklariert werden. Die **Ausfuhr von Antiquitäten** (= über 100 Jahre alten Kunstgegenständen) ist strengstens verboten.

Gesundheit

Es sind **keine Impfungen** vorgeschrieben. Schutzmaßnahmen gegen Tetanus, Polio und Hepatitis sind jedoch generell sinnvoll. Wichtig zum Schutz gegen **Sonnenbrand** und **Hitzschlag** sind Cremes und eine Kopfbedeckung – auch Fächer leisten gute Dienste. **Mückenschutzmittel** gehören ebenso ins Gepäck wie **Mittel gegen Erkältung** (Klimaanlagen in Hotels und Bussen!) und **Durchfall**.

Schließen Sie eine **Auslandskrankenversicherung** ab, sie ersetzt die Behandlungskosten, die Sie vor Ort beim Arzt oder im Krankenhaus bar bezahlen müssen.

Geld

Die Einfuhr ägyptischer Währung ist nicht erlaubt. Das ägyptische Pfund (**Livre égyptienne**, EGP, LE) gliedert sich in 100 Piaster (fils). 100 EGP = 5,70 Euro oder 6,10 Schweizer Franken (Stand 3/2017). Ägyptische Pfund erhalten Sie schon bei den Bankschaltern am Flughafen. Mit **EC-** oder **Kreditkarte** können Sie an Bankomaten (ATM-Machines) ägyptische Pfund abheben, die Wechselkurse sind meist recht günstig, erkundigen Sie sich aber vorher nach den Gebühren Ihrer Bank. Nicht alle Karten werden akzeptiert, gute Chancen haben Sie mit EC-Karten mit Visa oder Maestro-Logo.

Öffnungszeiten der Banken: meist Mo–Fr 8.30–12.30 und Mo–Do 18–20 Uhr. Viele große Hotels haben eigene Bankfilialen, die (fast) rund um die Uhr geöffnet haben. Hier wird Bargeld eingetauscht. **Reisechecks** sind mittlerweile weltweit aus der Mode gekommen, in Geschäften werden sie nicht mehr akzeptiert, auf Banken nur nach einem ausufernden Formularkrieg.

Reisezeit

Ideale Reisezeit für eine klassische Nilkreuzfahrt sind die Monate **Oktober bis März**. Die Temperaturen steigen dann nur ganz im Süden über 30 Grad. **Dezember bis Februar** sind im Norden noch kühl, vor allem in den Wüstengebieten (Gisa, Saqqara!) weht mitunter ein kalter Wind. Im Delta (incl. Kairo) und an der Mittelmeerküste kann es im Winter regnen, selten fällt hier Schnee. In den **Sommermonaten** klettern die Temperaturen in Kairo über 30 Grad, drückende Schwüle liegt über der Stadt. In Oberägypten wird es bis zu 45 Grad heiß, allerdings bei geringer Luftfeuchtigkeit. Von Ende Februar bis Anfang April ist die Zeit des **Wüstensturms Chamsin**, der mitunter Flugpläne und das Nervenkostüm der Ägypter durcheinanderwirbelt.

Am **Roten Meer** herrschen ganzjährig angenehme Wassertemperaturen, die nicht unter 20 Grad sinken. Allerdings beeinträchtigen kühle Winde von Ende November bis Februar das Badevergnügen. Auf dem **Sinai** und in den **Wüsten** gibt es im Dezember und Januar nachts durchaus Frost, auf den Bergen fällt Schnee.

Kleidung

Bitte wählen Sie **keine zu knappe Bekleidung**, sie brüskiert die Gastgeber und verwehrt Ihnen den Eintritt in Kirchen und Moscheen. **Leichte, weite Kleidung aus Naturfasern** ist für das Klima in Ägypten ideal. In den Wintermonaten (November bis März) braucht man eine winddichte Jacke oder einen warmen Pullover, auch für klimatisierte Hotels, Busse oder Flugzeuge sind Pulli und Schal angeraten.

Kapitän Mahgub

Für Besichtigungen im meist schattenlosen Antikengelände empfiehlt sich eine **Kopfbedeckung**, ebenso für den Moscheenbesuch. Nehmen Sie **bequeme Schuhe** mit, die meisten Denkmäler liegen in sandig-gerölligem Gebiet, auch der Bummel im Basar bietet mitunter Stolpersteine.
›Oben-Ohne‹ und Nacktbaden sind in ganz Ägypten verboten.

Fotografieren und Filmen

In **Kairo** und **Luxor** ist das Fotografieren im Museum gegenwärtig wieder möglich, es werden Fototickets (Museen je 50 EGP) verkauft. Ob auch Fototickets für Gräber eingeführt werden, war Anfang 2017 noch unklar. **Film**- und **Fotoverbot** gilt für militärische Einrichtungen und den Hochdamm von Assuan (Telezoom bzw. Video). Fotografieren Sie einzelne **Personen** bitte nur mit deren Einverständnis.
Speicherchips, Filmeund andere Medien sind in den touristischen Zentren in guter Auswahl und zu angemessenen Preisen vorhanden. Sollten keine passenden Speicherchips für Ihre Kamera vorrätig sein, können Sie Ihre Bilder im Internetcafé auf CD brennen lassen.

Internet

Internetcafés gibt es fast überall. Manchmal sehr langsame Verbindungen, dafür sind die Preise günstig. Teuer sind die Online-Anschlüsse in den Business-Centern der großen Hotels.

Post

Post aus Ägypten nach Mitteleuropa braucht etwa eine Woche. Post kann auf den Schiffen und in Hotels an der Rezeption abgegeben werden.

Telefon

Telefonieren vom Hotel ist relativ teuer, billiger sind die Anrufe von **Telecommunication-Centers**.
Handy: Am Nil fast überall gute Erreichbarkeit, Funklöcher nur auf dem Nassersee, auf kurzen Abschnitten in Ober- und Unterägypten, in den Wüsten und auf dem Sinai. Informieren Sie sich vor der Abreise beim Netzanbieter über Roamingbedingungen. Prepaid-Karten müssen freigeschaltet werden (gebührenpflichtig). Für Viel-Telefonierer lohnt es sich, in Ägypten eine Telefonkarte mit einheimischer Nummer zu kaufen (Reisepass vorweisen!).

Taxi

Die Preise sind meist Verhandlungssache, erfragen Sie an der Rezeption einen Richtwert. Vorbestellte Hoteltaxis sind teurer als unterwegs angehaltene; neuere Wagen besitzen eher ein funktionierendes Taxameter. Eine Fahrt vom Flughafen Kairo in die Innenstadt kostet etwa 12 Euro, v Eigentlich wurde 2011 die Sommerzeit abgeschafft, 2014 gab es sie, 2015 und 2016 nicht, 2017 vielleicht oder doch nicht. Im Winter (Oktober bis April) jedenfalls ist uns Ägypten eine Stunde voraus, im Sommer (meistens) auch. on den Pyramiden in die Innenstadt Kairos rund 10 Euro), vom Zentrum Luxors nach Karnak nicht mehr als 3–4 Euro.
Die Preise in Hurghada und Sharm es-Sheikh liegen im Schnitt etwas höher (Stand Anfang 2017).

Trinkgeld

In Ägypten gibt nahezu jeder fast immer Trinkgeld, bei ausländischen Gästen ist die Erwartung höher. Das Trinkgeld ist für alle im Tourismus arbeitenden Menschen ein wichtiger Teil ihres Einkommens, da sie meist sehr niedrige Grundgehälter beziehen.

Taxi: Preis nach oben aufrunden.

Restaurant: 5–10 Prozent Aufschlag zur Rechnung.

Toilette: pro Person 50 Piaster bis ein Pfund.

Kofferträger: Je nach Anzahl der Koffer und Weite des Wegs 15 bis 20 Pfund.

Zimmermädchen: Am besten schon zu Beginn persönlich (oder auf dem Kopfkissen) ein Erst-Trinkgeld geben, dann am Ende des Aufenthalts nochmal. Pro Tag etwa 20–25 Pfund pro Zimmer.

Auf dem Schiff: Am Ende der Reise wird für die ganze Crew ein Sammeltrinkgeld an der Rezeption abgeben. Denken Sie bei der Berechnung auch an die ›unsichtbaren‹ Mitarbeiter an Bord (Wäscherei, Küchenpersonal, Maschinisten).

Nilkreuzfahrten

Bezahlen an Bord: Im Allgemeinen gibt es an Bord Vollverpflegung. Getränke und Extras (Wäsche, Telefonate) werden während der Reise per Unterschrift quittiert, die Gesamtrechnung am letzten Abend kann in der Regel mit Kreditkarte bezahlt werden. Halten Sie einen Barbetrag für das Crew-Trinkgeld bereit.

Ausstattung der Schiffe: Die meisten Schiffe der 4- bis 5-Sterne-Kategorie verfügen über drei bis vier Decks mit Gästekabinen (durchschnittliche Größe etwa 10–12 Quadratmeter), die Belegung erfolgt oft nach dem Zeitpunkt der Anmeldung. Oft lassen sich die Fenster nicht öffnen, die Belüftung erfolgt über eine individuell regulierbare Klimaanlage. Je nach Größe des Schiffes finden die Mahlzeiten in ein bis zwei Sitzungen statt, Bar/Disco und Sonnenterrasse sind auf dem Oberdeck. Die Pools sind in der Regel sehr klein, im Unterdeck gibt es mitunter einen Fitnessraum. Fast alle Schiffe

haben eine eigene Wasseraufbereitungsanlage, dennoch hat das Leitungswasser keine Trinkwasserqualität. Strom wird per Generator erzeugt – auch nachts brummen daher die Motoren!

Auf dem Nil herrscht Vielfalt – Schiffe gibt es in jedem erdenklichen Dekor. Futuristisch, pharaonisch, romantisch oder im Las-Vegas-Glitzerstil liegen sie dicht an dicht am Ufer. Gegenwärtig sind viele Schiffe außer Dienst, die Auswahl daher eingeschränkt. Während der Fahrt bieten abendliche Shows mit Stocktänzern, tanzenden Derwischen und eine karnevaleske ›Galabija-Party‹ Unterhaltung.

Kleidung an Bord: Legere Kleidung überwiegt, bei den Mahlzeiten oder an der Bar ist Strandgarderobe unangemessen. Einige Schiffe veranstalten ein gediegenes Abschiedsdinner (Jackett erwünscht, kein Krawattenzwang). Für die Galabija-Party kann man sich bei Händlern zu Wasser und zu Land mit orientalisierenden Gewändern eindecken.

Zeit

Eigentlich wurde 2011 die Sommerzeit abgeschafft, 2014 gab es sie, 2015 und 2016 nicht, 2017 vielleicht oder doch nicht. Im Winter (Oktober bis April) jedenfalls ist uns Ägypten eine Stunde voraus, im Sommer (meistens) auch.

Mitnehmen

Adapter: Noch immer sorgen unterschiedlichste Steckdosen für Abwechslung.

Fächer: für die heißen Monate.

Fernglas: für den Blick ans Ufer oder zur Vogelbeobachtung.

Mückenschutzmittel: Für entspannte Abende am Nilufer oder an Deck.

Salzstangen oder Salzkekse: für den Fall der Fälle, ägyptische Kekse sind überwiegend süß.

Taschenlampe: hilfreich für einige schlecht beleuchtete Tempel und Gräber.

Ausführliche Informationen in den Reisetipps von A bis Z, → S. 367.

Ich will nun ausführlich von Ägypten erzählen, weil es mehr wunderbare Dinge und erstaunliche Werke enthält als alle anderen Länder. Darum müssen wir es genauer beschreiben.

Herodot, um 450 vor Christus

Kinder und Jugendliche in Minya

Ägypten: Zahlen und Fakten

Die Staatsflagge Ägyptens

Fläche: 1 001 450 qkm (Deutschland: 357 138 qkm).

Geographische Koordinaten: zwischen 22. und 32. Grad nördlicher Breite sowie zwischen 26. und 33. Grad östlicher Länge.

Nachbarländer: Libyen, Sudan, Israel, Palästina (Gaza).

Landwirtschaftlich genutzte Fläche: ca. 3,8% (Deutschland: 52,3% incl. Moor, Heide).

Hauptstadt: Kairo (Al-Qahira), Großraum Kairo-Gisa ca. 20 Mio. Einwohner.

Weitere Großstädte: Alexandria (ca. 4,8 Mio.), Gisa (ca. 3,7 Mio.), Luxor (ca. 1,1 Mio.), Tanta (445 000), Port Said (650 000), Suez (608 000), Faijum (350 000), Minya (256 000), Assiut (390 000), Assuan (290 000).

Berge: Katharinenberg, 2642 m (Sinai); Gebel es-Shayib el-Banat, 2187 m (Ostwüste).

Fluss: Nil, künstlicher Nebenarm Bahr Yussuf.

Küsten: 2450 km (Mittelmeer, Rotes Meer).

Wüsten: mehr als 95% der Landesfläche; Arabische Wüste zwischen Rotem Meer und Nil, Libysche Wüste zwischen Nil und Libyen (Ostausläufer der Sahara).

Amtssprache: Arabisch.

Einwohnerzahl: ca. 92 Mio. (Schätzung 2016), in den Städten hohe Besiedlungsdichte: ohne Wüstengebiete durchschnittlich 1120 Einwohner/qkm, in einigen Stadtvierteln Kairos bis zu 120 000 Einwohner/qkm (Deutschland: 82,7 Millionen Einwohner; 234 Einwohner/qkm).

Bevölkerungszuwachs: 2,5% (Deutschland 1,2%) (2016).

Anzahl von Kindern/Frau: 3,3 (Deutschland 1,5).

Altersstruktur: 0–14 Jahre 33,2%; 15–24 Jahre 19,2%; 25–54 Jahre 37,5%; älter als 55 Jahre 10,1% (Deutschland: 13,2%; 10,7%; 25-64 Jahre: 55%; über 65: 21,1%).

Lebenserwartung: 71,1 Jahre (Deutschland: 80,57 Jahre); Frauen 73,5 Jahre, Männer 69 Jahre.

Durchschnittsalter: 23,8 Jahre (Deutschland 46,3 Jahre)

Urbanisierung: 42,8% (2014).

Analphabetenrate der über 15-Jährigen: 26%, bei Frauen bis zu 34% (Deutschland: 4–14%).

Religionszugehörigkeit: ca. 90% Muslime, ca. 10% Kopten.

Politisches System: Präsidialrepublik, seit der Verfassungsreform von 2014 besteht nur noch ein Ein-Kammer-Parlament. Alle 5 Jahre finden Wahlen zur Majlis an-Nuab (Repräsentantenhaus; 596 Sitze; Minimum 450 Sitze) statt. Alle 4 Jahre erfolgt die Wahl des Präsidenten, eine Wiederwahl ist nur einmal erlaubt. Religiös begründete Parteien sind lt. neuer Verfassung nicht zugelassen. Art. 64 der neuen Verfassung schreibt absolute Glaubensfreiheit fest, Art. 11 die Gleichstellung von Mann und Frau.

Rechtssystem: Der 1969 gegründete Oberste Verfassungsgerichtshof ist die höchste richterliche Instanz, für Privatrecht ist das Höchste Kassationsgericht zuständig. Seit 1980 und auch in der Verfassung von 2014 gilt die Sharia als Hauptquelle der Rechtsprechung. Seit der Ermordung von Präsident Sadat 1981 herrschte bis 2012 Ausnahmerecht, unter der Regierung es-Sisi können Zivilpersonen vor Militärgerichte gestellt werden. Seit 2015 werden mit Hilfe eines neuen Anti-Terror-Gesetzes die Rechte von Personen, die ›in irgendeiner Weise die öffentliche Ordnung bedrohen‹, drastisch eingeschränkt. Beobachter sprechen von einem Polizeistaat.

Parteien: Die Nationaldemokratische Partei (NDP, 1978 gegründet und 1981–2008 Regierungspartei von Hosni Mubarak), wurde 2011 aufgelöst. Neu entstand die Freiheits- und Gerechtigkeitspartei, die sich aus der bereits 1928 gegründeten Muslimbruderschaft konstituierte und 2012 mit Muhammed Mursi als Kandidaten die ersten Präsidentschaftswahlen nach der Revolution gewann. Ende 2014 wurde sie vom Innenministerium aufgelöst, die Muslimbuderschaft als terroristische Vereinigung eingestuft. Im Gegensatz dazu besteht die salafistische Hizb al-Nour (Partei des Lichts) weiter, obwohl laut Verfassung religiös begründete Parteien nicht erlaubt sind. Zu der Menge alter und neuer Parteien, Abspaltungen und Neugründungen gehören die Neue Wafd-Partei (Vorgängerpartei Wafd von 1919 und Neo-Wafd 1978, erst 1983 erlaubt), die Ägyptische Sozialdemokratische Partei, die sozialistische Tagammu, die Arabische Volksbewegung und die liberale Reform- und Entwicklungspartei Misruna. Präsident Abdulfattah es-Sisi konnte sich als Parteiloser auf die starke Macht des Militärs verlassen, dem er bis 2014 als Armeechef vorstand. Die letzten Parlamentswahlen – mehrmals verschoben – fanden im Oktober und November 2015 statt. 351 Sitze gingen an unabhängige Kandidaten; die von Naguib Sawiris 2011 gegründete liberal-säkulare Partei der freien Ägypter erhielt 65 Plätze, die 2014 zur Unterstützung von es-Sisi etablierte Partei der Zukunft 53 Plätze.

Währung: Livre égyptienne (EGP, LE), ägyptisches Pfund, 1 EGP: 100 Piaster (fils); 100 EGP: 4,94 Euro oder 5,26 Schweizer Franken (Stand 2/2017).

Reales BIP pro Kopf: 3236 US-Dollar (2015) (Deutschland: 40 849 US-Dollar).

Inflationsrate: 10% (Schätzung 2016).

Anteil der Bevölkerung unterhalb der Armutsgrenze: über 26,3% (2013; höchste Rate in der Provinz Assiut mit 60%, in Alexandria nur 12%).

Arbeitslosenrate: 12,1 (offiziell) bis 35% (Jugendliche).

Bodenschätze: Öl (Küstenregionen, vor allem am Roten Meer im Golf von Suez), Gas (neueste Funde im Mittelmeer), Eisenerz (Bahariya), Phosphat (Sinai).

Wichtigste Einkommensquellen des Staates: Ölexporte, Suezkanalgebühren, Rücküberweisungen von Gastarbeitern. Der Tourismus ist nach 2011 massiv eingebrochen.

Wichtigste Industrien: Textilindustrie (Baumwollverarbeitung), Nahrungsmittelindustrie (Zucker), Stahlindustrie, Bauindustrie (Zementwerke), Petrochemische Industrie.

Militäretat: 1,7% des BIP (Deutschland 1,2%; beide 2015).

Bildungsetat: ca. 6% des BIP (2016; Deutschland 6,5% für 2012). Artikel 19 der neuen Verfassung schreibt vor, dass nicht weniger als 4 % des BIP für Bildung ausgegeben werden dürfen.

Nationalfeiertage: 23. Juli (Revolution 1952), 6. Oktober (Yom-Kippur-Krieg 1973).

Landesvorwahl: +20.

Internetkennung: .eg

Quellen: *CIA World Fact Book, Auswärtiges Amt, Council on Foreign Relations, SIPRI-Stockholm International Peace Research Institute*

Eselreiter in Mittelägypten

Die Regionen Ägyptens

Sei gegrüßt Nil, hervorgegangen aus der Erde, gekommen, um Ägypten am Leben zu erhalten!
Altägyptischer Hymnus an den Nil

Ob nun der Nil oder der Amazonas der längste Fluss der Welt ist, darüber mögen sich die Geographen streiten. Für beide Ströme schwanken die Angaben: Der Nil bekommt mal 6650, mal 6695, im besten Fall sogar 6853 Kilometer zugeschrieben, der Amazonas schwankt zwischen 6400 und 6992 Kilometern.

Noch bis ins 20. Jahrhundert war die Frage nach den Quellen des Nil nicht zufriedenstellend geklärt. Bereits im 17. und 18. Jahrhundert war es europäischen Forschern gelungen, die Quelle des Blauen Nil im äthiopischen Hochland beim Tanasee zu lokalisieren. Britische Forscher wie Henry M. Stanley, Richard F. Burton und John Hanning Speke folgten ab 1857 dem Weißen Nil durch das Gebiet des heutigen Sudan nach Uganda bis zum Victoriasee und ins Grenzgebiet zu Zaire zum Edwardsee. 1898 entdeckten die Deutschen Richard Kandt, Hans Meyer und Oscar Baumann in Burundi die Quellflüsse Rukarara und Ruvuvu. Erst 1938 fand Burkhardt Waldecker mit der Quelle des Kasumo östlich des Tanganijkasees den südlichsten Punkt des riesigen Flusssystems.

Für uns Europäer beginnt Ägypten im Norden, am Mittelmeer. Die alten Ägypter betrachteten ihr Land jedoch umgekehrt – für sie hatte es seinen ›Anfang‹ im Süden. Geographisch betrachtet ist dies der richtige Blickwinkel, denn aus dem Süden kommt der Nil und bringt das Wasser, ohne das es in diesem von der Wüste beherrschten Land kein Leben gäbe.

Sonnenuntergang über dem Nil in Mittelägypten

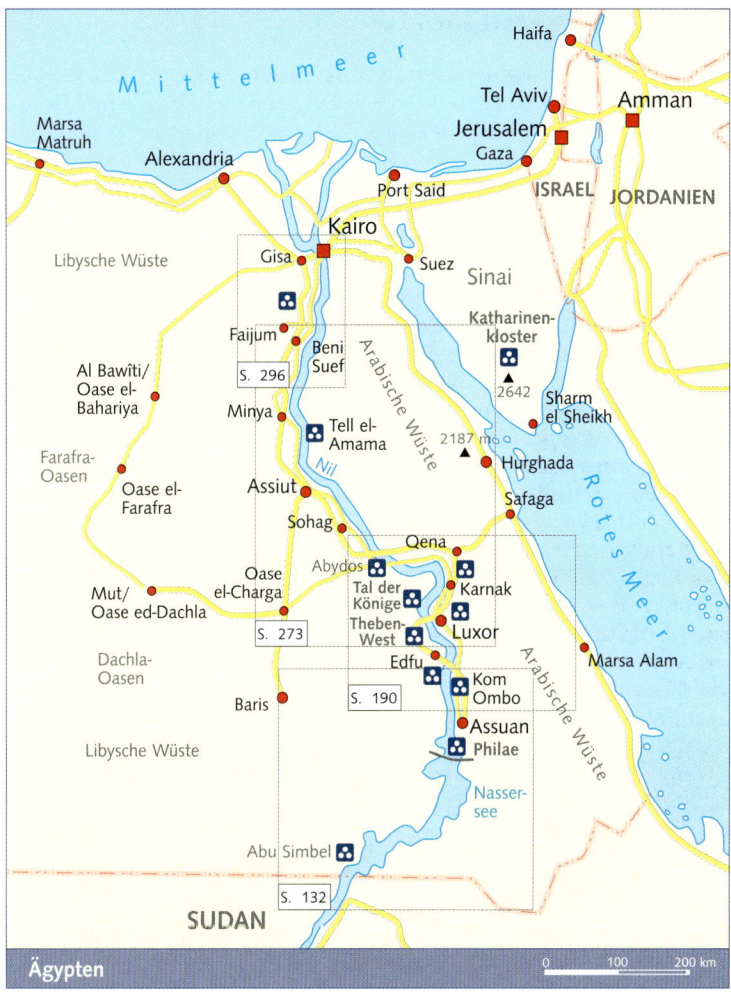

Ägypten

Obwohl der größte Teil Ägyptens von den hellen Farbtönen der Fels- und Sandwüsten geprägt ist, nannten seine alten Bewohner es ›Kemet‹ – das Schwarze. Mit gutem Grund: Das fruchtbare Schwemmland, das der Nil vom äthiopischen Hochland bis in die Ebenen Ägyptens herunterspült, hat eine tiefbraune, fast schwarze Farbe. Über Jahrmillionen bildeten sich längs des Flusslaufs zunächst moskitoverseuchte Sümpfe, die erst ab dem 8. Jahrtausend vor Christus allmählich zum bewohnbaren Fruchtland austrockneten. Bis heute ist der schmale Streifen Fruchtland längs des Nil, der in der Gesamtfläche des Landes nur knapp vier Prozent ausmacht, der Lebensraum für die Mehrheit der Bevölkerung und lebt Ägypten von den Wassern, die aus dem Süden kommen.

Nubien und der Nassersee

Wir beobachteten hier, wie sich die Bevölkerung offenbar genau nach dem bebaubaren Boden reguliert: dort, wo sich die Überschwemmungswasser ausbreiten können, werden die Siedlungen dichter, bewegen sich mehr dunkle Gestalten zwischen den Palmstämmen. Schrumpft aber der fruchtbare Boden zu einer Borte durchsichtigen Grüns zusammen, ist jedes Leben erloschen. ... Zwischen Philae und Wadi Halfa ist der fruchtbare Streifen nur zwischen 5 und 50 Meter breit.
Amelia Edwards, 1877

Dort, wo sich heute die Wassermassen des ›Nubischen Meers‹ ausbreiten, säumte einst nur ein schmaler Fruchtlandstreifen die Ufer des Nil. Zwischen den in ganz Ägypten heimischen Dattelpalmen reckten Dumpalmen ihre charakteristisch gegabelten Stämme in den wolkenlosen Himmel.

Ende des 19. Jahrhunderts änderte sich der Lebensrhythmus Nubiens nachhaltig. Unter der damaligen britischen Herrschaft wurden in ganz Ägypten Dämme errichtet, um die jährlich im Juli und August einsetzende Nilflut zu regulieren. 1902 war die erste ›Barrage‹ von Assuan fertiggestellt – mit der Folge, dass der Nil nun in Nubien weitaus größere Landstriche für längere Zeit unter Wasser setzte als früher. Spätestens damals begann der Exodus der Nubier. Junge Männer zog es auf Arbeitssuche nach Khartum, Kairo oder noch weiter weg ins Ausland. Nur noch besuchsweise blieben sie mit der alten Heimat verbunden. Mit dem Bau des Hochstaudamms wurde das Schicksal Nubiens dann endgültig besiegelt: Seit 1971 erstreckt sich über eine Fläche von 5000 Quadratkilometern südlich von Assuan bis in das Gebiet des Sudan hinein der Nassersee. Die noch rund 100 000 tatsächlich vor Ort lebenden Bewohner wurden nach ihrer Staatszugehörigkeit umgesiedelt. In Ägypten erhielten sie in Assuan und im Gebiet um Kom Ombo neuen Lebensraum, während ihnen im Sudan am Atbarafluss bei der Stadt Chashm al-Qirba Siedlungsraum zugewiesen wurde.

Heiligengrab am Nilufer zwischen Minya und Assiut

Am ersten Katarakt bei Assuan

Fast 40 Jahre nach dem Untergang Nubiens leben am Nassersee noch immer kaum Menschen. Starke Schwankungen der Uferlinie, kaum fruchtbares Schwemmland und die fehlende Infrastruktur erschweren eine Rückkehr in die alte Heimat. Lediglich Abu Simbel mit den beiden Felstempeln von Ramses II. bietet eine bescheidene Lebensgrundlage. Nubiens Nordgrenze liegt rund 50 Kilometer flussabwärts des ersten Katarakts, jener Granitschwelle, die sich wie ein natürlicher Grenzwall bei Assuan quer durch den Nil zieht.

Oberägypten

Aber was er am meisten vermißte, das war der schwarze Boden des Nil, dieses Bett aus schwarzer Erde..., das alles Lebendige darauf bereicherte, der fruchtbarste Boden von allen. Diese schwarze Erde des Nil hatte das erste Leuchten der Zivilisation gesehen – diese schwarze Erde, die er nie wieder sehen würde ...
Mohammed Salmawy, *1987*

Offiziell umfasst Oberägypten das gesamte rund 900 Kilometer lange Niltal südlich von Kairo bis zur Grenze mit dem Sudan. Es umschließt also auch Nubien und Mittelägypten, das es verwaltungstechnisch eigentlich gar nicht gibt, aber das nach allgemeinem Konsens etwa zwischen Minya und Beni Suef liegt.

Im südlichen Teil Oberägyptens reicht die Wüste mit ihren Gebirgszügen und Sandmassen oft noch sehr nah an den Fluss heran. Auf den Feldern wird vorwiegend Zuckerrohr angebaut, das in zahlreichen Fabriken zum heißbegehrten Süßstoff umgewandelt wird. Nicht von ungefähr gelten die Ägypter als Weltmeister im Zuckerverbrauch.

Auffällig im Flussverlauf ist der große Bogen, den der Nil südlich von Luxor beginnend bis etwa Nag Hammadi nach Osten schlägt. Altägyptische Tempelbauherren, die sich gerne an den Himmelsrichtungen und am süd-nördlichen Flusslauf ausrichteten, hatten hier Probleme: Das kanonische Bildprogramm sah bestimmte Szenen für die immer im Süden liegende linke Seite vor, die aber nun wegen der Ausrichtung des Tempels auf den Nil gar nicht mehr im Süden lag. Kurzerhand machte man den Osten zum ›virtuellen Süden‹, den Westen zum ›virtuellen Norden‹, und das Bildprogramm passte wieder.

Oberägypten zwischen Assuan und Luxor ist das Kerngebiet des ›Pharaonen-Tourismus‹, denn hier liegen die bedeutendsten antiken Stätten in dichter Folge: Zwischen dem Isistempel von Philae und den Gräbern im Tal der Könige bei Luxor finden sich ein gutes Dutzend Gotteshäuser und ebenso viele Friedhöfe aus dem 3. bis 1. Jahrtausend vor Christus.

Assuan, Qena, Sohag, Assiut und Minya sind als Provinzhauptstädte wichtige Markt-, Verwaltungs- und Verkehrszentren. Als Universitätsstädte ziehen sie viele junge Menschen aus dem Umland an, trotz der nicht allzu rosigen Zukunftsaussichten für Akademiker. Arbeitslosigkeit trifft die Sa'idis, wie die ›Landeier‹ aus dem Süden genannt werden, generell härter als die Bewohner des Nordens. Denn hier hat der Staat zu lange nicht in die Schaffung von Arbeitsplätzen investiert, im Gegensatz zu den großen Industriegebieten, die im Dunstkreis von Kairo, Alexandria oder am Suezkanal entstanden sind. Ein großer Teil der ägyptischen Arbeitsmigranten, die während der Öl-Boom-Jahre in den Golfstaaten oder Libyen, später in Saudi-Arabien arbeiteten, stammt aus dem Süden des Landes. Mit dem Ausbau des heimischen Badetourismus am Roten Meer fanden sie vermehrt auch Arbeitsplätze in Hurghada, Safaga, Marsa Alam oder auf dem Sinai – die Unruhen seit 2011 und der folgende Einbruch des Tourismus trafen gerade diese innerägyptischen Arbeistmigranten hart.

Faijum

Denn man ehrt in diesem Landgau vorzüglich das Krokodil, und ein in einem See besonders unterhaltenes ist dem Volke sogar heilig, gegen die Priester aber zahm. Es heißt Suchos, und wird genährt mit Brot, Fleisch und Wein, welches die zum Beschauen kommenden Fremden immer mitbringen.
Strabo *(um 63 vor Christus–23 nach Christus)*

Das im Wüstengebiet westlich des Nil eingebettete Faijum-Becken gilt als Garten Ägyptens. In der fruchtbaren Senke, deren tiefster Punkt 53 Meter unter dem Meeresspiegel liegt, wird überwiegend Obst wie Mangos und Zitrusfrüchte sowie Getreide angebaut. Im Verlauf des Tertiär hatte ein Vorläufer des heutigen Nil begonnen, hier fruchtbaren Schlamm abzulagern. Es entstand ein ausgedehntes Sumpfgebiet, das erst im Lauf des 20. und 19. Jahrhundert vor Christus von Pharaonen wie Sesostris II. und Amenemhet III. als Fruchtland urbar gemacht wurde. Kanäle durchziehen bis heute das Faijum, und riesige Wasserräder heben das Wasser auch in die höherliegenden Randgebiete des rund 1800 Quadratkilometer großen Gebiets. Der Qarun-See im Norden hat einen ungewöhnlich hohen Salzgehalt, da sich Zufluss und Verdunstung schon lange nicht mehr die Waage halten. Die Fische im See haben sich den geänderten Lebensverhältnissen angepasst – zur Freude von Fischkundlern und Hobbyanglern aus Kairo, die gerne ein ruhiges Wochenende am See genießen.

Blick auf das Zentrum von Kairo

Kairo

Eines freilich hat sie (die Stadt Kairo) vor allen anderen uns bekannten Orten voraus: Sie ist so reich an Wechsel, dass uns in ihr ein kurzer Ritt mit so verschiedenartigen Kulturelementen, Kunstleistungen und natürlichen Gegensätzen zusammenführt wie sonst nirgends. Drei Erdtheile berühren sich hier mit den Stirnen.
Georg Ebers, *1885*

›Die Waage der beiden Länder‹ nannten die alten Ägypter ihre Hauptstadt, die wie das moderne Kairo am Übergangspunkt zwischen Ober- und Unterägypten lag. Kairo ist eine Stadt der Superlative: Sie ist eine der ältesten durchgehend besiedelten Städte, der Großraum Kairo gehört mit rund 20 Millionen Einwohnern zu den größten Metropolen weltweit. Hier stehen mit den Pyramiden von Gisa die einzigen noch existierenden antiken Weltwunder. Einige der Stadtviertel weisen eine rekordverdächtige Besiedlungsdichte auf. Selbst Kairos Müll erweckt noch Staunen: Die ›Zabbalîn‹ – die sogenannten Müllmenschen – schlagen im Recycling jedes noch so moderne Müllverwertungssystem.

Ägypter nennen ihre Hauptstadt oft einfach ›Misr‹ – ein Name, der eigentlich für ganz Ägypten steht. Aber Kairo ist ja auch ein Spiegel des ganzen Landes. Inmitten der Großstadt existieren dörfliche Strukturen, zwischen Hochhäusern zieht ein Wasserbüffel noch den Pflug über einen schmalen Streifen Ackerland. Die Moderne existiert ganz selbstverständlich neben den Traditionen, Armut lebt Tür an Tür mit unermesslichem Reichtum. Analphabeten und Akademiker treffen sich in Bus und Metro genauso wie Nubier, Oberägypter, Alexandriner, Oasenbewohner oder Bauern aus dem Delta.

Und immer weiter breitet sich die Stadt in die Wüste aus, um Wohnraum zu schaffen für jährlich ein paar zehntausend Menschen mehr.

Land und Leute

Das Delta

Zwischen diesen (zwei Mündungen) aber sind fünf andere Ergießungen, und zwar beträchtliche, aber auch mehrere schwächere; denn viele schon von den ersten Theilen ausgehende und durch die ganze Insel vertheilte Nebenarme bildeten viele Flussbetten und Inseln, so dass das ganze Delta beschiffbar wurde.
Strabo, *Geograpfhica XVII, 4*

Die Königin des Deltagebiets ist ohne Zweifel Alexandria – die Stadt, die einen Beliebtheitswettbewerb in Ägypten mit Abstand gewinnen würde. Wer möchte nicht den heißen Sommern im Süden entfliehen, um an der Mittelmeerküste in Alexandria die kühle Brise zu genießen? In den letzten Jahren hat Alexandria ein umfassendes Verschönerungsprogramm erfahren, angefangen mit der Erweiterung der Küstenstraße bis hin zu dringend notwendigen Kanalisierungsarbeiten, die unter anderem auch den durch Industrieabwässer stark verschmutzten Mareotis-See im Süden der Stadt das Leben retten sollen.

Mit dem Hinterland des grünen Deltas ist ›Iskanderiya‹ durch ein weitverzweigtes Straßen- und Kanalnetz verbunden. Unter Mohammed Ali wurden diese Kanäle angelegt, um das ›weiße Gold‹, Ägyptens berühmte langfaserige Baumwolle, besser zum großen Exporthafen zu bringen. Auch die Bewässerungskanäle im wichtigsten Landwirtschaftsgebiet Ägyptens sind im 19. Jahrhundert ausgebaut und verbessert worden. Das Delta mit seinen rund 24 000 Quadratkilometern Fläche ist fast doppelt so groß wie das Fruchtland Oberägyptens und daher für die Nahrungsmittelproduktion des Landes von entscheidender Bedeutung. Nördlich von Kairo teilt sich der Nil in zwei große Arme, die durch das mittlere und westliche Delta bis zum Mittelmeer ziehen. In der Antike waren es noch sieben Flussarme gewesen, die aber mittlerweile verlandet sind und durch Kanäle ersetzt wurden. Insbesondere in den östlichen und westlichen Randgebieten haben Neulandprojekte in den letzten 25 Jahren zu einer Ausweitung der Anbaufläche beigetragen,

Die neue Bibliothek in Alexandria

während an der Mittelmeerküste durch stärkere Abspülung und Versalzung des Bodens Ackerland verloren ging. Reis, Weizen, Mais, Gemüse, Weintrauben und Futterpflanzen für die Viehhaltung werden im Delta angebaut. Baumwolle spielt nicht nur für die Textilindustrie eine wichtige Rolle, aus ihren Samen wird in Ägypten Speiseöl gewonnen.

Tanta, el-Mahalla el-Kubra, Zagazig und Shibin el-Kom sind die großen Städte im Delta. Von überregionaler Bedeutung ist das große Fest des Sufi-Sheikhs Ahmed el-Badawi von Tanta (1200–1276), zu dem alljährlich Tausende von Gläubigen pilgern.

Felsformation in der Weißen Wüste

Wüsten und Berge

Über 95 Prozent Ägyptens werden von den kargen Weiten der Wüste eingenommen. Es überwiegt Steinwüste vom Typ der Hamada mit grobem Steinschutt an der Oberfläche, doch finden sich auch ausgedehnte Dünenfelder und weite ›Sandmeere‹. Beiderseits des Niltals und auf dem Sinai erheben sich Berge, die im Osten weit über 2000 Meter aufragen. Sie treten vor allem in Oberägypten dicht an den Fluss heran und grenzen damit die Ausbreitung des fruchtbaren Schwemmlandes auf wenige Kilometer ein.

Im Norden Ägyptens besteht der Untergrund überwiegend aus Kalkstein, während im Süden Sandstein vorherrscht. Granit beherrscht das südliche Drittel des Sinai und tritt auch innerhalb der nubischen Sandsteinformationen wie zum Beispiel am ersten Katarakt bei Assuan auf.

Die Oasen der Westlichen Wüste

Geographisch betrachtet gehört die westlich des Nil liegende Libysche Wüste zur Sahara. Sie macht fast 70 Prozent der gesamten Landesfläche aus. Während des Erdaltertums kam es wiederholt zu Aufsedimentierungen, Aufwölbungen und Absenkungen dieses Teils der afrikanischen Platte. Im Tertiär vom Meer überspült, fiel das Gebiet nach erdgeschichtlich gesehen kurzer Zeit wieder trocken. Weite Tafelländer aus Kalk- und Sandsteinschichten prägen die Landschaft westlich des Nil. Es ist eine überwiegend von Steinsplittern übersäte Hamada, in der zwei große Senken eingebettet sind. Ganz im Nordwesten Ägyptens, nur wenige Kilometer südlich der Mittelmeerküste, bricht das Gelände in Stufen ab zu der 135 Meter unter dem Meeresspiegel gelegenen Qattara-Senke. Während etwas weiter westlich in der Oase Siwa Grundwasservorräte noch die traditionelle Oasenlandwirtschaft erlauben, ist die Qattara-Senke ein schon seit Jahrtausenden ausgetrocknetes Seengebiet mit ausgedehnten Salz- und Tonflächen.

Rund 500 Kilometer südlich der Küste und knapp 200 Kilometer westlich des Niltals beginnt die zweite große Senke. Mit dem von Kissenlava gesäumten Abstieg in das Becken von el-Charga erreicht man die größte der ägyptischen Oasen. Sie bildet mit den Oasen von ed-Dachla, el-Farafra und el-Baharija einen weiten Bogen, der nach Westen ausschwingend in nördlicher Richtung verläuft. Diese Oasen werden von über 20 000 Jahre alten, fossilen Grundwasservorräten gespeist, die heute jedoch kaum mehr Nachschub erhalten. Noch in der zweiten Hälfte des 20. Jahrhunderts setzte man auf diese Wasserreserven große Hoffnungen, ein ›zweites Niltal‹ sollte zwischen el-Charga und ed-Dachla geschaffen werden. Mittlerweile haben sich diese optimistischen Erwartungen allerdings als nicht realistisch erwiesen.

Das große Feld der hohen Wanderdünen zwischen el-Charga und ed-Dachla sowie die bizarren Kalksteinformationen der Weißen Wüste um el-Farafra gehören zu den landschaftlichen Attraktionen dieser Gegend – sternenklare Nächte und Expeditionen auf Kamelrücken tragen das ihre dazu bei, dass die Oasen sich zu einem ganz speziellen Reiseziel entwickelt haben.

Ostwüste und Rotmeerküste

Aber wenn 12, 15 Jahre ohne Regen vergehen, werden wir in die Dörfer getrieben. Wenn es regnet, findet man mehr von uns in den Bergen. Einige unserer Kinder, deren Väter in den Städten leben, werden die Berge nie kennenlernen. Leute, die im Dorf geboren sind, werden sich nie an das Leben der Berge anpassen. Wer wird bleiben? Vielleicht gibt es in siebzig Jahren keine Araber (Nomaden) mehr hier.
Saalih Ali, *ein Angehöriger der Chushman-Beduinen aus der Ostwüste*

Bis zu 2187 Meter ragen die Berge auf, die das Niltal nach Osten zum Roten Meer hin abriegeln. Große Trockentäler durchfurchen das Gebirge, sie entstanden in den niederschlagsreichen Zeiten des Tertiär und führen heute nur noch nach seltenen Gewittergüssen Wasser. Das Rote Meer ist ein Teil des großen ofstafrikanischen

Hotelanlage am Roten Meer

Grabensystems, dessen Aufbrechen auch die Auffaltung des Küstenrands und die Bildung des ägyptischen Ostgebirges bewirkte. Für die Wirtschaft des Landes ist diese Region im letzten Drittel des 20. Jahrhunderts von stetig wachsender Bedeutung geworden: Erdölvorkommen werden besonders am Golf von Suez ausgebeutet, während weiter im Süden die in Jahrmillionen entstandenen Korallenriffe und der große Fischreichtum die Basis für einen immer weiter expandierenden Bade- und Tauchtourismus bilden. Abgesehen von den in diesem Zusammenhang anwachsenden Orten an der Küste wie Suez, Safarana, Hurghada, Safaga oder Marsa Alam ist das Gebiet zwischen Nil und Rotem Meer dünn besiedelt. Nur noch etwa tausend Nomaden, deren Vorfahren großenteils erst während des 18. und 19. Jahrhunderts von der arabischen Halbinsel einwanderten, durchziehen mit ihren Ziegenherden das karge Bergland. Sie leben in dem Gebiet zwischen dem Wadi Araba im Norden und der Verbindungsstraße vom Nil zum Roten Meer zwischen Qift und Quseir.

Suezkanal und Sinai

Du aber hebe deinen Stab auf und recke deine Hand über das Meer und teile es voneinander, dass die Kinder Israel hineingehen, mitten hindurch auf dem Trockenen.
2. Buch Mose, *Vers 16*

Die Verwirklichung eines jahrtausendealten Traums ist der von Menschenhand geschaffene Kanal, der die Trennlinie zwischen dem afrikanischen und dem asiatischen Teil Ägyptens markiert. Schon in der Zeit der Pharaonen hatte es Versuche gegeben, das Rote Meer und das Mittelmeer unter Einbeziehung des Niltals miteinander zu verbinden. Doch erst im 19. Jahrhundert nach Christus wurde der kühne Plan eines Durchstichs in der Landenge zwischen der Mansala-Lagune im Nordosten des Deltas und den Bitterseen nördlich von Suez verwirklicht. Es war ein gewaltiges Projekt, das für die weltweite Schifffahrt von ebenso großer Bedeutung war wie für die Entwicklung des modernen Ägyptens. Lange Jahre war es aus politischen Gründen kaum möglich, den Kanal zu überqueren. Erst nach dem Friedensschluss mit Israel 1979 konnte Ägypten sich der Erschließung des Sinai widmen. Heute erleichtern ein Tunnel bei Suez und eine im Jahr 2001 eingeweihte Brücke bei el-Qantara auf halber Strecke zwischen Port Said und Ismailia das Übersetzen.

Der Norden des Sinai ist geprägt von einem 500 bis 1000 Meter hohen, von zahlreichen Wadis durchfurchten Plateau aus Sedimentgesteinen. Der Süden der Halbinsel besteht dagegen überwiegend aus Granit, der sich zu mächtigen Bergen auftürmt. Der Katharinenberg ist mit 2642 Metern der höchste Berg Ägyptens.

Traditionell von Beduinen bewohnt, die mit ihren Herden zwischen den Weideplätzen und den kleinen Oasen ein eher karges Dasein fristeten, hat auch auf dem Sinai das 20. Jahrhundert das Leben gründlich verändert. Der überwiegende Teil der Sinai-Bewohner arbeitet in den Badeorten an der Küste des Golfs von Aqaba und im Süden um Sharm es-Sheikh oder in den Erdölförderstätten am Golf von Suez. Der Norden soll nach Plänen der Regierung landwirtschaftlich erschlossen werden; dazu führt ein großer, parallel zum Mittelmeer verlaufender Kanal Wasser vom Nil auf den Sinai. Hier auf dem Sinai – vor allem im Norden und im Grenzgebiet zu Israel – werden seit einigen Jahren Kämpfe ausgetragen, die symptomatisch

Landschaft auf dem Sinai

sind für die schwierige Gemengelage vieler Auseinandersetzungen im arabischen Raum. Sowohl das Übergreifen des benachbarten Palästina-Israel-Konflikts wie auch das Zusammenprallen der Staatsmacht mit Sympathisanten von IS, al-Qaida oder dem gewaltbereiten Flügel der Muslimbrüder vermengen sich zu einer brisanten Gesamtlage.

Klima und Reisezeit

Ägypten gliedert sich in mehrere Klimazonen, die sich in etwa auf die Wüstengebiete und den Sinai, das Deltagebiet sowie das Niltal in Oberägypten verteilen.

Die Wüsten und der Sinai sind geprägt von extremen Temperaturschwankungen zwischen Tag und Nacht sowie im Verlauf der Jahreszeiten. Die Winter sind empfindlich kalt, nachts fällt das Thermometer im Januar auch unter den Gefrierpunkt. Von Juni bis September dagegen wird die 40-Grad-Marke erreicht, nachts kühlt es sich um bis zu 15 Grad ab. Die Wassertemperaturen im Roten Meer sind ganzjährig angenehm, selbst im Norden um Nuweiba und Sharm es-Sheikh sinken sie nicht unter 20 Grad. Allerdings kann der kühle Wind an Land das Strandvergnügen zwischen Ende November und Februar beeinträchtigen, und während der 50 Tage des Chamsin zwischen Ende Februar und Anfang April können heftige Sandstürme das ganze Land heimsuchen.

Im Delta herrscht mediterran geprägtes Klima mit relativ regenreichen Wintern – in Alexandria kann es im Januar vereinzelt zu Schneefällen kommen! – und trockenen Sommern. Die Temperaturen fallen selten unter die Fünf-Grad-Grenze, im Sommer lässt der kühlende Nordwind auch Werte über 30 Grad angenehm erscheinen.

In Kairo wurden in den letzten Jahren immer mehr Klimaanlagen verkauft, die längst nicht mehr als Luxus betrachtet werden: Die Dunstglocke über der Stadt macht die ab Juni auf über 35 Grad kletternden Temperaturen kaum erträglich, die

Luft ist drückend und feucht. Im Winter bietet Kairo frischere Luft und bessere Aussichten, doch gibt es zwischen Dezember und Februar durchaus auch Regentage. In den zur Wüste liegenden Randgebieten der Stadt weht ein mitunter kalter Wind.

In Oberägypten dagegen sind die heißen Sommer (bis zu 45 Grad in Luxor und Assuan) aufgrund der Trockenheit leichter zu verkraften, die Winter sind aus europäischer Sicht mit 15 bis 25 Grad die ideale Reisezeit.

Ägypter

So vielfältig wie ihre Geschichte und ihr Land, so vielfältig, gegensätzlich und buntgemischt sind auch die Bewohner Ägyptens. Woher sie kamen und welcher ethnischen Gruppe sie zuzuordnen sind, ist ein Streitpunkt der Gelehrten. Schon in der Vorgeschichte gab es verschiedene Einwanderungswellen. Aus dem Süden des heutigen Sudan, den längst zur Wüste ausgetrockneten Steppengebieten Richtung Libyen und aus den Ländern Vorderasiens kamen die Menschen an den Nil und vermischten sich mit denen, die schon vorher da gewesen waren. Die altägyptische Sprache, deren letzte Entwicklungsstufe noch heute existiert, verbindet die hamitische und semitische Sprachgruppe miteinander. Das Koptische findet heute noch als Liturgiesprache innerhalb der christlichen Kirche Ägyptens Verwendung. Allerdings wurde die Hieroglyphenschrift schon vor gut 2000 Jahren gegen das viel einfachere griechische Alphabet eingetauscht.

Auch der Name ›Ägypter‹ hilft nicht weiter bei der genaueren Bestimmung ihrer Zugehörigkeit. Ägypten, Egypt, Egitto, Kopten: dies sind alles Namen, die sich auf einen alten Tempel zurückführen lassen: In Memphis, am Westufer beim heutigen Kairo, stand das Heiligtum des Gottes Ptah. Er wurde von seiner Priesterschaft als Schöpfer der Welt verehrt, der die Menschen aus Lehm auf der Töpferscheibe formte und ihnen auch ihre Lebenskraft (Ka) verlieh. Sein Tempel hieß Haus der Lebenskraft des Ptah, ›hut ka Ptah‹. Seine überragende Bedeutung zeigte sich, als die Griechen ins Land kamen und kurzerhand den Tempel zum Stellvertreter des ganzen Landes machten, aus hut-ka-Ptah wurde ’aigyptos – Ägypten.

Boot mit Fischernetz

Wohin mit so vielen Menschen?

Noch in den 1980er Jahren lag der jährliche Bevölkerungszuwachs bei rund drei Prozent. Mittlerweile ist die Zahl auf deutlich unter zwei Prozent gesunken, aber dennoch kommt alle neun Monate eine Million Menschen zu den schon am Nil lebenden dazu. Wohin mit ihnen in einem Land, das nur einen schmalen Grünstreifen als Lebensraum bietet? In die Wüste! Schon in der Regierungszeit Gamal Abd el-Nassers kam der Gedanke auf, die Wasserreserven der Oasen zu nutzen, um neues Fruchtland zu gewinnen. Unter Präsident Sadat wurde das New-Valley-Projekt zwischen el-Charga und ed-Dachla als große Hoffnung propagiert. Riesige Flächen wurden in die Wüste planiert, Brunnen gebohrt – und dann versandete der Schwung in der Realität. Zu wenig Wasser, ein zu hoher Gehalt an der Landwirtschaft nicht zuträglichen Mineralien im Tiefenwasser, zu hohe Kosten, keine Rentabilität. Gleichzeitig wurden in einem Radius von etwa 200 Kilometern um Kairo herum neue Städte gegründet. Auch sie lagen mitten in der Wüste und schienen alles andere als verlockend zu sein. Doch mit der Ansiedlung von Industrie und Handel, dem Aufbau einer guten Infrastruktur, Schulen, Kinos, Parks, Einkaufszentren sowie attraktivem und vergleichsweise billigem Wohnraum kamen nach anfänglichem Zögern immer mehr junge Familien. Besonders die Städte, die an der Verbindungsstraße zum Suezkanal entstanden, haben sich mittlerweile etabliert. Zunächst gedacht als Entlastungsstädte für Kairo, das jährlich mit Zigtausenden von Zuwanderern überflutet wird, sind mittlerweile auch um Alexandria, Dumyat, Minya, Assiut, Achmim und Assuan Neustädte gegründet worden. Auf diese Weise will die Regierung die teilweise dramatische Abwanderung aus den Provinzen verhindern.

Auch Präsident Mubarak hatte ›sein‹ Landgewinnungsprojekt. Es war genauso heftig umstritten und prestigeträchtig wie das seiner beiden Vorgänger und gilt mittlerweile als ebenso gescheitert wie das Oasenprojekt Sadats. Seine Hoffnungen konzentrierten sich auf die Nutzung des im Nassersee reichlich vorhandene

Blick auf die Millionenstadt Kairo

Wassers, das durch einen Kanal in die südwestlichen Wüstengebiete geleitet werden sollte. In den 1990er Jahren entstand rund 50 Kilometer nördlich von Abu Simbel bei Toschka ein Kanal. Eigentlich sollte er über 800 Kilometer den Nassersee mit der Oase el-Charga verbinden. Mittlerweile sind die ersten 60 Kilometer fertig, und schon dazu benötigte man Investoren aus den Vereinigten Emiraten, weshalb der Wasserlauf offiziell Sheikh-Zayed-Kanal heißt. Eigentlich hätten Fellachen vom Nil dieses neue Land bekommen sollen – die Preise für einen Feddan (4200 Quadratmeter) Land klangen verlockend: Gut 2 Euro statt der am Nil üblichen 5000 Euro für 49 Jahre uneingeschränkter Nutzung. Aber die Erschließung des Landes musste vom Käufer erbracht werden.

Junge Ägypterinnen

Der Staat hatte ja bereits 1,5 Milliarden Euro für den Bau des Kanals bezahlt. So kam es denn anders: Der als Chef von Euro-Disney bekannte saudische Prinz Ibn Tallal investiert als Großkäufer in den Aufbau der Infrastruktur.

Siwa, die Oase im äußersten Nordwesten, nahe der Grenze zu Libyen, war ebenfalls in den Brennpunkt staatlicher Umsiedlungsprojekte geraten. Schließlich gibt es hier Wasser, leben die Siwis gut vom Dattelanbau und können daher bitteschön ein paar tausend Zuwanderer vom Nil aufnehmen. Vor Ort sieht man diese Pläne mit großer Skepsis. Zum einen fürchten die Bewohner der entlegenen Oase um ihre kulturelle Identität. Noch spricht man hier einen Berberdialekt, der mit dem Arabisch der Niltal-Ägypter nichts zu tun hat, und lebt in einem ruhigeren Rhythmus. Auch wissen die traditionellen Oberhäupter der hier ansässigen Stämme sehr gut um das empfindliche Gleichgewicht der Natur – das Wasser aus der Tiefe ist fossiles Grundwasser. Es wird nicht ewig reichen, zumal wenn mit den Neusiedlern modernere Technik einzieht, die das Wasser schneller und aus größerer Tiefe fördert. Nachhaltiger Erfolg ist mit einer intensiven Besiedlung von Siwa wohl auch nicht zu erreichen.

Wen wundert es, dass die neue Regierung unter Abdulfattah es-Sisi auch ein Großprojekt anbietet: Diesmal geht es um die Hauptstadt. Ein neues Kairo soll entstehen, gut 45 Kilometer östlich der alten Metropole. Bis 2027 soll ›The Capital Cairo‹ fertig sein, fußgängerfreundlich, grün, ökologisch und intelligent – mit einem neuen Flughafen, dem kompletten Regierungsapparat sowie allen Botschaften, 1,75 Millionen neuen Arbeitsplätzen und über einer Million Wohnungen. Eine perfekte Anbindung an die weiter auszubauende Industriezone am Suezkanal soll die Wirtschaft auf Touren bringen. Das Geld müssen ausländische Investoren zuschießen. Kuwait, Saudi-Arabien und die Vereinigten Arabischen Emirate fuhren aber schon 2016 ihre Unterstützung der Regierung Sisi zurück.

Kopten

Naheliegenderweise betrachten sich die Kopten als die wahren Nachfahren der alten Ägypter – ihr Name und die Verwendung der alten Sprache gelten als Beleg für die direkte Abstammung. Heute werden mit dem Ausdruck Kopten ausschließlich die in Ägypten lebenden und zur koptischen Kirche gehörenden Christen bezeichnet. Doch galten noch bis ins 7. Jahrhundert alle Bewohner des Landes als Kopten. Und dazu zählten auch die erst ab dem 4. Jahrhundert vor Christus verstärkt eingewanderten Griechen oder Römer, die nun keineswegs von den alten Pharaonen abstammten.

Die Geschichte der christlichen Kopten beginnt bereits im 1. Jahrhundert in Alexandria. Mit der Missionierung durch den Evangelisten Markus – historisch zwar nicht gesichert, dafür aber umso inniger geglaubt – breitete sich die neue Religion zunächst in der jüdischen Gemeinde Alexandrias aus. Es kam bald zur Unterscheidung einer aus Einwandererkreisen stammenden gebildeten judenchristlichen Gruppe und einer ägyptischen Gruppe sogenannter ›Heidenchristen‹. Mit dem Verlust der politischen Unabhängigkeit nach der Eroberung durch Rom hatten offenbar auch die alten Götter und Priester an Macht und Überzeugungskraft im Land verloren. Die neue Botschaft, die Hoffnung auf Erlösung versprach, fand viel Zulauf. Enorm hohe Steuern, die Rom Ägypten auferlegt hatte, ließen die Menschen am Nil verzweifeln – sie suchten ihr Heil in der Flucht. Weg vom Fruchtland zog es sie zu Tausenden in die Wüste, wo weise Männer und Frauen als Eremiten lebten und Trost spendeten. Außerdem war man dort sicher vor römischen Finanzbeamten. Im 2. und 3. Jahrhundert entwickelte sich besonders in der Wüste westlich des Deltagebiets eine große Gemeinschaft von Einsiedlern. Gleichzeitig verfolgte Rom die Anhänger dieser neuen Sekte immer härter, Tausende von Christen starben für ihren Glauben. Die Regierungszeit von Diokletian (284–305) war geprägt von besonderer Grausamkeit gegenüber den Anhängern Christi. Zum Gedenken an die Märtyrer beginnt die koptische Kirche ihre Jahreszählung mit dem Regierungsantritt dieses Herrschers am 29. August 284, das Jahr 2000 nach Christus entspricht dem Jahr 1716 Anno Märtyrii. Erst nach 312, als Kaiser Konstantin das Christentum annahm und mit dem Toleranzedikt von Mailand die Christen nicht mehr verfolgt wurden, besserte sich die Lage der jungen Gemeinde.

Christen gegen Christen

Dennoch kam es nicht zu einer Beruhigung, denn nun wurden innerchristliche Streitigkeiten mit größter Heftigkeit ausgetragen. Die theologische Frage nach der Natur Jesu wurde zum gefährlichen Thema: War Jesus Gott gleich oder Gott ähnlich? War er menschlich oder göttlich oder beides? Wenn Jesus Gott war, bedeutete das nicht, dass es zwei Götter gab? Und stand dies dann nicht im krassen Widerspruch zur christlichen Ein-Gott-Lehre? Aus der schon 180 nach Christus in Alexandria gegründeten theologischen Schule stammte der Gelehrte Athanasius, der ganz klar eine Zwei-Naturen-Lehre als Ketzerei verdammte. Ihm stand Arius gegenüber, der Jesus als nicht wesensgleich zu Gott verstand. Die Auseinandersetzungen wurden so heftig, dass sich der

Kirchturm in Mittelägypten

Fresko aus einer Kirche bei Abu Simbel aus dem 10. Jahrhundert

Kaiser gezwungen sah, im Jahr 325 ein Konzil in Nicäa einzuberufen, zu dem 318 Bischöfe aus allen Ländern eingeladen wurden. Dabei wurde der Meinung der ägyptischen Schule unter Athanasius Recht gegeben, die Anhänger des Arius als Ketzer verurteilt. Doch nur kurze Zeit später verkehrte Kaiser Konstantius das Urteil ins Gegenteil und Athanasius wurde exkommuniziert. Kaiser Theodosius brachte den nächsten Wechsel, wieder gerieten die Arianer in Bann. Anhänger beider Seiten schlugen sich derweil in Alexandria die Köpfe ein, Kirchen wurden geplündert und ein gegenseitiges Exkommunizieren war an der Tagesordnung. Ein weiteres Konzil in Chalkedon brachte 451 die endgültige Entscheidung: Die monophysitische Lehre von der einen gottmenschlichen Natur Jesu unterlag, woraufhin sich die ägyptische Kirche unter dem Patriarchen von Alexandria von der Reichskirche in Byzanz lossagte. Dem Kaiser gefiel dies wenig, und er entsandte einen eigenen Patriarchen, der als erster in einer langen Reihe byzanztreuer Kirchenfürsten in Ägypten nur mit Gewalt eingesetzt werden konnte. Unter Kaiser Justinian kam es zu ähnlich grausamen Szenen wie in der Regierungszeit Diokletians, Tausende von koptischen Christen wurden auf sein Geheiß getötet.

Außerhalb Alexandrias hatten sich die Christen Ägyptens in der Zwischenzeit gegen die nach wie vor existierenden altägyptischen Kulte gewandt. Tempel waren beschlagnahmt und zu Kirchen umgebaut oder wie das Serapeum in Alexandria zerstört worden. Führende Theologen wetterten gegen die Vermischung christlichen und altägyptischen Glaubensguts – es ging um die Reinheit der Lehre, die tatsächlich nachhaltig bedroht war.

Andererseits zog es viele Männer und Frauen in die Klöster, die seit 320 wie Pilze aus dem Boden schossen. Die von Pachom (285–348) erstellten Klosterregeln fanden ihren Weg schon bald sogar bis nach Europa. Mönche und Nonnen verehrten ganz besonders Antonius (um 250–355) und Paulus (um 230–343), die beiden großen Heiligen der koptischen Kirche, die sich als Eremiten in die Berge am Roten Meer zurückgezogen hatten. Die ihrem Andenken geweihten Klöster ziehen bis heute zahlreiche Pilger an.

Im Jahr 477 spaltete sich die koptische Kirche von der römischen Reichskirche ab und hatte mit Petros III. Mongos ihren ersten eigenen Papst, der zur Strafe seitens der Reichskirche prompt exkommuniziert wurde. Seit 2012 sitzt Tawadros II. auf dem Stuhl des heiligen Markus.

Land und Leute

Die Kopten unter muslimischer Herrschaft

Als im Jahr 642 Ägypten von Muslimen erobert wurde, begrüßten die Kopten die neuen Herrscher erwartungsvoll. Sie erhofften von ihnen, denen der Ruf religiöser Toleranz vorauseilte, eine Verbesserung ihrer Lage. Byzanz hatte mit Steuerforderungen und Folterungen die Menschen am Nil schwer bedrückt – es konnte also nur besser werden.

Als Ahl al-Kitab (Besitzer des Buchs) stehen Juden und Christen nach muslimischer Meinung in der gleichen Offenbarungstradition und verehren, verkündet von einer Reihe gemeinsamer Propheten, denselben Gott. So stellte der arabische Feldherr Amr Ibn el-As dem koptischen Patriarchen Benjamin einen Schutzbrief aus, der ihn und seine Gemeinde vor der Verfolgung durch Byzanz bewahrte. Dafür musste eine Schutzsteuer bezahlt werden, die in den folgenden Jahrhunderten für die Kopten zum Stein des Anstoßes wurde.

Anfang des 8. Jahrhunderts löste Arabisch als Amtssprache das Griechische ab und verdrängte zunehmend die koptische Volkssprache. Im 9. Jahrhundert wurden die Zeiten für die Kopten schwieriger, Abbasidenherrscher wie der Kalif Harun ar-Raschid verboten den Bau von Kirchen und Klöstern, die Christen wurden in ihren Freiheiten beschränkt.

Im Lauf der folgenden muslimischen Dynastien hatten die Kopten immer wieder schwere Zeiten zu bestehen, doch überwog ein friedliches Nebeneinander der Gemeinden.

Die Kopten heute

Die Zahl der Kopten jedoch schrumpfte – der genaue Prozentsatz an der Gesamtbevölkerung ist heute ein strittiger Punkt. Offiziell gibt es in Ägypten 10 Prozent Kopten, nach kirchlichen Angaben sollen es jedoch über 20 Prozent sein. Vor allem in den Provinzen Minya, Assiut und Qena sind die Kopten überproportional vertreten, ihr Anteil überschreitet dort mitunter sogar die 50-Prozent-Marke.

Mit dem Auftreten christlich-europäischer Mächte in Ägypten ist in den letzten 200 Jahren seitens einiger muslimischer Gruppierungen immer wieder der Vorwurf laut geworden, die Kopten betrieben mit ihren christlichen Glaubensgenossen weltweit eine Verschwörung zum Schaden des Landes, ihnen mangele es an der Treue zum Vaterland. Dabei sind Kopten ebenso stark von der Liebe zu ihrer Heimat durchdrungen und haben sich oft in der jüngeren Geschichte gegen europäische Vorherrschaftsansprüche engagiert.

Mönch im Bschoi-Kloster im Wadi Natrun

Das Antoniuskloster am Roten Meer

Die Revolution von 2011 begleitete die koptische Gemeinde ebenso enthusiastisch wie die Mehrheit der muslimischen Ägypter. Bei den ersten Wahlen warb Mohammed Mursi noch um ihre Gunst, er versprach, ein ›Präsident für alle Ägypter‹ zu sein. Die Ernüchterung folgte prompt, Protest gegen fundamentalislamische Tendenzen kam sowohl von den Muslimen wie den Christen am Nil. Nach dem Ende der kurzen Mursi-Ära ist die Hoffnung wieder groß: »Jetzt, nach dem Sturz der Muslimbrüderschaft, erleben wir einen der wichtigsten Augenblicke koptischer Wiederbelebung in der jüngeren Geschichte … Vor der Revolution hing die koptische Politik am Tropf, danach erwachte sie zum Leben.« (aus einem Interview mit Adel Iskander, in: ONE, Magazin der Catholic Near East Welfare Association, 2014).

Völkermischung im Zeichen des Islam

O ihr Leute, Gott sagt: ... Ein Araber ist nicht vorzüglicher als ein Nichtaraber, noch ein Nichtaraber vorzüglicher als ein Araber; ein Schwarzer ist nicht vorzüglicher als ein Weißer, noch ein Weißer vorzüglicher als ein Schwarzer, außer durch Frömmigkeit.
*Aus einer Predigt des **Propheten Mohammed***

Die ersten Muslime, die nach Ägypten kamen, stammten von der arabischen Halbinsel, der Heimat des Propheten Mohammed. Innerhalb weniger Jahre nach der Verkündung der neuen Religion hatte sie ein erstaunlicher Schwung weit über die Grenzen ihrer Heimat hinausgetragen. Die Araber installierten in Damaskus, Kairo und Baghdad ihre Herrschaft, eroberten Marokko und den Iran. Im riesigen islamischen Reich kam es zu regelrechten Völkerwanderungen, die zu einer Durchmischung von Völkern und Kulturen führte. Ägypten entwickelte sich mit seiner neuen Hauptstadt zu einem der großen Zentren der islamischen Welt. In dieser Zeit erhielt es seinen bis heute in der Landessprache gebräuchlichen Namen: Misr, was in seiner ursprünglichen Bedeutung so viel wie zivilisiertes Land heißt. Ein passender Name!

Die Fatimiden, die Ägypten von 969 bis 1171 beherrschten, stellten die letzte arabische Dynastie am Nil. Sie hatten, aus Tunesien kommend, die letzten Abbasiden vertrieben. Im Gegensatz zu ihren Vorgängern waren sie keine Sunniten, sondern zählten als Nachfolger der Familie des Propheten Mohammed und seiner Tochter Fatima zu den Schiiten. Der stark ausgeprägte Heiligenkult – dem orthodoxen Islam eigentlich ein Gräuel –, der bis heute bei vielen Festen in Ägypten zu beobachten ist, geht auf die Zeit dieser Herrscherfamilie zurück. Als Angehörige der edlen Prophetenfamilie galten sie als mit besonderer Segenskraft, ›baraka‹, ausgestattet.

Als sie im 12. Jahrhundert nur mit der Hilfe der in Syrien regierenden Dynastie das Vordringen der Kreuzfahrer abwehren konnten, kam zu ihrer Unterstützung ein kurdischer General ins Land: Salah ed-Din übernahm nach dem Tod des letzten Fatimidenkalifen die Macht am Nil. Um sich militärisch abzusichern, holte er mamlukische Militärsklaven nach Kairo – junge Männer, die als Kinder in den nördlichen und östlichen Randgebieten des islamischen Reiches rekrutiert worden waren. Mit ihnen kamen vor allem Türken und Tscherkessen nach Ägypten. Gleichzeitig lockte der Indienhandel Kaufleute aus aller Welt nach Kairo – die ganze Welt traf sich am Nil. Salah ed-Din war es auch, der die sunnitische Variante des Islam wieder einführte, die seither vorherrschende Form des Glaubens.

Noch stärker wurde der türkische Einfluss im Jahr 1517 mit der Eroberung Ägyptens durch das Osmanische Reich. Längst war die anfangs bevorzugte Stellung muslimischer Ägypter einer allgemeinen Ausbeutung aller im Lande lebenden Menschen durch die fremden Herrscher gewichen. Ein dramatischer Bevölkerungsrückgang war die Folge dieser menschenfeindlichen Politik. Nur noch etwa drei Millionen Menschen lebten am Ende des 18. Jahrhunderts in Ägypten, deutlich weniger als zu Beginn der römischen Herrschaft.

Fatimidischer Grabbau im Garten des Nubischen Museums in Assuan

EXTRA

Grundlagen des Islam

»Allah – es gibt keinen Gott außer ihm, dem Lebendigen, dem Ewigen. Herabgesandt hat er auf dich das Buch in Wahrheit, bestätigend, was ihm vorausging. Und herab sandte er die Thora und das Evangelium zuvor als Leitung für die Menschen und sandte nun die Unterscheidung«, heißt es im Koran, Sure 3, Vers 2. ›La ilahu ila llah wa Muhammadu rasulu-llah‹ – ›Es gibt keinen Gott außer dem Gott, und Mohammed ist der Gesandte des Gottes‹: Dieses islamische Glaubensbekenntnis betont die Einzigartigkeit des einen Gottes und die Anerkennung seines Propheten. Dabei sieht sich der Islam ganz klar in der Offenbarungstradition von Bibel und Thora, alle vorangegangenen Propheten seit Abraham werden anerkannt und geachtet. Jesus gilt als der letzte der Propheten vor Mohammed. Für Muslime ist die Beachtung der im Koran offenbarten Gebote die Richtschnur ihres Lebens. Es sind von Gott selbst erlassene Vorschriften, denn der Koran gilt als das Wort Gottes, das durch Vermittlung des Engels Gabriel dem Propheten vorgetragen wurde. Die Bedeutung dieses Gotteswortes lässt sich mit einem Zitat aus der Bibel, Johannes 1,1, beschreiben: »Im Anfang war das Wort, und das Wort war bei Gott, und Gott war das Wort.« Daher ist es dem Gläubigen unmöglich, Kritik am Text zu üben, was jedoch nicht ausschließt, dass sich das Verständnis der Verse im Lauf der Jahrhunderte wandelt. So entwickelten sich unterschiedliche Schulen und Rechtstraditionen, die bis heute Bestand haben. Neben den Offenbarungstexten des Koran ziehen islamische Gelehrte einen zweiten Überlieferungsstrang heran. Die Aussprüche des Propheten und Berichte über sein vorbildliches Verhalten wurden gesammelt, Hadith und Sunna dienen als wichtige Orientierungshilfen.

›Allahu akbar‹ – dieser Ruf vom Minarett ist ›typisch orientalisch‹. Er kennzeichnet den Beginn des Gebetsrufs, der die Gläubigen fünfmal täglich daran erinnert, sich demütig vor Gott zu verneigen. Nichts soll wichtiger sein, als sich der Allmacht Gottes zu unterwerfen. Kurz vor Sonnenaufgang, mittags, zwischen 15 und 16 Uhr, kurz vor und kurz nach Sonnenuntergang sollten Mann und Frau diesem Ruf folgen. Doch kann es, im Notfall, durchaus Aufschub geben – es gilt, wie mehrfach im Koran erwähnt, den gesunden Menschenverstand zu nutzen.

Als heiliger Monat wird der Ramadan bezeichnet, da während einer seiner Nächte Mohammed die erste Offenbarung erhielt. Als Fastenmonat kommt dem Ramadan eine weitere Bedeutung zu: Alle gesunden Menschen sollen sich während seiner 30 Tage von Sonnenauf- bis -untergang jeglicher Nahrung enthalten, nichts

Betende in der Abu-el-Haggag-Moschee
in Luxor

Besucherinnen der Alabastermoschee in Kairo

trinken und keinen Vergnügen frönen. Auch Wohlhabende sollen spüren, wie es sich anfühlt, ohne ausreichende Versorgung arbeiten zu müssen. Damit wird an ihr soziales Gewissen appelliert, ihre Bereitschaft zu Spenden und sozialer Fürsorge soll geweckt werden. Daher steht am Ende des Ramadan die Sammlung der Armensteuer ›Zakat‹. Wer fastet, ohne Zakat zu zahlen, verwirkt die Segnungen des Ramadan. Günstigstenfalls verteilt man die Abgabe an die Bedürftigen innerhalb der eigenen Familie oder Nachbarschaft. Doch existieren auch fromme Stiftungen und Sozialministerien für die Verteilung der Armensteuer. Wer aus Gesundheitsgründen nicht fasten darf, sollte je nach seinem Vermögen beim abendlichen Fastenbrechen Speisen unter die Bedürftigen verteilen. Auch beim großen Fest am Ende des Ramadan, Id el-Fitr, werden öffentliche Speisetische aufgestellt. Gerade in Ägypten ist der Ramadan ein ausgesprochen fröhlicher Monat: Abends treffen sich Familie und Freunde zum gemeinsamen Essen, zu dem – wie auch im christlichen Abendland – kalorienreiche Fastenspeisen und Süßigkeiten gehören. Vor allem während der zweiten Hälfte des Monats herrscht in den Einkaufsstraßen abends bis in die Nacht hinein Hochbetrieb: Zum Id el-Fitr wird die ganze Familie neu eingekleidet, für die Kinder gibt es knallrot eingefärbte Zuckerpuppen und bunte Laternen.

Rund 70 Tage später steht das zweite wichtige Fest im islamischen Kalender an, Id el-Adha. Das Opferfest erinnert an die Bereitschaft Abrahams, auf Gottes Befehl seinen Sohn zu opfern. Das Fest kennzeichnet auch den Höhepunkt des Pilgermonats Dhu al-Hidja, in dem die große Wallfahrt nach Mekka und Medina abgehalten wird. Diese Pilgerreise ist jedem Muslim – Mann oder Frau – einmal im Leben auferlegt. Für viele Gläubige ist sie die Krönung ihres Lebens, die ihnen die ehrwürdige Anrede Hadj beziehungsweise Hadja einträgt. Ägyptische Pilger lassen als deutlich sichtbares Zeichen ihrer Reise zu den heiligen Stätten gerne Bilder an die Hauswand malen, die neben der Kaaba in Mekka Löwen, Stocktänzer, Schiff oder Flugzeug zeigen.

Nubier

Nach und nach schluckte der Ölgolf alle Söhne (des Dorfs). Nur die Frauen und einige alte Leute blieben zurück. Die Häuser wurden von Generatoren erleuchtet, die die Söhne aus der Fremde geschickt hatten. Fernsehen und Video lenkten von der Landarbeit ab. Hin und wieder kamen junge Männer zurück, um Mädchen aus ihrem Dorf zu heiraten.
Abbas Mustapha Sadek, 1994

Bereits zur Pharaonenzeit lebten die Nubier im südlichsten Ägypten und den angrenzenden Gebieten. In Malereien erschienen sie mit deutlich dunklerer Hautfarbe als die übrigen Bewohner des nördlichen Niltals. Doch wurden sie auch klar unterschieden von den noch tiefer im Süden lebenden Menschen mit viel stärker ›afrikanisch‹ geprägter Physiognomie. Die nubischen Sprachen, die sich trotz der starken Arabisierung und trotz ihrer Schriftlosigkeit bis heute erhalten haben, existierten nach Ausweis altägyptischer Quellen schon in der Antike. Im ägyptischen Siedlungsgebiet lebten bis 1964 drei unterschiedliche Sprachgruppen: Ganz im Norden um Assuan die Kenzi oder Kenuz, die unter dem Namen Nobatae um die Zeitenwende herum in den Oasen der Westwüste gelebt hatten. Eine kleine Gruppe Arabisch sprechender Nubier siedelte südlich von Assuan. Das restliche Gebiet bis Wadi Halfa an der heutigen Grenze zwischen Ägypten und dem Sudan bewohnten die Mahasi (Nobiin) sprechenden Fedija. Sie werden mit dem kriegerischen Stamm der Blemyer gleichgesetzt, der im 2. Jahrhundert nach Christus die Römer schwer in Bedrängnis brachte.

Fast alle Nubier geben als ihre Religion den Islam an – 1960 bekannten sich nur 3 von 16 000 zum Christentum –, doch ist dies eine relativ späte Entwicklung. Noch bis ins 14. Jahrhundert nach Christus verteidigten sie hartnäckig den christlichen Glauben gegen alle Versuche aus dem Norden, sie zum Islam zu bekehren. Genauso unerschütterlich hatten sie zuvor dem Kult der Göttin Isis die Treue gehalten, deren Verehrung ihnen erst im 6. Jahrhundert nach Christus mit Gewalt ausgetrieben wurde.

Den Sammelnamen Nubier verdanken sie alle zusammen einem heißbegehrten Bodenschatz ihrer Heimat: Nub heißt auf altägyptisch Gold. ›Bewohner des Bogenlandes‹ nannten die Pharaonen sie, denn ihre Beherrschung von Pfeil und Bogen beeindruckte so sehr, dass Söldnertruppen im Dienste des ägyptischen Königs angeheuert wurden. Erst Strabo führte um 30 vor Christus die Bezeichnung Nubien ein.

Umsiedlung

Das Zusammengehörigkeitsgefühl der verschiedenen nubischen Gruppen ist eine junge Entwicklung, die auf den Bau des Hochdamms von Assuan zurückzuführen ist. Zwar arbeitete ein Großteil der Nubier bereits lange vor 1960 in Kairo, Khartum oder anderen Städten, doch kehrten sie immer wieder in ihre Heimat zurück. Die Bindung an die alte Heimat wurde vor allem durch Eheschließungen aufrechterhalten. Zu großen Festtagen besuchten die Männer ihre Familien, oft dauerte es aber Jahre, bis ein Wiedersehen möglich war. Die Frauen gelten daher bei den Nubiern als die Hüterinnen der Traditionen und der sozialen

Detail eines nubischen Hauses im Museum von Assuan

Bande, die sie an die Kinder weitergeben. Bis heute ist die Vermittlung der nubischen Sprachen ein Hauptverdienst der Mütter, denn in ägyptischen Schulen wird kein Nubisch unterrichtet, und die Männer haben seit der Umsiedlung aus Arbeitsgründen sehr viel stärker das Arabische übernommen. In Neu-Nubien, dem Gebiet um Kom Ombo, errichtete die ägyptische Regierung im Rahmen der Umsiedlung der 50 000 ägyptischen Nubier Dörfer, die vom Baustil her an ihre traditionelle Bauweise erinnern. Auch wurden die alten Dorfnamen auf die neuen Siedlungen übertragen und sogar deren geographische Reihenfolge von Nord nach Süd beachtet. Dennoch fiel es besonders den Älteren sehr schwer, sich mit der endgültigen Auswanderung abzufinden. Die jüngere Generation hat den Traum einer Rückkehr nach Nubien weitestgehend aufgegeben. Nach über 50 Jahren gibt es an den Ufern des Nassersees noch immer keine nennenswerte Infrastruktur, und es fehlt an Arbeitsplätzen.

Beduinen

Diese Tasche aus Steinbockleder enthielt alles, was Mohammad für nötig erachtete: Streichhölzer; ein Messer; einen Siegelring mit Mohammads Namen; den Ausweis für die staatlichen Kooperativläden; eine Muschel für Skorpionstiche; Bleiglanzpulver gegen Augeninfektionen; ein Gazellenhorn zur Aufbewahrung dieses Pulvers; ein Aspirin; etwas Draht; ein Stift; Bargeld; eine Pinzette, um glühende Kohle auf die Pfeife zu legen; die Pfeife.
Joseph Hobbs, *1990*

Als Beduinen oder Nomaden werden nichtsesshafte Menschen bezeichnet, die in kargen Gebieten mit ihren Tieren – meist Kamelen und Ziegen – leben und dabei von Weideplatz zu Weideplatz oft weite Strecken zurücklegen. Das Wort Nomade ist griechischen Ursprungs, während Beduine auf das arabische Wort badu für

Wüste verweist. Die Beduinenstämme Ägyptens sind während verschiedener Einwanderungswellen aus der arabischen Wüste zugezogen, zum Teil erst im Verlauf des 18. und 19. Jahrhunderts. Schon in altägyptischer Zeit lebten in den Randgebieten der Ostwüste, des Sinai und in den Ausläufern der Sahara Nomaden. Von den sesshaften Niltalbewohnern wurden die ›Sandläufer‹ misstrauisch betrachtet. Eine gewisse Geringschätzung dieser ›unzivilisierten‹ Lebensart hat sich bis heute erhalten. Als Grenzgänger, die Staatsgrenzen nicht immer respektieren, hatten besonders die Beduinen des Sinai vor dem ägyptisch-israelischen Frieden 1979 immer wieder Probleme mit der Regierung. Kairo bemühte sich, die kreuz und quer durch den Sinai wandernden Stämme sesshaft zu machen – zunächst mit mäßigem Erfolg. Staatliche Kontrolle war für die Beduinen ein rotes Tuch, weder mit Schulen oder Krankenhäusern noch mit vergünstigten Lebensmitteln wollten sie sich ködern lassen. Erst seit Ende der 1980er Jahre hat sich die Situation gewandelt: Der Tourismus und die Ölindustrie mit ihren attraktiven Arbeitsplätzen haben die Ablehnung des neuen Lebensstils überwunden.

Ähnlich sieht es im Nordwesten Ägyptens aus, wo die aus Libyen stammenden Beduinen der Aulad Ali leben. Auch sie sind größtenteils in feste Steinhäuser umgezogen, haben das Leben im Zelt aufgegeben. Kairo und Alexandria bieten ausreichend Verdienstmöglichkeiten, und die Getreidefelder des Deltas sind zuverlässiger als die kargen Weiden der Wüste.

Es ist schwierig, die genaue Prozentzahl der Beduinen an der Bevölkerung zu nennen, denn von der ägyptischen Verwaltung werden sie nicht als ethnische Minderheit betrachtet. Schätzungen gehen von etwa einer Million Beduinen insgesamt aus.

Berber

Etwa 6000 Menschen zählen zur Gruppe der Berber, die nicht mit den Beduinen zu verwechseln sind. Bei den überwiegend in der Oase Siwa lebenden Berbern handelt es sich um Angehörige einer bereits in der Antike in ganz Nordafrika lebenden Bevölkerung. Ihr Name und ihre ethnische Zugehörigkeit geben Rätsel auf. Berber finden sich von Ägypten bis nach Marokko, ihre Hautfarbe reicht von hell bis dunkelbraun, ebenso weisen Augen- und Haarfarbe eine beträchtliche Farbpalette auf. Die am häufigsten zitierte Erklärung für den Namen nennt einen griechischen Ursprung: barbaroi waren die für griechische Ohren unverständliche Laute stammelnden Einwohner Nordafrikas. Dabei gehört sowohl das Siwi in Ägypten wie das Tamazight im Maghreb zu den Berbersprachen, die entfernt mit dem Altägyptischen verwandt sind.

Die Berber von Siwa lebten noch bis gegen Ende des 20. Jahrhunderts in relativer Abgeschiedenheit als Oasenbauern. Damals hatte die Regierung ihr Siedlungsgebiet für ein Neulandgewinnungsprojekt entdeckt und versucht, Bauern aus dem Niltal in diese entlegene Ecke Ägyptens zu locken. Die traditionellen Oberhäupter von Siwa betrachteten diese Entwicklung mit einiger Sorge. Sie fürchteten, dass die empfindlichen Wasservorräte zu schnell aufgebraucht werden, und dass sich die alten Sitten und Gebräuche sowie die eigene Sprache gegen die Übermacht vom Nil nicht werden behaupten können.

Land und Leute

Die ägyptische Küche

Um acht Uhr dreißig waren wir zum Dinner gebeten. Unser Gastgeber sagte: ›Heute Abend sind wir alle Araber, wir trinken Nilwasser und essen mit den Fingern.‹ So tranken wir also Nilwasser und aßen zum ersten Mal in unserem Leben mit den Fingern. Das Dinner war exzellent. Ich muss sagen, dass es das beste Essen war, das ich je außerhalb Europas zu mir genommen habe.
Amelia Edwards, *1877*

Man sollte sich vielleicht nicht ganz an das Vorbild von Amelia Edwards halten und Nilwasser zum Essen trinken. Schließlich leidet Ägypten bei Reisenden aus aller Welt unter dem Ruf, dass der ›Fluch der Pharaonen‹ sich vor allem auf Magen und Darm auswirke. Nilwasser ist sicher eines der wirkungsvollsten Elemente dieses Fluchs. Mineralwasser, das leicht und günstig überall zu haben ist, stellt da eine gute Vorbeugungsmaßnahme dar. Auch wenn man sich an die Grundregel ›Schäl es, koch es oder lass es‹ hält, bleiben noch genügend köstliche Gerichte, die man ohne Gefahr für Leib und Wohlergehen bei einer Nilreise genießen sollte. Verblüffen Sie den Schiffskoch doch mal mit der Frage nach ›Molochiya‹, einem typisch ägyptischen Gericht, das eher selten angeboten wird, aber ausgesprochen lecker ist. Während einer Nilkreuzfahrt wird man in der Regel mit abwechslungsreichen Buffets verwöhnt, die internationale und ägyptische Spezialitäten anbieten.

Salatât

Mit den Fingern zu essen ist vor allem bei den Vorspeisen durchaus angemessen: Mit einem Stückchen Fladenbrot tunkt man in die verschiedenen Dips und kann auf diese Weise die große Auswahl reihum probieren. Die vielfältigen Vorspeisen werden in Ägypten ›Salatât‹ genannt, selbst wenn nicht ein einziges grünes Blatt zu entdecken ist.

Schnellimbiss auf ägyptisch: Die Süßkartoffel-›Lokomotive‹

Gewürzstand in Esna

▸ **Tahina** Sämige Sesampaste, wunderbar, wenn sie mit einer Prise Kreuzkümmel (Kamun) verfeinert wird.

▸ **Homos** Mildes Kichererbsenpüree, das gerne auch mit Tahina vermischt wird, zu guter Letzt mit Olivenöl beträufelt und mildem Paprika überstäubt.

▸ **Tabouleh** Petersilie-Hirse-Salat, mit Limone abgeschmeckt.

▸ **Baba Ghanoug** Auberginenmus, mit Knoblauch und Kreuzkümmel gewürzt, je nach Jahreszeit mit säuerlichen Granatapfelkernen dekoriert.

▸ **Batingan** oder **Qusa** Gebackene Auberginen- oder Zucchinischeiben.

▸ **Wara' ainab** Mit gewürztem Reis gefüllte Weinblätter, je nach Laune des Kochs kann der Reis mit Kräutern oder Hackfleisch gemischt sein.

▸ **Muhammara** Paprikapaste, aus roten Paprikaschoten mit Salz, Chili, Knoblauch, Kreuzkümmel und Koriander gewürzt und etwas Olivenöl sämig gemacht.

▸ **Turschi** oder **Muchallil** Scharf-sauer-salzig eingelegte Pickles, als Besonderheit darunter die kleinen Limonen.

Shurba

Unser Wort Sorbet kommt aus dem Arabischen, wo shurba ursprünglich etwas Trinkbares bezeichnet, also auch die Suppe, denn die wurde traditionell aus kleinen Schälchen geschlürft und nicht gelöffelt.

Für den kleinen Appetit ist eine Suppe manchmal genau das Richtige. Spezialitäten der ägyptischen Küche sind:

▸ **Shurbet ads** Durchpürierte Linsensuppe, die nur dann richtig schmeckt, wenn sie mit Kreuzkümmel und Limonensaft abgeschmeckt wird.

▸ **Shurbet Lisan el-Asfur** (Vogelzungensuppe) Keine Angst, die Vogelzungen sind kleine pinienkernförmige Nudeln, die in einer herzhaften Brühe schwimmen. Ideal, um den Salzhaushalt nach einem heißen Tag unter der ägyptischen Sonne wieder aufzufüllen.

Natürlich gibt es auch Tomatensuppe, Karottensuppe, Lauchcremesuppe und, je nachdem, was der Markt gerade bietet, weitere Gemüsesuppen.

Hier gibt es Fûl und Eier

Grundnahrungsmittel

Viele Ägypter können sich keine täglich wechselnden Menüs mit raffinierten Speisen leisten, Fleisch kommt nur zu Festtagen auf den Tisch. Wichtig sind daher Hülsenfrüchte als Eiweißlieferanten und billige, sättigende Gerichte.

▸ **Aisch** Eigentlich heißt aisch ›Leben‹. In Ägypten nennt man so das Brot. Aisch finu ist das aus feinerem Weizenmehl hergestellte Brot, aisch baladi heißen die kräftigeren ›Bauern‹-Fladen. Frisches Brot gehört zu Vorspeisen, Suppen und Hauptgerichten unbedingt dazu. Fladenbrot wird subventioniert, denn wenigstens am Brot sollen sich die Menschen sattessen können.

▸ **Fûl** Oft von den Gästen etwas misstrauisch beäugt, steht am Frühstückstisch ein dunkelbrauner Brei, daneben Schälchen mit kleingehackten Zwiebeln, Tomaten, Petersilie, Kreuzkümmel, Olivenöl, Limonen. Es ist das traditionelle Frühstück in Ägypten: Fûl. Dicke Bohnen werden lange gekocht und kurz vor dem Essen zu einem Brei zerstampft und nach Lust und Laune gewürzt.

▸ **Falâfel** oder **Ta'amiya** Kleine frittierte Gemüsebällchen, die in Ägypten aus weißen Bohnen und Lauch zubereitet und mit Knoblauch, frischem Koriander, Kreuzkümmel und Chili gewürzt und in Sesamkörnern gewälzt werden. Lecker als Ergänzung sind die eingelegten Turschi oder ein frischer Joghurtdip.

▸ **Koschari** Ist lecker und macht ordentlich satt. Reis, Nudeln, Kichererbsen und kleine braune Linsen werden auf dem Teller aufgehäuft und mit einer pikanten Tomatensauce übergossen. Oben drauf gehören dann noch braun geröstete Zwiebeln. Wer's mag, kann richtig scharfe Sauce dazu bestellen.

Land und Leute

Hauptgerichte

Zu einem ›richtigen‹ Essen gehört selbstverständlich Fleisch, Fisch oder Geflügel. Dabei handelt es sich keineswegs um die immer so gern zitierten Hammelhoden oder ähnlich Obskures. Im Gegenteil kennt die ägyptische Küche auch eine ganze Reihe köstlicher Gemüsegerichte.

▶ **Bamya** Bei uns als Okraschoten bekannt. In Ägypten werden sie in einer würzigen Tomatensauce zubereitet und traditionell im Tontopf gegart. Ganz ähnlich zubereitet werden auch grüne Bohnen, Kartoffeln und Zucchini.

▶ **Mahschi** Sammelbezeichnung für ›Gefülltes‹. Meist handelt es sich um Zucchini (*kusa*), Tomaten (*tamatim*), Paprika (*filfil*) oder Auberginen (*batingan*).

▶ **Rus** (Reis) Kommt als einfacher weißer Reis, mit Kurkuma (Gelbwurz) gefärbt oder mit kleinen Fadennudeln durchmischt auf den Tisch. Besonders lecker ist er, wenn Rosinen, Mandelstifte, etwas Kardamom und Zimt den Geschmack verfeinern. Oft wird dann auch etwas Hackfleisch mit untergemischt.

▶ **Tajine** Mittlerweile hat sich auch in der ägyptischen Küche das Wort *tajine* für Schmorgerichte eingebürgert, es gibt sie mit Kalb, Lamm oder Hühnchen und einer Mischung frischer Gemüse.

▶ **Frêch** Frêch, mit langem ›e‹, ist das Dialektwort für Huhn, das gegrillt (*maschwi*), gefüllt (*mahschi*) oder am Spieß (*kebab*) gebraten wird.

▶ **Kufta** Hackfleischspießchen, meist aus reinem Rinderhack, manchmal aus Lammfleisch. Auch kleine, längliche ›Buletten‹ werden mit diesem Namen bezeichnet.

▶ **Molochiya** Ein außerhalb Ägyptens und dem Libanon kaum bekanntes Gericht, da die Langkapsel-Jute, Corchorus olitorius, sonst kaum als Gemüsepflanze Verwendung findet. Ihr relativ hoher Proteingehalt ist allerdings für die Ernährung am Nil ein wichtiger Faktor. Molochiya wird mit Hühnerbrühe zu einer sämigen

Taubenhaus im Faijum

grünen Suppe verarbeitet, die entfernt an Spinat erinnert. Mit Knoblauch (reichlich) und Kamun abgeschmeckt, ist sie ein idealer Begleiter zu Reis und Huhn (*molochiya wa frêch*). Wenn es etwas Besonderes sein soll, dann darf auch mal Molochiya wa arnab (mit Hase) auf den Tisch kommen.

➤ **Hamâm** oder **summân mahschi** Gefüllte Täubchen oder Wachteln gehören ebenfalls zu den Speisen, die zu feierlichen Anlässen serviert werden. Nicht nur in ländlichen Regionen wird in malerischen Taubentürmen dieses Geflügel gezüchtet, auch auf Kairos Hochhausdächern sind kastenartige Konstruktionen zu sehen, wo das nächste Festessen hochgepäppelt wird. Die Füllung besteht aus mit Kräutern, Rosinen und Nüssen gewürztem Reis.

➤ **Samak** Sammelbezeichnung für Fisch. Sie werden am Nil jedoch keinen Nilfisch angeboten bekommen – außer auf dem Nassersee, wo das Wasser und die Fische frischer sind –, sondern im allgemeinen wird Fisch vom Mittelmeer oder aus dem Roten Meer zubereitet.

➤ **Meeresfrüchte** wie Shrimps (*gambari*) oder Muscheln (*sadaf*) sind am besten in Alexandria, Kairo oder auf dem Sinai und an der Rotmeerküste zu probieren.

Nachtisch

Bitte nehmen Sie sich für eine Nilkreuzfahrt nicht vor, abzunehmen. Es wird Ihnen vom ersten bis zum letzten Bissen leidtun. Die Köche legen sich beim Nachspeisenbuffet noch einmal so richtig ins Zeug! Schokoladenkuchen, Obsttorte, Crème caramel – diese Verführer kennt man. Aber hier gibt es **Basbûsa**, den mit Sirup getränkten Grieskuchen, **Baklawa** aus Blätterteig und Nüssen oder **Mahalabiya**, einen mit Pistazien garnierten Milchpudding, sowie mit süßen Datteln gefülltes Mürbegebäck oder **Kunâfa** aus zuckrigen, dünnen Nudeln, die sich kunstvoll um eine karamelisierte Nussmischung schlingen. Oder die heimliche Nationalspeise **Om Ali**!

Sie können ja zwischendurch einen Obsttag einlegen, auf dass die Köstlichkeiten nicht allzusehr ins Gewicht fallen. Herrlich frisch und aromatisch sind die Früchte: hellgelbe bis rosafarbene Guaven (nicht mit Birnen zu verwechseln), leuchtend rote Granatapfelkerne, Melonen in grün-gelb-rot, Orangen, dunkelbraune oder gelbe Datteln, blaue Trauben, verhüllte Physalis, grün-violette Feigen, orangefarbene Mangos und Papayas. Einfach paradiesisch!

Zum Nachtisch Gebäck

Rezepte

Fatta mit Lamm

Zutaten für 4 Personen: 750 g Lammfleisch ohne Knochen, Salz, frischgemahlener schwarzer Pfeffer, 1–2 Nelken, 2 kleingehackte Zwiebeln, Kreuzkümmel oder Lorbeerblatt, Reis, Butter (oder Butterschmalz), 3 große gepresste Knoblauchzehen

Lammfleisch in kleine Würfel schneiden und in einem großen Topf mit sechs Tassen Wasser übergießen, langsam zum Kochen bringen. Salz, Pfeffer, Nelken und Zwiebeln zufügen. Nach Geschmack Kreuzkümmel oder Lorbeerblatt dazugeben. Schaum abschöpfen. Auf niedriger Stufe bedeckt anderthalb Stunden köcheln lassen. In der Zwischenzeit Reis kochen: Eine Tasse Wasser zum Kochen bringen, einen Teelöffel Butter, etwas Salz und den Reis zufügen. Aufkochen und gelegentlich umrühren, bedeckt ziehen lassen, bis der Reis gar ist. Das Fleisch mit einem Schaumlöffel aus der Brühe heben, in einer kleinen Pfanne mit einem Teelöffel Butter kurz anbraten. Vom Feuer nehmen und warmstellen. In der gleichen Pfanne eine Löffelspitze Butter schmelzen, Knoblauch hinzufügen und leicht bräunen lassen. Pfanne vom Herd nehmen, eine viertel Tasse Essig dazugießen und nochmals kurz aufkochen lassen. Eins von zwei getoasteten Fladenbroten in eine Suppenterrine legen, etwas Knoblauchmischung darüberträufeln, dann die Hälfte vom Reis aufhäufen, mit einem Teil der Brühe übergießen. Das zweite Fladenbrot, den restlichen Reis und das Fleisch hinzugeben und zum Schluss die restliche Knoblauchmischung und die Brühe darübergießen, mit frischer Petersilie garnieren. Natürlich kann statt Lamm auch Huhn oder Kalbfleisch genommen werden.

Om Ali

Om Ali ist der ägyptische Nachtisch schlechthin. Jeder gute Koch hütet sein persönliches Rezept, je nach Stimmung und Küchenvorräten lässt sich das Grundrezept immer wieder variieren. Diese warme und gehaltvolle Nachspeise eignet sich wunderbar, um sie an kalten Wintertagen zu Hause nachzukochen und von der ägyptischen Sonne zu träumen.

Zutaten: 100–150 g Blätterteig, 100 g gehackte Haselnüsse, 2 EL Kokosflocken, 75–100 g Rosinen, Zimt, 1/2 l Milch, 50–75 g Zucker, 250 ml geschlagene Sahne, Butter

Blätterteig dünn ausrollen und im Ofen backen. Abkühlen lassen, in kleine Stückchen brechen und in eine Schüssel tun. Haselnüsse und Kokosflocken, Rosinen und nach Geschmack Zimt zufügen. Milch mit Zucker aufkochen, abkühlen lassen, bis sich eine Haut bildet. Die Teig-Nuss-Mischung in vier feuerfeste, mit Butter gefettete Förmchen verteilen, Milch darüber gießen und Sahne darüber verteilen (für eine Variante ohne Sahne entsprechend mehr Milch nehmen). Kleine Butterflöckchen auf die Portionen verteilen und im vorgeheizten Ofen bei 220 Grad etwa 15 Minuten goldbraun backen. Warm servieren.
Tipp: Ganz faule Köche benutzen statt des Blätterteigs Cornflakes.

Teestube in Abydos

Und was gibt es zu trinken?

Wasser. Natürlich nicht aus dem Nil geschöpft, sondern stilles Mineralwasser – das Sie nach spätestens einer Woche nicht mehr sehen können. Deswegen gibt es eine ganze Fülle anderer Getränke, allen voran die frischen Obstsäfte. Je nach Saison Orangen-, Mango- oder Guavensaft. Ganzjährig im Angebot ist Limonensaft, der automatisch stark gezuckert daherkommt – kein Mensch am Nil trinkt freiwillig Saures. Aber da Ausländer bekanntlich seltsam sein können, bereitet man auf Wunsch auch ungesüßten Limonensaft zu. Zuckerrohrsaft (asab) ist übrigens längst nicht so süß, wie das Wort vermuten lässt, er schmeckt eher ›grün‹.

Zum Essen hätten Sie doch gern ein kühles Helles? Dann probieren Sie das einheimische Bier: Gut trinkbar sind ›Stella‹ (Local und Export) oder ›Sakkara‹ – eindeutig mit dem schönsten Etikett! – sowie ›Meister‹. Am ›Birelli‹ – der alkoholfreien Variante – scheiden sich die Geister, aber viele einfachere Lokale unterwegs haben keine Lizenz zum Alkoholausschank, und die muslimische Mehrheit im Lande darf dieses Malzgetränk ohne Gewissensbisse trinken.

›Obelisk‹, ›Grand Marquis‹ oder ›Omar Khayyam‹ sind die klangvollen Namen der einheimischen Rotweine. Unter dem Namen ›Obelisk‹ gibt es auch leichte, trockene Rosé- und Weißweine. Als eher lieblich gelten der weiße ›Cru de Ptolemées‹ und der Rosé ›Rubis d'Egypte‹.

In den letzten Jahren sind die ägyptischen Weine dank der Privatisierung der einst verstaatlichten Weingüter deutlich trinkbarer geworden; obwohl kritische Nasen und Zungen eher ungewöhnliche Geschmacksnuancen wie ›Nylon‹ und ›Pappkarton‹ auszumachen glauben. Alle Rotweine werden aus Cabernet-Sauvignon-Trauben hergestellt, die Weißweine sind durchgehend Pinot-blanc-Produkte. Generell schneiden die Rotweine bei der Beurteilung besser ab.

Unbestritten gut tut nach dem Essen eine kleine Tasse Mokka. Meist wird der Kaffee (**'ahwa**) mittelsüß (**masbut**) getrunken, mit einer Prise Kardamom aromatisiert. Wer ihn ganz schwarz liebt, bestellt den **'ahwa saada** (schwarz), wer einen Hauch von Zucker für die volle Geschmacksentfaltung unerlässlich findet, wählt ihn **ar-riha**, und wer es ganz süß mag, nimmt ihn **ziyâda** (übersüß).

Auch ein Glas Tee mit frischer Minze (**schai bi-na'na'**) wirkt belebend und selbst bei großer Hitze erfrischend. In Ägypten wird der ›schai‹ mit schwarzem Tee zubereitet, nicht wie in den Maghrebländern mit Grüntee. Ausgesprochen erfrischend schmeckt der aus tiefroten Blüten zubereitete Malventee **Karkadé**, den man kalt oder heiß serviert bekommt. Mit Honig gesüßt, hilft er auf leckere Weise, falls die Klimaanlage eine Erkältung gebracht hat. Wer mit zu viel gutem Essen seinen Magen überstrapaziert hat, dem hilft vielleicht ein Glas heißer **Yansun** (Anistee) oder **Kamun** (Kreuzkümmel)-Aufguss.

Kleine Einkaufsliste

▶ **Anis** (Yansûn) eignet sich gut für Hustentees oder bei Magenverstimmung.

▶ **Erdnüsse** (Fûl sudani) mit oder ohne Salz, sind ideale Energiespender für zwischendurch.

▶ **Gelbwurz** (Kurkuma) eignet sich gut zum Gelbfärben von Reis oder Saucen.

▶ **Knoblauch** (Tôm) sollte man am Ende der Reise kaufen. Im April/Mai kommt die frische Ernte auf den Markt. Frischer ägyptischer Knoblauch hat ein phantastisches Aroma und ist trotzdem mild.

▶ **Kreuzkümmel** (Kamûn) das Gewürz des Orients schlechthin, passt zu fast allem. Dabei ist es ausgesprochen freundlich zum Magen – bei Blähungen oder Krämpfen hilft ein Teeaufguss.

▶ **Limonen** (Laimun) klein, aber köstlich. Peppen Sie ihr tägliches Mineralwasser doch mit ein paar Spritzern auf.

▶ **Malventee** (Karkadé) heiß oder kalt, süß oder herb – Karkadé schmeckt immer. In großen Mengen genossen wirkt er blutdrucksenkend.

▶ **Minze** (Na'na') frisch oder getrocknet eignet sich Minze nicht nur als Teezusatz, sondern verfeinert auch erfrischende Joghurtdips.

▶ **Muskatnuss** (Gôz et-tîb) zu Pasta, Fleischgerichten und Süßspeisen. Die kleinen Nüsse sind deutlich billiger als bei uns.

▶ **Nelken** (Qurunful) mit Kardamom als Reisgewürz oder gemahlen zu Kaffee und Tee.

▶ **Schwarzer Pfeffer** (Filfil aswad) sehr aromatisch und vergleichsweise günstig.

▶ **Zimt** ('irfa) passt wunderbar zu fast allen Gerichten mit Tomatensauce, zu vielen Fleischgerichten, zu Süßspeisen und kann auch als wärmender Tee aufgegossen werden.

Land und Leute

Lebenshaltungskosten und Preise

	im Restaurant	im Supermarkt
1 Flasche Wasser (0,5 l/1,5 l)	3-5 EGP	3-5 EGP
1 Cola/Pepsi	5-8 EGP	
1 Flasche einheimisches Bier	15-25 EGP	10-17 EGP
1 Kaffee/Capuccino	15-25 EGP	
1 3-Gänge-Menu mittlere Preisklasse	150-300 EGP	
1 l Milch	10-12 EGP	
1 kg Reis	5-10 EGP	
500 g Weißbrot	3-8 EGP	
1 kg Gemüse	5-15 EGP	
1 l Olivenöl	54 EGP	
1 kg Hühnerfleisch (ohne Knochen)	38-60 EGP	
12 Eier	12-16 EGP	
1 Paar Marken-Jeans	400-1400 EGP	
1 Paar Lederschuhe	700-1000 EGP	
1 l Benzin	3,5-3,6 EGP	
Monatskarte öffentlicher Verkehr	60-100 EGP	
Miete in Kairo Zentrum (1-2 Zimmer)	1800-3000 EGP	(90-150 Euro; Berlin: 10,84 €/m^2)
Miete Kairo-Stadtrand	900-2000 EGP	
Nebenkosten pro Monat (85 m^2)	190-500 EGP	
Kaufpreis Immobilien Kairo-Zentrum	6000-12 000 EGP/m^2	(300-600 Euro; Berlin: 3774 Euro/m^2)
Kaufpreis Immobilien Kairo-Stadtrand	3200-6000 EGP/m^2	
Durchschnittliches Netto-Einkommen 1500-4000 EGP	(75-200 Euro; D: 2800-4100 Euro)	

Stand Anfang 2017 (1 € = 19 EGP)

Die Geschichte Ägyptens

Was nun die Ägypter selber betrifft, so pflegen die im bebauten Teil Ägyptens wohnenden unter allen Völkern am meisten das Andenken an die Vergangenheit und sind bei weitem die geschichtskundigsten Menschen, die ich auf meinen Reisen besucht habe.
Herodot, *um 450 vor Christus*

Ägypten fasziniert bis heute viele Menschen auf der ganzen Welt. Jeder hat schon einmal den Namen Ramses' des Großen gehört, Nofretete gilt als schönste Frau der Antike, auch die alten Gottheiten wie Ra und Amun sind noch nicht vergessen.

Aber Ägyptens Geschichte endet nicht mit dieser großartigen Zeit der Pharaonen. Genauso spannend sind die folgenden Epochen, in denen sich zuerst das Christentum und später der Islam im Land ausbreiteten. Seine strategisch wichtige Lage am Übergang zwischen Europa, Asien und Afrika hat Ägypten stets die Aufmerksamkeit der großen Weltmächte eingebracht – vom römischen Imperium über Byzanz und das große arabisch-islamische Reich, später dann vom Osmanischen Reich bis zum British Empire, der Sowjetunion und schließlich den USA – alle wollten sie das Land am Nil besitzen, kontrollieren oder wenigstens auf ihrer Seite haben. So ist die jahrtausendelange Geschichte Ägyptens bis heute auch ein Spiegel der Weltgeschichte.

Von der Vorgeschichte zur Reichseinigung

Schon ab 700 000 vor Christus, als der Nil noch stark seinen Lauf veränderte, ließen sich erste Siedler am Fluss nieder, obwohl Malaria während des Sommers in den sumpfigen Überschwemmungsgebieten längs des Nil ein großes Problem gewesen sein dürfte. Dagegen boten die noch grüneren Steppengebiete der heutigen Wüsten günstigeren Lebensraum. Im 13. bis 11. Jahrtausend wurden im Südwesten Ägyptens Versuche mit der Domestikation von Wildgetreide gemacht, dann aber wieder aufgegeben. Ernsthaft widmeten sich Bauern dem Getreideanbau erst ab der Mitte des 8. Jahrtausends. Begünstigt durch klimatische Veränderungen entstanden ab dieser Zeit am Fluss dauerhafte Siedlungen, was einen vermehrten Austausch zwischen den Regionen erleichterte.

Neolithische Kulturen breiteten sich im gesamten Niltal und Delta aus, ab dem 5. Jahrtausend intensivierte sich der Handel mit Vorderasien und dem Gebiet des heutigen Sudan. Wichtigste Fundplätze des 5. und 4. Jahrtausends waren Badari und Naqada in Oberägypten, die mit ihrer charakteristischen Keramik frühen Kulturepochen Ägyptens ihre Namen gaben. An Textilien, mit denen die Verstorbenen in Badari umhüllt gewesen waren, entdeckten Forscher kürzlich Spuren von Harzen und anderen Materialien, die zur Mumifizierung verwendet wurden. Damit würden die Anfänge dieser Konservierung der Toten um gut 1500 Jahre weiter zurückreichen als bisher vermutet. In Merimde am westlichen Deltarand gruben deutsche Archäologen 1982 die bislang älteste Rundplastik Ägyptens aus: Das rund zehn Zentimeter hohe Köpfchen aus Lehm wird in die Zeit um 4100 vor Christus datiert.

Felsritzungen aus der mittleren nubischen Steinzeit im Museum in Assuan

Mit der Entdeckung von Kupfererzen auf dem Sinai begann die Herstellung von Metallwerkzeugen. Im ›Fürstengrab‹ von Hierakonpolis, rund 85 Kilometer südlich von Luxor, wurde erstmals das später so charakteristische ›Erschlagen der Feinde‹ an die Wand gemalt. Das Zusammenwachsen kleiner Häuptlings- oder Fürstentümer fand zwischen 3000 und 2750 vor Christus seinen Abschluss. Nach altägyptischer Überlieferung übte König Menes um 3000 vor Christus als erster die Herrschaft über ganz Ägypten aus. Für weitere 200 Jahre, von der 0. bis zur 2. Dynastie nach Menes, erschütterten schwere Kämpfe zwischen Ober- und Unterägypten das noch nicht gefestigte Königreich. Bildberichte darüber wurden auf großformatigen Schieferpaletten festgehalten, die als Grabbeigaben oder Tempelstiftungen zur frühesten Repräsentativkunst gehören. Auf Prunkkeulen dagegen verewigten die Künstler die zivilisatorischen Leistungen ihrer Herrscher. Schon damals war der Ausbau des Bewässerungssystems eine der vornehmsten Aufgaben des Pharao. Parallel zu diesen bildlichen Darstellungen werden die Anfänge der Hieroglyphenschrift fassbar.

Das Alte Reich

O ihr Lebenden, die ihr auf Erden seid, verehrt den König, damit ihr leben könnt. Seid aufmerksam bei seinen Arbeiten, tut, was er wünscht. Es ist nützlich für den, der es tut, denn er ist ein Wohlausgestatteter, den Gott liebt.
Inschrift auf dem Grab des Metjetji, Saqqara, um 2400 vor Christus

Mit der 3. Dynastie (um 2705–2640 vor Christus) begann die erste ›große‹ Epoche Ägyptens. Memphis wurde zur Hauptstadt, im benachbarten Heliopolis lag das Zentrum des Sonnenkultes. In der Regierungszeit von Pharao Djoser (2690–2670) vollzog sich eine kulturgeschichtlich bedeutende Entwicklung: Imhotep erbaute für seinen Herrscher ein Grabmal aus Stein, fortan das Baumaterial für die Ewigkeit. Aus der ursprünglich geplanten Mastaba, einem quaderförmigen Bau mit geböschten Seiten, wurde eine Stufenpyramide – auch damit setzte Imhotep Maßstäbe. Gleichzeitig wurde das Land straff durchorganisiert, es bildete sich eine umfassende Verwaltung heraus, die in den folgenden rund 3000 Jahren so manches Mal auch schwache Herrscher stützte. An der Spitze stand der Pharao, dem die gesamte Verantwortung für das Funktionieren dieses Gemeinwesens übertragen wurde: Er hatte für ausreichende Nilfluten im Sommer, für reiche Ernten, volle Scheunen und die Versorgung all seiner Untertanen zu sorgen. Und das für alle Zeiten, im Diesseits und im Jenseits! Schließlich war er in der

Ausübung des Königsamtes als Stellvertreter des Horus auf Erden selbst (noch) unbestritten göttlich. Seinem Schutz für alle Ewigkeit galt daher höchste Priorität, denn nur dann konnte er diese Aufgaben auch im Jenseits weiter erfüllen.

Die Zeit der großen Pyramidenbauer

In der 4. Dynastie (um 2640 – 2505) folgte unter Snofru die Weiterentwicklung von der Stufenpyramide zum klassischen Pyramidenkomplex mit Taltempel, Aufweg und Totentempel. Dazu waren mehrere Versuche notwendig, und letztendlich war es Snofrus Sohn Cheops, der von den Bemühungen seines Vaters profitierte. Nach dem Bau seiner großen Pyramide von Gisa brachen bescheidenere Zeiten im Königshaus an: Die gottgleichen Pharaonen nannten sich nun ›Sohn des Ra‹ und erhielten mehr menschlich anmutende Züge. Chephren baute noch einmal ganz groß, doch bereits unter Mykerinos schrumpfte das Maß des Königsgrabes auf weniger als die Hälfte. Im gleichen Zeitraum wuchs die Macht der Beamtenschaft, die sich erste wirtschaftliche und politische Freiheiten schuf.

Die Pharaonen der 5. Dynastie (um 2505 – 2345) errichteten zwar noch Pyramiden, doch ließen sie daneben in Abusir große Tempel zur Verherrlichung des Sonnengottes erbauen. Söhne aus ›bürgerlichen‹ Familien drängten zunehmend in hohe Positionen bei Hofe und beschnitten den Machtanspruch der Königsfamilie. Folgerichtig wurden die Grabanlagen dieser Beamten größer und prächtiger, es entstanden einige der schönsten Reliefs der pharaonischen Zeit. Es tat sich auch etwas in der Welt des Glaubens; der so dominante Sonnenkult bekam Konkurrenz. Osiris als Totenrichter und Herrscher des Jenseits gewann an Popularität. In den Provinzen erhielten Verwalter und Beamte weitere Rechte, die Ämtererblichkeit höhlte in den folgenden Jahrzehnten Pharaos allumfassenden Machtanspruch aus.

Die Rote Pyramide des Snofru in Dahshur

Land und Leute

In der 6. Dynastie (um 2350–2215) verloren die Pharaonen dramatisch an Autorität. Pepi I. musste sich nach einer Verschwörung mittels einer strategischen Hochzeit Rückendeckung aus der Provinz holen. Sein Enkel Pepi II. wurde mit sechs Jahren Pharao und regierte nach Auskunft einer altägyptischen Königsliste 94 Jahre. Trotz seiner langen Amtszeit gelang es ihm nicht, die Führung des Staates wieder zu übernehmen. Zu viele wirtschaftliche Privilegien waren dem Königshaus bereits verlorengegangen, der universale Versorgungsanspruch war längst nicht mehr bezahlbar. Gegen Ende der Dynastie zerfiel Ägypten in mehrere selbständige Fürstentümer.

Dekorierter Holzsarg aus der 12. Dynastie

Die Erste Zwischenzeit

Sieh, das Land, dem sie übel mitgespielt haben, ist in Gaue zerfallen und allerlei große Städte. Was ein Einzelner beherrscht hatte, ist jetzt in der Hand von zehn Leuten.
Lehre für König Merikare, *9./10. Dynastie*

Amenemhet III.

Manetho, jener Priester, der im Auftrag von Ptolemaios II. die Geschichte des pharaonischen Ägypten schrieb und in 30 Dynastien unterteilte, verzeichnete für den Beginn der Ersten Zwischenzeit 70 Herrscher in 70 Tagen! Für moderne Ägyptologen sind die angeblichen Könige der 7. und 8. Dynastie kaum fassbar. Ob ihre Macht weit über die Hauptstadt Memphis hinausreichte, erscheint zweifelhaft. Knapp 50 Jahre prägten Bürgerkrieg, Hungersnot und Orientierungslosigkeit das Land, bevor sich in Herakleopolis und Theben zwei starke Fürstenhäuser etablierten. Ihnen gelang es, in ihren jeweiligen Gebieten wieder Recht und Ordnung herzustellen und die wirtschaftliche Lage ins Lot zu bringen. Die Fürsten von Herakleopolis (9./10. Dynastie) residierten südlich des Faijumbeckens unweit der heutigen Stadt Beni Suef; beim heutigen Luxor lag das Zentrum der ›Thebaner‹ (11. Dynastie). Um 2050 kam es zu Kämpfen zwischen den Fürsten, die nun jeweils Anspruch auf die Gesamtherrschaft erhoben. Der Thebaner Mentuhotep II. besiegte schließlich die nördlichen Rivalen und zum zweiten Mal in der Geschichte kam es um das Jahr 2010 vor Christus zur Reichseinigung.

Das Mittlere Reich

Bedrücke nicht den Landmann durch Steuern! Wenn du ihn schröpfst, verlegt er sich auf's Vagabundieren. ... Das sind die Leute, die das, was ist, hervorbringen; man lebt von dem Werk ihrer Hände. Wenn es daran mangelt, herrscht Elend.
Mahnungen an die Beamten, loyalistische Lehre, *um 1900*

In der Folge ihres Sieges machten die neuen Pharaonen ihre Heimatstadt Theben, das altägyptische Waset, zur Residenz. Die lokal verehrten Gottheiten Month und Amun nahmen Teil am Aufstieg ihrer Schützlinge, speziell Amun wurde zu einem der mächtigsten Götter des Landes. Mentuhotep II. wählte das Bergland von Theben-West als Bestattungsplatz der Könige, Beamten und Priester. Die Oasen der Westwüste und Teile Nubiens gelangten wieder unter ägyptische Kontrolle, und mit syrischen Fürsten wurden Handelsbeziehungen aufgenommen. Bis in die 20. Dynastie hinein huldigten die Nachfolger des Mentuhotep diesem Pharao als einem der ganz Großen der ägyptischen Geschichte.

Um in den Steinbruchgebieten der Ostwüste Material für seinen Sarg brechen zu lassen, organisierte der sonst eher unscheinbare Pharao Mentuhotep IV. eine aufwändige Expedition mit Tausenden von Arbeitern. Sein Wesir Amenemhet trat die Nachfolge auf dem Pharaonenthron an und begründete damit die 12. Dynastie (um 1975–1795).

Die klassische Zeit

Die Residenz wurde wieder in den Norden nach Itj-taui beim heutigen Lischt verlegt, wo auch ein neuer Pyramidenfriedhof entstand. Bekannt wurde Amenemhet I. durch die berühmte Lebensgeschichte des Sinuhe, in der die Ereignisse nach einem Attentat auf den König geschildert sind. Literarische Werke aus dieser Zeit galten für ägyptische Schreiber noch Jahrhunderte später als vorbildlich in Sprache und Weisheit. »Nimm dich in acht vor Untergebenen, die nichts geworden sind; Vertraue keinem Bruder, kenne keinen Freund, schaffe dir keinen Vertrauten – das führt zu nichts.« Bitter sind die Worte aus der Lehre des Amenemhet, die er seinem Nachfolger Sesostris I. verkündete. Der lernte daraus, wie seine 45-jährige Regentschaft zeigt. Sein Hauptaugenmerk richtete er auf die Erneuerung der Verwaltung, doch blieb ihm ausreichend Energie für weit über den zweiten Katarakt hinausführende Eroberungszüge in Nubien. Sein Enkel Sesostris II. begann mit großem Aufwand die Trockenlegung eines Teils des Faijumsumpfes, an dessen Westrand seine Pyramide aus Lehmziegeln entstand. Eindrucksvolle Bildnisse gibt es aus der Zeit Sesostris' III. (etwa 1870–1850), der sich im fortgeschrittenen Alter mit scharfer Nase, Falten und Tränensäcken porträtieren ließ. Vier Kriege in Nubien sicherten Ägyptens Herrschaft bis zum zweiten Katarakt;

der Wasserweg dorthin wurde durch das Aushauen einer Schiffsrinne im Granit-
gestein des ersten Katarakts bei Assuan erleichtert. Mit Festungsbauten wurde
das eroberte Gebiet gesichert, noch im Neuen Reich galt Sesostris als Schutzherr
Nubiens. Ägypten genoss unter ihm und seinem Sohn eine wirtschaftliche Blütezeit. Amenemhet III. (1850–1805) führte im Faijum das Landgewinnungsprojekt seines Großvaters Sesostris II. fort. Wie sein Vater baute er in Dahshur eine
Pyramide, zog dann aber doch die näher beim Faijum gelegene zweite Pyramide
von Hawara als Bestattungsplatz vor. Dort wurde er noch in römischer Zeit als
eine Art Schöpfergott, der das Fruchtland aus dem Wasser emporkommen ließ,
göttlich verehrt. Ganz am Ende der 12. Dynastie saß eine Frau auf dem Pharaonenthron, Nofrusobek (1800–1795), die Schwester Amenemhets III.

Die Zweite Zwischenzeit

Ein Fürst ist in Auaris, ein anderer in Kusch, und ich sitze zusammen mit einem Nubier.
Jeder schneidet sich ein Teil aus diesem Ägypten und teilt das Land mit mir auf.
Inschrift auf einer Stele des **Kamose**, *17. Dynastie*

Nur gestützt durch einen stabilen Beamtenapparat überstand Ägypten die folgenden Jahrzehnte. Während der 13. Dynastie (um 1795 –1650) wechselten sich
50 Könige in rascher Folge ab. Im östlichen Delta etablierte sich eine unabhängige Fürstenfamilie und gründete die 14. Dynastie. Um 1650 vor Christus ereig-
nete sich Folgenschweres: ›Herrscher des Fremdlandes‹, *heqa chasut*, schwangen
sich zu Pharaonen auf: die Hyksos. Ob es sich dabei um längst schon im Delta
ansässige Einwanderer handelte oder um erst kürzlich mit Pferd und Streitwagen eingefallene Ausländer, ist umstritten. Altägyptische Quellen späterer Zeiten
behaupten steif und fest, es habe sich um eine Eroberung von außerhalb gehandelt. Moderne Ägyptologen halten das für Negativ-Propaganda. Ausgrabungen
scheinen den Ägyptologen Recht zu geben: Im Nordostdelta lebte offenbar schon
seit geraumer Zeit eine beachtliche Gruppe von Siedlern aus dem syrisch-paläs-
tinensischen Raum. Rund 100 Jahre währte die Herrschaft dieser 15. Dynastie,
die im Ostdelta mit Auaris eine neue Hauptstadt begründete. Chajan und Apophis, die bedeutendsten Hyksos-Könige, regierten von etwa 1600 bis 1550 ganz
Ägypten. Nur ein von unbeugsamen Thebanern (17. Dynastie) bevölkertes Dorf
hörte nicht auf, den Fremdlingen Widerstand zu leisten. Um 1555 formierten sie
sich unter Seqenenre-Tao II. zum Kampf gegen die Hyksos.
    Nach Seqenenre-Taos Tod auf dem Schlachtfeld führte sein Sohn Kamose den
Kampf fort. Ein Brief des Apophis an den Herrscher von Kerma in Nubien beschrieb die Lage: »Hast du nicht gesehen, was Ägypten gegen mich unternimmt?
Sein Herrscher, Kamose, der Starke, bedrängt mich auf meinem Territorium, ohne dass ich ihn angegriffen habe … Komm, ziehe nach Norden. Ich werde ihn
nicht weglassen, bevor du angelangt bist. Dann werden wir die Städte Ägyptens aufteilen und unsere beiden Länder werden glücklich und in Freude sein.«
    Der Bote mit dem Brief wurde von Theben abgefangen, aus dem geplanten
Zweifrontenkrieg wurde nichts. Doch bald schon starb Kamose, und der minder-
jährige Ahmose trat die Nachfolge an. Er erhielt tatkräftige Unterstützung von

seiner Großmutter Teti-scheri und seiner Mutter Ahhotep I. Rund 15 Jahre nach den ersten Kämpfen in Vorderasien eroberte schließlich Ahmose Auaris, kurz darauf errang er auch in Nubien einen Sieg.

Das Neue Reich

Diese Fremdländer aber, von denen ich gesprochen habe, die eroberte mein Herr mit seiner Kraft, mit seinem Bogen, mit seinem Pfeil und mit seiner Streitaxt.
*Bericht des **Mimose**, Schatzmeister Thutmosis' III.*

Mit der Wiederherstellung der Einheit des Reiches begann eine Epoche der imperialen Ausdehnung Ägyptens. Schon Ahmose brachte Südpalästina unter seine Herrschaft und bekräftigte Ägyptens Anspruch auf Nubien mit dem Ausbau der alten Festungen. Erstmals wurde zur besseren Kontrolle dieses wirtschaftlich so wichtigen Gebiets ein ›Vizekönig von Kusch‹ als direkt dem Pharao unterstellter Beamter eingesetzt. Innenpolitische Streitigkeiten und Rivalitäten um den Thron brachten eine weitere Neuerung: Der Anspruch auf den Thron musste von nun an durch die Eheschließung mit einer Königstochter legitimiert werde. Dies sollte in der Folgezeit der 18. Dynastie (um 1540–1290) im Königshaus zu zahlreichen Eheschließungen zwischen Vollgeschwistern führen.

Ahmes-Nefertari galt gemeinsam mit ihrem Sohn Amenophis I. (um 1514–1493) ab dem 13. Jahrhundert vor Christus als Schutzpatronin der Arbeiter- und Künstlersiedlung von Deir el-Medina. Amenophis I. ließ im Tempel des Amun neue Kapellen errichten wie die Alabasterkapelle im Freilichtmuseum von Karnak, auch im Bezirk von Deir el-Bahri entstanden wichtige Kultbauten.

Blick auf Theben-West

Hatschepsut-Statue in Theben-West

Vielleicht als Erbe aus der Zeit der Kämpfe gegen die Hyksos wurde die militärische Ausbildung der Königssöhne von großer Bedeutung, es entwickelte sich eine Art ›Rittertum‹. Die Rückbesinnung auf alte Glaubensvorstellungen führte zur Neufassung der Jenseitsvorstellungen in den Unterweltsbüchern. Auch Medizin und Astronomie erhielten Aufschwung; der berühmte Papyrus Ebers, der um 1550 vor Christus geschrieben wurde und sich heute in Leipzig befindet, enthält ›Grundlagen der ärztlichen Geheimnisse‹, Krankheitsbeschreibungen und Rezepte.

Ein Familienwechsel auf dem Thron brachte Thutmosis I. (1493–1482) an die Macht, der zu seiner Legitimation Ahmose, die Tochter seines Vorgängers, heiratete. Wieder mussten die Nubier in ihre Schranken gewiesen werden, im Rahmen eines Feldzugs erreichten die Ägypter sogar den fünften Katarakt und eroberten Obernubien: »Die Bogenschützen von Nubien, im Gemetzel gefallen, liegen in den Ebenen; ihr Blut strömte wie Platzregen«, schildert eine Inschrift die grausigen Ereignisse. Die Folge war der Untergang des nubischen Königreichs von Kerma. Im Nordosten Ägyptens bildete sich das Großreich Mitanni, mit dem sich Thutmosis ebenfalls kriegerisch auseinandersetzen musste – und dabei immerhin bis zum Euphrat vorstieß. Trotz all dieser Kriege blieb ihm noch Zeit, seinem Schutzgott Amun angemessen Aufmerksamkeit zu widmen. Auf Thutmosis I. geht die Vergrößerung des Tempels von Karnak zurück. Er war es auch, der einen neuen Friedhof in den versteckten Seitentälern des Westgebirges von Waset anlegen ließ. Sein Architekt Ineni berichtete, dass er ›in der Einsamkeit, ungesehen, ungehört‹ dort arbeitete. Das Tal der Könige blieb – mit nur kurzer Unterbrechung – für fast ein halbes Jahrtausend der Bestattungsplatz der Pharaonen.

Königin Hatschepsut wird Pharao

Nur drei bis vier Jahre regierte Thutmosis II., der vor allem als Vater von Thutmosis III. und Ehemann seiner Halbschwester Hatschepsut (1479–1458) Bedeutung hatte. Nach seinem frühen Tod kamen beide an die Macht. Da Thutmosis III. noch minderjährig war, übernahm seine Stiefmutter als Regentin die Staatsführung. Recht bald schon erhob sie sich aber zur Pharaonin, angeblich nach dem Willen sowohl ihres leiblichen Vaters Thutmosis I. wie auch des göttlichen Vaters Amun. Hatschepsut brach damit die uralte Regel, dass nur ein Mann Pharao werden kann. Zwar blieb Thutmosis während ihrer gesamten Regierungszeit Mitregent und wurde auf vielen ihrer Denkmäler im vollen Herrschaftsornat abgebildet, doch war es wohl sie, die die Politik im Land bestimmte. Ein großes Bauprogramm – vor allem für Amun – und eine aufwändige Expedition ins Weihrauchland Punt waren die prägenden Ereignisse ihrer Zeit. Als engster Vertrauter Hatschepsuts stand der Baumeister und Gelehrte Senenmut an der Spitze der Parteigänger der Pharaonin. Er unterstützte als Erzieher der Prinzessin Nofrure wohl auch den Versuch, diese als Nachfolgerin ihrer Mutter aufzubauen. Nach dem Tod der jungen Prinzessin musste Hatschepsut die Hoffnung auf eine Thronfolge in weiblicher Linie aufgeben. Ob und warum zu diesem Zeitpunkt auch die Unterstützung durch ihre Anhänger schwand, ist schwer festzustellen. Sicher ist, dass Senenmut gegen Ende der Regierungszeit nicht mehr das Wohlwollen seiner Herrin genoss, vielmehr zog er ihren Zorn auf sich und verlor alle seine Posten. An seinen Statuen wurde sein Name entfernt, vielen Figuren wurde zur rituellen Vernichtung die Nase abgeschlagen.

Der große Imperator

Nach dem Tod Hatschepsuts übernahm Thutmosis III. (1479–1426) schließlich doch die Herrschaft. Die Erinnerung an seine Vorgängerin wurde getilgt, Inschriften und Reliefs ausgehackt, Bauwerke zerstört, Obelisken ummauert – wann genau dies geschah, ist allerdings bislang nicht gesichert. In der Außenpolitik fand eine deutliche Wende statt: Thutmosis musste sich gleich im ersten Jahr seiner Alleinherrschaft der Herausforderung durch das mächtig gewordene Reich von Mitanni stellen. Im palästinensisch-syrischen Raum erinnerten sich die meisten Stadtstaaten schnell wieder ihrer Loyalität zu Ägypten, doch blieb das Verhältnis zwischen den beiden Großmächten gespannt. Insgesamt sechzehnmal zog der Pharao gegen Mitanni und seine Anhänger zu Felde. Dass sich das kulturell bereichernd auswirkte, berichten seine ›Kriegstagebücher‹: Luxuswaren, Streitwagen, exotische Pflanzen und Tiere kamen so an den Nil. Ein neues Gerät zur Bewässerung, das Schaduf, wurde eingeführt, und erstmals hörten die Ägypter das Gackern des vorher unbekannten Huhns. Auch nach Süden führte Thutmosis Feldzüge, bis die Grenze Ägyptens schließlich am vierten Katarakt gesichert wurde. Trotz all der zeit- und kräfteraubenden militärischen Aktivitäten gelang es ihm auch noch, große Bauprojekte zu organisieren. In Karnak entstanden neue Pylone, Höfe und das Achmenu zur Feier des königlichen Regierungsjubiläums. Ein ganzes Heer von Bauarbeitern muss auch in Nubien tätig gewesen sein, um mit Tempeln und Festungen, Kapellen und Verwaltungspalästen die Größe Ägyptens zu verkünden. Der Sohn von Thutmosis III., Amenophis II. (1426–1400), hatte es schwer, sich als Nachfolger seines übermächtigen Vaters

Im ›Botanischen Garten‹ von Karnak, neue Pflanzen und Tiere kommen ins Land

ein eigenes Profil zu geben. Seine Körperkraft und Geschicklichkeit in allen Waffengattungen betonte er auf verschiedenen Denkmälern, die erbarmungslose Vernichtung von Feinden war ebenfalls ein mehrfach belegtes Thema.

Weltmacht Ägypten

Ich bin dein Vater Horemachet-Chepri-Ra-Atum. Ich werde dir das Königtum übergeben.
Das Land in seiner Länge und in seiner Breite wird dein sein, und alles, das vom Auge
des Allherrn erleuchtet wird.
Von der Sphinx-Stele **Thutmosis' IV.** *in Gisa*

Im Gegensatz zu seinem Vater Amenophis II. bemühte sich Thutmosis IV. (1400–1390) besonders im noch immer von kriegerischen Auseinandersetzungen geprägten Verhältnis mit Mitanni um Entspannung. Es kam sogar zur Heirat mit einer Tochter des Mitanni-Königs Artatamas I. Ägypten konnte nach langer Zeit endlich Frieden genießen, der in den letzten rund 50 Jahren erkämpfte Wohlstand blieb auch ohne weitere Eroberungen erhalten. Aus der Ehe Thutmosis' mit Mutemwia, einer seiner Nebengemahlinnen, stammte der nächste Pharao: Amenophis III. (1390–1353). Seine Zeit war von künstlerischer Blüte und Luxus geprägt, es entstanden überaus feine Reliefs, die die elegante Mode der damaligen Zeit in liebevollen Details festhielten. Ungewöhnlicherweise hatte sich Amenophis als Hauptgemahlin eine Frau nicht-königlicher Herkunft erwählt: Teje. Sie scheint eine sehr dominante Persönlichkeit gewesen zu sein, die häufig bei bislang einzig dem Pharao vorbehaltenen Aufgaben gleichberechtigt neben ihrem Gatten abgebildet wurde. Amenophis III. wandte sich verstärkt dem Kult des Sonnengottes Ra zu, möglicherweise um dadurch ein Gegengewicht zu schaffen zur damals schon sehr starken Amunspriesterschaft. Gleichzeitig betonte er zu Lebzeiten seine Göttlichkeit als Pharao, vielleicht auch, um andere mächtige Gruppierungen im Land in ihre Schranken zu weisen. Außenpolitisch ging es weitgehend friedlich zu, Amenophis betrieb mit Mitanni und Babylon eine freundliche Heiratspolitik. Ägypten besaß offenbar immense Reichtümer, wenn man den Worten des Mitanni-Herrschers Tuschratta glauben darf: »Mein Bruder möge mehr Gold senden als das, was mein Vater erhielt. Ist doch inmitten des Landes meines Bruders das Gold wie Staub in Menge da!« Amenophis III. ließ sich nicht lumpen, für eine der ausländischen Prinzessinnen gab es Brautgeschenke an deren Familie im Wert von einer halben Tonne Gold. Wichtigster Beamter und engster Berater des Pharao war der bereits betagte Ex-Militär Amenophis Sa Hapu, der unter anderem auch die Aufstellung der gewaltigen Memnonskolosse vor dem Totentempel seines Herrschers organisierte. Amenophis III. schätzte diesen alten Weisen offenbar so sehr, dass er ihn noch zu Lebzeiten offiziell zu einer Art Heiligen erklärte, der die Bitten der Normalsterblichen an Amun leiten sollte. Abgesehen davon beschäftigte er seinen Architekten auch mit ganz handfesten Aufträgen. Als einer der größten Bauherren hinterließ Amenophis III. eine Fülle von Denkmälern in Ägypten und Nubien, allein 1000 Statuen sind von ihm erhalten. Davon zeigen ihn vor allem die aus seinen späteren Jahren als wohlgebauten, sportlich gestählten Jüngling – ein Trugbild, wie man vom Fund der

Amenophis III. auf einem Relief aus dem Luxor-Tempel

Mumie und einigen Bildnissen aus der Zeit seines Sohnes weiß. Amenophis III. dürfte mit seinen etwa 50 Jahren dickbäuchig und kränkelnd gewesen sein. Sein Gebiss war in besonders traurigem Zustand, der Pharao muss unter bösen Zahnschmerzen gelitten haben. Vielleicht bat er deshalb Tuschratta von Mitanni um die Übersendung einer heilkräftigen Statue der Ischtar von Ninive.

Echnaton

Unter Amenophis IV. (1353–1336), dem Sohn und Nachfolger Amenophis' III., sollte bald Schluss sein mit solcher Vielgötterei. Bei seiner Thronbesteigung führte er zwar noch den altehrwürdigen Namen ›Amun ist zufrieden‹, doch spätestens im vierten Jahr seiner Herrschaft wurde alles anders. Es begann damit, dass dem Amun-Tempel von Karnak ein riesiger Aton-Tempel vor die Nase gesetzt wurde, dessen Reliefs in einem bislang ungesehenen Kunststil gearbeitet wurden. Regelrecht revolutionär war die Tatsache, dass es in diesem Heiligtum keine einzige Statue des Gottes gab, ja nicht einmal ein ordentliches Sanktuar. Der vom Pharao erwählte Gott Aton war schließlich für alle sichtbar am Himmel, seine Strahlen reichten in die offenen Höfe des Tempels. Wirklich neu war die Gottheit nicht, als eine der zahlreichen Erscheinungsformen des Sonnengottes wurde Aton schon in den Pyramidentexten erwähnt. Neu war, dass ihm weder Gemahlin noch Götterkind zur Seite gestellt wurden. Das Vorbild der göttlichen Familie als Grundeinheit der Gesellschaft, als Garantie für den ewigen Kreislauf des Lebens – nach fast 2000 Jahren einfach abgeschafft! Zum Ersatz gab es ein ausgesprochen schockierendes Bild des Pharao, der sich mit fast karikaturhaften Gesichtszügen und extrem breiten Hüften und dicken Oberschenkeln zeigen ließ.

Eine neue Residenz für Aton

Zu all dem änderte er auch noch seinen Geburtsnamen: Echnaton – oder richtiger Achanjati – der ›Strahl des Aton‹, hieß der Herrscher von nun an. Waset, die alte Hauptstadt, in der all die Priester des Amun und die Beamten der alten Regierung saßen, erschien ihm nicht mehr haltbar. Eine neue Residenz wurde gegründet, ›Achet-Aton‹, der Horizont des Aton. »Ich errichtete Achet-Aton für Aton, meinen Vater, an diesem Platz. Auf einer Stelle, welche er sich selbst bereitet hat und die für ihn durch ein Gebirge umrahmt ist«, verkündete Echnaton auf einer Grenzstele der neuen Hauptstadt beim heutigen Dorf Tell el-Amarna. Neue Leute kamen mit ihm und bauten den Aton-Staat auf, sie waren nur durch die Gunst des Königs erwählt, dem sie untertänigst huldigten: »Du bist Ra, du bist das Abbild des lebendigen Aton! Du wirst seine hohe Lebenszeit verbringen!« Absolute Loyalität drückt sich in den Texten aus, die von den hohen Beamten und Priestern in ihren Gräbern angebracht wurden: »O Herrscher, der mich unter den Menschen erschuf; ausgezeichnet bin ich durch sein Ansehen! Er ließ mich reich sein, da ich arm war.«

Echnaton wird gern als Begründer des Monotheismus bezeichnet, doch schleichen sich mitunter Zweifel ein. Wohl verehrte er Aton als einzige Gottheit, jeglicher andere Kult wurde strengstens verfolgt. Aber gleichzeitig war er der einzige, der Aton erkennen konnte. Alle anderen hatten nur die Möglichkeit, Echnaton als das ›lebende Abbild‹ des Gottes zu verehren. Man vermutet, das hier der Grund für die absonderliche Gestalt des Pharao zu suchen ist. Echnaton wurde für die Menschen seiner Zeit der Ersatz für alles, was vorher von den Göttern verkörpert worden war. Er war der Urgott, der aus sich selbst Leben erschuf – daher die Zwittergestalt mit Brüsten und ›gebärfreudigem‹ Becken.

Echnaton im Pferdewagen unter den Strahlen Atons

Im Nordpalast residierten die Königinnen Echnatons: Nofrete, Kija und zuletzt seine Tochter Meritaton

Des Königs Hymnus an den Sonnengott

Im von Echnaton selbst verfassten Hymnus auf Aton heißt es: »Schön erhebst du dich am Horizonte des Himmels, lebender Aton, mit dem alles Leben beginnt. Fürwahr: Gütig bist du und groß, hochstrahlend ob allem Land. Fern bist du, und doch ist dein Strahlenglanz über der Erde. Und es sehen dich die Menschen, doch niemand begreift deinen Weg. Wie mannigfaltig sind deine Werke! Sie sind dem menschlichen Blick verborgen, o einziger Gott, dem kein anderer gleicht. Nach deinem Willen hast du allein die Erde geschaffen, die Menschen, die Herden, großes und kleines Getier, und alles, was auf Erden nur weilt, auf Füßen umhereilt und fliegend sich hoch in die Lüfte erhebt. … In meinem Herzen bist du, doch niemand ist sonst, der dich kennt, nur Echnaton, dein Sohn. Ihm hast du Einsicht gegeben in deinen Plan, in deine Macht.«

Echnaton und Nofretete

Als göttliche Familie traten Echnaton und Nofretete mit ihren gemeinsamen Töchtern unter die Strahlenarme des Sonnengottes. Nofretete gibt bis heute Rätsel auf. Ihre Herkunft aus Ägypten als Tochter des späteren Königs Eje erscheint mittlerweile recht sicher, doch ist ihr Ende mysteriös. Die große königliche Gemahlin, Mutter zahlreicher Töchter und selbstbewusst neben ihrem Gatten agierende Herrscherin, verschwindet einfach aus der Geschichte. Es haben sich keine Hinweise erhalten, ob die Königin starb, in dem für sie vorbereiteten Grab bestattet wurde oder ob sie möglicherweise in Ungnade gefallen und verbannt worden war – ein weites Feld für Spekulationen. Neben ihr gab es andere Frauen an der Seite Echnatons, Kija und zwei seiner Töchter trugen ebenfalls die Titel von königlichen Gemahlinnen.

Der Goldthron des Tutanchamun im Nationalmuseum Kairo

Heilsbringer oder Despot?

Die Regierungszeit Echnatons war eine für die Menschen damals vermutlich außerordentlich schwierige und verunsichernde Epoche – alles, was über 2000 Jahre als richtig gegolten hatte, wurde als falsch deklariert. Das ganze Weltbild war ins Wanken geraten – die Menschen hatten Angst vor dem Zorn der Götter, wünschten sich Amun zurück: »Mein Herz sehnt sich nach deinem Anblick, Freude meines Herzens, Amun, du Kämpfer des Armen! Wende dich uns wieder zu, du Herr der Zeitfülle! Du warst hier, als noch nichts entstanden war, und du wirst hier sein, wenn sie zuende sind.« Dieser Text stammt aus der direkten Nachfolgezeit des Echnaton, als Semenchkare auf dem Pharaonenthron saß.

Nach Amarna

Das Land war im äußersten Elend, die Götter hatten sich von diesem Land abgewendet. Wenn man sich an einen Gott bittend wandte, um von ihm Rat zu erfragen, so kam er nicht herbei, in keinem Fall.
*Von der Restaurationsstele des **Tutanchamun***

Echnaton hinterließ bei seinem Tod ungeklärte Verhältnisse. Aus den Quellen ist kein designierter Thronfolger bekannt, und in den Archiven seiner Hauptstadt Achet-Aton (Tell el-Amarna) fand sich die Abschrift eines Briefs der Königswitwe an den hethitischen Herrscher Schuppiluliuma I., der damals wie heute Aufsehen erregt: »Mein Gemahl ist tot, und ich habe keinen Sohn. Aber man sagt mir, dass du viele Söhne hast. Wenn du mir einen deiner Söhne schickst, könnte er mein Gemahl werden.« Ein ausländischer Königssohn hätte durch die Ehe mit einer ägyptischen Königin Anspruch auf den Pharaonenthron gehabt!

Tatsächlich scheint ein Sohn des Hethiterkönigs auf die Reise gegangen zu sein, erlag aber unterwegs einem Mordanschlag. Hatten ägyptische Kreise den Mord angezettelt, um die Machtübernahme eines Ausländers zu verhindern? Schuppi-luliuma jedenfalls sah das so und setzte sein Heer gegen Ägypten in Bewegung. In der Zwischenzeit bestieg in Ägypten Semenchkare (1336–1332) den Thron. Die Herkunft des neuen Pharao ist unsicher; war er ein Sohn, Halbbruder, Cousin oder Neffe Echnatons? Oder – diese Theorie wird immer wieder neu diskutiert – handelte es sich gar um die verschollene Nofretete, die rechtzeitig untergetaucht war, um in verwandelter Gestalt als männlicher Pharao das Erbe ihres Gatten anzutreten? Ob Echnaton wie von ihm selbst geplant in Achet-Aton oder vielleicht doch in Luxor im Tal der Könige beigesetzt wurde, möglicherweise auch aus Sicherheitsgründen an einen geheimen Ort umgebettet wurde, ist ebenfalls noch ein weites Feld für Spekulationen.

Kindkönig Tutanchamun

Als nächster Pharao bestieg der Knabe Tutanchaton in Achet-Aton den Thron. Nach nur zwei Jahren gab er das Erbe Echnatons auf und leitete die Rückkehr zur alten Religion ein. Als deutliches Zeichen dafür änderte er seinen Namen in Tut-anchamun (1332–1323) und verließ die Residenz in Mittelägypten, um Memphis zur neuen Hauptstadt zu machen. Im ganzen Land wurden die Tempel der alten Götter wiederhergestellt, überall das unter Echnaton ausgehackte Bild des Amun erneuert. Schwerpunkt der Restaurationsarbeiten war Waset, die Stadt des Amun.

Aber auch Tutanchamun fand ein vorzeitiges Ende; die wilden Hypothesen über eine Ermordung wurden durch eine 2005 durchgeführte Computertomographie am Leichnam des Pharao entkräftet. Sein Sterbealter lag nach diesen neuesten Erkenntnissen zwischen 18 bis 20 Jahren, der Grund für seinen frühen

Tutanchamun-Statue in Karnak

Tod dürfte die generell angeschlagene Gesundheit des jungen Monarchen gewesen sein: Er litt an einer schweren Form der Malaria, hatte eine leichte Gaumenspalte sowie einen Klumpfuß – weshalb ihn zahlreiche Bilder auf einen Stock gestützt zeigen –, und zu allem Überfluss hatte er sich kurz vor seinem Tod einen offenen Bruch unterhalb des linken Knies zugezogen. Die daraus resultierende Infektion war vermutlich zu viel für das geschwächte Immunsystem Tutanchamuns. Seine weltweite Berühmtheit verdankt der junge Pharao dem Umstand, dass sein kleines Grab als einziges im Tal der Könige 1922 nach Christus mit fast all seinen Beigaben entdeckt wurde. Die Grabbeigaben befinden sich heute im Nationalmuseum in Kairo.

Nach dem frühen Tod Tutanchamuns gab es keinen männlichen Erben mehr, der als legitimer Nachfolger den Thron hätte übernehmen können. Eje (1323–1319), der schon als Erzieher Tutanchamuns maßgeblich Einfluss auf die Regierungsgeschäfte gehabt hatte, wurde Pharao. Mit ihm starb der endgültig letzte Pharao aus der großen Herrscherfamilie der 18. Dynastie.

Haremhab (1319–1292), der als nächster den Thron bestieg, leitete den Wechsel zu einer aus dem Militär stammenden neuen Dynastie ein. Auch er war bereits als Regent für Tutanchamun aktiv geworden. War Haremhab ein erbitterter Gegner Ejes, der später dessen Grab schänden ließ, oder waren beide eher Gleichgesinnte auf dem Weg zurück zu den alten Verhältnissen? Zwang Haremhab eine Schwester der Nofretete gegen ihren Willen zur Ehe, um seinen Anspruch auf den Thron zu legitimieren, oder war seine Gemahlin Mutnedjmet gar nicht königlicher Herkunft? Unter Ägyptologen ist bis heute heftigst umstritten, ob Haremhab ein machthungriger Intrigant oder ein vernunftgesteuerter Pragmatiker war. Spätere Pharaonen sahen ihn als denjenigen, der die ›Maat‹, die Ordnung, wiederhergestellt und die vollständige Restauration der guten alten Zustände bewerkstelligt hatte. Und mit der Einsetzung seines vertrauten Generals und Wesirs Ramses sorgte er endlich nach langer Unruhezeit für eine geordnete Thronfolge.

Aufbruchstimmung

Freue dich du ganzes Land! Die gute Zeit ist gekommen. Ein Herr – Leben, Heil und Gesundheit! – ist erschienen in allen Ländern, Ordnung ist an ihren Platz zurückgekehrt. Zur Thronbesteigung des **Merenptah**, *1213 vor Christus*

Dem Stammvater der 19. Dynastie, Ramses I. (1292–1290), blieben nur zwei Jahre, in denen er seine Hausmacht für sich und seinen Sohn festigen und damit die Grundlagen für eines der mächtigsten Herrschergeschlechter Ägyptens legen konnte. Noch Anfang des 21. Jahrhunderts nach Christus war er gut für Schlagzeilen: Nachdem eine in den USA aufbewahrte Mumie sehr wahrscheinlich als Ramses I. identifiziert worden war, wurde sie am 9. März 2004 in einem großen Staatsakt ins Museum von Luxor überführt.

Ramses' Sohn Sethos I. (1290–1279) verdanken wir die überaus eleganten Reliefs im Totentempel von Abydos und die Ausgestaltung des großen Säulensaals von Karnak. In seiner Heimat beim heutigen Dorf Qantir im Ostdelta gründete Sethos eine neue Hauptstadt mit Namen ›Haus des Ramses‹, Pi-Ramesse.

Damit verlagerte sich der politische Schwerpunkt nach Nordosten. ›Hausgott‹ der neuen Dynastie war der im Osiriskult so verfemte Seth, der als mächtiger Kriegsgott aber auch der Beschützer der Landesgrenzen war. Trotz der Verlagerung der Residenz ließ Sethos sich im Tal der Könige bestatten, im wohl schönsten der Pharaonengräber. Giovanni Battista Belzoni, der Entdecker des Sethos-Grabs, vermerkte 1817: »Fortuna hat mir eine Befriedigung geschenkt, … der Welt ein bisher unbekanntes, vollkommenes Monument ägyptischen Altertums präsentieren zu können. Ein Kunstwerk, dessen hinreißende Perfektion alles bisher Bekannte übertrifft, sowohl von der Ausführung als auch dem Grad der Erhaltung her.« Der Zustand des Grabes hat sich seit der Freilegung dramatisch verschlechtert, jahrelang arbeitete ein internationales Team von Restauratoren an der Rettung dieses einzigartigen Denkmals.

Ramses der Große

Wir betrachten die Fülle deiner Wundertaten, seit du erschienen bist als König der beiden Länder.
*Inschrift auf der **Kuban-Stele***

Der etwa 25-jährige Ramses II. (1279–1213) erbte von seinem Vater ein in seinen Grenzen wieder gefestigtes Land, dessen ausländische Besitzungen weitgehend unter Kontrolle gebracht worden waren, sowohl Richtung Syrien-Palästina und Libyen wie auch in Nubien. Doch lange sollte der Frieden nicht halten. Das hethitische Großreich drängte mit Macht in die auch von Ägypten beanspruchten Gebiete Syriens. Im Jahr 4 kam es zur Konfrontation bei Kadesch. Über 50 000 Kämpfer auf beiden Seiten standen sich damals am Orontes gegenüber, Amun und Baal sei Dank kam es aber doch nicht zum völligen Vernichtungskrieg. Die Herrscher einigten sich auf einen Friedensvertrag, der ›auf ewig‹ Freundschaft zwischen den beiden Großmächten sichern sollte. Zu Hause widmete sich Ramses verstärkt seiner Lieblingsbeschäftigung, dem Bauen.

Pi-Ramesse wurde vergrößert und prächtig ausgestattet, Nubien erhielt eine ganze Reihe von Tempelneubauten, und selbstverständlich waren die Baumeister auch in Memphis und Waset mit Aufträgen wohl versorgt. Die Auftragsbücher der Bildhauer waren so voll, dass sie mit der Lieferung nicht mehr nachkamen. Kurzerhand übernahm man Statuen früherer Pharaonen, überarbeitete sie ein wenig und stellte sie als Bilder Ramses' des Großen in die neuen Tempelhöfe. In dieser Zeit wurde nicht nur viel Neues gebaut; Chaemwaset, einer der Söhne Ramses' II., engagierte sich als Denkmalschützer, Archäologe und Restaurator. An den Pyramidenkomplexen von Gisa wurden Reparaturarbeiten in Angriff genommen.

In der 67-jährigen Regierungszeit des Pharao starben viele seiner Kinder und Ehefrauen – das berühmte Grab für seine Lieblingsfrau Nefertari und die riesige Anlage für seine Söhne im Tal der Könige geben eindrucksvolles Zeugnis von der liebevollen Sorge für ihre jenseitige Existenz. Sein eigener Totentempel mit gewaltigen Ramses-Statuen war noch lange Zeit Sitz der Verwaltung der ›Friedhofsstadt‹.

Im Säulensaal von Karnak

Krieg mit den Nachbarn und Streit im Inneren

Als 13. Sohn seines über 90-jährigen Vaters trat schließlich Merenptah (1213–1204) die Nachfolge an. Schon seit geraumer Weile hatten die Libyer im Nordwesten des Landes für Unruhe gesorgt, die mit den ›Seevölkern‹ aus dem Mittelmeerraum gemeinsame Sache machten und immer wieder Ägyptens Nordgrenzen attackierten. Merenptah gelang es, ihnen eine schwere Niederlage beizubringen. Aufstände in Nubien und in Syrien-Palästina wurden ebenso niedergeschlagen, und der Pharao verkündete auf einer Siegesstele in seinem Totentempel (heute im Museum in Kairo) stolz: »Die Könige werfen sich nieder und rufen schalom … Libyen ist erobert, das Hethiterland befriedet, Kanaan ist mit allem Übel erbeutet. Askalon ist herbeigeführt, Gezer ist gepackt, … Israel ist verwüstet, … wer als Fremdling herumzieht, wird gebändigt.« Bei dieser Inschrift handelt es sich um die älteste bekannte Nennung Israels, die damit auf die Zeit um 1210 vor Christus zu setzen ist.

Nach dem Tod Merenptahs kam es zu Unstimmigkeiten bei der Thronfolge. Sethos II. (1204–1198) wäre als nächster Herrscher ganz Ägyptens zu zählen, gäbe es nicht einen Pharao namens Amenmesse, dessen Regierungszeit (um 1204–1200) sich mit der des Sethos überschneidet. Auch die weitere Königsfolge ist verwirrend: Der junge Siptah (1198–1193) regierte mit seiner Stiefmutter Tausret und dem mächtigen Kanzler Bai. Königin Tausret (1198/1193–1190) übernahm nach dem Tod Siptahs das Pharaonenamt, wurde aber von Sethnacht bekämpft und starb bei vermutlich bürgerkriegsartigen Auseinandersetzungen.

Sethnacht (1190–1187), der Begründer der 20. Dynastie, war der Vater von Ramses' III. (1187–1156). Ähnlich kritisch wie für sein großes Vorbild Ramses II. die Auseinandersetzung mit den Hethitern erwies sich für diesen die Be-

Kapellen aus der Regierungszeit von Merenptah in Gebel es-Silsile

drohung durch die Seevölker: »Die Fremdländer machten ein Bündnis auf ihren Inseln; nicht hielt irgendein Land vor ihren Armen stand; sie kamen heran, vorwärts nach Ägypten«, schildert ein Text aus dem Totentempel Ramses' III. die Situation um 1180 vor Christus. Die erfolgreiche Abwehr dieser wohl vom Balkan und aus der Ägäis stammenden Koalition ist das größte Verdienst dieses Pharao. Trotz wirtschaftlicher Probleme hielt er an einem ehrgeizigen Bauprogramm fest – mehrfach streikten die Arbeiter, weil ihre Entlohnung monatelang ausblieb: »Wegen Hunger und Durst kommen wir hierher. Es gibt keine Kleidung, keine Salben, keinen Fisch, kein Gemüse. Schicke deswegen zu Pharao, unserem guten Herrn und zum Wesir, unserem Vorgesetzten, damit man unseren Unterhalt bereitet.« Nach über 30 Jahren Regierung wurde Ramses III. von Mitgliedern der eigenen Familie ermordet, die in einer Haremsverschwörung gegen die geplante Thronfolge rebellierten. Doch gelang es dem designierten Erben Ramses IV. (1156–1150), den Putsch niederzuschlagen, die Mörder seines Vaters wurden hingerichtet.

Bis zum Ende der 20. Dynastie folgten bis zu Ramses XI. noch sieben Pharaonen dieses Namens, die mit einer Pockenepidemie, schlechter Wirtschaftslage, Angriffen libyscher Stämme und Plünderungen im Tal der Könige zu kämpfen hatten. Ihren dramatischen Höhepunkt erreichte diese Entwicklung unter Ramses XI. (1105–1076), dem die Sicherheitslage zu entgleiten drohte: Der vom König zur Verwaltung Nubiens eingesetzte Vizekönig von Kusch versuchte in Oberägypten die Macht zu ergreifen. Bürgerkrieg überzog das Land, im Süden übernahmen die Priester des Amun unter Führung von Herihor die Macht.

Gottesstaat des Amun oder Pharaonenreich im Delta?

Du bist der tapfere Verteidiger aller Götter. ... Daher flehen wir dich an. Sieh, er (Amun) hat uns dich gebracht, damit wir unser Elend überwinden und den Sturm um uns unterbrechen, denn dieses Land ist vollkommen gesunken.
Inschrift des Hohepriesters **Osorkon am Bubastiden-Tor** *von Karnak, um 835 vor Christus*

Smendes, der erste Herrscher der 21. Dynastie, musste die Koexistenz des Priesterstaates von Theben akzeptieren. Auch als die Hohepriester des Amun begannen, ihre Namen wie die des Pharao in Kartuschen zu schreiben und fast ganz Oberägypten regierten, kam es nicht zu kämpferischen Auseinandersetzungen. Scheinbar sahen die Regenten der beiden Länder ein, dass ein friedliches Neben- und Miteinander die bessere Lösung war. Diplomatische Heiraten stärkten die Freundschaft. Unter Psusennes (1039–991) wurde Tanis, die neue Hauptstadt in Unterägypten, ausgebaut. Ihr großer Nilhafen, an dem der Handel zwischen dem Mittelmeer und Oberägypten abgewickelt wurde, brachte wirtschaftlichen Aufschwung. Die Ausstattung der Königsgräber von Tanis mit Goldmasken und exquisiten Schmuckstücken spiegelt diesen Reichtum, zu sehen sind diese Gegenstände heute im Nationalmuseum.

Sowohl die Pharaonen von Tanis wie der Gottesstaat des Amun in Theben mussten sich gegen eine dritte Kraft im Land wehren. Libysche Stämme, die als Söldner schon lange am Westrand des Deltas heimisch geworden waren, bean spruchten immer mehr Macht. Die Priester von Theben erbauten mächtige Festungen in Mittelägypten, doch im Delta gelang es diesen Meschwesch und Libu, ihr Einflussgebiet auszudehnen.

Um 950 vor Christus eroberten die libyschen Meschwesch unter Scheschonk dann auch den Gottesstaat des Amun von Theben, und Psusennes II. (959–945) von Tanis erkannte ihn offiziell als Pharao im Süden an.

Es dauerte nur noch fünf Jahre, bis die Libyer mit der 22. Dynastie ihre Macht über das ganze Land ausdehnten. Scheschonk I. (945–924) vollzog die Reichseinigung und errichtete im Ostdelta mit Bubastis eine neue Residenz. Völlig in altägyptischer Tradition unternahmen es die neuen Herren, das Ansehen Ägyptens im Ausland wiederherzustellen: Als Militärs gelang ihnen die Rückeroberung einer Reihe von Stadtstaaten in Palästina. Dabei kam es um 925 zum berühmten Einfall in Jerusalem und der Plünderung des von Salomo erbauten Jahwe-Tempels, wie es in der Bibel, im Buch 1. Könige, beschrieben ist: »Aber im fünften Jahr des Königs Rehabeam zog Sisak, der König von Ägypten, herauf wider Jerusalem und nahm die Schätze aus dem Hause des Herrn und dem Hause des Königs und alles, was zu nehmen war, und nahm alle goldenen Schilde, die Salomo hatte machen lassen.« Mit den erbeuteten Schätzen scheinen Scheschonk und seine Nachfolger Osorkon I. (924–889) und Osorkon II. (874–850) am Nil ein anspruchsvolles Bauprogramm finanziert zu haben, das selbstverständlich auch den Amun-Tempel von Karnak einschloss. Denn trotz aller wiedererstarkter Macht der Pharaonen war die Bedeutung der Amunspriester nach wie vor groß. Besonders die Gottesgemahlin des Amun, deren Amt seit etwa 1050 vor Christus mit immer größerer Machtbefugnis ausgestattet worden war, spielte in der Politik eine wichtige Rolle.

Amenirdis-Statue im Nubischen Museum in Assuan

Die Ruhe im Land hielt rund 100 Jahre. Andere libysche Stämme hatten die Zeit genutzt, Ämter und Ländereien zu erwerben und ein unabhängiges Fürstentum im Westdelta um die Stadt Sais zu errichten. Ab 840 herum kontrollierte die 22. Dynastie nur noch Bubastis und Tanis, denn auch Theben war wieder abtrünnig geworden. Die genauen politischen Verhältnisse dieser Zeit zu rekonstruieren, ist aufgrund der spärlichen Quellenlage nahezu unmöglich. Um 820 etablierte sich die 23. Dynastie, deren Könige sich mit mindestens zwei Konkurrenten im Land abfinden mussten, und ab 725 teilten sich sogar bis zu fünf Könige die Macht am Nil.

Neue Herrscher aus dem Süden

Als die Erde sich mit einem neuen Tag erhellte, kamen jene zwei Herrscher des Südens und zwei Herrscher des Nordens mit Uräusschlangen, um die Erde vor der Macht Seiner Majestät zu küssen. Und so kamen die Könige und die Fürsten des Nordens die Schönheit Seiner Majestät bewundern.
*Siegesstele des **Piye vom Gebel Barkal**, um 725 vor Christus*

Bereits um 740 herum hatte sich Piye (747–716), der nubische König von Kusch, die Herrschaft über Oberägypten gesichert, indem er dort nach einem Eroberungszug seine Schwester Amenirdis I. als Gottesgemahlin des Amun einsetzen ließ. Erst als unterägyptische Widerständler unter Führung von Tefnacht und seinem Sohn Bakenrenef (24. Dynastie) ihn herausforderten, machte er sich zur Eroberung des ganzen Landes auf den Weg nach Norden. Nach einem offenbar leichten Sieg zog er sich jedoch wieder in seine Residenz nach Napata zurück.

Und provozierte damit einen zweiten Versuch der Unterägypter, das Land unter ihrer Führung zu vereinen. Piyes Bruder und Nachfolger Schabaka (716–702) brachte Bakenrenef eine endgültige Niederlage bei und ließ sich im Jahr 713 als erster Pharao der 25. Dynastie zum ›Herrn der beiden Länder‹ krönen. Dabei definierten die kuschitischen Herrscher diesen Ausdruck neu: Die beiden Länder waren nicht mehr Unter- und Oberägypten, sondern Ägypten und Kusch. Seit jeher von Amun als ein Reich geschaffen, waren es die Herrscher aus dem Süden, denen es endlich vergönnt war, den Willen des großen Gottes zu verwirklichen. Als deutlich sichtbares Zeichen trugen sie den Doppeluräus, zwei Kobras, als Herrschaftszeichen an der Stirn. Schabaka widmete sich der Res-

Die Säule des Taharqa von Karnak

taurierung alter Tempelbauten im ganzen Land, sorgte für die Wiedereinsetzung der Kulte und sicherte Ägypten mit diplomatischen Mitteln Frieden. Die Geisteswissenschaftler und Künstler der damaligen Zeit beschäftigten sich intensiv mit den Werken der klassischen Epochen der ägyptischen Kultur, dem Alten und Mittleren Reich. Das Ergebnis war eine Blütezeit der Kunst, die Altehrwürdiges im pharaonischen Stil mit typisch Kuschitischem verband. Zu bewundern sind Statuen aus dieser Zeit im Nubischen Museum von Assuan. Die Durchdringung der Kulturen zeigt sich auch in den Grabbauten der 25. Dynastie bei Napata: Piye hatte dort eine neue Bautradition begonnen, indem er über dem Grab eine Pyramide errichten ließ.

Der wichtigste König der 25. Dynastie war Taharqa (690–664), der seine Herrschaft vom Mittelmeer bis zum heutigen Khartum ausübte. Er führte die Regierungsgeschäfte von seiner Residenz in Memphis, während als Statthalterin in Theben seine Schwester Schepenupet II. das Amt der Gottesgemahlin des Amun innehatte. Gewaltige Bauvorhaben in Karnak, vor allem aber in Nubien, betonten die enge Verbindung des kuschitischen Königshauses mit dem großen Gott Amun. Mit dem Erstarken des assyrischen Reichs kamen aber Probleme: Noch gelang es Taharqa zwar, die Angriffe Sanheribs (705–681) abzuwehren, doch dessen Nachfolger Assarhaddon (681–669) brachte dem Pharao eine schmähliche Niederlage bei. Bis nach Memphis drangen die Assyrer vor und schlugen Taharqa in die Flucht. Ein dritter Angriff unter Assurbanipal erreichte sogar Theben, Taharqa musste sich nach Napata zurückziehen. Sein Sohn Tanwatamani (664–656) versuchte noch einmal die Rückeroberung, scheiterte aber an dem Bündnis der Assyrer mit den im Delta wiedererstarkten Fürsten von Sais. Theben wurde 663 geplündert, weigerte sich allerdings noch bis 656, die neuen Machtverhältnisse anzuerkennen. Erst dann konnten sich die Könige der neuen 26. Dynastie (664–525) mit Fug und Recht als Herrscher über ganz Ägypten bezeichnen.

Von der Unabhängigkeit zur Kolonie

Amasis soll, als er noch ein einfacher Mann war, viel gezecht und gelacht haben und gar nicht ernst und arbeitsam gewesen sein. ... Unter dem König Amasis soll Ägypten den größten Reichtum besessen haben. Der Strom spendete dem Lande, und das Land spendete den Menschen. Zwanzigtausend bewohnte Städte soll es damals in Ägypten gegeben haben.
Herodot, *um 450 vor Christus*

Im Jahr 655 vor Christus gelang es den Saiten unter Psammetich I. (656–610), endlich auch die Assyrer abzuwehren. Bei den von der unterägyptischen Dominanz wenig begeisterten Thebanern installierte der König seine Tochter Nitokris als Gottesgemahlin des Amun und stattete sie und den Tempel des Gottes mit einer überaus großzügigen Mitgift aus.

Im Inneren wurden eine Reihe von Reformen angestoßen, zu der auch die Einführung des Demotischen, einer neuen vereinfachten Schrift, gehörte. Außenpolitisch war von allen Seiten mit Angriffen zu rechnen – Psammetich musste sein Militär ausbauen. Er setzte dabei auf die Errichtung einer seetüchtigen

Flotte, waren doch die Feinde in den letzten Jahrhunderten oft übers Mittelmeer gekommen. Söldner aus aller Herren Länder wurden in den Grenzgarnisonen stationiert. Sein Nachfolger Necho II. (610–595) begann den Bau eines Kanals zwischen dem östlichen Nilarm und den Bitterseen nördlich des Golfs von Suez, konnte das Werk aber nicht vollenden.

Memphis entwickelte sich während der 26. Dynastie zu einer echten Weltstadt mit Tempeln der unterschiedlichsten fremdländischen Gottheiten, Ausländervierteln für Händler und Söldner sowie königlichen Palastanlagen. Bei der Ausgestaltung der wichtigsten Bauwerke kopierten die Künstler über 1000 Jahre alte Vorbilder aus der 12. Dynastie. Griff man bewusst auf die gute alte Zeit zurück, um die eigene Schwäche zu überdecken?

Alabastersphinx in Memphis

Unter Apries (589–570) war es nach einer schweren Niederlage gegen Kyrene zum Aufstand gekommen, der den General Amasis (570–526) an die Macht brachte. Als erfolgreicher Militär schlug er babylonische Angriffe auf Ägypten zurück und eroberte Teile Zyperns. Geschickte Diplomatie brachte ihm Bündnisse mit wichtigen Partnern gegen das erstarkende Perserreich. Im Delta erlangte die von griechischen Händlern gegründete Stadt Naukratis große wirtschaftliche Bedeutung. Im Gegensatz zu der wenig schmeichelhaften Beschreibung bei Herodot galt Amasis anderen Zeitgenossen als großer Weiser. Seine Tochter Nitokris II. amtierte als letzte Gottesgemahlin des Amun in Theben, ihre Grabkapelle befindet sich im Tempel von Medinet Habu.

Wenig Zeit blieb dem Sohn des Amasis, Psammetich III., bevor noch im Jahr seiner Thronbesteigung 525 das persische Heer zum Angriff auf Ägypten überging. Beide Seiten hatten griechische Söldner in ihrem Aufgebot. Der in ägyptischen Diensten stehende Phanes von Halikarnass war zu den Persern übergelaufen und hatte ihnen wichtige Informationen verraten. Als es bei Pelusium am Westrand des Sinai 525 zur Schlacht kam, erlitt Ägypten eine vernichtende Niederlage.

Die Perser am Nil

Kambyses eroberte sogar Memphis und mit der alten Krönungsstadt erhob er Anspruch auf ganz Ägypten. Zwei weitere Feldzüge nach Nubien und zur Oase Siwa scheiterten jedoch. Von Legenden umrankt ist vor allem der Zug durch die Wüste nach Siwa, bei dem angeblich das ganze Heer des Perserkönigs von einem Sandsturm begraben wurde. Darius I. trat 522 die Herrschaft über das Achämenidenreich an. Er ließ den unter Necho II. begonnenen Kanal zum Roten Meer fertigstellen, ordnete eine Niederschrift altägyptischer Gesetzestexte an und baute in der Oase el-Charga einen Tempel, der ein regelrechtes ›Who is who‹ der altägyptischen Götterwelt darstellt. Die Kunstfertigkeit der Ägypter wurde so hoch geschätzt, dass Künstler vom Nil an den achämenidischen Königshof geholt wurden; der Beamte und Priester Chnumibre trug den Titel eines ›Leiters der Arbeiten auf der ganzen Erde‹. Xerxes I. (465–424) hinterließ im Gegensatz zu seinem Vater keine guten Erinnerungen in Ägypten – im Gegenteil galt er als Inbegriff des Tyrannen. Da sein Regierungsantritt von einem Aufstand der Ägypter begleitet worden war, hatte er wohl gleich von Anfang an hart durchgegriffen.

Im Jahr 404 nutzte Ägypten die Chance, sich von der Fremdherrschaft zu befreien, als es bei der Thronbesteigung von Artaxerxes II. in Persien selbst Widerstand gab.

Aus Sais im Delta stammte Amyrtaios, der Befreier Ägyptens, der allerdings ein paar Jahre brauchte, um auch im Süden des Landes anerkannt zu werden. Kurz nach diesem Erfolg wurde er 399 vom Begründer der 29. Dynastie, Nepherites I. (398–393), hingerichtet. Eine neue Residenz wurde im Westdelta in Mendes angelegt, Ägypten genoss eine zehnjährige Pause im Kampf gegen Persien, das sich gerade mit Sparta bekriegen musste. Doch um 385 brachen wieder Kämpfe aus, in denen sich Pharao Achoris (390–378) zwar tapfer schlug – aber dafür zu Hause seine Gegner nicht von der Machtübernahme abhalten konnte. Nektanebos I. (378–360) aus der Deltastadt Sebennytos bestieg den Thron. Noch einmal wurde ein großes Bauprogramm aufgelegt, auch militärisch konnte Nektanebos triumphieren und gemeinsam mit seinem Sohn Theos die Perser zurückschlagen. Sein Großneffe schnappte sich 359 den Thron, während Theos auf Kriegszug weilte und behauptete sich ganze 18 Jahre an der Macht, bevor ihn schließlich doch die übermächtigen Perser verdrängten.

Zehn Jahre währte die zweite Perserherrschaft (341–332), die als 31. Dynastie gezählt wird. Die Könige Artaxerxes III. und Arses waren recht glücklose Figuren, die nacheinander von ihrem Heerführer Bagoas vergiftet wurden, und auch Darius III. konnte sein Amt nicht genießen, musste er sich doch nach nur drei Jahren auf dem Thron dem großen Alexander geschlagen gegeben.

Alexander der Große

*Der meister, den er dô gwan, was Aristotiles der wîse man. Der lartin alle di cundic heit, wî der himel umbe geit. … Rôme und Egiptelant stânt beide an sîner hant. Er hât ouh manic ander lant verwunnen und verbrant, bedwungen und zestôret, der ein teil Dario hôret. Alexanderlied des **Pfaffen Lamprecht**, um 1170 nach Christus*

Im Jahr 333 vor Christus kam es zur Entscheidungsschlacht zwischen Griechen und Persern bei Issos im heute türkisch-syrischen Grenzgebiet. Darius III. unterlag dem großen Feldherrn Alexander, der im weiteren Verlauf seines Eroberungszugs nach Ägypten vorstieß. Der dortige Statthalter Persiens übergab das Land kampflos, und Alexander gelangte 332 vor Christus im Triumph bis nach Memphis. An der Mittelmeerküste in der Nähe der Siedlung Rakotis veranlasste er die Gründung der Stadt Alexandria. Um als Pharao Ägyptens mit Zustimmung der Götter inthronisiert werden zu können, zog der große Eroberer längs der Küste bis nach Siwa zum Tempel des Amun. Das Orakel war dem jungen Griechen günstig – Amun erkannte ihn als seinen Sohn an und damit als rechtmäßigen Herrscher Ägyptens und der ganzen Welt. Offenbar war dieser Aufwand nötig gewesen, um die Zustimmung der Priester von Memphis zur Königskrönung Alexanders zu erhalten. Oberägypten musste auf einen Besuch des ›tapferen Herrschers, der sich den Fremdländern nähert‹ – so einer der Namen der ägyptischen Königstitulatur Alexanders – verzichten, denn ihn lockten weitere Eroberungen im Osten seines Weltreichs. Nur zehn Jahre später starb er in Babylon, sein Leichnam wurde nach Ägypten gebracht und in Alexandria bestattet.

Nachfolgeregelung

Mit dem Tod ihres Herrn verwickelten sich die von ihm als Verwalter der einzelnen Teile seines Riesenreichs eingesetzten Statthalter in heftige Konkurrenzkämpfe. General Ptolemaios sicherte sich Ägypten, respektierte aber pro forma noch den Anspruch der offiziellen Erben Alexanders, seines Halbbruders Philippos Arrhidaios (323–317) und seines Sohnes Alexanders IV. (317–305). Erst als der Zerfall des Großreichs nicht mehr zu übersehen war, nahm Ptolemaios I. (305–285) den Pharaonentitel an. Er eroberte Syrien und Phönikien und sicherte Ägypten die Kyrenaika, zeitweise auch Zypern und eine Reihe griechischer Inseln. In Ägypten begann er ein großes Landgewinnungsprojekt im Faijum, organisierte die Wirtschaft des Landes und führte ein einheitliches Münzsystem ein. In Alexandria, das zur neuen Residenz erwählt wurde, gründete er die später so berühmte Bibliothek und das Museion. Als neue Staatsgottheit wurde Serapis verehrt, der sowohl Züge des griechischen Zeus wie der ägyptischen Götter Amun und Osiris in sich vereinte. Als Ptolemaios I. im Alter von 84 Jahren starb, hinterließ er seinem Sohn Ptolemaios II. ein weitgehend gefestigtes Reich.

Die Ptolemäer

Zwar hatte ihn sein Vater schon zum Mitregenten ernannt, doch da Ptolemaios II. (283–246) bloß ein Sohn aus dritter Ehe war, machten ihm seine Halbgeschwister den Thron nach dem Tod des Vaters streitig. Die blutigen Auseinandersetzungen sollten prägend für fast die gesamte Ptolemäerzeit werden. Arsinoë II., seine Schwester, überredete mit einigem Aufwand ihren Bruder dazu, seine erste Frau Arsinoë I. mit ihren Kindern vom Hofe zu verbannen und sie zu heiraten – ein für Griechen skandalöses Arrangement.

Die Trockenlegung der Sumpfgebiete im Faijum brachte einen großen Zuwachs an landwirtschaftlich nutzbarem Land, zahlreiche Orte wurden hier neu gegründet. Im Süden Ägyptens gab Ptolemaios II. den Neubau des Isis-Tempels von Philae in Auftrag, in Alexandria wurde ein Weltwunder fertiggestellt: der Leuchtturm von Pharos. Als Sohn Arsinoës II. erbte Ptolemaios III. das Reich, das er durch seine Heirat mit Berenike, der Tochter des Königs der Kyrene (Libyen), erweiterte. Im 3. syrischen Krieg (246–241) festigte sich dann auch noch der Anspruch auf Syrien – Ägyptens Macht erreichte nach langer Zeit wieder

Der erste Pylonturm des Isis-Tempels in Pilae

einen Höhepunkt. Doch wurde das ptolemäische Herrscherhaus daheim am Nil nicht überall geliebt: Aufgrund enormer Steuerbelastungen meuterten die Provinzen Oberägyptens, es kam zu schweren Ausschreitungen gegen die Vertreter der Regierung. Möglicherweise versuchten die Ptolemäer mit ihrer großzügigen Spenden- und Baupolitik die ägyptische Priesterschaft – seit jeher wichtige Träger der Verwaltung – auf ihre Seite zu ziehen. Ptolemaios III. (246–221) jedenfalls stiftete den Neubau des großen Horus-Tempels von Edfu, gab Gelder für Isis von Philae, Amun von Karnak, Chnum von Esna und weitere Heiligtümer.

In Alexandria unterrichtete der große Gelehrte Erathostenes (276–194) an der Bibliothek. Er berechnete als erster den Umfang der Erde, die Entfernungen zur Sonne und zum Mond und den Neigungswinkel der Erdachse. Auch vermutete er, dass die Quellen des Nil in Seen irgendwo im Süden zu suchen und dass die alljährlichen Überschwemmungen auf Regenfälle zurückzuführen seien.

Nichts als Ärger im ganzen Land

Unter Ptolemaios IV. (221–205) und seiner Schwestergemahlin Arsinoë III. gab es in Alexandria erst einmal wieder eine Mordserie innerhalb der Familie: Mutter, Onkel und Bruder wurden aus dem Weg geräumt. Gegen Ende seiner Regierung kam es ausgehend von Theben zu einem erneuten Aufstand. Dort leitete Harwennefer, der sich zum Gegenkönig ausrufen ließ, die Opposition gegen das ausländische Königshaus im Norden. Ganz offensichtlich entglitt den Ptolemäern für längere Zeit die Kontrolle über den Süden Ägyptens, denn bis 186 vor Christus mussten auch die Bauarbeiten am Tempel von Edfu eingestellt werden. Zwanzig Jahre Bürgerkrieg, der zeitweise bis ins Delta übergriff, verschlechterten die Lage im Land. Nach der endgültigen Niederschlagung des Gegenkönigtums zeigte sich Ptolemaios V. (205–180) besonnen, er verfügte Steuererleichterungen und erließ eine Amnestie, die allerdings nicht den Anführern des Widerstands galt. Sein Erlass wurde in demotisch, hieroglyphisch und griechisch auf verschiedenen Stelen festgehalten – ein Exemplar lieferte im 19. Jahrhundert nach Christus dem französischen Gelehrten Jean-François Champollion den Schlüssel zur Entzifferung der Hieroglyphen: der Stein von Rosette. Bei dem Versuch, die zwischenzeitlich verlorenen Gebiete in Syrien und Kleinasien zurückzuerobern, wurde Ptolemaios noch vor Beginn des Feldzugs von seinen eigenen Militärs vergiftet, die daraufhin den noch minderjährigen Ptolemaios VI. zum Herrscher ausriefen. Seine Mutter, Kleopatra I., übernahm die Regentschaft, wurde aber vier Jahre später ebenfalls ermordet.

Krieg von außen und Machtkämpfe in Alexandria destabilisierten das Land weiter. Nur durch die Einmischung Roms konnte die Eroberung Ägyptens durch die Seleukiden unter Antiochos IV. verhindert werden.

Zwei konkurrierende Ptolemäer (VI. und VIII.) sorgten allerdings weiterhin für Abwechslung. Im Faijum rührte sich der Unmut, Tausende von Menschen versuchten sich durch Landflucht der drückenden Steuerlast zu entziehen. Trotz all dieser Schwierigkeiten wurde in Nubien und Oberägypten fleißig gebaut: Ed-Dakke, Philae, Esna, Edfu und Karnak erhielten Erweiterungen, in Kom Ombo wurde gar ein neues Heiligtum für Sobek und Haroëris gegründet. Abstoßend wirkt das Verhalten der weiteren Herrscher: Ptolemaios VIII., der seinen Konkurrenten Nr. VII ermorden ließ, heiratete zur Festigung seiner Macht dessen Mutter Kleopatra II., zeugte mit ihr einen Sohn und heiratete dann ihre Tochter Kleopatra III. Aus dieser Ehe stammte schließlich der Nachfolger, Ptolemaios IX.

Der Pharao vor Sobek, Darstellung in Kom Ombo

Opfernde Ptolemäer in Kom Ombo

Kein Wunder, dass es zum Bürgerkrieg kam, in den diverse ausländische, aber verschwägerte Staaten verwickelt wurden. Auch unter Ptolemaios IX. und X. verbesserte sich die Situation nicht – Kleopatra II. und III. unterstützten jeweils einen der beiden Brüder. Unternubien ging an das Reich von Meroë verloren, die Region um Theben probte erneut den Aufstand. Ptolemaios XII. (80–51) wurde von den Bewohner Alexandrias zum Herrscher berufen, und es gelang ihm, Ägyptens Unabhängigkeit gegen Ansprüche Roms zu verteidigen. In seinem Testament hatte nämlich Ptolemaios X. Ägypten den Römern vermacht, was sein Nachfolger nur durch erhebliche Bestechungsgelder vorübergehend vergessen machen konnte. Zeitweise musste Ptolemaios XII. in Rom um Asyl ansuchen, während seine Tochter Berenike IV. in Alexandria herrschte, die er nach seiner Rückkehr dafür ermorden ließ.

Kleopatra – Ägyptens letzter Pharao

52 vor Christus ernannte Ptolemaios XII. Kleopatra VII. (51–30) zur Mitregentin, die als letzte Herrscherin Ägyptens Geschichte machte. Neben dem familienüblichen Willen zur Macht besaß Kleopatra offenbar auch ein gerüttelt Maß an Intelligenz und Bildung. Sie soll 17 Sprachen beherrscht haben, darunter – übrigens als einzige aus der Ptolemäerdynastie – auch Ägyptisch und Nubisch. Sie war gezwungen, ihren Bruder Ptolemaios XIII. als Mitregenten zu akzeptieren, er zwang sie sogar vorübergehend ins Exil.

Als Vertreter Roms wurde Caesar auf Seiten der Kleopatra in den Machtkampf der Geschwister verwickelt. Während seines Aufenthalts in Alexandria kam es zu einem verheerenden Brand, dem große Teile der Bibliothek zum Opfer fielen. Ptolemaios XIII. starb, Caesar und Kleopatra traten nach diesem Sieg ihre berühmte gemeinsame Nilreise an. Neun Monate später erblickte Ptolemaios Cae-

Land und Leute

sarion das Licht der Welt, und Kleopatra besuchte Caesar in Rom, was dort mit gemischten Gefühlen aufgenommen wurde. In der Folge von Caesars Ermordung im Jahr 42 übernahm Marc Anton die Verwaltung des Ostens – und erlag ebenso dem Charme der großen Kleopatra wie sein Vorgänger. Die gemeinsamen Zwillinge und ein weiterer Sohn wurden von Marc Anton reich mit römischen Besitzungen in Armenien, Medien, Libyen, Phönikien und Syrien ausgestattet. Kleopatra erhielt den Titel ›Königin der Könige‹ und herrschte uneingeschränkt über Ägypten und Zypern. Rom und besonders Octavian betrachteten dies als unzumutbare Provokationen. Die Scheidung Marc Antons von Octavians Schwester brachte das Fass zum Überlaufen. Kleopatra wurde zum Staatsfeind erklärt, Marc An-

Kleopatra die Große erscheint am Hathor-Tempel von Dendera

ton all seiner Ämter enthoben. Es kam zum Krieg, den die vereinten Flotten von Kleopatra und Marc Anton 31 vor Christus bei Actium verloren. Am 1. August 30 eroberte Octavian Alexandria – Marc Anton und Kleopatra begingen Selbstmord.

Ägypten als römische Provinz

Hier sind die Serapisverehrer Christen, und die sich Christi Bischöfe nennen, verehren auch den Serapis. Hier gibt es keinen jüdischen Synagogenvorsteher, keinen Samariter, keinen christlichen Priester, der nicht Astrolog, Opferdeuter und Salber wäre.
Hadrian *(117–138) an Konsul Servian*

Nachdem Octavian, der spätere Kaiser Augustus (30 vor Christus–14 nach Christus), Ägyptens Unabhängigkeit endgültig gebrochen hatte, verlor das Land an politischer Bedeutung und wurde mehr und mehr zur Kornkammer Roms degradiert. Bis zu 135 000 Tonnen Getreide jährlich wurden vom Nil an den Tiber gebracht! Die Verwaltung lag in der Hand von Präfekten, die wie Cornelius Gallus vorrangig ihr eigenes Fortkommen im Auge hatten. Irrwitzige Steuern wurden verhängt, die einen großen Teil der Landbevölkerung veranlassten, die fruchtbaren Uferstreifen zu verlassen und ihr Heil in der Wüste zu suchen. Ein Kriegszug nach Nubien führte um 20 vor Christus zur Festlegung der Grenze zwischen Rom und Meroë. Obwohl Augustus ägyptische Götterkulte in Rom streng verfolgen ließ, wurde in Ägypten weiter an den alten Tempeln gebaut, und selbst die römischen Herrscher erschienen als gute Pharaonen im Schurz mit Doppelkrone an den Wänden.

In der Regierungszeit des Augustus unternahm Strabo seine vierjährige Ägyptenreise und verfasste anschließend eine ausführliche Landesbeschreibung. Augustus' Stief- und Schwiegersohn Tiberius (14–37 nach Christus) war aufgrund seiner Beschäftigung mit unbotmäßigen Germanen mehr im Norden engagiert, dennoch trat auch er als Bauherr am Nil auf. In Rom selbst veranlasste er die Zerstörung des Tempels der Göttin Isis. Sein Nachfolger Caligula (37–41) setzte die Göttin wieder in ihre Rechte ein und ließ ihren berühmten Tempel auf dem Marsfeld erbauen.

Mit der Einführung des Kaiserkults im ganzen römischen Reich kam es auch in Ägypten zu Aufständen. Vor allem die jüdische Gemeinde in Alexandria, die sich der Aufstellung einer Kaiserstatue in ihrer Synagoge widersetzte, erlebte schwere Verfolgungen. Nach der Ermordung Caligulas trat Claudius (41–54) die Nachfolge an, der in Ägypten vor allem als Begründer des Chnum-Tempels von Esna Spuren hinterlassen hat.

Die Herrschaft des verschwenderischen Nero (54–68) leerte die Staatskassen und führte auch am Nil zu wirtschaftlichen Problemen, dennoch wurde zwischen Philae, den Oasen und Mittelägypten munter weitergebaut. Nicht nur in Rom, sondern im ganzen Reich wurden die Christen verfolgt. Von Alexandria aus gelang es Vespasian (69–79), die Macht in Rom zu ergreifen. Die von ihm und seinem Sohn Titus (79–81) betriebene Verfolgung der Juden traf auch die in Ägypten ansässigen Gemeinden, deren Tempel geschlossen wurden. Eine zweite Welle der Christenverfolgung gab es unter Domitian (81–96), der lieber der Isis huldigte.

Römische Kaiser im Ägypten-Fieber

Im Verlauf der römischen Eroberungen gelangte der Kult der großen Muttergöttin Isis mit den Legionen auch weit über die Alpen: Sogar Trier und Mainz besaßen eigene Isis-Tempel! Ägyptische Statuen und Obelisken wurden in größerem Maß-

Der Trajans-Kiosk in Philae

stab nach Rom importiert, wo auch die einheimischen Baumeister ägyptisierend arbeiteten. Trajan (97–117), der Soldatenkaiser, große Reformator und ›größte Feldherr seit Julius Cäsar‹, trat auch in Ägypten belebend in Erscheinung. Der unfertige Kiosk von Philae, die Festungsbauten am alten Nilhafen von Kairo sowie der Kanal zwischen Rotem Meer und Niltal waren nur einige seiner Bauprojekte. Regelrecht ägyptoman war sein Nachfolger Hadrian (117–138), der 130 eine Schiffsreise auf dem Nil unternahm, bei der sein Liebling Antinoos ums Leben kam. Ihm zu Ehren wurde in Mittelägypten die Stadt Antinoopolis gegründet; zahlreiche Statuen zeigen den vergöttlichten Antinoos in pharaonischem Stil.

Um 152, 172 und 175 kam es zu Aufständen in Ägypten, die unter den jeweiligen Herrschern Antonius Pius (138–161) und Marc Aurel (161–180) niedergeschlagen wurden. Caracalla, der im Jahr 215 mit Spott von den Bewohnern Alexandrias empfangen wurde, rächte sich blutig – dennoch huldigte er dem ägyptischen Gott Serapis, und auch Isis gehörte nun zu den bevorzugten Gottheiten des römischen Reichs.

Multikulturelle Glaubenswelten

In der Zeit des 1. und 2. Jahrhunderts nach Christus entstanden in den griechischen und römischen Kolonien im Faijum Kunstwerke ganz eigenen Charakters: Stark beeinflusst von altägyptischen Glaubensvorstellungen wurden für die aufwändig mumifizierten Verstorbenen sogenannte ›Mumienportraits‹ angefertigt. Es entstanden lebensnahe Bildnisse von Männern und Frauen in römischer Tracht. Parallel dazu wurden in anderen Regionen Ägyptens Masken aus Stuck für die Mumien angefertigt, die mit kräftigen Farben und – je nach Vermögen – auch Blattgold bemalt wurden.

Nicht nur die im Glauben ägyptisierten Griechen und Römer behielten altägyptische Bestattungssitten bei, auch die junge christliche Gemeinde mumifizierte ihre Verstorbenen. Dabei waren ihnen offenbar nicht alle Praktiken genau bekannt: Zwischen den altägyptischen und christlichen Einbalsamierern in der Oase el-Charga kam es zu einem fachspezifischen Briefwechsel.

Byzanz übernimmt

Nach dem Auseinanderbrechen des römischen Imperiums fiel Ägypten Ende des 4. Jahrhunderts unter die Oberherrschaft von Byzanz. Mit der Kirchenspaltung nach dem Konzil von Chalkedon verschlechterten sich in der zweiten Hälfte des 5. Jahrhunderts die Beziehungen zwischen Konstantinopel und Alexandria dramatisch. Enorme Steuerforderungen, Seuchen und Hungersnöte bedrückten die Bevölkerung, Ägypten verlor immer mehr an Bedeutung. Im Jahr 535 oder 537 – in der Regierungszeit des Kaisers Justinian – wurde mit dem Isis-Tempel auf Philae der letzte altägyptische Kultplatz in eine Kirche umgewandelt. Wenige Jahre zuvor hatte der Kaiser schon in Athen die Philosophenschule schließen lassen.

Anfang des 7. Jahrhunderts verwickelten sich Byzanz und das persische Sassanidenreich in schwere Kämpfe. Unter Chosrau II. gelang es 619 den Sassaniden, Ägypten zu erobern und sich dort rund zehn Jahre zu halten, bevor Kaiser Herakleios sie 628/629 wieder vertreiben konnte.

Frühes Christentum am Nil

Bereits im 1. Jahrhundert wurden Texte der Evangelien übersetzt, um der jungen Gemeinde am Nil das Wort Gottes näher zu bringen. Weltweites Aufsehen erregten die 1945 entdeckten koptischen Handschriften von Nag Hammadi. Sie stammen aus dem 4. Jahrhundert und enthalten eine Sammlung teils älterer, stark gnostisch beeinflusster christlicher Texte. Zu den Schriften dieser Sammlung gehören das Thomas-Evangelium, das Ägypter-Evangelium und die Apokryphen des Johannes. Möglicherweise waren sie von Mönchen vergraben worden, als derartige Texte für ketzerisch erklärt worden waren.

Maßgebend für die theologische Entwicklung Ägyptens waren die Gelehrten der um 180 gegründeten Katechetenschule von Alexandria. Bedeutende Lehrer dort waren Anfang des 3. Jahrhunderts Klemens von Alexandria und Origenes, der als Begründer der Bibelforschung gilt.

Schenute (333–451), Vorsteher des Weißen Klosters von Sohag in Oberägypten, war für die koptische Kirche als Theologe und Literat von besonderer Bedeutung. Als hochgebildeter Mann verhalf er dem Koptischen, das über Jahrhunderte nur als einfache Volkssprache genutzt worden war, wieder zu Ansehen. In seinen Reden und Predigten wandte er sich scharf gegen noch existierende alte Kulte und schreckte bei der Verbreitung des christlichen Glaubens auch nicht vor Gewaltanwendung zurück. In vielen Tempeln sind noch heute die Zerstörungen an den Reliefs zu erkennen, die christliche Bilderstürmer des 4. und 5. Jahrhunderts dort verursacht haben. Dass es andererseits auch einen regen Austausch zwischen den altägyptischen und christlichen Gemeinden gab, belegen Briefe aus der Oase el-Charga. Die christlichen Priester von Bagawat erkundigten sich bei ihren Kollegen nach der richtigen Technik des Einbalsamierens – schließlich könnte ein gut konservierter Leichnam auch für die Auferstehung eines braven Christen von Vorteil sein.

Eine frühchristliche Grabkapelle in Bagawat

Im Zeichen des Islam

*Geschützt und sicher ist der Ort, an dem sich Benjamin, der Patriarch der Kopten auf-
hält, im Frieden Gottes; deshalb möge er unbesorgt und wohlgemut herkommen und die
Angelegenheiten seiner Kirche verwalten sowie die Regierung seines Volkes übernehmen.*
Amr Ibn el-As *an Bischof Benjamin, 642 nach Christus*

Geschwächt durch die Kriege untereinander, konnten weder die Sassaniden noch
Byzanz den anrückenden arabischen Truppen Widerstand leisten. 640 schlugen
die muslimischen Truppen unter Führung von Amr Ibn el-As in der Nähe von
Kairo die Soldaten des oströmischen Kaisers. Zwei Jahre später fiel auch die
Hauptstadt Alexandria in ihre Hand. Der Erfolg war den neuen Herren am Nil
insofern leichter gemacht worden, als die einheimische Bevölkerung nur zu gerne
das Joch der byzantinischen Herrschaft loswerden wollte.

Amr Ibn el-As und seine Truppen sollen sich in der Hafenstadt Alexandria
nicht wohlgefühlt haben – als Wüstensöhnen erschienen ihnen das Meer und die
beiden Nilarme, die sie von ihrem Heimatland Arabien trennten, offenbar als
schwer einschätzbare Risikofaktoren. So kehrten sie nach der Eroberung Alexandrias zurück ans Ostufer des Nils an der Südspitze des Deltas. Dort hatten die
Römer als letzte große Bauherren eine Hafenfestung errichtet, in deren Nachbarschaft die neuen Herren sich niederließen. Al-Fustat nannten sie die Hauptstadt der neuen Provinz, die ab 661 den in Damaskus residierenden Omaijaden
(661–750) unterstellt war. Auch für die neuen Machthaber war Ägypten in erster Linie als Getreidelieferant von Bedeutung. Um das begehrte Korn möglichst
schnell nach Mekka und Medina zu bringen, wurde der Kanal zwischen Nil und
Rotem Meer wieder in Betrieb genommen. Schwierigkeiten in der Verwaltung
des Riesenreichs und Streitigkeiten um die Macht brachten schließlich das Ende
der ersten islamischen Dynastie.

Die Abbasiden (750–868) verlagerten den Schwerpunkt des Reichs nach
Baghdad. Zum Bau der neuen Hauptstadt, aber auch zur Ausstattung der Armee
wurden die Steuern kräftig angehoben – was nicht ohne Folgen blieb. In Ägypten kam es zwischen 815 und 830 zu wiederholten Aufständen, Christen wie
auch Muslime wehrten sich gegen die Forderungen aus Baghdad. 868 erschien
Ahmad Ibn Tulun als Gouverneur in Ägypten, nutzte aber sehr bald die Probleme seiner abbasidischen Herren im Südirak aus und gründete seine eigene
Dynastie (868–905). Nur kurz erlangten die Abbasiden die Kontrolle am Nil
zurück, bevor sich Ägypten 935 unter den Ichschididen wieder lossagte. Deren
Regierungszeit von rund 35 Jahren war geprägt von Erdbeben, Hungersnöten
und Aufständen in Nubien.

Schiitisches Zwischenspiel am Nil

In den nordwestlichen Gebieten des islamischen Großreichs waren mittlerweile die schiitischen Fatimiden (969–1171) immer stärker geworden – Ägypten
musste sich ihnen 969 ohne große Gegenwehr ergeben. Sie gründeten als neue
Hauptstadt el-Qahira (Kairo) und errichten die el-Azhar-Moschee. Das Land
erlebte unter dem toleranten, die Wissenschaften fördernden Herrscher el-Aziz

Der Hof der el-Azhar-Moschee in Kairo

eine Blütezeit. Doch sein Nachfolger el-Hakim führte ein despotisches und fana-
tisches Regiment. Christen, Juden und Frauen litten unter drastischen Einschränkungen. Wieder wurde Ägypten auch von schweren Hungersnöten und der Pest
heimgesucht. Nicht nur die Bevölkerung, sondern auch das Militär revoltierte.
Zu allem Überfluss hatten die Fatimiden auch noch mit der Bedrohung durch die
Seldschuken und die Kreuzritter zu kämpfen. Die aus Berbern, Sudanesen und
Türken zusammengesetzten fatimidischen Truppen fochten mehr untereinander
um die Vorherrschaft als dass sie Angreifer von außen abwehrten. So sah sich der
erst zwölfjährige fatimidische Kalif el-Adid gezwungen, seinen syrischen Nach-
barn Nur ed-Din um Hilfe zu bitten gegen die unter Amalrich I. vorrückenden
›Frankenheere‹. Dieser schickte seinen kurdischen General Shirkuh, in dessen
Gefolge auch sein Neffe Salah ed-Din an den Nil kam.

Salah ed-Din übernimmt die Macht

Nach dem Tod seines Onkels übernahm Salah ed-Din als Wesir die militärische
und auch die administrative Verwaltung Ägyptens. Nachdem der junge Kalif
1171 gestorben war, leitete Salah ed-Din (1171–1193) die Rückkehr Ägyptens
zum sunnitischen Islam ein. Auf den Ausläufern der Moqattam-Berge südwestlich von el-Qahira ließ er eine Burg errichten, die als Herrscherresidenz bis ins
19. Jahrhundert genutzt wurde. 1174 löste sich Salah ed-Din endgültig von der
syrischen Dynastie der Zengiden und dehnte die Herrschaft seiner Dynastie der
Aijubiden (1171–1252) auch auf Syrien aus.

Für Christen und Juden war diese Zeit eine Phase der Entspannung, denn die
Aijubiden waren zwar strenge Sunniten, die den schiitischen ›Irrweg‹ bekämpf-
ten, zeigten aber ansonsten viel Toleranz in Glaubensdingen. Die jüdische Gemeinde von Kairo wurde von dem großen Theologen, Philosophen, Rechtsge-

lehrten und Arzt Moses Maimonides (1135–1204) geführt. Als Leibarzt des von Salah ed-Din eingesetzten Wesirs hatte er Zugang zu höchsten politischen Kreisen. Er diente Gotthold Ephraim Lessing rund 600 Jahre später als Vorbild für die Gestalt des weisen Juden Nathan.

Auch wirtschaftlich ging es bergauf, Kairo wurde zum Dreh- und Angelpunkt des Indienhandels. Seide, Wollstoffe, Gewürze, Arzneien, Kupfer, Olivenöl, Wachs, Rosinen, Zucker, Seife, Käse und Papier gehörten zu den Waren, die auf dem Seeweg zwischen Asien und dem Mittelmeer in den Handelshäusern Ägyptens verkauft wurden. Koptische und jüdische Händler profitierten ebenso wie ihre muslimischen Kollegen.

Zur Stabilisierung ihrer Dynastie bauten die Aijubiden-Sultane das System der Mamluken-Soldaten auf, die zwar theoretisch als Sklaven bezeichnet wurden, praktisch aber als Statthalter höchste militärische und politische Macht erreichen konnten. Vor allem während der fünf Kreuzzüge mussten sie ihre Schlagkraft beweisen, denn die ›Befreier des heiligen Landes‹ griffen mehrfach auch das reiche Ägypten an. Viele der aijubidischen Sultane zogen allerdings die Diplomatie vor, wenn dadurch Kämpfe umgangen werden konnten, so auch der Nachfolger Salah ed-Dins, Sultan el-Kamil, der 1229 mit Friedrich II. verhandelte.

Die Mamluken

Am Donnerstag, dem 22., wurden die Mamluken immer gemeiner zum Sultan, weil sie Lehen und Ämter haben wollten – so sehr, dass er sich schon von der Herrschaft lossagen und irgendwo verbergen wollte, damit sie sich einen anderen Emir als Herrscher wählen sollten.
Ibn Iyas, *Alltagsnotizen eines ägyptischen Bürgers, 1501*

Das Ende der Aijubiden kam 1249 unter Turan Shah, der nach schweren Kämpfen Damietta von französischen Kreuzrittern zurückerobern konnte, nur um kurz darauf in Kairo von seinen eigenen Mamluken ermordet zu werden. Seine Witwe Shagaret ed-Durr heiratete Aybek, einen dieser ehemaligen Militärsklaven. Damit war der Grundstein für die erste der beiden Mamlukendynastien Ägyptens gelegt.

Die Bahri-Mamluken

Aus dem Osten bewegte sich währenddessen eine neue Gefahr auf Ägypten zu: Die Mongolen eroberten 1258 Baghdad, zwei Jahre später standen sie in Aleppo und Damaskus. Dem eben erst an die Macht gekommenen Sultan Baybars (1260–1277) gelang es, ihnen in Ain Djalut in Palästina eine schwere Niederlage beizubringen, aber noch bedrohten die Kreuzritter in Palästina Ägyptens Sicherheit. In Kairo entstanden eine Reihe prachtvoller Bauwerke wie die Madrasa (Schule) ez-Zahirija (1874 zerstört), die den Auftakt zu einem regelrechten Bauwettstreit zwischen den jeweils herrschenden Mamluken bildete. Zu den schönsten architektonischen Hinterlassenschaften gehören die Grabmoschee, das Krankenhaus und die Madrasa des Qala'un (1280–1290) im Herzen von Kairo. Obwohl die Mamluken in Ägypten bis heute nicht zu Unrecht als grausame und blutsaugerische Ausbeuter verachtet werden, gab

Portalkunst der Mamlukenzeit

es doch auch unter ihnen einige, denen das Wohlergehen der Bevölkerung am Herzen lag. Mit seinem Krankenhaus schuf Qala'un eine weit über die Grenzen Ägyptens hinaus bekannte Institution, in der sich nicht nur Ärzte um die Patienten kümmerten, sondern auch Musiker und Geschichtenerzähler für Kurzweil sorgten. Ab dem Ende des 13. Jahrhunderts entwickelte sich der für Kairos Architektur charakteristische mamlukische Stil mit seinen üppigen Ornamenten, die sich wie Spitzendecken über Fassaden, Minarettschäfte und Kuppeln ziehen. Qala'uns Sohn en-Nasr Mohammed (1293–1340) erlebte das typische Schicksal vieler Mamluken-Sultane: Als unmündiger Knabe wurde er von machthungrigen Generälen auf den Thron gesetzt, ein paar Jahre später abgesetzt und schließlich doch wieder eingesetzt. Immerhin konnte er sich glücklich preisen, nicht bei der ersten Absetzung auch gleich ermordet worden zu sein. In seiner Regierungszeit stieg Kairo zum Zentrum der Kunsthandwerker auf. Unberechenbar und prunksüchtig regierte Sultan Hassan, der mit dem Bau seiner riesigen Grabmoschee unterhalb der Zitadelle die Staatsfinanzen aufs Äußerste strapazierte. Obwohl Pest und Hungersnöte die Bevölkerung in tiefe Armut gestürzt hatten, investierte der Sultan lieber in den eigenen Ruhm. Dass seine Untertanen ihm keine Träne nachweinten, als er 1361 ermordet wurde, verwundert da nicht.

Die Burgi-Mamluken

Ein neues Geschlecht von Mamluken schlug sein Hauptquartier in den Kasernen der Zitadelle auf. Die als Burgi-Mamluken bezeichneten Herrscher stammten überwiegend aus dem Kaukasus, von wo sie wie ihre türkischen Vorgänger als Militärsklaven in alle Herren Länder verschickt wurden. Sie setzten im Großen und Ganzen sowohl die Politik als auch die Bautradition ihrer Vorgänger fort; Mord und Intrigen waren an der Tagesordnung, Steuergelder wurden vornehmlich für die Errichtung großartiger Paläste oder Grabmoscheen ausgegeben. Der erste der Burgi-Sultane war Barquq (1382–1399), der schwere Angriffe der Mongolen unter Timur Lenk abzuwehren hatte. Ibn Chaldun, der Universalgelehrte aus dem Maghreb, leitete unter ihm für einige Jahre das Rechtswesen.

In der zweiten Hälfte des 15. Jahrhunderts retteten die hohen Zölle auf Waren aus Indien die wirtschaftliche Lage Ägyptens, das permanent von der Staatspleite bedroht war. Sultan Qaitbay (1468–1496) erlaubte es sich noch einmal, so richtig nach Herzenslust Bauaufträge zu verteilen. Sein Komplex in der nördlichen Totenstadt Kairos zählt zu den schönsten Bauwerken der Zeit. Als 1498 den Portugiesen die Umsegelung Afrikas gelang und damit der Weg nach Indien nicht mehr zwangsweise über Ägypten führte, brach die Wirtschaft des Mamlukenstaats zusammen. Sein militärisches Aus kam mit dem Erstarken des osmanischen Reichs. Bei der entscheidenden Schlacht nördlich von Aleppo halfen den neuen Eroberern ihre überlegene Waffentechnik und die Informationen eines Überläufers. Sultan el-Ghuri (1501–1517) musste Selim dem Grausamen weichen, und der Verräter Chair Bay wurde zum Pascha von Kairo ernannt.

Ägypten unter osmanischer Herrschaft

Dennoch verloren die Mamluken nicht ihren Einfluss in Ägypten, denn die Hohe Pforte in Istanbul übertrug ihnen die Verwaltung der neuen Provinz. Als Steuereintreiber hatten sie nach wie vor die Möglichkeit, den Reichtum Ägyptens zum großen Teil in die eigene Tasche fließen zu lassen. Hans Ludwig von Lichtenstein beschrieb in seinem Reisebericht der Jahre 1585 bis 1589: »Wie wir allda Bericht empfangen, muss ein jeder Bassa (Pascha) 300 000 Dukaten jährlichen Einkommens an des türkischen Kaisers Dienst und Kammer antworten. Und was ein Bassa zu Alkahir (Kairo) über obben nannte 300 000 Dukaten aufheben und erschinden kann, hat er zu seines Standes Unterhaltung dahero denn die Unterthanen und Kaufleute mit schwehren Zollen und dergleichen Auflagen zum höchsten beschwehret werden.« Wenigstens wurde der Verlust des Indienhandels durch eine neue Ware wettgemacht, die aus dem Jemen nach Norden kam und mit den Türken auch Wien erreichte: Der Kaffee brachte seinem Hauptumschlagsplatz Kairo im 16. Jahrhundert gute Gewinne.

Für die ägyptische Bevölkerung änderte der Wechsel an der Spitze also nichts an ihren schlechten Lebensbedingungen – das Rad aus Steuerbelastung, Hungersnöten, Epidemien und Aufständen drehte sich weiter. Machtkämpfe zwischen den einzelnen mamlukischen Beys und den osmanischen Vertretern destabilisierten die Lage zusätzlich und Ende des 18. Jahrhunderts war eine effektive Verwaltung und Regierung längst zerrieben. Das erleichterte es dem jungen und ehrgeizigen französischen General Napoleon Bonaparte, in Ägypten einzumarschieren.

Französisches Zwischenspiel

Wenige Tage nachdem Napoleon in Alexandria an Land gegangen war, ließ er am 7. Juli 1798 einen auf Arabisch abgefassten Text unter der Bevölkerung Kairos verteilen:»Im Namen Gottes, des Barmherzigen, des Erbarmers. Es gibt keinen Gott außer Gott. Er hat keinen Sohn und herrscht ohne Partner. Im Namen der Französischen Republik, errichtet auf dem Prinzip der Freiheit, und im Namen des führenden Generals, Bonaparte, dem Emir der französischen Armeen, ma-

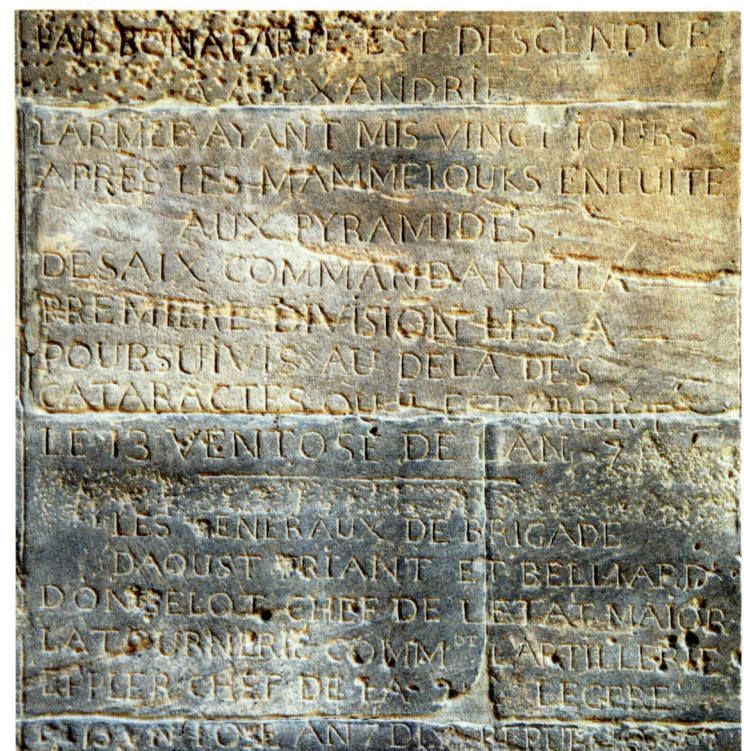

Gedenktext napoleonischer Soldaten am Tempel Philae

chen wir Folgendes allen Bewohnern Ägyptens bekannt. Ägypter! Man wird euch erzählen, dass ich hierher komme mit der Absicht, eure Religion zu stürzen, aber das ist eine große Lüge. Glaubt sie nicht. Antwortet den Betrügern, dass ich gekommen bin, um eure Rechte wiederherzustellen, die von Usurpatoren angegriffen worden sind – dass ich Gott mehr anbete als die Mamluken und dass ich den Propheten Mohammed und den ehrwürdigen Koran respektiere. Die werden glücklich sein, die sich umgehend mit uns vereinen, denn sie werden erhöht werden. Aber wehe denen, die sich den Mamluken anschließen. All ihre Spuren werden vom Antlitz der Erde verschwinden.« Doch trotz der jahrhundertelangen Ausbeutung durch die Mamluken wollten die Ägypter den Versicherungen des Franzosen nicht so recht Glauben schenken, und die französischen Truppen hatten auch in den folgenden Jahren mit heftiger Gegenwehr zu kämpfen. Tatsächlich war es Napoleon wohl mehr um Ägyptens strategische Lage zu tun gewesen, Frankreichs Wege nach Osten hätten drastisch verkürzt werden können. Frankreichs Hauptgegner im Hintergrund war Großbritannien, dessen Verbindung mit Indien durch einen Einmarsch in Ägypten bedroht wurde. Daher erwuchsen den Ägyptern starke Verbündete: Die britische Flotte unter Admiral Nelson versenkte Napoleons Schiffe vor der Küste Ägyptens. Ein von der Hohen Pforte entsandtes Entsatzheer schlug Napoleon 1799 jedoch mit Leichtigkeit – schwieriger wog die Situation im Land, wo es immer wieder zu Angriffen auf die französischen Besatzer kam. Letztlich machte sich Napoleon schon 1799 aus dem Staub, 1801 folgte ihm der Rest der stark geschrumpften Truppe – als Kriegsgefangene der Briten.

Der größte und nachhaltigste Erfolg der napoleonischen Expedition nach Ägypten lag auf einem ganz anderen Gebiet: In Begleitung der Soldaten waren 165 Gelehrte zu dieser Reise aufgebrochen und sie machten sich daran, das Land am Nil gründlich zu erforschen. Mit ihrem zwischen 1812 und 1829 in der ›Description de l'Égypte‹ veröffentlichten Berichten lösten sie eine regelrechte Ägyptomanie in Europa aus. Zu den von ihnen entdeckten Denkmälern gehört auch der Stein von Rosette, der endlich den Schlüssel zur Entzifferung der Hieroglyphen lieferte. Aufgrund der französischen Niederlage gegen die Briten gelangte das wichtige Stück dann allerdings nach London.

Neuanfang unter Mohammed Ali

Mehmed Alis Wirken, solange es ungehemmt blieb, hat unbestreitbar die wichtigsten Grundbedingungen aller Zivilisation zuerst im heutigen Orient hervorgerufen: Ordnung, Sicherheit und das Erwachen einer höhern Industrie. Hiermit hat er, trotz hundert Fehler und Mängel, die Dankbarkeit der Geschichte verdient.
Hermann Pückler-Muskau, *1844*

Nach der Vertreibung der Franzosen schickte die Hohe Pforte einen neuen Statthalter und Truppen, um seine Einsetzung zu gewährleisten. Natürlich kam es erst einmal wieder zu den üblichen Machtkämpfen mit ihren Begleiterscheinungen Mord, Aufstand und Intrigen. 1805 schließlich bat eine Abordnung von Kairos Bürgern den albanischen General Mohammed Ali, die Regierung zu übernehmen. Mit Zustimmung Istanbuls gelang es ihm recht schnell, für Ordnung im Land zu sorgen. Um zukünftige Konkurrenzkämpfe mit und zwischen den Mamluken zu verhindern, ergriff er 1811 drastische Maßnahmen: Die führenden Beys der Mamluken wurden zu einem großen Fest auf die Zitadelle eingeladen, um den gemeinsamen Sieg über die Briten zu feiern. Ihrer Waffen entkleidet, wurden sie nach einem üppigen Festmahl von den Vertrauten Mohammed Alis überrumpelt und aufs Grausamste niedergemetzelt. Flüchtige Mamluken wurden sogar bis nach Nubien verfolgt, um der machthungrigen Gruppe ein für alle Mal den Garaus zu machen.

Aufbruch in die Moderne

Nachdem er die seit über 600 Jahren herrschenden Mamluken beseitigt hatte, widmete sich Mohammed Ali der Festigung seiner Macht, dabei aber auch dem Aufbau Ägyptens. Mit dieser Einstellung war er wohl seit fast 2000 Jahren der erste Herrscher des Landes, der sich um die Belange der Bevölkerung kümmerte. Sein Traum war, Ägypten nach französischem Vorbild zu modernisieren. Dazu sandte er junge Männer zum Studium nach Paris, lud aber auch französische

Wissenschaftler nach Ägypten ein. Schulen wurden gegründet, eine Druckerei eingerichtet, zahlreiche Bücher ins Arabische übersetzt, das Gesundheitswesen und die Landwirtschaft völlig neu gestaltet. Der junge französische Arzt Antoine Clot wurde beauftragt, ein Krankenhaus zu erbauen und eine medizinische Schule einzurichten. Am bis heute bestehenden Qasr el-Aini-Hospital forschte unter anderem auch der deutsche Arzt Theodor Bilharz, der hier den Erreger der nach ihm benannten Bilharziose entdeckte. Und im Jahr 1820 präsentierte Louis Alex Jumel, der im Dienste Ägyptens botanische Forschungen betrieb, eine langfasrige Baumwollsorte. Das ›weiße Gold‹ sollte Ägypten in den kommenden Jahrzehnten einen unerwarteten Geldsegen einbringen und damit insgesamt den wirtschaftlichen Aufschwung anschieben.

Endlich durften auch Ägypter wieder ins Militär eintreten, wo sie Zugang zu verschiedensten Bildungseinrichtungen und die Chance auf eine Karriere hatten. Mit den ehrgeizigen Eroberungszügen nach Syrien, Arabien und dem Jemen bot sich ihnen reichlich Gelegenheit zum Einsatz. Frankreich und Großbritannien beobachteten den plötzlichen und rasanten Aufschwung Ägyptens mit Argwohn. Ihnen war nicht daran gelegen, das schwächer werdende osmanische Reich durch eine neue Großmacht ersetzt zu sehen. 1827 brachten sie der im Mittelmeer operierenden ägyptischen Marine eine schwere Niederlage bei. Wenige Jahre später griffen die Europäer erneut ein, um Ägyptens Macht zu beschneiden: Mohammed Ali musste im Vertrag von London 1840 auf Syrien und Kreta verzichten. Dafür unterstellte 1841 der osmanische Sultan den Sudan ägyptischer Herrschaft und erklärte Ägypten zur Erbmonarchie.

Zwar saß Mohammed Ali noch bis 1848 auf dem Thron, doch hatte er krankheitsbedingt in den letzten Jahren die Regierungsgeschäfte Ibrahim, einem seiner Söhne, überlassen. 1848 starb der ›Begründer des modernen Ägyptens‹ in geistiger Umnachtung. Er wurde in der von ihm geplanten Alabastermoschee auf der Zitadelle beigesetzt.

So richtig nach dem Herzen des fortschrittsgläubigen großen Paschas muss der Vorschlag des französischen Ingenieurs Ferdinand de Lesseps gewesen sein. Ein Kanal zwischen dem Mittelmeer und dem Roten Meer sollte die Handelswege revolutionieren, Ägyptens Bedeutung steigern und den Triumph der Technik zeigen. Doch es waren Mohammed Alis Bruder, Said Pascha (1854–1863), und sein Sohn Ismail Pascha (1863–1879), die dieses Projekt schließlich Wirklichkeit werden ließen. Für die Zukunft Ägyptens sollte es schwerwiegende Folgen haben.

Die Mohammed-Ali-Moschee in Kairo

Die Modernisierungsmaßnahmen unter Mohammed Ali

Hermann Fürst von Pückler-Muskau bemühte sich, in seinem Buch ›Aus Mehmed Alis Reich‹ (1844), die Maßnahmen Mohammed Alis den westlichen Lesern nahezubringen:

»In jeder Provinz befinden sich mehrere Primärschulen für den ersten Elementarunterricht, wo die Kinder, wie in allen übrigen Erziehungsanstalten des Vizekönigs, freie Wohnung, Kost, Kleidung und von fünfzehn bis zu dreißig Piaster monatliche Besoldung erhalten. Von hier gehen sie in die großen Vorbereitungsschulen über, deren sich eine in Kahira, die andere in Alexandrien befindet und wo die Besoldung von 30 bis 50 Piaster steigt. Nach vierjährigen Studien treten sie in die höheren Schulen ein, die sogenannte polytechnische in Bulak, die der fremden Sprachen in Kahira, die der Artillerie in Tura, der Kavallerie in Dschiseh, der Infanterie in Damiette, der Marine zu Alexandrien und der Medizin in Abu-Zabel, in welchen allen die Besoldung der Schüler 100 bis 150 Piaster erreicht. Aus diesen Schulen ... gingen viele Lehrer und ein großer Teil der jetzigen Staatsbeamten hervor. Diejenigen, welche ein Handwerk erlernen und ihre Geschicklichkeit darin hinlänglich bekunden, dotiert der Vizekönig sehr häufig mit einem Kapital bis zu 12 000 Piaster und bezahlt ihre ganze Einrichtung bis auf die Werkstätten und Verkaufsläden hinab, deren man, in der Stadt umhergehend, in allen Straßen immer neue entstehen sieht und sie leicht an der Eleganz und Solidität ihrer Ausführung erkennt. So führt der Vizekönig jetzt die Vakzine (Impfung) ein, und da das Volk dawider ist, zahlt er für jedes Kind, das vakziniert wird, den Eltern einen Piaster. In den Hospitälern, denen der unermüdlich tätige Clot Bey vorsteht, wird, obgleich sie ursprünglich nur für das Militär bestimmt sind, jetzt dennoch auch jeder andere Kranke, der darum bittet, unentgeltlich aufgenommen, und wer nicht Platz findet, wenigstens gratis mit Medikamenten versehen, wiewohl die Abneigung, welche die Eingebornen gegen Hospitäler haben, sie selten davon Gebrauch machen lässt.

Dass man Mehmed Alis Bemühungen, sein Land, soweit seine Einsicht reicht, zu zivilisieren, größtenteils von unserm Standpunkte aus nur verspottet hat, finde ich ebenso kurzsichtig als unhistorisch. Mit einem Sprunge kann Ägypten kein zivilisierter Staat nach europäischen Begriffen werden. ... Man schlage doch nur David Hume auf, um sich zu überzeugen, dass unter Heinrich dem Achten und selbst noch unter Elisabeth der Zustand fast derselbe war wie heute unter Mehmed Ali, in manchem, zum Beispiel der religiösen Unduldsamkeit, schlimmer.

›Wohlan‹, fuhr Mehemed Ali fort, ›ich will nicht leugnen, dass hier mehr als Alltägliches geschehen sei, und ich habe allerdings gestrebt, den Beispielen großer Männer zu folgen, soweit ich es vermochte. ... Doch nur meine Enkel können einst ernten, was ich gesät habe. Wo eine so grundlose Verwirrung herrschte als hier, wo eine so vollständige Auflösung aller gesunden Staatsverhältnisse stattfand, wo ein so ganz verwildertes, unwissendes, zu aller heilsamen Arbeit unfähiges Volk lebte – da kann die Zivilisation nur langsam wieder emporwachsen. Sie wissen, dass Ägypten einst das erste Land der Erde war, das allen übrigen vorleuchtete; jetzt ist es Europa. Mit der Zeit nimmt die Aufklärung vielleicht auch hier von neuem wieder ihren Sitz. Es schaukelt ja alles ewig in der Welt!‹«

Der Suezkanal

Necho II. und Darius I. hatten bereits an einem Kanal gearbeitet, der das Mittelmeer mit dem Roten Meer verband. Dabei machten sie aber den Umweg über das Niltal, ein direkter Durchstich der Landenge erschien ihnen wohl zu riskant. Mit den Messungen des österreichischen Ingenieurs Alois Negrelli konnten Anfang des 19. Jahrhunderts Bedenken ausgeräumt werden, dass möglicherweise eines der Gewässer das andere überschwemmen könnte. Negrelli fand heraus, dass die Pegel beider Meere auf gleicher Höhe liegen – man konnte also sogar auf Schleusen verzichten. Ferdinand de Lesseps entwickelte auf dieser Grundlage Pläne für den Bau eines Kanals, der vom Golf von Suez aus über die Bitterseen und den Timsah-See schnurgerade nach Norden bis zum Mittelmeer führen sollte. Bis zu 40 Prozent würde die geplante Wasserstraße die Handelswege zwischen Europa und Asien verkürzen, die Kosten- und Zeitersparnis wäre ungeheuer! Mit seinem Enthusiasmus steckte de Lesseps auch den ägyptischen Herrscher Said Pascha an, mit dem er 1856 das Abkommen zum Bau des Kanals unterzeichnete. Danach hatte Ägypten 70 Prozent der Baukosten zu tragen und durfte 15 Prozent der zu erwartenden Gewinne einbehalten. Die ägyptische Staatskasse allerdings war durch enorme Investitionen in den Aufbau des Landes, die verschwenderische Hofhaltung von Mohammed Alis Nachfolgern und den Ausbau der Armee bereits aufs Äußerste strapaziert. Lesseps hatte zur Unterstützung des Projekts in Europa die ›Societé d'Études du Canal de Suez‹ gegründet, die 1858 mit dem Verkauf von Aktien versuchte, die nötigen Gelder aufzutreiben. Großbritannien und Frankreich hielten sich jedoch zunächst zurück, da sie die Folgen des Kanals für ihre eigene Position im Nahen Osten kritisch beurteilten. So kaufte letztlich doch Ägypten selbst die meisten Anteile – und nahm dafür bei britischen und französischen Banken enorme Kredite auf.

Galoppierende Staatsverschuldung

Am 25. April 1859 wurden die Bauarbeiten bei Suez begonnen, die Ende 1869 vollendet waren. 20 000 zwangsrekrutierte Bauern leisteten unter erbärmlichen Bedingungen Fronarbeit. In den elf Jahren war nicht nur der Kanal gebaut worden, sondern auch die Städte Ismailia und Port Said wurden gegründet. Für die große Eröffnungsfeier am 17. November 1869 war auch in Kairo in großem Stil gebaut worden. Der Pariser Stadtplaner Georges-Eugène Haussmann hatte eigene Entwürfe für die Umgestaltung der Stadt gezeichnet. Breite Boulevards, großzügige Parks und prachtvolle Paläste verschlangen Unsummen von Geldern. Giuseppe Verdi war beauftragt worden, eine neue Oper zu komponieren, die den Staatsgästen bei der Eröffnung vorgeführt werden sollte – dazu musste natürlich auch ein repräsentatives Opernhaus erbaut werden. Zwar wurde die bestellte ›Aida‹ nicht rechtzeitig fertig – auch weil Verdi eigentlich diesen Auftrag nicht hatte annehmen wollen –, doch konnte man die Gäste mit der Aufführung von ›Rigoletto‹ beeindrucken. Kaiserin Eugenie von Österreich, Ismails Staatsgast Nummer eins, wurde nach allen Regeln der Kunst verwöhnt. Und auch die anderen illustren Gäste dürften den Luxus genossen haben. Ägyptens Staatskasse aber wurde immer leerer …

Nachdem Mitte des 19. Jahrhunderts auch noch die Preise für Baumwolle auf dem Weltmarkt sanken, erschien die finanzielle Lage am Nil bedrohlich. Außer dem Kanal hatten der Bau einer Eisenbahnlinie zwischen Alexandria, Kairo und Suez sowie der Aufbau eines Postdienstes beträchtliche Summen verschlungen. Auch die neugegründete Nationalbibliothek, Kanalisationsprojekte in allen größeren Städten und grundlegende Verwaltungsreformen waren nicht kostenlos zu haben. Zwar gewährten europäische Banken weiterhin großzügige Kredite, doch es war längst abzusehen, dass Ägypten seine Schuldendienste nicht mehr erfüllen konnte. Es drohte die Staatspleite.

Briten am Nil

Großbritannien hatte ab 1875 mit Aufkäufen der Suezkanalaktien begonnen und hielt mittlerweile die Mehrheit. Im Jahr darauf erlangten Frankreich und Großbritannien gemeinsam die Finanzkontrolle über Ägypten. Sie setzten eigene Minister in der ägyptischen Regierung ein und erreichten 1879 die Absetzung Ismail Paschas. Sein Sohn Taufiq wurde zum Nachfolger ernannt. Demonstrationen und Ausschreitungen in Kairo und anderen Städten Ägyptens zeigten die Unzufriedenheit der Bevölkerung mit der Fremdbestimmung; Taufiq geriet als Marionettenkönig der Europäer immer mehr ins Kreuzfeuer der Kritik. Nach Auseinandersetzungen mit dem Kriegsminister Ahmed Orabi bat Taufiq Briten und Franzosen um Unterstützung gegen seine eigene Regierung. Die Situation eskalierte – Angriffe auf britische Einrichtungen brachten das Militär auf den Plan: Im Juli 1882 bombardierte die britische Flotte Alexandria. Taufiq unterstellte sich britischem Schutz, Orabi wurde vom osmanischen Sultan abgesetzt. Mit britischen Truppen – die unter anderem auch die Suezkanalzone ›sicherten‹ – versuchte Taufiq, sich an der Macht zu halten. Es war der Beginn einer rund

Eröffnung des Suezkanals 1869, zeitgenössische Darstellung

Land und Leute

70 Jahre währenden britischen Besetzung, während der Männer wie Lord Cromer (1883–1907) und Earl Horatio Kitchener (1911–1914) als britische Hochkommissare und Generalkonsule die Geschicke am Nil bestimmten. Mit Ausbruch des Ersten Weltkriegs erklärte Großbritannien Ägypten zum Protektorat, der Khedive Abbas II. wurde kurzerhand abgesetzt und durch seinen Onkel Hussain Kamil ersetzt. Ihm folgte 1917 Fuad I., dem es 1922 immerhin gelang, pro forma die Unabhängigkeit von Britannien zu erlangen und Ägypten zum Königreich auszurufen. Doch blieb der für das britische Empire so lebenswichtige Suezkanal noch unter europäischer Kontrolle; der Konzessionsvertrag, auf den sich das osmanische Reich – damals noch nomineller Oberherr Ägyptens – und die europäischen Staaten 1888 geeinigt hatten, hatte eine geplante Laufzeit bis Ende 1968.

1937 trat der 17-jährige Faruq die Nachfolge als König an. Sein autokratischer Regierungsstil, vor allem aber sein verschwenderischer und für die meisten Ägypter anstößiger Lebenswandel kosteten ihn in kurzer Zeit die Sympathien der Bevölkerung. Innenpolitische Unruhen wurden jedoch überlagert durch die internationalen Machtkämpfe im Umfeld des Zweiten Weltkriegs. Am 4. Februar 1942 ließ der britische Botschafter Panzer vor dem Abdin-Palast in Kairo auffahren und verlangte Faruqs Abdankung, sollte er nicht eine Großbritannien genehme Regierung einsetzen. Faruq gab klein bei und blieb im Amt. Ägyptens nationalistische Bewegung allerdings wurde immer unzufriedener. Die Nachkriegsjahre wurden von Unruhen und schweren Auseinandersetzungen zwischen dem Palast und verschiedenen politischen Gruppierungen erschüttert.

Der Putsch von 1952

Niemand könnte jedoch bestreiten, dass dies ein ehrfurchtgebietendes und überaus wichtiges Ereignis war, dass es Ägypten und alle arabischen Länder berührte, Afrika zutiefst erschütterte, in Asien Interesse erregte und, wirklich, die Aufmerksamkeit der ganzen Welt auf sich zog.
Khaled Mohi El Din, *1995*

Zwei unterschiedliche Gruppen fingen die starken nationalistischen Strömungen dieser Zeit auf – die 1928 gegründeten Muslimbrüder und eine wachsende Zahl ägyptischer Offiziere. Die Muslimbrüder waren damals eine regelrechte Volksbewegung, die im ganzen Land Anhänger besaß, aber vom Großteil der politischen und militärischen Führung skeptisch betrachtet wurde. Mitte der 40er Jahre jedoch entwickelte sich eine lockere Zusammenarbeit der beiden Parteien mit dem Ziel, eine politische Veränderung herbeizuführen. 1949 schlossen sich einige der Militärs zur Gruppe der Freien Offiziere zusammen, unter ihnen bereits damals Gamal Abd el-Nasser. Ägyptens innenpolitische Situation verschlechterte sich zusehends: Während sich König Faruq immer mehr auf seine Vergnügungen konzentrierte, verschärften sich im Land die sozialen Probleme. Am 23. Juli 1952 kam es schließlich zum unblutigen Putsch, drei Tage später unterzeichnete Faruq in Alexandria seine Abdankungsurkunde. Sie war ihm im Namen von General Mohammed Nagib, dem Führer der Freien Offiziere, mit folgendem Schreiben zugestellt worden: »Aufgrund des völligen Chaos, das in

Land und Leute

Am Suezkanal

letzter Zeit im ganzen Lande herrschte und alle Bereiche betraf, in Folge Ihres Benehmens, Ihrer Missachtung der Verfassung und Ihrer völligen Geringschätzung des Volkswillens, so dass die Sicherheit der Person, des Eigentums und der Würde von niemand mehr gewährleistet werden konnte; und aufgrund der Tatsache, dass das Ansehen Ägyptens weltweit untergraben wurde aufgrund Ihres Benehmens .... wurde ich beauftragt, Euer Majestät aufzufordern, zugunsten Eures Erben, Seiner Hoheit Prinz Ahmed Fuad, abzudanken.«

Ägypten unter den Freien Offizieren

Ali Maher wurde beauftragt, eine neue Regierung zu bilden, doch schon im September 1952 übernahm General Nagib als Premierminister die Führung des Landes. Knapp ein Jahr nach der Revolution verkündete das Revolutionskomitee die Abschaffung der Monarchie, 1954 trat Gamal Abd el-Nasser nach schweren Meinungsverschiedenheiten mit General Nagib an die Spitze der Regierung. Ein Präsidentschaftsreferendum im Juni 1956 bestätigte den sehr populären Politiker offiziell in seinem Posten.

Eines der vorrangigen Ziele der neu an die Macht gekommenen Regierung war – ganz in der Linie Mohammed Alis – Ägypten zu modernisieren. Industrie und Landwirtschaft waren die beiden Schlüsselbereiche. Um Strom zur Versorgung der Bevölkerung und zum Aufbau von Industrien zu gewinnen und um gleichzeitig die jährlich schwankenden Nilüberschwemmungen unter Kontrolle zu bringen, sollte ein riesiger Stausee südlich von Assuan entstehen. Zur Finanzierung des Hochdamms von Assuan brauchte Ägypten Geld. Zunächst schien es so, als würden die Weltbank, Großbritannien und die USA als Financiers einspringen. Zeitgleich stand Nasser in Verhandlungen mit den USA um Waffenlieferungen. Da Ägypten in dieser Zeit des Kalten Krieges aber als blockfreier Staat nach Meinung der Amerikaner nicht die richtige Position bezog, wurden diese

Der Hochdamm von Assuan

Anfragen mehrere Jahre lang einfach nicht beantwortet. Als Nasser schließlich bei der Sowjetunion seine Bestellung machte, zog der Westen seine Finanzierungszusage für den Staudamm zurück.

Die Suezkrise

In dieser Situation sah Nasser 1956 keinen anderen Ausweg, als den Suezkanal zu verstaatlichen, um mit den Durchfahrtsgebühren die geplante Modernisierung des Landes finanzieren zu können. Großbritannien und Frankreich als wichtigste Nutznießer des Suezkanal-Konzessionsvertrags traten mit Israel in Geheimverhandlungen: Israel sollte über den Sinai bis zum Kanal vorrücken, worauf britische und französische Truppen einschreiten würden, um kriegerische Auseinandersetzungen zwischen Israel und Ägypten zu verhindern. Am 29. Oktober startete Israel seinen Vormarsch, und zwei Tage später besetzten französisch-britische Truppen die Kanalzone. Durch das Eingreifen der UNO und der USA wurden die Kämpfe beendet, die europäischen Truppen zogen ab – allerdings nicht, ohne vorher sämtliche Schiffe im Kanal versenkt und diesen so auf Jahre hinaus unpassierbar gemacht zu haben.

Nasser und der Arabische Sozialismus

Diese Situation, in der Ägypten nach wie vor dringend nach einem Geldgeber für den als unverzichtbar betrachteten Bau des Hochdamms suchte, wusste die Sowjetunion zu nutzen. Durch ihr finanzielles und technisches sowie personelles Engagement beim Bau des Hochdamms, ergänzt durch militärische Berater und Ausrüstung, änderte sich schließlich die politische Ausrichtung Ägyptens und seiner führenden Politiker, die ursprünglich einmal strenge Verfechter der Blockfreien-Bewegung gewesen waren. Nach 1960 wurden im Rahmen des ›arabischen Sozialismus‹ Banken und Industrien verstaatlicht. Politische Opposition wurde zunehmend härter unterdrückt, 1962 wurde als einzig noch zugelassene Partei die ASU (Arabisch Sozialistische Union) gegründet, die bis 1977 ihre Macht behauptete.

Land und Leute

Bauern beim Pflügen in Luxor

Die Enteignung von Großgrundbesitzern und die Umverteilung des Landes an die besitzlosen Bauern – die kurz darauf im Rahmen sozialistischer Wirtschaft in staatlichen Kooperativen zusammengeschlossen wurden – war ein weiterer wichtiger Programmpunkt der Revolution gewesen. Ebenso die Förderung der Ausbildung: Jedem Hochschulabsolventen wurde ein Posten im Staatsdienst versprochen – was nicht unwesentlich zum noch heute existierenden Wasserkopf der staatlichen Verwaltung beitrug. Viele der Ideen zum Wohle des Volkes scheiterten an einer starken Hierarchisierung und Bürokratisierung des Landes, aber auch an mangelnden Finanzen. Nasser engagierte sich vielleicht zu stark auf der internationalen Ebene, wo er als Führer der arabischen Welt viel Erfolg verbuchte. Sein militärisches Eingreifen im Revolutionskrieg des Jemen kostete Ägypten von 1962 bis 1967 Menschenleben, Geld und politische Freunde. Der Beistandspakt mit Syrien führte 1967 nach wiederholten Attacken seitens Israels auf syrisches Gebiet zum Sechs-Tage-Krieg und einer katastrophalen Niederlage der ägyptischen Streitkräfte. Der Sinai fiel an Israel, Nasser dankte ab. Doch das Volk rief ihn in Massendemonstrationen zurück. Seine Popularität schien ungebrochen. Am 28. September 1970, nachdem er am Tag zuvor einen Waffenstillstand zwischen dem jordanischen König und der PLO zuwege gebracht hatte, verstarb Gamal Abd el-Nasser im Alter von nur 52 Jahren.

Anwar el-Sadat

Nassers Nachfolger, Anwar el-Sadat, distanzierte sich von den strengen Nasseristen in der Regierung und verfolgte einen Wechsel in der politischen Ausrichtung. Am 6. Oktober 1973 griffen Ägypten und Syrien gleichzeitig die israelischen Truppen an der Suezkanalzone und den Golanhöhen an. Ägyptens Truppen konnten einen ersten Überraschungserfolg erzielen, dessen positive Auswirkungen auf das Selbstbewusstsein der arabischen Nationen selbst durch den schweren israelischen Gegenangriff nicht völlig ausgelöscht wurden. Sowjetisches und amerikanisches Eingreifen führte schließlich zu einem schnellen

Das Ehrenmal für den unbekannten Soldaten und das Grab von Anwar el-Sadat

Ende der Kämpfe in Ägypten. Sadats Position zu Hause war gestärkt, denn ihm war es als erstem arabischen Staatschef gelungen, die für unbesiegbar gehaltenen Israelis zumindest für einen Moment zu überrumpeln. Ägypten erhielt einen schmalen Streifen am Ostufer des Suezkanals zurück – erstmals gelangte der Kanal nach über einhundert Jahren wieder in ägyptischen Besitz. Ab 1974 begann Sadat eine allmähliche Kehrtwende in der Außen- und Wirtschaftspolitik. Öffnung – Infitah –, und zwar nach Westen, war das neue Zauberwort. Liberalisierungsmaßnahmen und die Einführung von Freihandelszonen sollten ausländische Investoren ins Land locken.

Frieden mit Israel

Die einschneidendste Änderung bewirkte jedoch Sadats Reise nach Israel, wo er im November 1977 in einer Rede vor der Knesset Ägyptens Bereitschaft zu einem Frieden ankündigte. Obwohl Sadat von Anfang an darauf hinwies, keinen Separatfrieden mit Israel schließen zu wollen, wurde es doch ein Alleingang der beiden Staaten. Tatsächlich wurde im März 1979 der Friedensvertrag zwischen den beiden Ländern in Camp David unterzeichnet. Sadat hatte bereits 1977 gewarnt, »kein Interimsfriede zwischen Ägypten und Israel oder zwischen irgendeinem arabischen Konfrontationsstaat und Israel kann einen dauerhaften, auf Gerechtigkeit gegründeten Frieden für diese Region herbeiführen«.

Der Preis für den Frieden mit Israel war hoch: Schlagartig brachen die meisten arabischen Staaten ihre diplomatischen Beziehungen zu dem Land am Nil ab, der Sitz der Arabischen Liga wurde von Kairo nach Tunesien verlagert, Ägypten ausgeschlossen. Das Land, das lange Zeit eine Führungsrolle in der arabischen Welt innegehabt hatte, war nun völlig isoliert. Die Abhängigkeit von den westlichen Verbündeten, vorrangig von den USA, wuchs. Zwar war der Großteil der ägyptischen Bevölkerung dankbar für den Frieden – nahezu jede Familie hatte in den Kriegen mit Israel Verluste betrauern müssen –, aber die Kritik am ›Pharao‹ Sadat wuchs. Seine Wirtschaftspolitik hatte eine soziale Schieflage bewirkt, die Aufhebung von Subventionen für Nahrungsmittel die sogenannten ›Brotaufstände‹ ausgelöst. Es gab nicht genügend neue Arbeitsplätze, wer immer konnte, wanderte als Gastarbeiter in die Ölstaaten. Zu Hause stiegen die Preise und die Unzufriedenheit mit einem korrupten und von Vetternwirtschaft geprägten System. Sadat wurde immer unzugänglicher für Kritik und entfremdete sich zunehmend von seinen Freunden und Beratern. Seine schärfsten Gegner waren aber islamische Gruppierungen, die er in seinen frühen Regierungsjahren hofiert, später dann aber verboten hatte. Am 6. Oktober 1981, dem Jahrestag des Oktoberkriegs gegen Israel, wurde Sadat während einer Truppenparade von einem Anhänger der militanten Gruppe ›al-Djihad‹ erschossen. Der Ausnahmezustand wurde über das Land verhängt.

Mohammed Hosni Mubarak

Sadats Vize-Präsident, Mohammed Hosni Mubarak, übernahm die Macht und blieb 30 Jahre bis zu seinem erzwungenen Rücktritt 2011. Dabei hatte man 1981 von dem ›farblos‹ wirkenden Mann nicht so viel Standfestigkeit erwartet. Wie auch seine Vorgänger Nasser und Sadat kam Mubarak aus dem Militär, das seit 1952 nachhaltig die ägyptische Politik bestimmt. Obwohl es ihm relativ schnell gelang, nach der Ermordung Sadats die Ruhe im Land wiederherzustellen, wurde der Ausnahmezustand nicht aufgehoben. Wann immer die Opposition im Lande – und dabei handelte es sich keineswegs nur um militante Gruppierungen – sich zu allzu heftiger Kritik an der Regierung hinreißen ließ, gab es Verhaftungen, Verbote, Zensur. Amnesty International stellte Ägypten in den Jahren Mubaraks kein gutes Zeugnis aus.

Die Bevölkerung verfolgte seine Aktivitäten Anfang der 80er Jahre jedoch mit Wohlwollen. Die koptische Gemeinde registrierte erfreut, dass ihr Oberhaupt Schenute III. aus der Verbannung entlassen wurde, in die Sadat den Pa-

Mubarak und die Pharaonen

triarchen nach seinen kritischen Äußerungen zum Frieden mit Israel geschickt hatte. Der Korruption wurde der Kampf angesagt, und auf internationaler Ebene gelang es dem neuen Präsidenten, Ägyptens Isolation in der arabischen Welt zu durchbrechen. Die Arabische Liga kehrte zurück nach Kairo, Ägypten wurde wieder als vollwertiges und wichtiges Mitglied in die Union aufgenommen. Damit nahm auch das Verkehrsaufkommen auf dem Suezkanal zu – der Handel mit den Golfstaaten blühte. Die Gebühren für die Durchfahrt sind bis heute eine der wichtigsten Einnahmequellen des Staates, sie stiegen zwischen 2003 und 2014 von gut 2,5 auf über 45 Milliarden US-Dollar, die Netto-Tonnage pro Jahr stieg kontinuierlich auf 998650 Tonnen im Jahr 2015. Die Privatisierung der Wirtschaft, die in den 1990er Jahren forciert wurde, fand das Lob der Weltbank. Liberalisierungsmaßnahmen und der Druck der Globalisierung brachten aber vor allem für die kleinen Leute neue Risiken. Die Inflation stieg, 2001 war das ägyptische Pfund nach einer Neubewertung nur noch die Hälfte wert. Die Preise stiegen, jedoch nicht die Löhne. Wieder nahmen Vetternwirtschaft und Korruption überhand. Opposition war nahezu unmöglich – Kritiker wurden ohne Gerichtsverfahren, ohne Anwalt auf unbestimmte Zeit verhaftet und vor ein Militärgericht gestellt. Die Muslimbruder-Organisation war eine der wenigen, die dennoch aktiv blieb. Sozial engagiert im lokalen Rahmen, halfen die Brüder in Notlagen, nach Erdbeben oder im Fall der Arbeitslosigkeit. In ihren Reihen formierte sich aber auch der militante Widerstand – Mitte der 80er Jahre begannen die ersten Angriffe auf staatliche und militärische Einrichtungen, die später auf ausländische Ziele ausgeweitet wurden. Nur mit harter Gegengewalt gelang es Mubaraks Regime, diese gewaltbereiten islamistischen Gruppen zu unterdrü-

Wahlsymbole für Analphabeten

cken. Die zivilen Freiheiten der Einzelnen wurden dabei weiter eingeschränkt. Die Menschen in Ägypten schwiegen, aber sie waren nicht mehr zufrieden mit ihrem ›Pharao‹. Wahlergebnisse, die Mubarak mit weit über 90 Prozent im Amt bestätigten, galten allgemein als Theaterinszenierungen, zu denen nur ein Bruchteil der Bevölkerung überhaupt erschien.

Kifaya – Genug!

Doch war neben einer weitverbreiteten Politikverdrossenheit immer mehr der Unwille zu spüren, die Zustände weiter hinzunehmen. Dazu kamen Befürchtungen, Mubarak bereite seinen Sohn Gamal zur Amtsübernahme vor – viele Ägypter reagierten mit heftiger Ablehnung auf so eine drohende ›Erb-Demokratur‹.

»In einem Land, in dem nahezu alles – von der Wahl zum Universitätspräsidenten bis zur Gründung einer Partei – von der Zustimmung der Regierung abhängt, ist der Glaube an die Wirksamkeit und an den Sinn der politischen Mitgestaltung verkümmert«, formulierte ein Mitglied der 2004 entstandenen ›Kifaya‹- (Genug)-Bewegung die Stimmung. Und doch gelang es dieser Gruppe vor den Präsidentschaftswahlen von 2005 tatsächlich, Bewegung in die Politik zu bringen. Mubarak, der von seinen außenpolitischen Verbündeten unter Druck gesetzt wurde, seinen autokratischen Regierungsstil etwas zu mäßigen, ließ erstmals in der politischen Geschichte Ägyptens echte Wahlen für das Präsidentenamt zu. Insgesamt zehn Kandidaten machten sich bereit, in das – von vornherein recht ungleiche – Rennen zu gehen. Wahlkampagnen konnten die meisten Herausforderer nur in Kairo und Alexandria organisieren; das staatliche Fernsehen und die amtlichen Zeitungen wussten sehr gut, auf wessen Seite sie standen. Ayman Nour von der neugegründeten ›al-Ghad‹-Partei und Nomaan Goma'a für die älteste und traditionsreichste ägyptische Partei ›al-Wafd‹ waren die beiden aussichtsreichsten Kandidaten. Tatsächlich kamen sie auf Platz zwei und drei, allerdings weit abgeschlagen hinter dem amtierenden Mubarak, der über 88 Prozent der Stimmen erhielt. Wie das passieren konnte? Ägypter erklären schwierige Dinge gerne mit einem Witz: »Ein Mann hatte bei der Präsidentenwahl sein Kreuz nicht für Mubarak gemacht. Auf dem Heimweg kamen ihm die schlimmsten Gedanken, und er malte sich aus, was ihm und seiner Familie wohl zustoßen würde, wenn die Staatsgewalt das herausfände. Also eilte der Mann zurück ins Wahllokal und sagte zu dem verantwortlichen Polizeioffizier: ›Es tut mir wirklich sehr leid, aber ich glaube, ich habe meinen Wahlzettel falsch ausgefüllt.‹ ›Ja, das hast du‹, antwortete ihm der Polizist, ›aber mach dir keine Sorgen. Glücklicherweise haben wir deinen Fehler gleich erkannt und korrigiert. Sei beim nächsten Mal vorsichtiger!‹«

Die im Dezember 2005 durchgeführten Parlamentswahlen erbrachten – trotz nur geringer Wahlbeteiligung von regional schwankenden 5–24 Prozent – aber doch eine kleine Überraschung: Zwar fielen auf die regierende NDP (Nationaldemokratische Partei) Mubaraks immer noch über 70 Prozent der Sitze, doch erhielten die offiziell nach wie vor verbotenen Muslimbrüder, deren Kandidaten als Unabhängige antraten, etwa 20 Prozent der insgesamt 454 Sitze. Gemeinsam mit zehn weiteren Gruppierungen bildeten sie die politisch sehr weit gefächerte Nationale Front für Wandel, die sich eine Verwirklichung demokratischer

›Lügner: Sie sagen dir, das Militär schützt die Revolution‹

Ziele vorgenommen hatte wie die Beschränkung der Amtszeit des Präsidenten
und die Aufhebung des Ausnahmezustands. Das Regime reagierte: 2008 wurden bei einer Verfassungsänderung die Kandidatur unabhängiger Kandidaten
für die Präsidentschaft nahezu unmöglich gemacht und die Notstandsgesetze
auf Dauer festgeschrieben.

Mubaraks Sturz

Die Unzufriedenheit mit ›Pharao‹ Mubarak und seinem von Vetternwirtschaft
geprägten Regime war in den letzten Jahren seiner Herrschaft nahezu mit Händen zu greifen gewesen. Dennoch waren viele Beobachter überrascht, dass der
Funke der tunesischen ›Jasmin-Revolution‹ so leicht auf das große Nachbarland
übersprang. Fehlende Zukunftsperspektiven für eine sehr junge Bevölkerung –
etwa 16 Millionen Ägypter sind zwischen 15 und 24 Jahre alt – und ein immer
schlechter werdendes öffentliches Bildungs- und Sozialsystem hatten den Unmut
auf die Spitze getrieben. Dazu kam die unerträgliche Polizeiwillkür im Rahmen
der andauernden Notstandsregelung: Der Fall des jungen Alexandriners Khaled
Said, der im Juni 2010 von Polizisten zu Tode geprügelt worden war, hatte bereits riesige Proteste ausgelöst. Am 25. Januar 2011 rief Wael Ghonim per Internet zu einem ›Tag der Polizei‹ auf gegen Unterdrückung, Folter und Mord. Ihm
folgte am 28. Januar der ›Tag des Zorns‹, der eine Welle von Demonstrationen
in allen größeren Städten nach sich zog. Wie zu erwarten, reagierte das Regime
mit brutaler Härte. Doch die Menschen blieben auf der Straße, in Kairo wurde
der Tahrir-Platz (›Platz der Befreiung‹, mit Bezug auf die Revolution von 1952)
zum Symbol für den Widerstand. Das Militär – das eigentliche Rückgrat ägyptischer Machthaber seit 1952 – fungierte als Schutzschild für die Demonstran-
ten gegen Polizei und staatliche Schlägertruppen. Am 11. Februar ließ Mubarak
seinen Rücktritt erklären.

Ägypten nach der Revolution von 2011

Der Oberste Militärrat (SCAF, Supreme Council of the Armed Forces) unter General Tantawi übernahm die Macht und löste das Parlament auf, im März wurde der gefürchtete Geheimdienst ebenfalls aufgelöst, im April die Nationaldemokratische Partei, die langjährige Regierungspartei Mubaraks. Mubarak selbst und seine Söhne wurden verhaftet und unter Anklage gestellt.

Eine neue Verfassung sollte ausgearbeitet, Parlaments- und Präsidentschaftswahlen abgehalten werden. In der Zwischenzeit entstand eine Vielzahl neuer Parteien, darunter die Hizb al-Hurrija wa l-Adala (Partei für Freiheit und Gerechtigkeit) der Muslimbrüder, sowie die fundamentalistisch-salafistische Hizb an-Nur (Partei des Lichts).

Schon am 16. und 17. Juni 2012 wurden Präsidentschaftswahlen abgehalten, die einen deutlichen Sieg für die Muslimbrüder und ihren Kandidaten Mohammed Mursi erbrachten. Die Muslimbrüder waren im Gegensatz zu vielen der neuen Parteien für Ägypten keine unbekannte Größe – schon seit Jahrzehnten agierten sie, meist verboten und im Untergrund, auf verschiedenen Ebenen der Gesellschaft: Nicht die im Westen überwiegend im Fokus stehenden militanten Gruppen, die aus ihrem Umfeld stammten, waren dabei für die Menschen am Nil von Bedeutung, sondern die sozialen Netzwerke der Bruderschaft, die in Notfällen schnell unbürokratische Hilfe leisteten. Auch hatten Politiker aus den Reihen der Muslimbrüder als unabhängige Kandidaten schon seit einigen Jahren die einzige sichtbare Opposition im Parlament der Mubarak-Jahre gestellt. Daher galten sie vielen auch eher säkular eingestellten Ägyptern als die Kraft, der man am ehesten zutraute, Ägypten im Sinne der gesamten Bevölkerung zu regieren. Zumal Mursi sich brüstete, ›ein Präsident für alle Ägypter‹ sein zu wollen.

Sicherheitsmaßnahmen vor dem Nationalmuseum in Kairo

Die Herausforderung war gewaltig und die Liste der Probleme lang: Sei es Vetternwirtschaft und Korruption, eine immer dramatischere Spaltung der Gesellschaft in viele sehr Arme und sehr wenige extrem Reiche, steigende Jugendarbeitslosigkeit oder die Vernachlässigung der Infrastruktur und des Bildungswesens. Keines dieser Probleme konnten die Muslimbrüder lösen, einerseits weil ihnen gar nicht die Zeit dazu blieb, andererseits, weil es aus den Reihen der alten Eliten viele Blockaden gab. Und nicht zuletzt wohl auch, weil es an der nötigen Kompetenz mangelte.

Zum Stolperstein für die neuen Machthaber wurde die neu zu erarbeitende Verfassung. Schon die Zusammensetzung der Verfassungskommission führte zu Verstimmungen, zu deutlich war die Übermacht der konservativ-fundamentalistischen Parteien. Im Dezember 2012 wurde die neue Verfassung bei einer Volksabstimmung verabschiedet – und sofort kritisiert: zu wenig Beachtung der Minderheitenrechte, besonders Frauen und Kopten würden nicht ausreichend berücksichtigt. Ein deutlicher Pluspunkt war jedoch die Begrenzung der Amtszeit des Präsidenten auf maximal zweimal vier Jahre.

Mohammed Mursi verliert die Kontrolle

»Ich dachte, er ist religiös, er hat eine gute Erziehung … und er wird das Land ordentlich regieren. Ich hatte nach den Wahlen solche Hoffnungen, dass sich die Dinge ändern würden und ich mein Geschäft gut führen könnte, aber nichts ist passiert.« Diese Meinung eines Ladenbesitzers am Tahrir-Platz drückt die enttäuschten Hoffnungen vieler Ägypter aus. Von 2012 bis 2013 verlor Mursi immer mehr an Glaubwürdigkeit. Stromausfälle, lange Schlangen an Tankstellen und deutlich höhere Lebensmittelpreise zermürbten die Menschen und ihre Geduld mit einer eher dilettantisch agierenden Regierung.

Bereits im November 2012 kam es zu Protestkundgebungen, die sich allmählich ausweiteten. Am 30. Juni 2013 – dem ersten Jahrestag von Mursis Amtsantritt – waren Massendemonstrationen beider politischen Lager angekündigt: Anhänger Mursis wie auch entschiedene Gegner, die sich unter dem

Grafitti in Minya

Schlagwort ›Tamarrud‹ (Rebellion) sammelten, standen sich unversöhnlich gegenüber. Das Hauptquartier der Muslimbrüder wurede gestürmt, es gab wieder Tote und Verletzte. Schon am folgenden Tag griff das Militär ein und verkündete eine 48-Stunden-Frist zur Normalisierung der Lage. Andernfalls würde es selbst die Macht übernehmen, was dann am 3. Juli 2013 auch geschah.

Militärputsch oder Rettung?

Am 3. Juli verkündete Abdulfattah es-Sisi die Absetzung Mursis und die Aussetzung der Verfassung. Neuer Übergangspräsident wurde der Verfassungsgerichtspräsident Adli el-Mansur. Als Mursis Anhänger protestierten, wurden viele von ihnen verhaftet oder während der folgenden Unruhen getötet. Mohammed el-Baradei, der als Vizepräsident eingesetzt worden war, trat aus Protest gegen die überbordende Gewalt des Staatsapparates gegen die Muslimbrüder vom Amt zurück. Ende September wurden die Muslimbrüder als terroristische Vereinigung verboten und in den Medien als Kriminelle und Psychopathen diffamiert.

Abdulfattah es-Sisi, der im Mai 2014 für das Amt des Präsidenten kandidierte, wurde mit 96,9 Prozent der Stimmen gewählt, die Wahlbeteiligung lag bei 47,5 Prozent. Wer sich bei diesem Ergebnis und beim Blick auf die neue Führungsriege und deren Biografien an die Zeiten vor 2011 erinnert fühlt, wird in Ägypten sicher diese Antwort hören: ›Das Militär war schon immer auf der Seite des ägyptischen Volkes.‹

Ende November 2015 fanden Parlamentswahlen statt – die Beteiligung lag unter 30 Prozent. »Ich gehe nicht wählen, weil ich weder die Kandidaten noch ihre Programme kenne. Alle meine Freunde denken so wie ich. Wir kennen die vielen neuen Kandidaten überhaupt nicht. Früher gab es ein Parlament, aber es hat nicht viel gebracht. Ob wir also ein Parlament haben oder nicht, wird keinen großen Unterschied machen« – so zitierte die Tagesschau einen jungen Ägypter am Vorabend der letzten Parlamentswahl im November 2015. Auch diese Aussage erinnert an frühere Zeiten.

Das Bündnis Fi Hubb Misr (›Aus Liebe zu Ägypten‹) – bestehend aus zehn verschiedenen Parteien und grundsätzlich Sisi-freundlich sowie angesagt nationalistisch–heimatliebend – sicherte sich eine Mehrheit der 243 über Liste zu verteilenden Plätze. Bei den 325 Direktkandidaten stellten die Mitglieder der von Naguib Sawiris gegründeten FEP (Free Egyptian Party) mit 65 Plätzen einen starken Block. Auch die islamistische Al-Nour-Partei schaffte den Einzug ins Parlament – obwohl religiös begründete Parteien laut neuer Verfassung eigentlich untersagt sind.

Fortschritt oder Rückschritt?

Die Arabellion von 2011 hatte zunächst die Hoffnungen der Ägypter beflügelt, jetzt endlich in einem offenen und freien System ihre Träume leben zu dürfen. Eine kurze Zeit genossen sie die Möglichkeit, frei und ohne Angst vor Repressalien ihre Meinung zu äußern. Neue Parteien entstanden, Wahlen wurden ausgeschrieben. Doch – im Rückblick leicht zu erkennen – kürte die Mehrheit der Ägypter bei der ersten freien Wahl in der Geschichte des Landes mit Mohammed

Mursi den Falschen zum neuen Präsidenten. Schnell entpuppte sich der Frontmann der Muslimbrüder, die in den letzten Jahrzehnten oft die Rolle der einzig glaubwürdigen Opposition innegehabt hatte – als zu fundamentalistisch für die Gesellschaft am Nil. Frauen, junge Menschen, Kopten und gemäßigte Muslime sahen sich in ihren Hoffnungen enttäuscht – und wieder gingen die Menschen auf die Straße und forderten den Rücktritt des Präsidenten.

Das Militär, das bei der überwiegenden Mehrheit der Ägypter hohes Ansehen genießt, schritt ein. Nach westlicher Lesart beendete ein Militärputsch die Amtszeit Mursis nach rund einem Jahr im Juli 2014. Seither ist Abdulfattah es-Sisi an der Macht, dessen Werdegang nicht zufällig an die langjährigen Präsidenten Nasser, Sadat oder Mubarak erinnert. Auch er gehört zur gut etablierten militärischen Elite der Luftwaffe. Mitte 2014 wurde er in Präsidentschaftswahlen, die nur noch knapp die Hälfte der Wahlberechtigten zu den Urnen lockte, als Präsident bestätigt.

Der ›Westen‹ hielt sich mit Wirtschaftszahlungen an die neue Riege am Nil deutlich zurück, doch das Land – durch die turbulenten Jahre nach 2011 ohnehin schon schwer gebeutelt – brauchte finanzielle Hilfe. Nur zu gerne sprangen zunächst Saudi-Arabien und auch die Golfstaaten Kuwait und Qatar ein, zumal die ihnen verhassten Muslimbrüder ja nicht mehr im Amt waren. Die Allianz mit dem wahabitischen Staat hielt jedoch nicht lange: Spätestens als Saudi-Arabien zwei Inseln im Roten Meer von Ägypten ›zurück‹ haben wollte, kippte die Stimmung. Sisi, zunächst bester Freund von Riad, der sich auch bereitwillig in den Krieg gegen den Jemen hatte hineinziehen lassen, konnte daheim diesen ›Ausverkauf des Landes‹ nicht erklären. Zur Strafe stornierte Riad prompt sämtliche Öllieferungen. Im November 2016 kam es zu einer massiven Entwertung des ägyptischen Pfunds um 48 Prozent, nachdem die ägyptische Zentralbank die Währung freigegeben hatte. Ein Preisanstieg für die vielen Importgüter – von Lebensmitteln bis zu Maschinen und Autos – wird die Folge sein. Der für die Menschen am Nil so wichtige Zucker wurde um 40 Prozent teurer und ist nur noch in begrenzten Mengen erhältlich. Die Folge ähnlicher Verhältnisse in den 1980er Jahren waren Brotaufstände und enorme soziale Spannungen gewesen. Derartige Verhältnisse hatten in der Vergangenheit militante Gruppierungen gestärkt, die – wie auch wieder im Dezember 2016 – ihre Attentate zunächst gegen die Kopten richteten.

Resignation ist das vorherrschende Gefühl im Lande, verglichen mit der Aufbruchstimmung von 2011. Heute wünschen sich die meisten Ägypter Ruhe und Sicherheit, um keine Angst vor Straßenkämpfen mehr zu haben, aber auch um den Tourismus – einen der wichtigsten Arbeitgeber im ganzen Land – wieder zu beleben. Dass dabei die so enthusiastisch gefeierten Freiheiten der ersten Monate nach Mubarak wieder verloren gehen, scheint zweitrangig. Ob damit das Experiment ›Demokratie im Aufbruch‹ gescheitert ist, bleibt abzuwarten. Schließlich ist der Versuch eines Volkes, sich aus einer Jahrtausende währenden Diktatur zu lösen und einen Wandel zu demokratischeren Formen zu wagen, mindestens ebenso eine Herausforderung wie der Pyramidenbau. Und auch die alten Ägypter hatten mit dem ersten Versuch unter Pharao Djoser nicht sofort den richtigen Weg gefunden.

Auszüge aus der neuen Verfassung von 2014

Artikel 2
Der Islam ist die Staatsreligion, Arabisch die offizielle Sprache und die Regeln der islamischen Sharia sind die Hauptquelle der Gesetzgebung. [...] Personenstandsrechte der ägyptischen Christen und Juden folgen deren eigenen religiösen Gesetzen.

Artikel 11
Der Staat wird nach Maßgabe der Bestimmungen der Verfassung die Gleichstellung von Frauen und Männern in allen bürgerlichen, politischen, wirtschaftlichen, sozialen und kulturellen Rechten gewährleisten.

Der Staat wird sich bemühen, Maßnahmen zu ergreifen, die die angemessene Vertretung von Frauen im Parlament gewährleisten, wie es das Gesetz vorschreibt, sowie das Recht der Frauen zu garantieren, öffentliche Ämter und Führungspositionen im Staatsdienst zu bekleiden, und ohne Diskriminierung von Justizorganen eingestellt zu werden.

Der Staat tritt für den Schutz der Frauen gegen jegliche Form von Gewalt ein, und unterstützt sie dabei, ihr Arbeits- und Familienleben zu vereinbaren.

Artikel 52
Folter jeglicher Art und Weise ist ein Verbrechen, das nicht verjährt.

Artikel 53
Bürger sind vor dem Gesetz gleich; sie haben gleiche Rechte, Freiheiten und öffentliche Verpflichtungen, ohne Diskriminierung aufgrund von Religion, Glaube, Geschlecht, Herkunft, Rasse, Hautfarbe, Sprache, Behinderung, sozialer Stellung, politischer Zugehörigkeit, geographischer Lage oder anderer Gründe.

Artikel 235
Das Parlament soll in seiner ersten Phase, nachdem es mit der neuen Verfassung zu arbeiten begonnen hat, ein Gesetz formulieren, das den Bau und die Renovierung von Kirchen regelt und den Christen garantiert, frei ihre religiösen Rituale zu praktizieren

Diese und weitere gut klingenden Artikel der Verfassung werden in ihrer Ausführung durch Gesetze geregelt. So beispielsweise das 2015 erlassene Anti-Terror-Gesetz, das sich sehr regulierend auf die Berichterstattung der Medien auswirkt. Journalisten, die von offiziellen Angaben abweichende Informationen zu Terroranschlägen verbreiten, müssen mit hohen Geldstrafen (bis zu 57 000 Euro) und zeitweisem Berufsverbot rechnen. Die Definition von terroristischen Aktivitäten ist sehr weit gefasst – hier findet sich alles, was die öffentliche Ordnung, den sozialen Frieden oder die nationale Einheit bedroht.

Ägyptische Götter

Wohlversorgt sind die Menschen, das Kleinvieh Gottes;
ihretwegen erschuf er Himmel und Erde;
er drängte die Gier des Wassers zurück
und schuf die Luft, damit ihre Nasen leben.
Seine Ebenbilder sind sie, hervorgegangen aus seinem Leib.
Lehre des Merikare, *Mittleres Reich*

Noch Johann Wolfgang von Goethe verspottete die alten Ägypter ob der Vielzahl und absonderlichen Gestalt ihrer Götter: »Nun soll am Nil ich mir gefallen,/
Hundsköpfige Götter heißen groß/O, wär' ich doch aus meinen Hallen/Auch Isis
und Osiris los!« (aus den ›Zahmen Xenien‹).

Befremdlich wirken sie schon, diese Wesen mit Schakals- oder Falkenköpfen,
geflügelte oder gebeinte Schlangen und derlei mehr. Aber vielleicht wird diese
Kombination doch verständlich, wenn man sich das Problem der altägyptischen
Künstler vergegenwärtigt, die in einer überwiegend analphabetischen Umwelt die
Vorstellung der göttlichen Andersartigkeit vermitteln wollten. Um die unfassbare
Allmacht zu zeigen, machte sich ›der Eine zu Millionen‹. Netjer, der Gott, bekam
eine jeweils lokal erfahrbare Form: Krokodile gaben dem Sobek Gestalt, Falken
dem Himmelsgott Horus, Kuh und Stier den Mutter- beziehungsweise Vatergott-
heiten Hathor und Min. Insgesamt waren es rund 600 Götter und Göttinnen, die
längs des Nil verehrt wurden. Einige von ihnen wurden ›politische‹ Götter wie
Amun, der seine Macht dem thebanischen Herrscherhaus verlieh und mit diesen
Fürsten zu höchsten Höhen aufstieg und in der Regierungszeit des Sonnen-Fana-
tikers Echnaton abstürzte, so dass seine Anhänger verfolgt und alle Amun-Tempel
geschlossen wurden. Andere entwickelten wie Osiris überregionale Populari-

Horus, der Himmelsgott in Falkengestalt

tät, da er allen Menschen Gerechtigkeit und ewiges Leben versprach. Be-
ruhigend für alle, die in den Tempeln
den Überblick verlieren: Auch der
normale Altägypter wusste die hohen
Damen und Herren nicht alle mit Namen anzusprechen. Es reichte, die eigene Stadtgottheit und vielleicht drei bis
vier der Großen zu kennen. Wozu gab
es schließlich Priester?

Die Familien

Die wohl bekannteste und politisch
bedeutendste Götterfamilie besteht
aus Amun, Mut und Chons. Im ganzen Land und bei allen Schichten er-
freuten sich besonders Isis, Osiris und
Horus großer Beliebtheit, in Memphis
wirkten Ptah und Sachmet mit Sohn
Nefertem. Ganz im Süden bildeten Satet, Anuket und Chnum auf Elephantine eine göttliche Wohngemeinschaft.

*Amum auf der Obeliskenspitze von
Karnak*

Die Götterfamilie von Karnak

Amun, Mut und Chons waren seit dem Mittleren Reich Ägyptens prominenteste Götterfamilie. So scheint es wenigstens nach Ausweis der erhaltenen Denkmäler. Amun und seinen Lieben wurden der riesige Tempel von Karnak und der
›kleine‹ Luxor-Tempel erbaut, fast in allen Heiligtümern von Theben-West und
Nubien erscheinen sie an prominenter Stelle. Vater und Mutter treten überwiegend in Menschengestalt auf, seltener mit Widder- oder Löwenkopf. Blau wie
der Himmel ist die Hautfarbe des Amun, hohe Federn weisen auf die Luft als
sein Element hin. Sein Name bedeutet ›der Verborgene‹. Dass Mut, deren Name übersetzt Mutter bedeutet, nicht nur die brave Mama war, zeigt ihre Löwen-
gestalt – wehe dem, der sich ihr und den Ihren in böser Absicht näherte! Chons,
der Sohn der beiden, trägt den Mond auf dem Kopf.

Die allägyptischen Hoffnungsträger

Wenn Amun und seine Familie die Mächtigsten im Lande waren, so waren Isis,
Osiris und Horus sicher die Beliebtesten. Was am dramatischen Schicksal der
Familie liegen mag, das – mit Happy End – auch heute Kinosäle füllen könnte.
Der Kult der Isis wurde in der Römerzeit immerhin bis über die Alpen getragen – auch Mainz und Trier besaßen eigene Isis-Tempel. Die Göttin trägt meist
einen Thron, das Schriftzeichen ihres Namens, auf dem Kopf und erscheint
fast immer menschengestaltig. Allerdings hat sie mitunter geflügelte Arme,
die sie dann gerne schützend um ihren Gemahl Osiris breitet, so zum Beispiel

Land und Leute

Chnum und Thutmosis III. im Satet-Tempel

im Allerheiligsten von Philae. Dieser tritt nicht nur in seinem großen Tempel in Abydos als Mumie auf, ein deutlicher Hinweis darauf, dass er gleich zweimal ermordet (von seinem Bruder Seth) und wiederbelebt wurde (von seiner liebenden Schwester und Frau Isis mitsamt Helfern). Posthum gezeugt wurde Horus, was seiner jugendlichen Kraft keinen Abbruch tat. Erfolgreich rächte er seinen Vater und übernahm als letzter der Götter die Herrschaft über Ägypten. Daraus leitet sich seine Bedeutung für das Königsamt ab, er ist das gute Vorbild für alle Pharaonen.

Die göttliche Familie von Memphis

Ptah und Sachmet wurden seit frühester Zeit in Memphis verehrt, tauchen aber auch in den Grab- und Tempelbildern von Theben-West oft auf. Die altehrwürdige erste Hauptstadt des Landes besaß einen Karnak ebenbürtigen Tempel, in dem Ptah mit der enganliegenden Lederkappe auf dem Haupt als Handwerker- und Schöpfergott zu Hause war. Diesem friedlichen, kreativen Mann war eine kämpferische Frau zur Seite gestellt. Sachmet, die Mächtige, war als Löwengestaltige für Krieg und Krankheit zuständig. Nefertem, das Kind der beiden mit dem Namen ›Der völlig Schöne‹, wird gleichgesetzt mit der Lotosblüte. Als ›Herr der Nasen, der die Kehle atmen lässt‹ unterstand ihm auch die Produktion von Duftsalben.

Götter-Dreier auf Elephantine

Ausnahmsweise nicht als Vater-Mutter-Sohn-Gruppe fanden sich Satet, Anuket und Chnum auf Elephantine zusammen. Die erste auf der Insel war Satet, die an ihrer hohen kegelförmigen Krone mit zwei Gazellenhörnern zu erkennen ist. Als Bringerin des kühlen Wassers aus dem strudelreichen Gebiet des ersten Katarakts wurde sie hier bereits im ausgehenden 4. Jahrtausend verehrt. Ihre Verbindung zu Nubien kann man Anuket auf den Kopf zusagen: Ein hochaufragender Kranz aus Straußenfedern schmückt die Dame aus dem Süden. Chnum, als zeugungskräftiger Widder auch andernorts im Lande recht bekannt, zog im Neuen Reich bei den beiden Damen ein und – wen wundert's – beanspruchte bald den meisten Platz.

Paarweise

Ob Schutzgöttinnen oder Hüter der Wissenschaft: Zu zweit ließ sich wohl manche Aufgabe besser meistern. Ein ausgesprochen gegensätzliches Paar waren Seth und Nephthys; der eine trachtete seinem Bruder Osiris nach dem Leben, die andere versuchte gemeinsam mit ihrer Schwester Isis, ihn zu retten.

Ladies first

Nechbet und Wadjit sind als Damen in Geier- und Kobragestalt die Schutzgöttinnen der beiden Landeshälften. Mit ausgebreiteten Schwingen schwebt Nechbet gerne über dem Prozessionsweg an der Tempeldecke. Wadjit dagegen bäumt sich als ›Die Große‹ an der Stirn des Pharao auf, um alle Feinde in respektvollem Abstand zu halten.

Thot als Reinigungspriester in Karnak

Seth und Nephthys sind als Geschwister und Ehepaar miteinander verbandelt – doch ob die Beziehung glücklich war? Schließlich gilt Seth als der Jähzornige, Grausame, in der lebensfeindlichen Wüste Beheimatete, der zum großen Entsetzen seiner Mitgötter aus lauter Machtgier sogar den eigenen Bruder Osiris meuchelte. Was Nephthys gar nicht guthieß, weshalb sie mit ihrer aller Schwester Isis sich daran machte, den Leichnam des Getöteten wiederzubeleben. Als ›Herrin des Hauses‹, so die Übersetzung ihres Namens, bleibt sie im Vergleich mit ihren drei prominenten Geschwistern bescheiden im Hintergrund. Seth tritt in nicht-mörderischer Absicht im Großen Tempel von Abu Simbel auf, Nephthys ist in den Gräbern im Tal der Könige oft zusammen mit Isis zu sehen.

Die Klugen

Im Ressort Bildung und Wissenschaft sind Thot und Seschat anzutreffen. Thot ist als Herr der Buchrollen zauberkundig und recht wandlungsfähig: Mal erscheint er als Pavian, mal als Ibis, gerne auch als Mischwesen zwischen Mensch und Vogel. Auf dem Kopf trägt er Mondsichel und -scheibe, die mit Wachsen und Schwinden seine Beherrschung der Mathematik andeuten. Als göttlicher Reinigungspriester findet er sich im Eingangsbereich nahezu jedes Tempels. Seschat dagegen tritt immer als Frau auf, gerne mit dem Pantherfell der Priesterwürde bekleidet. Auf dem Kopf ragt eine stilisierte Papyruspflanze auf. Seschats Lieblinge waren offenbar die Architekten, ihnen steht sie bei Tempelgründung und statischen Berechnungen mit Rat und Tat zur Seite, so beispielsweise in den beiden Säulensälen des Edfu-Tempels.

Große Frauen

Die große Mutter schlechthin ist Hathor, mit ihren Kuhohren in vielen Tempeln anzutreffen. Die Göttin Maat symbolisiert die göttliche Ordnung, für den täglichen Sonnenauf- und -untergang ist Nut zuständig.

Mutter, Frau, Geliebte

Hathor ist eine der sachkundigsten Göttinnen, die für Liebe, Ehestiftung, Kinder und Schutz in nahezu allen Lebenslagen verantwortlich ist. Als fürsorglicher Mutter wurde ihr die Kuh als heiliges Tier zugesellt, die liebevoll ihr Kälbchen leckt und es mit Milch aus dem prallgefüllten Euter versorgt. Speziell in Theben-West wurde Hathor als Herrin des Gebirges, in dem Tausende von Gräbern angelegt wurden, zur Beschützerin im Jenseits. Mit ihrem Gatten, dem Falkengott Horus, lebte sie in recht modern anmutender Ehe: Die beiden hatten getrennte Wohnsitze, er in Edfu, sie in Dendera, und nur gelegentlich besuchten sich die göttlichen Eheleute. Aber dann wurde mit dem ganzen Hofstaat und den Bewohnern vor Ort ein prachtvolles Fest gefeiert! Ihr Kind, der kleine Ihi, rasselte als Musikgott dann in Dendera für seine Eltern mit dem Sistrum, während der andere Sohn Harsomtus in Edfu als Vereiniger der beiden Länder eher politisch aktiv war.

Justitia altägyptisch

Sie ist die Grundlage des ägyptischen Staates, ja der gesamten Weltordnung: Maat steht für Gerechtigkeit, Wahrheit, göttliche Ordnung. Rein menschengestaltig, ist sie nur an der Straußenfeder zu erkennen, die sie als Kopfputz trägt. In jedem Tempel finden sich Bilder, auf denen Pharao eine kleine Figur der knienden Maat den Hausgöttern darbringt, um zu versichern, dass er sich ganz und gar der Maat verpflichtet fühlt. Als Maßstab für ein gottgefälliges Leben erscheint sie beim Wiegen des Herzens am Tag des Gerichts.

Hathor-Kapitelle und Himmelsdecke in Dendera

Land und Leute

Die Himmlische

Nut ist die Himmelsgöttin, auf deren Leib die Sterne in Booten von einem Horizont zum anderen fahren. Am Abend verschluckt sie die Sonne und ihr Gefolge, die am Morgen aus ihrem Schoß neu geboren werden. An der Decke des Tempels von Dendera sind besonders schöne Bilder dieser Vorstellung der täglichen Wiedergeburt zu sehen. Diese Vorstellung lässt sie zur Schützerin der Verstorbenen in der Unterwelt werden, die wie die Sterne und die Sonne auf neues Leben hoffen.

Auch Nut kann als Kuh erscheinen, weiß mit schwarzen Sternenflecken. Ihre Familienbeziehungen sind außerordentlich komplex, je nach Mythos ist sie Mutter, Tochter oder Enkelin des Ra, Gattin oder Zwillingsschwester des Erdgotts Geb sowie Mutter zahlreicher anderer Gottheiten.

Einzigartige

›Ägypten ist ein Geschenk des Nil‹ – dieser Satz von Herodot wird oft zitiert. Kein Tempel in ganz Ägypten ist dem Kult dieses Lebensspenders gewidmet! Doch tatsächlich gibt es keinen Tempel, in dem Hapi, so der altägyptische Name des Nil, nicht gegenwärtig wäre. Als zweigeschlechtliches Wesen mit hängenden Brüsten und dickem Bauch ist er die Basis allen Seins; sein Bild erscheint wortwörtlich fundamental: In den Sockelfriesen an den Wänden schreitet er in langer Prozession mit seinen Gaben daher, manchmal begleitet von weiblichen Gestalten als Personifikationen fruchtbaren Ackerlands. Der Nil verbindet Ober- und Unterägypten, im übertragenen Sinne vereinigt er die beiden Landesteile auch auf Staatsebene. Die Szene auf den Seitenflächen des Königsthrons zeigt Hapi, der die Wappenpflanzen des Nordens und des Südens um den langen Stiel des Hieroglyphenzeichens für ›Vereinigung‹ knotet.

Lebensspendende Sonne

Obwohl einzig, sind sie eigentlich drei: Ra, Aton oder Atum sind Namen des Sonnengottes, mit verschiedenen Zeiten und Orten besonders verknüpft. Lokal unterschiedliche Glaubensvorstellungen kreisten in vorgeschichtlicher Zeit um die Sonne als Lebensurkraft. Im Lauf von Jahrhunderten bildeten Theologen daraus komplexe Mythen, die uns heute nicht immer ganz logisch nachvollziehbar erscheinen.

Atum, ›Der Vollständige‹, wurde im ältesten Sonnenkultzentrum von Heliopolis beim heutigen Kairo verehrt. Aus dem Urozean entstand er durch

Maat hockt in der rechten Waagschale (Grab des Nacht, Theben-West)

Nut-Kapelle in Dendera, die Sonnenstrahlen erleuchten den Tempel

reine Willenskraft und schuf aus sich allein das erste göttliche Paar, Schu und Tefnut. Meist stellten die altägyptischen Künstler ihn als alten, gebeugten Mann mit Bart dar, obwohl er auch in Gestalt einer Schlange oder eines Ichneumons auftreten kann. Wie anderen Göttern später auch, ist ihm der Stier als heiliges Tier zur Seite gestellt.

Auch Ra entstand aus dem Urozean, eingehüllt in die Blätter einer Lotusblüte. Nach anderer Version flatterte er als Phoenix auf und landete auf der Spitze des ersten Obelisken, der sich in Heliopolis befand. Wie Atum wird ihm die Vaterschaft für Schu und Tefnut zugeschrieben – mit oder meist ohne Hilfe einer Göttin. Als Mann, Sonnenscheibe oder als Mann mit Falkenkopf wird Ra gezeigt. Als Ra-Harachte oder Amun-Ra war er mit anderen großen Göttern verschmolzen, wodurch sein Allmachtsanspruch unterstrichen wurde.

Aton ist heute hauptsächlich in Verbindung mit Echnaton und seiner Kultur- und Glaubensrevolution verbunden. Als Sonne am Mittag wird er jedoch bereits in den Pyramidentexten des Alten Reichs erwähnt. Schon damals war sein Bild die Sonnenscheibe, deren Strahlen auf die Erde reichen. Echnaton machte Aton zum ›Einzigen‹, dem keine anderen Götter beigesellt werden durften. Nach seinem Tod wurde jedoch die alte Welt der vielen Götter wiederhergestellt. Mit der Erinnerung an den verfemten Pharao wurde auch Aton aus dem Gedächtnis verdrängt.

Allerlei Getier

Krokodil, Mistkäfer oder Schakal: Nicht immer empfinden wir heute die tierischen Erscheinungsformen der Götter als schmeichelhaft.

Krokodil

Als gefährlicher Bewohner des Nil jagte er den Menschen Angst und Schrecken ein: Sobek in seiner Gestalt als Krokodil verkörperte so aber auch die Macht des Gottes, dessen Wille sich den Menschen entzieht. Vom Faijum bis nach Kom Ombo wurde er als Herrscher der Flüsse mit unberechenbaren Launen verehrt.

Käfer

Ausgerechnet der Mistkäfer (Skarabäus) wurde zu einem der beliebtesten Amulette der alten Ägypter. Sein Verhalten war nach ihrer Meinung überaus symbolträchtig: Seine Eier legt der Käfer in eine Kugel aus Mist, die er dann vorsichtig in eine vorbereitete Vertiefung rollt. Aus dem Urstoff kommen wie zu Beginn der Schöpfung neue Lebewesen! Die Kugel selbst wurde als Bild der Sonne ge-

Skarabäen

sehen, die vom fürsorglichen Käfer auf ihrem Weg über den Himmel geführt wird. Als Cheper ist der Käfer der Werdende, Seiende, sich Verwandelnde und gilt als Erscheinungsform des morgendlichen Sonnengottes.

Schakal

Anubis erscheint in reiner Tiergestalt als Schakal oder als Mann mit Schakalskopf. Als Aasfresser trieben sich diese wilden Tiere wohl in der Nähe der Einbalsamierungshäuser und Friedhöfe herum, was die Verbindung zum Totenreich nachvollziehbar macht. Doch im Gegensatz zum Tier wird die Gottheit zum Beschützer des Leichnams, der mit Salben, Amuletten, Leinenbinden und Zaubersprüchen Mumien fabriziert.

Altägyptische Kunst

Ägyptische Kunst gefällt. Nach Jahrtausenden spricht uns das pharaonische Ideal vom vollkommenen, gottähnlichen Menschen an: Schlanke Körper, Muskeln an den richtigen Stellen, freundliche, faltenfreie Gesichter, elegante Gewänder und eine große Auswahl an Frisuren: Sie könnten geradezu als ideale Models gelten. Wenn sie nur nicht so eine seltsam verrenkte Körperhaltung hätten, die an Hexenschuss oder ähnlich Schmerzhaftes denken lässt.

Überhaupt stimmt bei genauerem Hinsehen so einiges nicht – zumindest nicht, wenn wir unsere Sehgewohnheiten als Maßstab anlegen. Dabei waren die alten Künstler eindeutig keine Stümper, die nicht in der Lage gewesen wären, detaillierte Naturbeobachtungen wiederzugeben. Pflanzen- und Tierbilder sind mitunter so präzise gearbeitet, dass Biologen sie genauestens identifizieren können. Ein wichtiger Grund für die von unserer Kunstauffassung abweichenden Darstellungen ist das Grundprinzip altägyptischer Kunst: Alles wirkt! Das Bild ist nicht für den Betrachter geschaffen, sondern um aus sich heraus zu sein. Es schreibt den aktuellen Zustand in idealisierter Form fest für die Ewigkeit und garantiert damit dauernde Existenz. Deshalb ist Stein das ideale Bildmaterial und sind Reliefs ›besser‹ als bloße Malereien.

In altägyptischen Gräbern staunen wir oft über ihre Farbigkeit. Kunst der Antike war generell sehr bunt, weder Kalkstein noch Marmor wurden wegen ihrer vornehmen Blässe als Materialien geschätzt, sondern weil sie sich gut bearbeiten ließen und haltbar waren. In einer von der Wüste gerahmten Landschaft waren beigefarbene oder sandbraune Monumente nicht attraktiv. Reliefs und Statuen wurden deshalb mit möglichst lichtechten Mineralfarben bemalt; besonders kostbar waren Blau- und Grüntöne, bei deren Herstellung mitunter zermahlene Glasfritte oder sogar Lapislazuli verwendet wurden. Dass Farbe von zentraler Bedeutung war, zeigt der Versuch des Prinzen Nefermaat, der in seinem Grab in Maidum grob geschnittene Reliefs dick mit Farbpaste ausfüllen ließen – getreu dem Motto ›Viel hilft viel‹ (→ S. 299; einige Reliefblöcke aus seinem Grab sind im Nationalmuseum in Kairo zu sehen). Manche Statuen setzten die Künstler sogar aus verschiedenen Materialien zusammen: rötliches Gestein für hautfarbene Partien, weißes für die bekleideten, schwarz für die Perücke. Um Augen beson-

Amenophis III. opfert im Luxor-Tempel

ders lebendig wirken zu lassen, wurden sie gerne aus weißem Glas oder Quarz gefertigt, die Pupillen aus Obsidian – das berühmteste Beispiel dafür ist die Holzstatue von Kaaper im Nationalmuseum von Kairo (→ S. 332).

Die Bilder, die wir kennen, stammen überwiegend aus Gräbern und Tempeln – Bereiche, die der Ewigkeit geweiht sind. Die Gnade der Götter, die den Menschen immer aufs Neue Leben schenken, sollte nie enden, so wie die Dankbarkeit der Menschen sich in ständig wiederholten Opferungen zeigt. Das ewige Leben sollte die schönsten Elemente des Diesseits in Vollkommenheit versammeln. Ägyptische Künstler stellten so gut wie keine unfertigen, hässlichen oder gefährlichen Dinge dar – sie hatten im idealen Leben keinen Platz.

Relief

Als Maler und Reliefeur hatte man so seine liebe Not mit dem Gebot ›Alles wirkt‹. Schließlich musste der menschliche Körper ›wirksam‹ in die Zweidimensionalität umgesetzt werden. Jeder kennt das Problem aus dem Zeichenunterricht: Was tun mit den Füßen, wenn eine Person von vorne dargestellt wird? Die Ägypter waren da erfindungsreich: Quasi proto-kubistisch setzten sie den Körper aus verschiedenen Blickwinkeln zusammen. Die Beine erscheinen in Schrittstellung von der Seite; die Taille ist leicht gedreht, damit der Bauchnabel zu sehen ist; die Schultern sieht man von vorne – das macht eindeutig mehr Eindruck. Das Gesicht erscheint im markanten Profil, wobei allerdings das Auge in Frontalansicht gezeigt wird. Die Arme sind vor allem in der Kunst der früheren Epochen vom Körper weggestreckt, damit sie ja nicht Brust und Unterleib zerschneiden. Später wurde man diesbezüglich etwas lockerer, da stehen dann mehrere Personen gestaffelt hintereinander und ganze Körperhälften sind verdeckt. Es verblüfft, dass die Ägypter in einer Sache offenbar fast wahllos waren: Die linke und die rechte Hand waren austauschbar, und bei den Füßen wurde lange Zeit nur der große Zeh abgebildet, so dass es so aussah, als ob die Person zwei linke oder rechte Füße hätte.

Ungewohnt, aber nicht ganz fremd ist die Methode, wichtige Personen größer als ihre Umgebung darzustellen. Grabbesitzer, Pharaonen und natürlich Götter erscheinen dominant neben Bediensteten, Ausländern und Untertanen oder anderem Unbedeutenderen. Wenn möglich, sollten aber vor allem bei Tempelreliefs die Figuren auf gleicher Augenhöhe sein. Vielleicht ist das mit ein Grund, weshalb der König vor den thronenden Göttern steht – stünde die Gottheit auf, würde sie den irdischen Herrscher deutlich überragen.

Rundplastik

Ordnung – Maat ist der rechte Begriff – ist eines der wichtigsten Ziele menschlichen Schaffens. Denn mit Ordnung, wie sie die Götter den Menschen vorgeben, wird das Chaos gebannt, das vor der Schöpfung herrschte und das vollkommen lebensfeindlich ist. Bei fast allen Steinstatuen zeigt sich die Ordnung ganz augenfällig in Basisplatte und Rückenpfeiler, die der Figur Halt und Stütze geben. Dabei wären die Statuen auch ohne diesen Rahmen standhaft. Das linke Bein ist vorgesetzt und deutet verhaltene Aktivität an. Die Proportionen des Körpers waren in einen Kanon eingebunden, der über die Jahrtausende nur wenig variierte.

Statuenpaar von Rahotep und Nofret

Göttliche Vollkommenheit wurde im Ebenmaß des Körpers und in der Auswahl eines idealen Alters angestrebt. Nicht zu jung, aber auch noch nicht vom Alter gezeichnet sollte die Person für die Ewigkeit erhalten werden. Es sollte kein zufälliger Moment herausgegriffen werden, sondern der ideale Zeitpunkt. Trotz dieses Grundgedankens finden sich in der ägyptischen Rundplastik auch individuelle Portraits, mitunter wie bei Sesostris III. mit Falten und Tränensäcken. Amenophis III. dagegen ließ sich gerade im Alter besonders jugendlich zeigen – die Verjüngung bei den Riten des Heb-Sed anlässlich des 30. Regierungsjubiläums hatte offenbar gewirkt. Moderne Schönheitschirurgen können ob eines solchen Ergebnisses nur vor Neid erblassen.

Tempelarchitektur

Ein altägyptischer Tempel war nicht nur das Haus der Gottheit, sondern galt auch als Abbild der Welt. Die Welt, versteht sich, war Ägypten. Und wie die Schöpfungsmythen lehrten, entstand die Welt, als der erste Hügel aus den Fluten des Urozeans emporstieg – wie man es alljährlich am Ende der Überschwemmungszeit in Ägypten beobachten konnte. Der Tempel symbo-

Palmkapitell mit Dattelständen in Philae

lisierte den Urhügel, nach wie vor vom Urgewässer umspült. Die in Wellen gebauten Umfassungsmauern der Tempel von Dendera und Kalabscha sowie die
Inselkonstruktion des Osireions im Osten des Sethos-Tempels von Abydos machen dies ganz deutlich.

Eine der wichtigsten Aufgaben der Menschen war die Erhaltung der göttlichen
Ordnung, die mit der Schöpfung auf die Erde kam. Als vornehmster Vertreter
der Menschen erscheint daher der Pharao an den Grenzen der Welt – also den
Außenseiten der Tempel – und wehrt das Chaos ab. Das kann in Gestalt von
Feinden oder von wilden Tieren gezeigt werden; es wird vom König bekämpft
und besiegt, erschlagen, durchbohrt, vernichtet. Im Inneren des Tempels, also
innerhalb Ägyptens, aber herrscht ein freundliches Miteinander von Irdischem
und Göttlichem. Der Pharao bringt Opfergaben dar, die von der Gottheit huldvoll entgegengenommen werden, und als Dank empfängt der König Leben – das
anch-Zeichen –, welches er an seine Untertanen weitergibt.

Leben symbolisieren auch einige Elemente des Tempels; so die Papyrussäulen, die als monumentale Schriftzeichen für Frische die Erneuerung des Lebens
versprechen. Überhaupt finden sich sehr viele Bezüge zur Natur und Pflanzen-
welt in der altägyptischen Tempelarchitektur: Die von einer Hohlkehle bekrön-
te Tempelfassade ist die stilisierte Widergabe einer einfachen Wand, die aus in
den Boden gesteckten und mit Lehm verputzten Palmwedeln besteht. Die oberen Enden der Palmwedel hängen leicht gewölbt über den Lehmmantel. Säulen
sind als Palmen oder mächtige Blumensträuße gebildet. An den Sockelzonen
der Heiligtümer läuft eine Prozession von Nilgöttern und Personifikationen der
landwirtschaftlichen Güter – Wasser und Ackerland bilden die Grundlage des
Lebens. Die Tempeldecke zeigt logischerweise Sternenmuster oder Himmels-
bewohner wie die geiergestaltige Göttin Nechbet.

Tief im Inneren des Heiligtums ist der geschützte Aufenthaltsort der göttlichen
Kraftquelle. Kein Normalsterblicher kann diese Urquelle des Lebens erkennen,
kann ihr gegenübertreten. Nur Pharao oder die Hohepriester der Gottheit haben
Zugang zu diesem geheimen Ort. Nur ihnen ist es möglich, das Wohlwollen der
Götter zu erlangen, auf dass sie weiterhin aus ihren Sphären herabsteigen in den
Tempel, nach Ägypten. Solange die Gottheit sich im Tempel wohlfühlt und ihm
einwohnt, wird sie auch für Ägyptens Wohlergehen sorgen. Daher ist kein Aufwand zu groß, keine Opfergabe verschwendet – Gott wird alles im Übermaß zu-
rückgeben. Rainer Maria Rilke, der sich Ende 1910 zu einer über viermonatigen
Reise an den Nil aufgemacht hatte, formulierte es in seinem Gedicht ›In Karnak
war's‹ auf unübertroffen elegante Weise:

»Und hier war das gefasst, was nie verborgen war und nie gelesen: Der Welt
Geheimnis, so geheim im Wesen, dass es in kein Verheimlicht-Werden passt.
Bücher verblätterns alle: keiner las so Offenbares je in einem Buche –, (was
hülfts, dass ich nach einem Namen suche): das Unermessliche kam in das Maß
der Opferung. – Oh sieh, was ist Besitz, solang er nicht versteht, sich darzu-
bringen? Die Dinge gehen vorüber. Hülf den Dingen in ihrem Gang. Dass nicht
aus einem Ritz dein Leben rinne. Sondern immerzu sei du der Geber. Maultier
drängt und Kuh zur Stelle, wo des Königs Ebenbild, der Gott, wie ein gestilltes
Kind, gestillt hinnimmt und lächelt. Seinem Heiligtume geht nie der Atem aus.«

Pylonturm mit Hohlkehle in Philae

Hier sieht man, mehr denn je, wie diese Länder, die wir
Ägypten und Nubien nennen, nichts anderes sind als die Ufer
eines einzigen Flusses inmitten der Wüste. In Ägypten ist
das Tal oft genug so breit, dass man die steinige Öde jenseits
der Getreidefelder vergißt. Aber in Nubien ist die Wüste
allgegenwärtig.

Amelia Edwards, 1877

NUBIEN

Assuan, Blick über die Insel Elephantine zum Mausoleum Aga Khans III.

Auf dem Nubischen Meer

Das alte Siedlungsgebiet der Nubier erstreckte sich längs des Nil über eine Länge von mehr als 1000 Kilometern zwischen dem ersten und vierten Katarakt. Vor allem das zwischen erstem und zweitem Katarakt gelegene **Unternubien** erregte immer wieder das Interesse der Pharaonen. Hier lagen Dioritsteinbrüche und hielten die in Hirtenkultur lebenden Bewohner große Rinderherden. Aber vor allem lagen im **Wadi el-Allaqi** ergiebige Goldminen, die eine der wichtigsten Quellen für den Reichtum Altägyptens waren. Darüber hinaus war Nubien ein wichtiges Durchgangsgebiet für den Handel mit südlicheren Regionen Afrikas. Leopardenfelle für Gewänder der Hohepriester, Straußenfedern für Fächer, Ebenholz, Elfenbein und Dufthölzer waren ebenso begehrt wie Paviane, Meerkatzen, Giraffen, Strauße, Leoparden und Löwen, die im königlichen Zoo gehalten wurden.

Abu Simbel

Die beiden **Felstempel Ramses' II.** sind der Grund für die Weiterexistenz des nubischen Dorfes rund 300 Kilometer südlich von Assuan. Ihretwegen wurde hier in den 1960er Jahren ein Flughafen gebaut, entstand damals ein großes Hotel mit Swimmingpool und zerbrachen sich Ingenieure aus aller Welt die Köpfe über die Rettung der Denkmäler. Ihretwegen kommen täglich Besucher aus aller Herren Länder in den tiefen Süden Ägyptens.

In den letzten Jahren hat sich Abu Simbel kaum verändert, obwohl mehr Bäume und Büsche gepflanzt wurden. Sie sollen nicht nur die Touristen, die per Flugzeug oder mit Bussen durch die Wüste kommen, erfreuen, sondern sie bilden auch eine Barriere gegen den Wüstensand, der immer wieder über die Straßen geweht wird. Wer bei Abu Simbel nach bebauten Ackerflächen, Wasserbüffeln, Kamelen und Eseln sucht, der wird enttäuscht.

Die Tempel von Abu Simbel

Es gibt kein Fruchtland mehr, alles vom Nil über Jahrtausende abgelagerte Land ging mit dem Aufstauen des Nassersees verloren. Auf dem kleinen **Markt** auf halber Strecke zwischen Flughafen und Tempeln findet man deshalb nur eine spärliche Auswahl an Obst und Gemüse. Es wird für teures Geld aus dem Norden hierher gebracht. Nur ein bisschen hat das unter Mubarak mit großen Hoffnungen überfrachtete Toschka-Projekt daran geändert: Ein paar grüne Flecken hat es nordöstlich von Abu Simbel in die Landschaft gezaubert. Doch die Vision, hier drei Millionen Menschen mit Arbeit und vor allem neuem Lebensraum eine Zukunft zu schaffen, hat sich nicht erfüllt. Die meisten Besucher haben aber sowieso kaum Zeit, sich über solche Dinge Gedanken zu machen. Ein zweistündiger Kurzbesuch bei Ramses dem Großen, und schon geht es wieder zurück – entweder per Flugzeug oder im Konvoi durch die Wüste. Wer sich allerdings zu einer **Schiffsreise über den Nassersee** entschlossen hat, der hat vielleicht Gelegenheit, sich in Abu Simbel auf den ruhigen Lebensrhythmus Nubiens einzulassen. Zehnmal so groß wie der Bodensee ist das Nubische Meer, zwei Drittel der Fläche gehören zu Ägypten. Drei Tage dauert die Fahrt nach Norden bis zum ersten Katarakt; drei Tage in einer weiten, nur von Wasser, Himmel und Bergen beherrschten Landschaft.

Der große Tempel

Bis gegen Mittag beleuchten die Sonnenstrahlen die mächtige Fassade des aus dem Felsen geschnittenen Tempels. Vier 20 Meter hohe **Kolossalfiguren von Ramses II.** thronen vor dem Heiligtum. Sie wurden direkt aus dem anstehenden Sandstein gehauen. Einer der vier Statuen ist der eigene Kopf vor die Füße gerollt. Schuld war wohl ein Erdbeben schon zu Lebzeiten von Ramses, das auch bei den benachbarten Kolossen Schaden verursachte. Die mit relativ groben Blöcken reparierten Stellen hatte man vor 3200 Jahren wahrscheinlich mit Stuck kaschiert, mittlerweile hat die Zeit das Flickwerk freigelegt. Bei genauer Betrachtung der Figuren erkennt man auch die

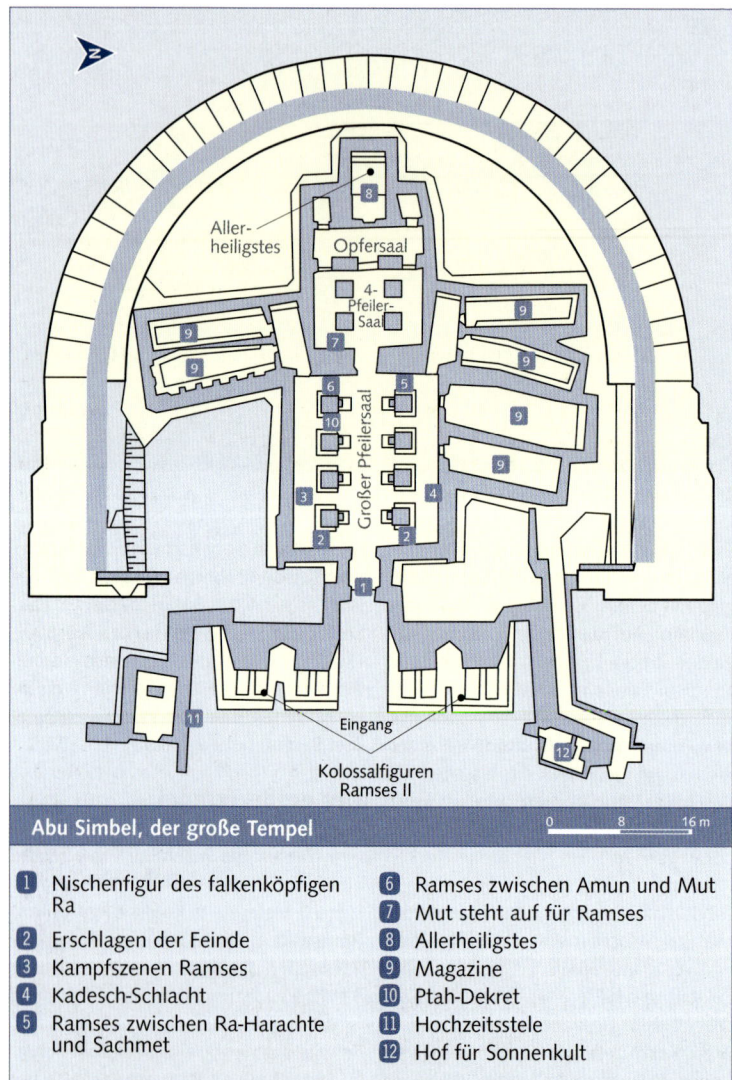

Aller-
heiligstes

Opfersaal

4-
Pfeiler-
Saal

Großer Pfeilersaal

Eingang

Kolossalfiguren
Ramses II

Abu Simbel, der große Tempel

0   8   16 m

1 Nischenfigur des falkenköpfigen Ra

2 Erschlagen der Feinde

3 Kampfszenen Ramses

4 Kadesch-Schlacht

5 Ramses zwischen Ra-Harachte und Sachmet

6 Ramses zwischen Amun und Mut

7 Mut steht auf für Ramses

8 Allerheiligstes

9 Magazine

10 Ptah-Dekret

11 Hochzeitsstele

12 Hof für Sonnenkult

Spuren der Umsetzungsarbeiten: An der Wade zum Beispiel und vor dem Ohr wurde gesägt, um den gewichtigen Herrscher stückchenweise an seinen neuen Aufenthaltsort bringen zu können. Insgesamt wurden die beiden Tempel in 1036 Blöcke zerlegt, die bis zu 36 Ton- nen wogen. 64 Meter höher und 180 Me- ter weiter landeinwärts bereiteten Bauar- beiter den neuen Aufstellungsort vor. Un- ter dem künstlich aufgeschütteten Berg verbirgt sich ein Stahlbetongehäuse, an dessen Innenwänden die bis zu 80 Zen- timeter dicken Reliefblöcke befestigt

Nubien

wurden. Von 1964 bis 1968 dauerten die Arbeiten zur Rettung der beiden Heiligtümer, die Kosten beliefen sich auf 42 Millionen Dollar.

Ein Ziel der Ingenieure und Ägyptologen war es, das berühmte **Sonnenwunder** von Abu Simbel zu erhalten: Zweimal jährlich, am 20. Februar und am 20. Oktober, beleuchtete die Morgensonne die im Allerheiligsten des großen Tempels sitzenden Statuen. Die genaue Vermessung des neuen Standorts war die Voraussetzung dafür, dass mit jeweils nur einem Tag Verschiebung nach hinten die Götter nach wie vor für wenige Minuten am Morgen angestrahlt werden.

Charakteristisch für alle Tempel Ramses' II. in Nubien ist die Betonung der Macht des Herrschers. Hier im fernen Süden ließ Ramses sich bereits zu Lebzeiten als Gott darstellen. Doch selbst Götter sind ohne Familie nicht komplett – neben und zwischen den Beinen der Sitzfiguren stehen deshalb **Gemahlin, Töchter und Söhne des Pharao.** Unter den Füßen des Herrschers an den Seiten der Thronsockel sind in Relief **Reihen gefesselter Fremdländer** angegeben, im Süden (links) Afrikaner und im Norden (rechts) Vorderasiaten und Libyer. Wie der gesamte Tempel dienen die Bilder der Gefangenen als Machtdemonstration Ägyptens, dem der Rest der Welt Untertan ist.

Auf Kopfhöhe mit den Statuen tritt aus einer Nische über dem Eingangstor die **Gestalt eines falkenköpfigen Mannes** **1**. Er trägt die Sonne als Krone und kann daher als Abbild des Sonnengottes Ra gedeutet werden. Zwei Embleme, die er in Händen hält, ergänzen das Bild zu einem Rebus: User in der rechten Hand des Gottes und Maat – die mit einer Feder gekrönte weibliche Figur in der Linken – ergeben zusammen mit Ra den Thronnamen des Herrschers: User-Maat-Ra. Links und rechts der Nische erscheint im Relief Ramses beim Opfer vor diesem Ensemble. Er huldigt so einerseits dem Sonnengott und gleichzeitig sich selbst. Am oberen Abschluss der Fassade hockt eine ganze Reihe von Pavianen, die mit in Anbetung erhobenen Pfoten die Morgensonne begrüßen. Im **ersten Saal** flankieren acht Pfeiler mit vorgeblendeten Figuren des Pharao den Mittelgang. Die Wandbilder zeigen überwiegend kriegerische Themen.

Fassade des großen Tempels

Ramses mit Familie

Gleich an den Eingangswänden erscheint Ramses II. in dynamischer Schrittstellung mit erhobener Streitaxt und Keule beim rituellen **Erschlagen der Feinde** 2 . An der südlichen Längswand schließen sich Szenen an, die den König im Streitwagen, begleitet von seinem Kampflöwen, oder zu Fuß im Nahkampf zeigen. Bei der **Erstürmung einer Festung** 3 sieht man Ramses mit gespanntem Bogen mit vier Armen und zwei Paar Bogen gleichzeitig – ein Hinweis auf Korrekturen am Bild. In der tiefsten Provinz arbeiteten sicher nicht die besten Künstler, ihre Fehler blieben unter Stuck und Farbe vor den kritischen Blicken der Zeitgenossen verborgen.

■ **Die Kadesch-Schlacht**
Die wohl dramatischste Schlacht, die Ramses in seiner 67-jährigen Regierungszeit zu schlagen hatte, liefert das Thema für die **Wandbilder an der nördlichen Längswand** 4 . Kadesch am Fluss Orontes im Gebiet des heutigen Syrien wurde im Jahr 4 des großen Pharao beinahe zum Debakel. Hethitische Truppen hatten das ägyptische Heer in einen Hinterhalt gelockt, und Ramses lief mit einer kleinen Eliteeinheit blindlings in die Falle. Zwei angebliche Spione des Feindes waren von ägyptischen Spähern aufgegriffen und ins Lager gebracht worden, wo man ihnen mit Stockschlägen zusetzte, den Aufenthaltsort des feindlichen Heeres zu verraten. Natürlich gaben sie falsche Auskunft: »Sie sind dort, wo der elende Fürst von Chatti ist im Land von Aleppo. Er fürchtet sich zu sehr vor Pharao, um nach Süden zu kommen.« Dabei standen die Hethiter mit ihren Verbündeten gleich um die Ecke, bei Kadesch! Als Ramses dies erfuhr, war es zu spät: »Als Seine Majestät noch beim Kriegsrat mit den Kommandanten saß, kam der elende Feind von Chatti und überfiel die Division

Seiner Majestät, die ahnungslos war. Da flohen die Truppen und Wagen Seiner Majestät vor ihnen.«
Ramses blieb allein zurück, »kein Offizier war bei mir, kein Wagenlenker, kein Soldat meines Heeres, kein Schildträger. Ich weiß, Amun hilft mir mehr als eine Million Truppen, mehr als hunderttausend Wagenlenker, mehr als zehntausend Brüder und Söhne.« Und tatsächlich, nach einem verzweifelten Appell an den großen Gott Ägyptens, erschien Amun: »Er rief von hinten, als ob er neben mir stünde: Vorwärts, ich bin mit dir, ich behalte die Oberhand über hunderttausend Männer, ich bin der Herr des Sieges und der Tapferkeit!« Kein Zweifel: Ramses schlug mit göttlicher Unterstützung ganz allein die überlegene Übermacht des Feindes in sdie Flucht. So jedenfalls überliefert es die ägyptische Geschichtsschreibung. Unseligerweise entdeckten Archäologen Jahrtausende später eine Version der Hethiter, die Zweifel aufkommen ließ an dieser Darstellung. Doch auch hier wird bestätigt, dass die Hethiter trotz ihrer trickreichen Strategie nicht als die strahlenden Sieger davonzogen. Letztendlich wurden Friedensverhandlungen aufgenommen, um einen verlustreichen Stellungskrieg zu verhindern. Laut ägyptischer Fassung klang die Bitte um Frieden aus dem Mund des Gegners herzerweichend: »Deine Kraft ist groß, deine Stärke schwer auf dem Land von Chatti. Ist es gut, dass du deine Diener niederschlägst ohne Gnade? Sei nicht hart in deinem Handeln, siegreicher König! Friede ist besser als Kampf. Gib uns Atem!«

■ **Ramses, der vollkommene Gott**
Nach diesem Erfolg ist es kein Wunder, dass Ramses sich voller Selbstbewusstsein als Gleicher zwischen die Götter drängte: An den Schmalwänden links und

Nubien

rechts vom **Durchgang zum zweiten Saal** lässt sich klar erkennen, wie die Künstler das Bildprogramm änderten, um Ramses nicht nur als opfernden Pharao, sondern auch als Gottheit zwischen **Ra-Harachte und Sachmet** ❺ beziehungsweise **Amun und Mut** ❻ zu zeigen. Noch kühner ist die Bildänderung im nächsten Raum ausgefallen: An der südlichen Eingangswand musste **Mut**, die Göttergattin des Amun, aufstehen, um Ramses Platz zu machen ❼! Aufgrund der Umarbeitung sind an dieser Stelle vier Paar Götterbeine zu erkennen statt der zu erwartenden drei. An den Längswänden gesellt sich die große königliche Gemahlin Nefertari zu Ramses, beide grüßen die von Priestern getragenen Barken der Gottheiten.

Nur ein kleiner Quersaal liegt noch vor dem tief in den Felsen geschlagenen **Allerheiligsten** ❽. Dort sitzen nebeneinander die vier mächtigsten Götter Ägyptens: Ra-Harachte, Ramses II., Amun-Ra und Ptah (von rechts nach links).

Beim Verlassen des Tempels lohnt sich ein Besuch der **Magazinräume** ❾, die vom großen Pfeilersaal abzweigen. In schier endloser Wiederholung tritt Ramses vor die Gottheiten des Landes, um ihnen unterschiedliche Opfergaben zu überreichen. Die Reliefs sind deutlich flüchtiger ausgeführt als in den Haupträumen. Im **großen Saal** fällt eine scheinbar nachträglich eingebaute Wand zwischen zwei Pfeilern auf; sie trägt eine lange **Inschrift** ❿, in der Ramses II. die Segnungen auflistet, die er dem Gott Ptah von Memphis hatte zukommen lassen. Die bekanntere **Hochzeitsstele** ⓫ zur Erinnerung an die dynastische Eheschließung zwischen Ramses II. und der Tochter des Hethiterkönigs Hattuschili III. ist außerhalb des Tempels an der südlichen Schmalwand der Terrasse vor den Kolossalstatuen zu finden. An seiner Hörnerkrone zu erkennen ist der hethitische Herrscher, der dem Pharao seine Tochter zuführt. Tatsächlich war Maat-Hor-neferu-Ra, so ihr angenommener ägyptischer Name, wohl nicht von ihrem Vater begleitet worden, der wegen ›Brennen der Füße‹ die beschwerliche Reise nicht antreten konnte. Der Zeitpunkt dieser Eheschließung lag zehn Jahre nach dem Tod Nefertaris, der berühmten Lieblingsfrau des großen Pharao.

▲ *Die Fassade des kleinen Tempels*

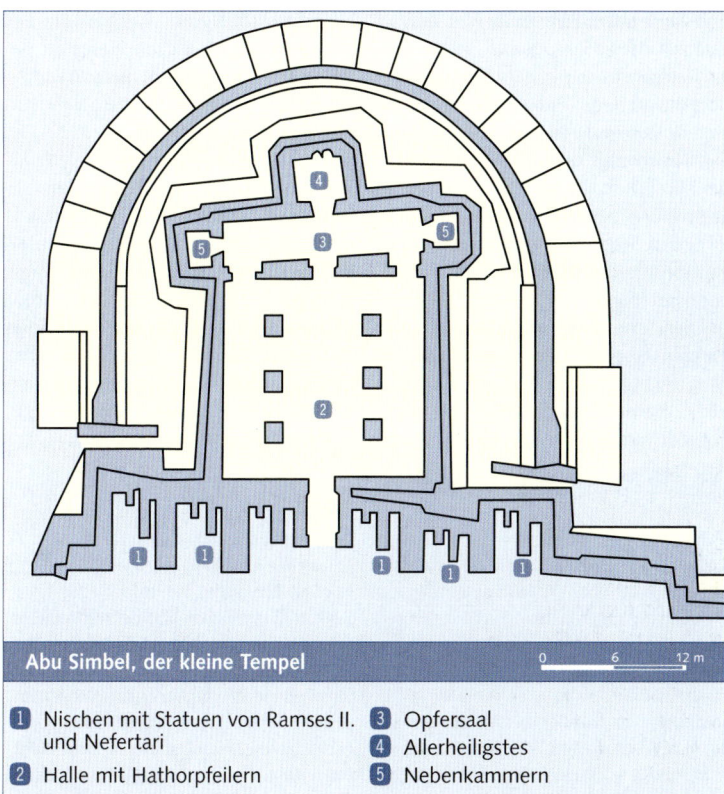

Abu Simbel, der kleine Tempel

0   6   12 m

1 Nischen mit Statuen von Ramses II. und Nefertari

2 Halle mit Hathorpfeilern

3 Opfersaal

4 Allerheiligstes

5 Nebenkammern

Der kleine Tempel

Hathor von Ibschek und Nefertari, der irdischen Erscheinungsform der großen Liebesgöttin, ist der zweite Tempel von Abu Simbel geweiht. Aus den Nischen der Fassade treten beiderseits des Tores je zweimal Ramses und einmal Nefertari hervor. Die Königin trägt die gleiche Krone wie die großen Muttergottheiten Isis und Hathor: Zwischen steil aufragenden Kuhhörnern sitzt die Sonnenscheibe, bekrönt von zwei hohen Straußenfedern. Die Vorsprünge zwischen den Nischen tragen eine Widmungsinschrift, in der Ramses festhalten ließ, dass er diesen Tempel in Nubien erbaute für ›Nefertari, um derentwillen die Sonne scheint‹. Ob die geliebte Königin die Einweihung der Heiligtümer selbst erlebte, ist unsicher: Ihre Tochter Meritamun scheint sie bei den Feierlichkeiten vertreten zu haben, und auf späteren Denkmälern erscheint Nefertari nicht mehr.

Im Inneren tauchen an den beiden Eingangswänden wieder Szenen des **Erschlagens der Feinde** auf, wobei diesmal Nefertari ihren kämpferischen Gemahl begleitet.

An den **Längswänden** treten abwechselnd Ramses und Nefertari vor verschiedene Gottheiten. In der vorderen Hälfte der linken Wand empfängt die göttliche Hausherrin Hathor den Pharao, im anschließenden Bild setzen ihm Horus und Seth als die Vertreter der beiden Landeshälften die Krone auf. Blumen und ein Rasselinstrument überreicht Nefertari der Anuket, einer nubischen Göttin mit weit ausschwingender Federkrone.

Die **Nordwand** des Saals zeigt Götter der nördlichen Landeshälfte, allen voran Ptah mit einer enganliegenden Kappe in einem Schrein und die Liebesgöttin Hathor mit ihrem Gemahl, dem falkenköpfigen Horus.

An den schmalen Wänden des **Durchgangs** ist es nur die Königin, die vor Mut (rechts) und Hathor tritt. Sie ist es auch, die im angrenzenden **Querraum** auf der rückwärtigen Seite der linken Wand gekrönt wird. Hathor und Isis höchstpersönlich setzen Nefertari die Insignie der Herrschaft aufs Haupt – eine Szene, die sonst ausschließlich dem Pharao vorbehalten ist.

Im kleinen **Allerheiligsten** des Tempels ist die Phantasie des Betrachters gefordert, zu stark sind die Hochreliefs schon verwittert. Aus einer Nische an der Rückwand trat einst die rein kuhgestaltige Erscheinungsform der Hathor hervor. In ihrem Schutz, vor den Beinen der Kuh und unter ihrem Kopf, war das Bildnis Ramses' II. angebracht. Als Kind der Göttin selbst gottgleich, empfing er so die Huldigungen der Priester.

ℹ Abu Simbel

Vorwahl: +20/97.

Abu Simbel ist per **Schiff** über den Nassersee, per **Flug** von Kairo, Luxor und Assuan oder über die **Wüstenstraße** von Assuan aus zu erreichen. Flüge verkehren gegenwärtig mehrfach pro Woche, ein- bis zweimal pro Tag kommen Besucher mit begleitetem Konvoi zu den Tempelanlagen. Nur eine Handvoll Schiffe sind zur Zeit auf dem Nubischen Meer unterwegs, und auch die Auswahl der Hotels ist eher begrenzt, da die meisten Gäste schon nach wenigen Stunden den kleinen Ort wieder verlassen.

MS Eugenie und **MS Kasr Ibrim**, buchbar über Belle Epoque Travel Bureau Kairo, 17, Tunis Street, Tel. +20/2/25169656, www.villabelleepoque.com/contact-us.html; sehr teuer. ›MS Eugenie‹ und ›MS Kasr Ibrim‹ sind elegante, der Nostalgie verpflichtete Schiffe, deren im ägyptisierenden Art-Deko-Stil gehaltene Ausstattung das Auge erfreut.

Mövenpick MS Prince Abbas, 67 El Horreya Street, Kairo, Tel. +20/2/26901797, cruise.prince.abbas@moevenpick.com, www.moevenpick.com/de/africa/egypt/cruise/cruise-prince-abbas/uebersicht; teuer. Großzügige Kabinen mit französischem Balkon.

Seti Abu Simbel Lake Resort, Tel. 3400-720, Fax -829, www.setifirst.com; teuer. Das Hotel liegt erhöht über den Ufern des Nassersees. Die weitläufige Bungalow-Anlage mit Pool und netter Terrasse ist freundlich und ruhig – ideal für erholungsbedürftige Urlauber.

Eskaleh Ecolodge, Tel. mobil +20/122/3680521,www.facebook.com/Eskaleh; preiswert bis mittel. In der sehr sympathischen Ecolodge kann man im nubischen Stil wohnen. Vom Haus bis zur Zimmereinrichtung und dem leckeren Essen ist die Ecolodge für alle zu empfehlen, die nicht auf internationale Standards, sondern eher auf authentisches Erleben aus sind. Da der Ort Abu Simbel kaum von Touristen besucht wird, gibt es hier nur ein paar einfache **Cafés** und einen kleinen **Markt**, wo im Gegensatz zu den Buden bei den Tempelanlagen eine recht entspannte Stimmung herrscht.

Allabendlich nach Sonnenuntergang wird die Fassade des großen Tempels zur Projektionsfläche einer etwa halbstündigen **Ton- und Lichtshow**. Da galoppieren die feindlichen Heere von Ägyptern und Hethitern aufeinander zu, Ramses erbaut Heiligtümer und widmet seiner geliebten Gattin einen Tempel. Kurzweilig und interessant werden per Kopfhörer Informationen in mehreren Sprachen gegeben. Der Preis liegt bei etwa 12 Euro pro Person. Je nach Nachfrage mehrere Shows pro Tag.

◄ Karte S. 139

Qasr Ibrim

Stolz erhob sich die **Festung** von Qasr Ibrim hoch über dem östlichen Nilufer – bevor der Bau des Hochdamms den Fluss aufstaute. Heute ist von der über mehr als 3000 Jahre alten Siedlung nur noch ein kleines Inselchen erhalten, das mühsam den Kopf über den Seespiegel reckt. Für die Passagiere an Bord der Kreuzfahrtschiffe ist nur ein Blick über die Reling auf das Ruinengelände möglich, wo britische Archäologen auch noch Anfang des 21. Jahrhunderts nach Funden suchen.

Primis, wie die Stadt in römischen Quellen genannt wurde, war möglicherweise bereits im Mittleren Reich zwischen 1900 und 1800 in eine Kette von Festungsbauten eingebunden, die Ägyptens Vorherrschaft in Nubien garantieren sollten. Um 1540 vor Christus ließ Pharao Amenophis I. hier bauen, eine Stele aus seiner Zeit fand sich in einer der Krypten unter der großen Kathedrale. Im Verlauf der folgenden Jahrhunderte wurden Heiligtümer und Befestigungsanlagen ausgebaut, genaue Datierungen sind jedoch schwierig.

Glücksfall und Sorgenkind zugleich ist für die Archäologen der **Tempel aus der Zeit des Taharqa**. Die aus luftgetrockneten Lehmziegeln erbauten Mauern sind mit Stuck überzogen und buntbemalt, doch rund 2700 Jahre nach ihrer Erbauung drohen sie ein Raub der Fluten zu werden. Denn über 30 Jahre nach Fertigstellung des Damms steigt der See noch immer.

Die Feste Qasr Ibrim wurde in der frühen Römerzeit zum Zankapfel: Augustus und eine Königin aus Meroë ließen hier ihre Truppen um die Festlegung der Grenze zwischen ihren Reichen kämpfen. Letztlich behielten die Meroiten die Stadt, und in den folgenden Jahrhunderten entwickelten sich Handwerk, Handel und Landwirtschaft. Neue Tempel lockten mit einer Art antikem ›Wellness‹-Kult Besucher an – kurz, die Stadt blühte auf. Das größte Gebäude, das aus dieser Zeit freigelegt wurde, war nach Ausweis Hunderter Amphoren und Trinkbecher eine **Weinstube**.

Zahlreiche Texte in nubischer, koptischer, griechischer und meroitischer Sprache haben sich erhalten, unter ihnen die Ernennungsurkunde des nubischen Bischofs Timotheos aus dem Jahr 1372. Nach heftigem Widerstand hatten sich die Nubier ab dem 6./7. Jahrhundert schließlich doch dem Christentum zugewandt, und prompt war Primis zum Bischofssitz aufgestiegen! Als Pilger- und Verwaltungszentrum im christlichen Nubien konnte sich Qasr Ibrim bis ins 15. Jahrhundert gegen die islamische Dominanz des Nordens halten. Doch mit der Einverleibung ins Osmanische Reich kam die Wende: 1528 eroberten bosnische Söldner die Stadt, die Marienkathedrale wurde zur Moschee. Ein letztes Mal

Die Ruinen von Qasr Ibrim

Nubien

machte Ibrim Schlagzeilen, als sich 1811 mamlukische Fürsten auf der Flucht vor Mohammed Ali hier verschanzten.

Neu-Amada

So erreichten wir erst spät nach Mittag den Tempel von Hamada, der von geringem Umfang, aber größter Schönheit aller Details und aus der besten Zeit der Pharaonen ist. Schade, dass der Sand der Wüste ihn so tief verschüttet hat, dass man bequem vom Boden auf sein Dach steigen kann ...
Hermann Fürst Pückler-Muskau, *1844*

Am linken Ufer eines Nilbogens, den auch der See noch nachvollzieht, liegt der Tempel von Amada. Unscheinbar steht er da, nur wenige Kilometer von seinem alten Platz entfernt. Um die Malereien im Inneren nicht zu beschädigen, ließen die Retter sich etwas Besonderes einfallen. Der hintere Teil des Heiligtums wurde knapp oberhalb des Bodens abgesägt und im Stück angehoben. Auf Schienen gesetzt, erreichten Amun-Ra und Kollegen trockene Gefilde.

Die antike Baugeschichte erstreckt sich über 120 Jahre: Thutmosis III. begann um 1500 vor Christus den hinteren Teil des Heiligtums, sein Sohn Amenophis II. vollendete die Arbeit und fügte einen großen Hof plus Lehmziegelpylon an. Thutmosis IV. ließ den Hof zu einem Pfeilersaal umbauen. Nur 80 Jahre später geschah Undenkbares: Echnatons Bilderstürmer zerstörten die Reliefs des Amun, überall wurde der Name dieses ihm verhassten Gottes ausgehackt. Erst um 1290 vor Christus wurde die alte Ordnung wiederhergestellt, als Sethos I. wiederum seine Steinmetze in die hintersten Winkel schickte, um Amun in Schrift und Bild auferstehen zu lassen. Danach herrschte Ruhe, bis die Christen kamen und die alten Götter vertrieben, um hier eine Kirche einzurichten.

Die in ihrer Farbigkeit teils noch sehr gut erhaltenen **altägyptischen Bilde**r zeigen die jeweiligen Herrscher vor Gottheiten Nubiens: Thutmosis III. (rechts) und Amenophis II. (links) treten gleich am Eingang vor den falkenköpfigen Sonnengott Ra-Harachte. Im Durchgang zum Pfeilersaal findet sich links knapp über dem Boden eine historische **Inschrift**: Hatten es doch die Nubier mit Unterstützung durch libysche Stämme gewagt, sich gegen Ägypten zu erheben!

▲ *Der Tempel von Amada*

Pharao Merenptahs Generäle bereiteten dem Aufstand bald ein jähes Ende. Ein zweiter historischer Bericht findet sich im **Allerheiligsten**. Amenophis II. hatte wie viele seiner Vorgänger Ärger mit aufmüpfigen syrischen Stadtfürsten. Eine Strafexpedition endete grausig: Sieben der ›asiatischen‹ Fürsten wurden gefangengenommen und mit nach Ägypten geschleppt. Vor den Toren der Hauptstadt Theben ließ Amenophis sechs von ihnen hängen – der siebte wurde nach Napata in Obernubien gebracht und als Machtdemonstration und Abschreckungsmaßnahme dort gehängt. Ob die Götter daraufhin einen Schluck Wein brauchten? Im Bild direkt über der Inschrift jedenfalls versorgt der Pharao Amun und Ra mit dem Rebensaft.

Ed-Derr

Wir blieben die Nacht in Doerr, einem sehr ansehnlichen, reinlichen, mit schönen Fluren und einem weithin gedehnten Palmenwalde umgebnen Orte, der ehemaligen Hauptstadt des Landes. Was mich aber am meisten überraschte, waren zwei ungeheure Sykomorbäume, die größten, welche ich bisher gesehen …
Hermann Fürst Pückler-Muskau, 1844

Teils freistehender Tempel, teils Felsheiligtum, ist das von Ramses II. in Auftrag gegebene Bauwerk aus ed-Derr. Heute ist die Umgebung eher karg, Palmen oder gar uralte Sykomoren sind nicht zu entdecken. Doch das Abbild eines heiligen Baumes, seit Urzeiten von den Göttern als ›königliches Archiv‹ verwendet, lockt ins Innere. Hinten links an der Längswand der **Pfeilerhalle** schreiben Ptah, Sachmet und der ibisköpfige Thot den Namen Ramses' des Großen auf die Blätter des Isched-Baums. Weiter vorne an der Wand reiht sich der Pharao in die Reihe der Priester, die mit der Götter-

Ramses II. und Ra-Harachte in ed-Derr

barke auf den Schultern zur Prozession schreiten. Neben einer ähnlichen Szene an der gegenüberliegenden Wand überreichen Amun, Mut und Thot dem König Symbole der ewig währenden Herrschaft. Die Bilder in den folgenden **Kapellen** sind stark beschädigt, sie zeigen Ramses im Opfer und bei kultischen Handlungen vor einer Vielzahl von Gottheiten. Im **Mittelsanktuar** erinnern die an der Rückwand aus dem Fels gehauenen Sitzfiguren von Ra-Harachte, Ramses II., Amun und Ptah an das Allerheiligste des Großen Tempels von Abu Simbel.

Im stark zerstörten ersten **Säulensaal** sind die Darstellungen der nubischen Feldzüge von Ramses nur noch fragmentarisch erhalten.

Beim Besuch des Tempels von ed-Derr gehört eine Taschenlampe ins Handgepäck, die in den Fels geschlagenen Räume sind schlecht beleuchtet.

Das Grab des Pennut

Pennut war unter der Regierung von Ramses VI. (1141–1133) Aufseher über die Steinbrucharbeiten, Verwalter von Wawat (einem Teil Nubiens) und Diener des Horus von Miam (Aniba). Für ägyptische Verhältnisse erscheint es höchst ungewöhnlich, dass ein Ägypter sich außerhalb seiner Heimat bestatten ließ. Daher wird vermutet, dass Pennut möglicherweise ein im Dienste Pharaos stehender Nubier gewesen war. Auch seine Verwandten, die wie er hohe Posten in der Verwaltung innehatten, waren in der damaligen Provinzhauptstadt Aniba beigesetzt worden. Die Darstellungen im Grab und der gut ägyptische Name Pennut scheinen die Theorie allerdings nicht zu bestätigen.

Das kleine Felsgrab bestand aus einem oberirdischen **Kultraum** und dem von dort in die Tiefe getriebenen **Grabschacht**. Lediglich der oberirdische Teil wurde im Rahmen der Umsetzung nach Neu-Amada gebracht. Die **Reliefs** an den Wänden sind nur noch in der oberen Hälfte erhalten. Sie zeigen auf der linken Rückwand eine Szene, wie sie für Theben-West typisch war: Pennut erscheint mit seiner Gemahlin Tacha vor dem Westgebirge, aus dem die Göttin Hathor in Gestalt einer Kuh hervortritt. Ein kleines von einer steilen Pyramide bekröntes Gebäude steht für Pennuts ›Haus für die Ewigkeit‹ – es entspricht den thebanischen Grabbauten. Eine nilpferdgestaltige Gottheit symbolisiert die Hoffnung auf Wiedergeburt und neues Leben im Jenseits. In der Nische an der Rückwand des Raums sind drei unfertig gebliebene Statuen zu erkennen, von denen die mittlere mit Kuhkopf Hathor sein dürfte.

Die anschließende rechte Wandhälfte zeigt Pennut mit seiner Frau und sechs Söhnen vor Osiris, die folgenden Szenen sind zerstört. An der rechten Schmalwand nur noch fragmentarisch erhalten ist eine Darstellung, die einen der Höhepunkte aus der Karriere des Pennut wiedergibt. Diener kleiden ihren Herrn festlich ein, der zwei Silbervasen als Auszeichnung vom Pharao erhält, weil er

▲ *Das thebanische Westgebirge erscheint im Grab des Pennut*

für Ramses VI. eine Statue in den Tempel des Horus von Aniba gestiftet hatte.

Neu-Sebua

Einst führte eine Allee auf ihn zu, gesäumt von Sphingen und stehenden Kolossalfiguren, die nun zerstört und begraben sind. Die inneren Säle und das Allerheiligste – alle aus dem Fels geschlagen – sind voller Sand und unpassierbar.
Amelia Edwards, *1877*

Der Tempel von Wadi es-Sebua hat eindeutig profitiert von seinem Umzug. Die Sandmassen, unter denen er fast vollständig begraben war, wurden weggeräumt und das bereits recht baufällige Heiligtum am neuen Standort wieder solide Stein für Stein aufgebaut. Das ›Gotteshaus von Ramses, geliebt von Amun im Bezirk des Amun‹ lautet der offizielle Name des von Ramses II. gestifteten Baus. Sein arabischer Name ›Wadi es-Sebua‹, Tal der Löwen, bezieht sich auf die löwengestaltigen **Sphingen**, die den Aufweg flankieren. Zwischen ihnen sind noch die Überreste von Mauern zu erkennen, die den Prozessionsweg gliederten und einzelne Höfe abschlossen. Von den Seitenwänden ist nur die rekonstruierte Andeutung der Fundamente zu sehen. Im **zweiten Hof** fällt eine Veränderung an den Sphingen auf: Sie tragen statt des üblichen Königskopfes Falkenköpfe und sind damit Erscheinungsformen des in Nubien hochverehrten Horus. In satten Gelb-, Orange-, und Rottönen leuchtet der Sandstein der Treppe, die zur Terrasse vor dem Pylon mit den unverzichtbaren Bildern des Pharaos beim Erschlagen der Feinde hinaufführt. Vor dem linken Torturm hält eine einzelne **Statue des Ramses** noch die Stellung – ihr Gegenstück liegt, in mehrere Teile zerbrochen, ein gutes Stück nordöstlich im Sand. Auch in Wadi es-Sebua sind es hauptsächlich

Amun und Ra-Harachte, denen die kultische Fürsorge des Pharao gilt, der wie schon in Abu Simbel in der Doppelrolle von Pharao und Gott erscheint. Die **Osirisfiguren** an den Pfeilern im anschließenden Hof wirken wie vieles im Tempel von Wadi es-Sebua plump. Dieser Eindruck wird durch die starke Verwitterung des Sandsteins noch verstärkt. Auf beiden Längswänden begleitet ein Teil der enormen Nachkommenschaft des großen Pharao den Vater beim Gottesdienst, links sind es 25 Prinzen und 9 Prinzessinnen, rechts 28 Prinzen und 7 Prinzessinnen. Weitere 38 Töchter sind auf den Rückseiten des Pylonturms zu entdecken. Dass Ramses seine Kinder immer wieder mit einbezog ins Bildprogramm, spricht für seine Fürsorge: Alles, was im Bild festgehalten wird, findet nach altägyptischer Überzeugung auf ewig auch so statt. Und wenn sich seine Söhne und Töchter im Tempel der Gunst der Götter erfreuen, so wird es ihnen an nichts mangeln.

Der folgende **Pfeilersaal** und die **Kapellen** dahinter waren ursprünglich in den gewachsenen Felsen gehauen. Als dieser Teil in eine Kirche umgewandelt wurde, entfernten christliche Steinmetze die den Mittelpfeilern vorgeblendeten Statuen. Stuckmalereien mit christlichen Motiven überzogen die Wände, um die mittlerweile wieder freiliegenden Bilder des Pharao vor heidnischen Göttern zu verbergen. Am besten erhalten sind die Szenen im angrenzenden **Querraum**. Gleich an der Eingangswand links überrascht ein ungewohntes Bild der Hathor als Frau mit Kuhkopf und Krone. Noch erstaunlicher allerdings ist die Szene, die sich ganz hinten im **Allerheiligsten** bietet: Da reicht doch tatsächlich Ramses II. dem heiligen Petrus einen Strauß Blumen!

Tipp: Auch im Tempel von Wadi es-Sebua ist eine Taschenlampe hilfreich.

Nubien

Wadi es-Sebua

Ed-Dakke

Vor langer langer Zeit geschah es, dass der Sonnengott Ra und seine Tochter Tefnut, die auch sein rechtes Auge – das Sonnenauge – war, in Streit gerieten. Voller Zorn verwandelte sich die Sonnige in eine wütende Löwin und verschwand in die Wüsten des Südens, um dort ihren Ärger auszutoben. Dem göttlichen Vater fehlte sein Auge, und er schickte Boten aus, um die abtrünnige Tochter heimzuholen. Die Wahl fiel auf Schu, den Bruder der Tefnut, sowie den weisen und zauberkundigen Thot. So zogen die beiden durch Nubien, um den Aufenthaltsort der noch immer grollenden Göttin aufzuspüren. Vorsichtshalber verwandelten sie sich in harmlos aussehende ägyptische Kaufleute, um nicht gleich von Tefnut erkannt zu werden. Man traf sich ganz zufällig in einer Weinstube, und die leutseligen Händler luden die Göttin auf ein paar Becher des guten Tropfens ein. Dabei erzählten sie ihr Geschichten aus der Heimat, sangen Lieder und tanzten vor ihr. Thot ging sogar so weit, sich in einen Affen zu verwandeln, um die Göttin zu amüsieren und ihr Heimweh zu

wecken. Wein und Gesang besänftigten das Gemüt der Löwin, und tatsächlich machte sie sich am nächsten Tag auf, um mit den beiden Kaufleuten nach Ägypten zurückzukehren.

Dieser Mythos, der auf märchenhafte Weise das Phänomen des Hin- und

Sphinx vor Wadi es-Sebua

Herwanderns der Sonne zwischen den beiden Wendekreisen umschreibt, ist eng mit dem Tempel von ed-Dakke verbunden. Thot von Pnubs (von der Sykomore) wird hier als Hauptgott verehrt, mit ihm erscheinen Tefnut und Arensnuphis, die nubische Form des Schu.

Der Thot-Tempel von ed-Dakke

◼ Thot-Tempel

Der heute auf einer Anhöhe 40 Kilometer südlich seines alten Aufstellungsortes wiedererrichtete Tempel wurde vom meroitischen König Arkamani um 270 vor Christus begonnen. Nach der Eroberung Nubiens durch die Ptolemäer führte Ptolemaios IV. ab 220 die Arbeiten weiter, und noch in der Römerzeit wurden Ergänzungen vorgenommen. Der von den Römern errichtete **Pylon** steht heute wie unverbunden vor dem eigentlichen Heiligtum, da die Seitenwände des Hofs verschwunden sind. Unvollendet geblieben, fehlen die sonst üblichen großformatigen Bilder am Tor, lediglich im Durchgang sind Thot, Tefnut und Hathor zu erkennen. Interessant ist der Text in meroitischer Schrift – zwar können die Zeichen heute gelesen werden, doch bleibt der Inhalt nach wie vor weitgehend unverständlich.

Die Reliefs auf den **Säulenschranken** des ptolemäischen Pronaos zeigen Ptolemaios VII. und seine Gemahlin Kleopatra III. beim Opfer vor verschiedenen Gottheiten, im Inneren nimmt an der linken Rückwand der römische Kaiser Augustus die Rolle des Priesters ein. Anschließend treten Ptolemaios III. und IV. mit ihren jeweiligen Gattinnen auf – die verwirrende Abfolge der Herrscher zeigt, dass die Dekoration im Tempel nicht ganz systematisch angebracht wurde. Arkamani, den Begründer des Tempels, zeigen die Reliefs des kleinen, fast quadratischen **Saals**, von dem links ein schmaler Raum abzweigt. In ihm finden sich

die schönsten Bilder: Ganz hinten an der Schmalwand erscheint Tefnut als Löwin, vor ihr der in einen Affen verwandelte Thot. An der rechten Längswand davor überreicht ein römischer König Hathor und Horus das Udjat-Auge, eines der mächtigsten Amulette. Darunter erhalten Thot und Tefnut Gefäße voller Wein. An der gegenüberliegenden Wand empfangen Osiris und Isis aus der Hand Pharaos neue Gewänder, während vor Tefnut und Arensnuphis Weihrauch verbrannt wird. Im letzten Raum des Tempels, dem römischen **Allerheiligsten**, steht ein aus Rosengranit gehauener **Schrein**, in dem die Götterstatue aufbewahrt wurde. Unter einer mächtigen Sykomore, die vom Nilgott mit Wasser übergossen wird, hockt Thot als Pavian an der rechten Eingangswand des Raums.

◼ Bauwerk von el-Muharraqa

Das kleine, unterhalb des Thot-Tempels wiedererrichtete Bauwerk von el-Muharraqa, das eher einer Kapelle als einem richtigen Tempel gleicht, stand

Nubien

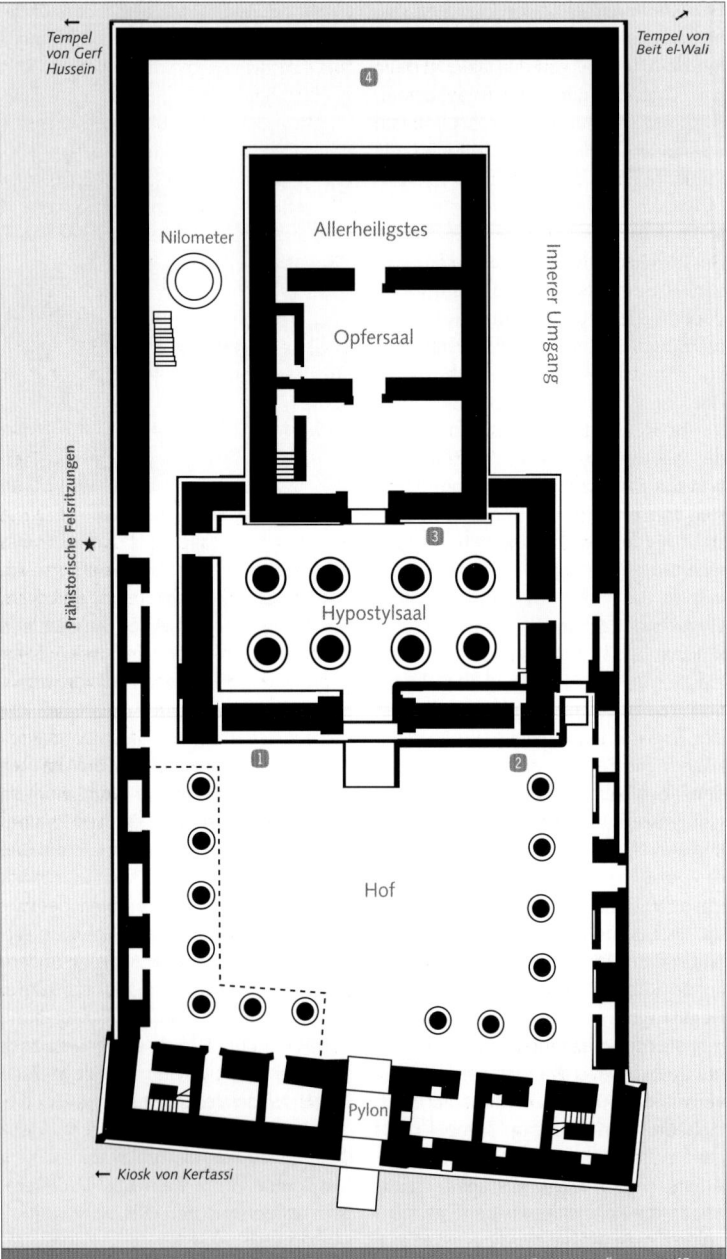

Tempel von Gerf Hussein

Tempel von Beit el-Wali

4

Nilometer

Allerheiligstes

Innerer Umgang

Opfersaal

Prähistorische Felsritzungen

★

3

Hypostylsaal

1

2

Hof

Pylon

← Kiosk von Kertassi

Der Tempel von Kalabscha

0   5   10 m

in römischer Zeit direkt an der Grenze zwischen dem Imperium Romanum und dem Reich von Meroë. Ungewöhnlich ist die Gliederung des Gebäudes, dessen Innenhof eine durch Säulenschranken abgetrennte Seitenkammer aufweist und damit von der in ägyptischen Tempeln so beliebten Achsensymmetrie abweicht. Ebenfalls einzigartig ist die **Wendeltreppe**, die in der Nordostecke aufs Dach führt. Das Fehlen von Reliefs zeigt an, dass die Bauarbeiten nicht fertiggestellt wurden. Daher muss unklar bleiben, welche Gottheit hier verehrt wurde, der Reichsgott Serapis oder Osiris, der Herrscher des Jenseits. Als Christen das Gebäude in eine Kirche umwandelten, änderten sie den Zugang und setzten den ursprünglich an der Ostseite liegenden Eingang zu, um dort die Apsis zu erbauen.

Neu-Kalabscha

Kalabscha, das antike Talmis, lag 50 Kilometer südlich des heutigen Tempelstandorts, bevor es von deutschen Ingenieuren und Archäologen oberhalb des Hochdamms von Assuan neu errichtet wurde. Dabei kamen Blöcke eines ptolemäischen Tempels zum Vorschein, die Ägypten zum Dank für die deutsche Mitarbeit bei der Rettung der nubischen Denkmäler dem Ägyptischen Museum in Berlin stiftete. Herr des Tempels ist Mandulis, eine späte und nur in Nubien fassbare Erscheinungsform des Horus.

Das dringende Bedürfnis von Kaiser Augustus, im Grenzgebiet zu den überaus selbstbewussten Meroiten Präsenz zu zeigen, hatte Kalabscha diesen Neubau eingebracht. Der Tempel lag direkt am Nil, von dem aus ein Aufweg zu einer Kaianlage und weiter über eine Treppe

hinauf zur Terrasse vor dem Pylon führte. Die Grundstruktur eines solchen Tempeltors lässt sich wegen der fehlenden Reliefs hier besonders klar erkennen. Zwei mächtige, leicht geböschte Tortürme erheben sich links und rechts eines von einer Hohlkehle überkrönten Durchgangs. Die geflügelte Sonnenscheibe erscheint als Schutzemblem über dem Tor. Auch die Türme selbst wurden von einer Hohlkehle abgeschlossen. Vertiefungen in den Außenmauern der Pylone dienten zur Verankerung hölzerner Fahnenmasten, die das weithin sichtbare Symbol für ein Gotteshaus waren.

Im trapezförmigen offenen Hof hinter dem großen Pylon flankieren Säulen mit Pflanzenkapitellen die Seiten und bilden so gedeckte Arkaden. Türen in den Pylonen deuten an, dass die Mauern nicht massiv gebaut sind, sondern sich im Inneren Treppen und Kultkammern befinden.

An den Wänden sind keine Reliefs ausgeführt worden, nur zwei **Säulenschranken** am Übergang zur Säulenhalle sind mit Szenen im üblichen Stil versehen: **Pharao wird von den göttlichen Reinigungspriestern Horus und Thot mit Wasser übergossen 1**. Rechts vom Durchgang sind Inschriften und Bilder aus späteren Zeiten scheinbar wahllos über die Wände verteilt: Zunächst eine griechische Inschrift des römischen Provinzverwalters Aurelius Besarion aus dem Jahr 248 nach Christus, in welcher er die Schweinehirten der Umgebung nachdrücklich auffordert, ihre Tiere doch bitte dem Tempel fernzuhalten. Eine ins 4. Jahrhundert datierende meroitische Inschrift auf der mittleren Säule belegt, dass die Römer das Gebiet nicht unangefochten beherrschten. Frühere

1 Reinigungsszene
2 Inschrift des Silko
3 Mandulis als Falke
4 Pharao vor Mandulis

Der Tempel von Kalabscha

Forscher freuten sich besonders über die **Inschrift** ganz rechts ❷, ist sie doch in außerordentlich holprigem Griechisch verfasst: »Ich, Silko, mächtiger König der Nubier und aller Äthiopier, ich kam zweimal bis nach Talmis und Taphis. Ich kämpfte gegen die Blemyer, und Gott gewährte mir Sieg. Ich schloss Frieden mit ihnen, und sie schworen mir bei ihren Götzen. Dann kehrte ich zurück in meine Gebiete des Oberen Landes. Denn ich bin ein König. Nicht nur folge ich keinen anderen Königen, sondern ich schreite ihnen voraus. Denen, welche mit mir Händel suchen, gewähre ich keinen Frieden in ihren Häusern bis sie um Gnade bitten. Denn ich bin ein Löwe in der Ebene und ein Steinbock in den Bergen.« So verkündete es der stolze Herrscher der christianisierten Nubier im 5. oder 6. Jahrhundert. Die Ritzung eines in römischer Rüstung auf seinem Pferd sitzenden Kriegers unterstreicht die Worte. Mit einer langen Lanze durchbohrt er den am Boden liegenden Feind, und über dem Reiter schwebt ein Engel mit dem Siegeskranz herbei. Dieses Bild

steht ganz in der Tradition christlicher Heiliger wie dem Drachentöter Georg, andererseits entspricht seine Aussage aber auch altägyptischen Tempelbildern. Ein schönes Detail im folgenden kleinen **Säulensaal** zeigt den göttlichen Hausherrn **Mandulis in Falkengestalt mit Menschenkopf** ❸: Rechts vom Durchgang zum nächsten Raum hockt er vor einem Papyrusdickicht. Ein Bild des Pharao Amenophis II. aus der frühen 18. Dynastie verblüfft inmitten der Reihen ptolemäischer Herrscher an der Wand links. Offenbar hielt man hier die Erinnerung an einen älteren Bauherrn fest.

In den drei aufeinanderfolgenden **Querräumen** ist eine Fortsetzung des unendlichen Gebens und Nehmens zwischen Mensch und Gott in vielen Einzelbildern zu sehen.

Beim Umgang um den hinteren Teil des Tempels verdient ein Relief besondere Beachtung. In der Mittelachse der **äußeren Mauer** stehen sich **Pharao** (rechts) **und Gott** (links) **gegenüber** ❹: Einmalig ist die Darstellung der Königskrone in Frontalansicht.

Karte S. 148

Nubien

Beit el-Wali

Ramses II., der unermüdlichste Bauherr Nubiens, wartet wie schon in der Antike nur wenige Meter weiter westlich auf Besucher. Nichts Neues bei diesem Auftraggeber ist die Kombination von freistehendem und in den Felsen getriebenem Tempel. Und auch nicht mehr ganz überraschend ist die Tatsache, dass Ramses sowohl als regierender Pharao wie auch als Gott auftritt.

In dem langgestreckten **Korridor,** der auf die kleine Halle mit dem Allerheiligsten zuführt, beherrschen Kampfszenen die Wände. Linker Hand wird in ausführlichen Details ein Kriegszug nach Nubien geschildert. Ramses stürmt, begleitet von zwei Söhnen, im Streitwagen gegen die Feinde und erhält nach selbstverständlich siegreicher Schlacht von den Einheimischen kostbare Tribute: In langer Prozession werden Rinder, Antilopen, Meerkatzen, ein Löwe, ein Panther und sogar eine Giraffe herbeigeführt. Ebenholz, Straußeneier und -federn, Gold und Felle liegen bereit. Als edelstes Geschenk wird dem König auf einem Prunktablett eine Miniaturversion Nubiens dargebracht: Kleine Palmen wachsen aus der Tafel, über deren Ränder Leopardenfelle und Goldringe herabhängen. Huldvoll nimmt der unter seinem Baldachin thronende Ramses die Gaben an.

Nicht viel besser ergeht es den Feinden des Nordens an der gegenüberliegenden Wandseite: Syrer und Libyer werden von ägyptischen Kämpfern vernichtend geschlagen. Eindrucksvolle Körperbeherrschung zeigt Ramses bei der Verfolgung fliehender Feinde. Halb aus dem Streitwagen lehnend und nur durch die um seine Taille gewickelten Zügel gehalten, greift er mit der Linken ein paar der Nordländer und schwingt mit der Rechten drohend sein Schwert.

Auch hier endet die Aufregung beim ruhig thronenden Pharao, der ganz entspannt die Vorführung der Gefangenen beobachtet.

Im **Inneren des Tempels** gibt es noch einmal Gelegenheit, sämtliche der für Nubien wichtigen Gottheiten in Farbe Revue passieren zu lassen: An der rechten Schmalwand tritt Ramses mit Anuket vor den widderköpfigen Chnum und seine Begleiterin Satet. In der Nische an der Rückwand hockt er selbst als Gott zwischen Anuket und Chnum, während er links anschließend wieder als Mensch zum Mundschenk für Amun-Ra wird. Links vom Durchgang zum Allerheiligsten erhält derselbe Gott aus den Händen des Pharao die kleine Figur der Göttin Maat, aber schon in der Nische nebenan sitzt Ramses wieder gottgleich zwischen Isis und Horus. Die Schmalwand links trägt die Bilder von Hathor, dem weihrauchspendenden Ramses und Isis mit Horus. Im kleinen

Pharao mit Königskrone

Sanktuar sind es vor allem die beiden Szenen an den schmalen Eingangsseiten, die Beachtung verdienen. Isis (Ost) beziehungsweise Anuket (West) geben dem Pharao die Brust.

■ Prähistorische Felsritzungen

Zurück vom Ramses-Tempel Richtung Nassersee führt der Weg an der Südseite des Kalabscha-Tempels vorbei, wo eine Reihe von Felsblöcken mit prähistorischen Felsritzungen aufgestellt wurden. Die Tier- und Jagddarstellungen belegen, dass die Tierwelt Nubiens vor 4000 vor Christus deutlich vielfältiger war und verraten damit auch, dass die karge Landschaft damals grüner gewesen sein muss als heute. Nicht nur Rinder, sondern auch Antilopen, Giraffen und Elefanten fanden ausreichend Nahrung. Zwei dieser mächtigen Dickhäuter sind auf den hier ausgestellten Steinen zu erkennen. Ob es sich bei dem ungefähr in der Mitte stehenden Block um die Erstabbildung eines der Wissenschaft (noch) unbekannten ›Tüpfel-Elefanten‹ handelt?

■ Tempel von Gerf Hussein

In einer leichten Senke hinter den Felsblöcken stehen die erst 2002 aufgestellten Teile eines Vorhofs des Tempels von Gerf Hussein, auch er ein Bauwerk Ramses' II. Massig und schwer wirken die den heute freistehenden Pfeilern vorgeblendeten Statuen.

Der überwiegende Teil des den Göttern Ptah, Ptah-Tatenen und Hathor geweihten Heiligtums war in den Felsen geschlagen und liegt heute etwa 90 Kilometer südlich unter Wasser. Nur eine Monumentalstatue von Ramses II. wurde gerettet, sie kann im Nubischen Museum in Assuan bewundert werden.

■ Kiosk von Kertassi

Zierlich dagegen ist der kleine Kiosk von Kertassi aus der Ptolemäerzeit. Hathor als Herrin der Steinbrüche und Schutzgöttin der Expeditionsmannschaften wurde in dem Steinbruch rund 30 Kilometer weiter im Süden verehrt. Ihr kuhohriges Frauengesicht schaut milde lächelnd von den Kapitellen.

▲ *Felsritzung in Neu-Kalabscha*

Karte S. 132

Umsetzung der Tempel

Doch Ramses vermochte kein Auge zu schließen. Geräusche aus dem Norden drangen an sein Ohr und weckten ihn aus der langen Meditation über den Ruhm der Vergangenheit. ...»Hörst du?« sagte er leise zur Gemahlin. Nefertari war ebenso wach und beunruhigt wie er. ...»Seltsam«, sagte Ramses, den Nil betrachtend, »noch nie schien mir der Strom so weit unten und unser Tempel so weit oben!«... Nefertari lachte: »Willst du damit sagen, der Tempel sei auf den Berg hinaufgeflogen, wie ein Vogel?« »Der Tempel steht nicht mehr an seinem Platz«, beharrte Ramses, »aber ich weiß nicht, wie es geschah.«
Tawfik el-Hakim, Die Sprache der Steine, 1980

Nachdem die Entscheidung gefallen war, mit einem großen Damm den Nil südlich von Assuan aufzustauen, stellte sich unter anderem die Frage, was mit den zahlreichen Denkmälern längs des Flusses geschehen sollte. Sie würden von den Fluten des Nassersees vollkommen überschwemmt und damit für immer verloren sein. Eine Umsetzung zumindest der wichtigsten Tempel war geplant, doch wer konnte das bezahlen? Ägypten und der Sudan hatten nicht die nötigen Ressourcen, um dieses gewaltige Projekt alleine in Angriff zu nehmen. So wandten sich denn die Regierungen beider Staaten 1959 an die UNESCO, die am 8. März 1960 die Weltgemeinschaft um Hilfe bei der Erforschung und Rettung der nubischen Denkmäler aufrief:

»Die Arbeiten am großen Staudamm von Assuan haben begonnen. Noch vor Ablauf von fünf Jahren wird sich das mittlere Niltal in einen riesigen See verwandelt haben. Wunderbare Bauwerke, die zu den großartigsten der Welt gehören, drohen unter den Wassermassen für immer zu verschwinden ... Die Wahl zu treffen zwischen dem Erbe aus der Vergangenheit und dem gegenwärtigen Wohlergehen eines Volkes ist nicht einfach... Diese Denkmäler gehören nicht nur den Ländern, die sie ererbt haben. Die ganze Welt hat ein Recht auf ihre Erhaltung. Sie sind ein Teil des allgemeinen Erbes wie die Überlieferungen des Sokrates, die Fresken von Ajanta, die Mauern von Uxmal oder die Symphonien von Beethoven. Schätze von universeller Bedeutung haben ein Recht auf universellen Schutz. Diese Denkmäler können nur gerettet werden, wenn Regierungen, Institutionen, öffentliche und private Stiftungen sowie Menschen guten Willens zusammenarbeiten.« Vittorino Veronese hielt diese Rede als Generaldirektor der UNESCO – und erhielt ein überwältigendes Echo. Über 20 Staaten beteiligten sich innerhalb der folgenden zehn Jahre an den Arbeiten zur Erforschung Nubiens, und mindestens ebenso viele internationale Firmen engagierten sich mit ihrem Wissen und ihren Ingenieuren bei den Umsetzungsarbeiten.

Archäologen und Ingenieure kümmerten sich um die Denkmäler, Anthropologen um die menschlichen Überreste der einstigen Bewohner Nubiens, Ethnologen, Linguisten und Soziologen um die lebende Bevölkerung. Ein riesiges Gebiet wurde in Teamarbeit von einer Gemeinschaft von Wissenschaftlern erforscht. Allein schon diese Zusammenarbeit war einmalig und brachte viele neue Erkenntnisse. Dennoch war die Zeit knapp bemessen, bereits 1962 begannen die Fluten unaufhaltsam die ersten Dörfer und antiken Stätten zu überschwemmen. Im Rennen gegen die Zeit mussten neue Techniken entwickelt werden, um beispielsweise die

Der Nassersee aus der Luft

empfindlichen Fresken der nubischen Kirchen zu bergen oder bröseligen Sandstein zu festigen. Zwar wurden fast alle der 14 vom Mittleren bis Neuen Reich erbauten mächtigen Festungsanlagen von Semna beim zweiten Katarakt bis Elephantine am ersten Katarakt überflutet, doch konnten immerhin über zwanzig Tempel, Kapellen und Gräber vor den Fluten des Nassersees gerettet werden. Darüberhinaus wurden zahlreiche Einzelfunde geborgen. Von Felsritzungen über Grabbeigaben bis zu Schriftfunden und Gebrauchsgegenständen spiegeln sie die lange und wechselhafte Geschichte der Region.

Allein die Umsetzung des Isis-Tempels von Philae verschlang die Summe von 30 Millionen US-Dollar, die zu einer Hälfte von Ägypten aufgebracht wurde und sich zur anderen Hälfte aus internationalen Beiträgen finanzierte.

»Die internationale Kampagne zur Rettung der Denkmäler Nubiens war von Anfang bis Ende durch einen großzügigen Geist der Zusammenarbeit gekennzeichnet. Sie wird sich unter die riesigen Anstrengungen unseres Jahrhunderts einreihen, um gemeinsam unsere Vergangenheit zu bewältigen und um brüderlich unsere Zukunft vorzubereiten!« Amadou-Mahtar M'Bow, 1980 Generaldirektor der UNESCO, zog diese Bilanz nach 20 Jahren. Ägypten und der Sudan zeigten ihre Dankbarkeit, indem sie einige der geretteten Bauten als Geschenke ins Ausland gaben: Beispielsweise erhielten Berlin, Madrid und New York auf diese Weise monumentale Tore oder sogar komplette Tempel. Sie sollen als Botschafter dieser gemeinsamen Anstrengung und des einenden Weltkulturerbes dienen.

Mit der Eröffnung des Nubischen Museums von Assuan im Jahr 1997 würdigte Ägypten die Geschichte und Menschen dieses versunkenen Landes. Archäologen aus aller Welt arbeiten weiter an der Erkundung Nubiens: Längst haben sich ihre Forschungen über das Gebiet zwischen erstem und zweitem Katarakt ausgedehnt.

Assuan

Assuan ist schön. Vielleicht nicht unbedingt in städtebaulicher Hinsicht, aber die Lage an den rötlich schimmernden Granitfelsen des ersten Katarakts und dem gelbem Wüstensand des Westufers – dazwischen der Nil und die von Palmen, Schilf und blühenden Sträuchern bewachsenen Inseln voller Vögel – verleiht der Stadt einen ganz eigenen Reiz. Hier kann man sich wohlfühlen und herrlich bei einer Segelpartie entspannen. Selbst wenn es heiß ist, lässt sich die trockene Hitze doch gut ertragen.

Die Geschichte der Stadt begann auf der großen Nilinsel **Elephantine** im Zentrum. Auf ihrer Nordspitze ragt heute der Turm eines Hotels auf – zwar ein Symbol architektonischer Instinktlosigkeit, aber mit der Bar ganz oben einer der schönsten Plätze, um den Sonnenuntergang zu genießen. Die Südspitze der Insel birgt die archäologischen Überreste des alten Ortes Abu, der fast drei Jahrtausende als Grenzort und Hauptstadt der südlichsten Provinz Ägyptens von Bedeutung war. Zwischen Hotel und Grabungsplatz liegt eine kleine **nubische Siedlung**, die nach beiden Seiten hin von einer Mauer begrenzt wird. Parallel zu Elephantine, etwas weiter westlich im Fluss, liegt die kleinere **Pflanzeninsel**, benannt nach dem Botanischen Garten, den der britische Hochkommissar Kitchener hier hatte anlegen lassen.

Das **Westufer** gehört bereits der Wüste: An den steilen Hängen nördlich der Inseln haben die alten Fürsten von Elephantine ihre Gräber anlegen lassen. Ihrem Beispiel folgte weiter im Süden **Aga Khan III.**, dessen **Mausoleum** eines der Wahrzeichen der Stadt ist.

Auf dem **Ostufer** erstreckt sich Assuan über etwa zehn Kilometer zwischen dem alten Damm im Süden und der nörd-lichen Bebauungsgrenze. Südlich des alten, 1902 erbauten Damms erhebt sich auf einer Insel der umgesetzte **Tempel der Göttin Isis**. Weitere knapp zehn Kilometer weiter flussaufwärts liegt der mächtige **Hochdamm** von Assuan. Hier, außerhalb des eigentlichen Stadtgebiets, befindet sich auch die Universität, die mit ihren technischen, medizinischen und geisteswissenschaftlichen Fakultä-

Nubien

Assuan und Umgebung

0   2   4 km

ten viele Studenten aus dem Süden des Landes anzieht.

Zurück im Stadtzentrum locken die Niluferstraße, die **Corniche**, und das Viertel zwischen Bahnhof und Basarstraße zum abendlichen Flanieren. Auch die Assuaner zieht es hierher, vor allem im Ramadan ist fast die ganze Bevölkerung noch bis tief in die Nacht hinein auf den Beinen. In den letzten 20 Jahren ist das moderne Assuan enorm gewachsen. Provinzverwaltung, chemische Industrie, Universität und Hotelfachschule, mehrere Krankenhäuser, das Kraftwerk am Hochdamm und auch der Tourismus bieten attraktive Arbeitsplätze. Nicht nur auf dem Ostufer, wo der größte Teil der Bewohner lebt, sind ganze Viertel neu aus dem Boden gestampft worden, sondern auch auf dem Westufer, wo sich die leuchtend blaugestrichenen Gebäude des ›nubischen Dorfs‹ mittlerweile zu einem regelrechten Häusermeer ausgeweitet haben. Um beide Stadtteile miteinander zu verbinden, wurde eine Brücke gebaut. In Assuan haben die Städteplaner aufgepasst: Um das charakteristische Bild der Stadt nicht zu zerstören, wurde die Brücke weit im Norden über den Fluss gespannt.

Der Hochdamm

Mit viel Enthusiasmus war 1952 die neue Regierung der Freien Offiziere angetreten. Große Pläne hatte man für die Modernisierung Ägyptens, das endlich eigene Industrie bekommen und dessen landwirtschaftliche Produktion gesteigert werden sollte. In der damaligen technikbegeisterten Zeit wurden auf der ganzen Welt Großprojekte in Angriff genommen. Auch Ägypten sah im Bau eines großen Staudammes den idealen Weg zur Verwirklichung einer Reihe von Zielen. Die alljährliche Nilflut, die das ganze Land von Ende Juli bis Ende Okto-

ber unter Wasser setzte, sollte in einem riesigen Stausee aufgefangen werden. Die mitunter beträchtlichen jährlichen Schwankungen der Wasserfluten, die immer wieder zu extremen Hochwassern oder Dürrekatastrophen geführt hatten, könnten so ausgeglichen werden. Zusätzlich ließe sich mehr Land während des ganzen Jahres bebauen. Man erhoffte sich enorme Ertragssteigerungen, um die ständig anwachsende Bevölkerung besser ernähren und Überschuss produzieren zu können. Der Gewinn käme dem Aufbau von Industrien zugute. Ein Kraftwerk am Damm sollte Elektrizität erzeugen, die ganz Oberägypten versorgen würde.

Doch bis es so weit kam, waren einige Hürden zu überwinden. Ägyptens Finanzen ließen den Bau eines solchen Großprojekts nicht zu, man brauchte ausländische Investoren. Daher wandte sich die Regierung zunächst an mehrere westliche Staaten, darunter die USA und Deutschland. Deutsche Ingenieure entwickelten den Bauplan, die USA, Großbritannien und die Weltbank sicherten zu, die Kosten vorzuschießen. Über Verhandlungen zu Waffenkäufen kam es jedoch zum Bruch zwischen Ägypten und den USA, die daraufhin die Zusammenarbeit aufkündigten. Auch die Verstaatlichung des Suezkanals brachte Ägypten nicht den gewünschten Erfolg. Die große Hoffnung auf Ägyptens Entwicklung schien in unerreichbare Ferne gerückt zu sein. Als 1958 die Sowjetunion anbot, die Finanzierung des Damms zu übernehmen, willigte Nasser ein. 1960 begannen die Bauarbeiten, die gleichzeitig die große internationale Nubienkampagne auslösten. Elf Jahre später war das Projekt fertig und Ägyptens Blockfreiheit dem ›Arabischen Sozialismus‹ gewichen. Folgende Zahlen verdeutlichen das Ausmaß des Baus: Der Damm hat eine Länge von 3,6 Kilometern, davon allerdings nur 520 Me-

Lotosblütendenkmal am Hochdamm

ter im Flussbett, seine Höhe beträgt 111 Meter, die Breite an der Sohle 980 Meter und an der Krone 40 Meter.

In der Zwischenzeit war Gamal Abd el-Nasser verstorben, sein Nachfolger Anwar el-Sadat leitete gemeinsam mit dem sowjetischen Staatschef Podgorny im Januar 1971 die Eröffnungsfeierlichkeiten. Das Denkmal in Gestalt einer stilisierten Lotosblüte, das am Ostende des Damms aufragt, erinnert an die Zusammenarbeit beider Nationen.

Tatsächlich haben sich viele der Hoffnungen erfüllt, die mit dem Bau des Damms verbunden waren. Aufgrund der Leistung von zehn Milliarden Kilowatt im Jahr ist kaum ein Haushalt zwischen Assuan und Kairo heute mehr ohne Strom für Fernseher und Kühlschrank. Die Gemüseernte konnte auf drei bis vier Ernten pro Jahr gesteigert werden, neue Anbauflächen profitieren vom rund ums Jahr zur Verfügung stehenden Wasser. Als nach mehreren Jahren ausbleibenden Monsunregens in Äthiopien schwere Hungerkatastrophen die Folge waren, reichte der im 5000 Quadratkilometer großen Nassersee aufgestaute Wasservorrat, um Ägypten zu versorgen.

Doch traten auch einige der von Kritikern des Damms prophezeiten negativen Folgen auf: Ohne die jährliche Überschwemmung kam kein frischer Nilschlamm mehr auf die Felder – teurer Kunstdünger wurde in den ersten Jahren nicht immer fachgerecht verwendet, Anbauflächen gingen dadurch verloren. Die Versalzung des Bodens, der nicht mehr ausreichend drainiert wurde, führte ebenfalls zu Verlusten. Erst in den letzten Jahren beginnt sich eine weitere Spätfolge in ihrer ganzen Problematik zu zeigen: Alte Schlammablagerungen an der Nordküste des Deltas werden zunehmend vom Mittelmeer abgespült – da kein Nachschub aus dem Süden mehr kommt, schrumpft das Land.

Inwieweit der riesige Wasserspeicher (der Nassersee fasst 164 Milliarden Kubikmeter) Klimaveränderungen auslöst, ist nach wie vor heftig umstritten. Konflikte barg auch der Bau des großen Renaissance-Dammes am Blauen Nil in Äthiopien, der 2017 fertig werden soll. Erst 2015 einigten sich die Regierungen von Ägypten, Äthiopien und dem Sudan auf ein Grundsatzabkommen zur Nutzung des Flusses.

Der Isis-Tempel

Isis-Tempel von Philae

Der Pylon wurde erbaut für die Sonnen-göttin, die Herrin, die lebensspendende Isis, Königin der reinen Insel, Herrscherin von Philae und Abaton. Aus leuchtendem Sand-stein wurde er erbaut, seine Höhe ist wun-derbar, seine Breite staunenswert.
Inschrift im Tempel der Isis *am Übergang zum ersten Hof*

Von der Anlegestelle an einer Bucht südöstlich des alten Damms gelangt man per Motorboot zur Insel, auf der das Heiligtum der Isis wiedererrichtet wurde. Bereits zu Beginn des 20. Jahrhunderts hatte die Göttin für mehrere Monate im Jahr nicht nur nasse Füße bekommen, durch die aufgestauten Nilfluten war der Tempel neun Monate im Jahr fast bis zum Dach überschwemmt worden. Die bunte Bemalung, die damals an vielen Stellen noch erhalten war, wurde dabei abgewaschen. Dicke Lehmschichten ver-krusteten den Boden und die unteren Bereiche der Wände. Schuld an dieser Situation war unter anderem Winston Churchill, der die Zurückhaltung der ers-ten Dammbau-Ingenieure kritisierte, die den Nil nur so weit aufstauen wollten, dass der Tempel nicht versank: »Dieses Opfer von 1500 Millionen Kubikfuß Was-ser an Hathor von den weisen Männern des Westens ist das grausamste, hinter-hältigste und sinnloseste, das je auf dem Altar einer falschen Religion gemacht wurde. Der Staat kämpft, und die Men-

1 Schrein Nektanebos' I.
2 Unfertige Säulen
3 Bild Ptolemaios' XII., Erschlagen der Feinde
4 Gedenktext von Napoleons Truppen
5 Schenkungsurkunde
6 christlicher Altar
7 Allerheiligstes
8 Hadrianstor

Nubien

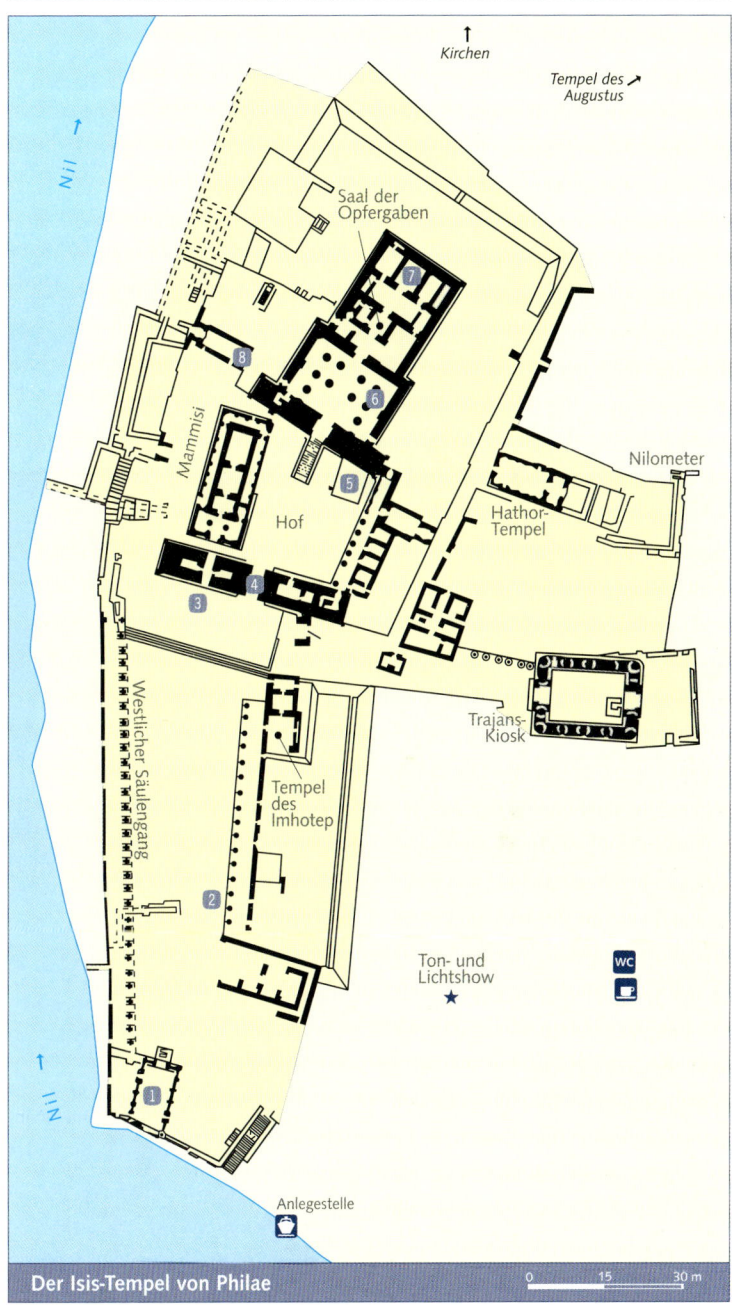

Kirchen

Tempel des ↗
Augustus

↑
Nil

Saal der
Opfergaben

7

8

6

Mammisi

Nilometer

5

Hof

Hathor-
Tempel

4

3

Trajans-
Kiosk

Westlicher Säulengang

Tempel
des
Imhotep

2

Ton- und
Lichtshow
★

WC

↑
Nil

1

Anlegestelle

Der Isis-Tempel von Philae

0   15   30 m

schen verhungern, damit Professoren jauchzen und Touristen Plätze finden, um ihre Namen einzukratzen.« Also wurde der Damm stufenweise erhöht. Wirklich bedrohlich wurde die Situation mit dem Beginn der Bauarbeiten am Hochdamm. Zwar lag die Insel flussabwärts von der neuen Sperre, doch der Wasserpegel zwischen beiden Dämmen stieg weiter an, denn auch der alte Damm blieb nach wie vor in Betrieb. Aber erst nach der Fertigstellung und nachdem der Tempel dauerhaft unter Wasser war, machte sich ein italienisches Team 1972 an die Umsetzung. Dazu musste die höhergelegene Nachbarinsel Agilkia landschaftlich dem

Vorbild von Philae angepasst werden. In der Zwischenzeit wurde um die versunkenen Bauwerke eine doppelte Stahlwand gezogen, der Bereich im Inneren leergepumpt und trockengelegt. Nach der vorsichtigen Reinigung des sehr weichen Sandsteins begann der Transport der 40 000 Blöcke. Insgesamt 27 000 Tonnen Gestein wurden innerhalb von 30 Monaten versetzt. Der Wiederaufbau dauerte noch bis zum August 1979.

■ **Der Schrein des Nektanebos I.**
Der Kult der Isis, die hier mit ihrem Sohn Horus und ihrem Gemahl Osiris gemeinsam verehrt wurde, hatte ab der Ptole-

Der zweite Pylon des Isis-Tempels

maärzeit eine Verbreitung im gesamten Mittelmeerraum erlebt. Noch bis ins 4. Jahrhundert nach Christus zählte sie zu den populärsten Gottheiten. Die ältesten Teile ihres Tempels stammen aus der Zeit der 26. und 30. Dynastie. Allerdings wurden die unter Psammetich II. und Amasis errichteten Bauwerke von den ptolemäischen und römischen Baumeistern als Füllmaterial für ihren größeren Tempel benutzt.

Nahe dem Landesteg am Südende der Insel erhebt sich der kleine, von Nektanebos I. (378–360) gestiftete **Schrein** ❶, der an diesen Standort verschoben worden war, um dem Neubau der römischen Säulenhalle Platz zu machen. Seine charakteristischen Kapitelle zeigen die Göttin Hathor mit Kuhohren. Von hier bietet sich ein guter Blick über den von Arkaden gesäumten Vorplatz zum ersten Pylon. Im Boden ist nach etwa 20 Metern ein angedeuteter Graben zu sehen – der Hinweis darauf, dass an dieser Stelle einst ein Treppenabgang zum Nilometer führte. Hinter dem östlichen Säulengang war eine Reihe von Kapellen geplant, die allerdings nicht fertig wurden, wie auch die **Säulen** am Südende dieser Reihe ❷. Sie lassen daher die einzelnen Schritte beim Bau erkennen: Nur grob zubehauen, wurden die Säulentrommeln aufeinandergesetzt, bevor Bildhauer die Details der Ausarbeitung direkt an Ort und Stelle anbrachten. In der Verbindung von Säulengang und Pylon lässt sich ein leichter Achsknick beobachten, der der natürlichen Uferlinie der Insel geschuldet ist. Altägyptische Tempel ›wuchsen‹ in der Regel von hinten nach vorne: Das Sanktuar als wichtigstes Element wurde zuerst gebaut, und ihm wurden dann Säle, Hallen oder Höfe vorgelagert. Nach einer Bauzeit von gut 500 Jahren erstreckte sich das Heiligtum der Isis über eine Länge von rund 200 Metern.

◾ Die Pylontürme

Ptolemaios XII., der Bruder der großen Kleopatra, erscheint in der unteren Hälfte der 18 Meter hohen Pylontürme in der typisch energischen Haltung des **Erschlagens der Feinde** ❸ vor der Hausherrin Isis. Am linken Turm ist die Bildfolge durch ein Tor unterbrochen, das als Nebenzugang in den ersten Hof führt. Das obere Drittel der wuchtigen Fassade zeigt links den Pharao beim Opfer vor Osiris und Isis beziehungsweise Isis und Horus, rechts vor Horus und Nephthys beziehungsweise Isis und Harpokrates. Die **Torbauten** vor dem rechten Pylonturm stammen aus älteren Zeiten, als der Tempel noch nicht so weit nach Süden gewachsen war. Beim Vergleich der Reliefs an den beiden Türmen fällt die unsystematisch wirkende Zerstörung der Bilder auf. Die Figuren der Götter am linken Pylonturm wurden mit groben Hackspuren verunstaltet. Die Erklärung liefert das in einen Kreis eingeschlagene Kreuz beiderseits des Mitteltors. In der Regierungszeit von Kaiser Justinian war der Tempel in eine Kirche für den heiligen Stephan verwandelt worden. Offenbar waren die Christen empört von der freizügigen Darstellung der wohlgeformten weiblichen Gottheiten in ihren dünnen Gewändern. Über 1000 Jahre später ritzten französische Soldaten einen **Gedenktext** in die rechte Durchgangswand ❹: Im Monat Mesidor im Jahr 7 der Republik waren Napoleons Truppen nach Philae gekommen.

◾ Erster Hof

Im ersten Hof fällt zunächst die Abweichung von der sonst üblichen Symmetrie auf – der trapezförmige Grundriss wird durch die Mauern von erstem und zweitem Pylon betont. Die Westseite wird vollständig von einem kleinen Bauwerk eingenommen: Es ist ein **Mammisi**,

Nubien

das unter Ptolemaios VI. vor dem damaligen Eingang erbaut wurde. Hier wurde die Geburt des göttlichen Kindes – in diesem Fall Horus – gefeiert und dabei die Gleichsetzung des regierenden Herrschers mit diesem Götterkind verkündet: »Der Gott ist geboren, der König von Ober- und Unterägypten, Horus, Sohn der Isis. Durch ihn hat alles begonnen.« Als wohlerzogener Sohn der Göttin fühlte sich der Pharao natürlich verpflichtet, ihr Haus und ihre Diener – die Priesterschaft – angemessen zu versorgen. Am Fuß des rechten Turms des zweiten Pylons wurde auf einem Granitblock eine **Schenkungsurkunde** 5 festgehalten, die weite Ländereien mitsamt ihren Einkünften und Bewohnern der Isis unterstellte.

■ Im Inneren des Heiligtums

Wie schon vor dem ersten Pylon führt auch hier eine kleine Treppe hinauf zum Durchgang des zweiten Torturms. Der anschließende **Saal** ist in seinem hinteren Teil mit einem Dach versehen, das von acht Säulen mit Pflanzenkapitellen getragen wird. Diesen Raum funktionierten Mitte des 6. Jahrhunderts Christen zu einer Kirche um, ein granitener Opfersockel wurde kurzerhand zum **Altar** 6 umgeweiht. An der schmalen Ostwand hinter dem Altarblock wurden die alten Reliefs gründlich entfernt und eine Nische für die Aufnahme des Tabernakels in die Wand geschlagen. Für die Anhänger der Isis war damit der Zugang zu den tiefer im Tempelinneren liegenden Räumen um das Allerheiligste versperrt. Früher waren nur die höchsten Priestergrade durch immer kleiner und dunkler werdende Quersäle bis zum Wohnort der Göttin vorgedrungen. Die alten Ägypter glaubten, dass die Götter sich in den Tempeln niederließen und – vorausgesetzt, sie fühlten sich dort

wohl – dafür das ganze Land mit ihrem Wohlwollen beglückten. Als Gefäß, in dem sich die göttliche Energie sammeln konnte, diente die jeweilige Götterstatue im Allerheiligsten. Bescheiden in ihren Ausmaßen, war sie jedoch in der Regel aus kostbarem Metall gearbeitet. Einmal jährlich musste die ansonsten im Dunkel des Sanktuars residierende Figur mit Sonnenenergie neu aufgeladen werden. Dazu zogen die Priester in einer frühmorgendlichen Prozession mit der Statue und weiterem Kultgerät auf das Tempeldach. Die göttliche Energie war allerdings nicht ganz ungefährlich: Daher wurde die machtgefüllte Statue anschließend wieder in das von schützenden Mauern umgebene Innerste des Tempels zurückgebracht. Kein Unbefugter durfte der göttlichen Energiequelle zu nahe kommen – selbst bei großen Prozessionen wurde die Statue unter einem Tuch verhüllt. Pharao als oberster Priester begleitete den Weg der Gottheit; Bilder solcher Prozessionen sind an den Wänden zu erkennen. Kahlgeschorene Priester in ihren bodenlangen Gewändern schultern die Tragestangen, auf denen die kleine Barke mit der Statuette der Gottheit ruht. Im **Allerheiligsten** 7 selbst, einem etwa zehn Quadratmeter großen Raum, der nur durch ein paar kleine Lichtschächte Tageslicht erhält, steht noch der Granitsockel, auf dem die Götterbarke einst abgestellt werden konnte. An der westlichen Wand, etwa auf Höhe des Sockels, erscheint Pharao opfernd vor dem mumiengestaltigen Osiris, der von seiner Gemahlin Isis mit ihren weitgeöffneten Flügelarmen beschützt wird. In der hinteren östlichen Ecke auf halber Höhe der Wand thront die göttliche Mutter und reicht ihrem kleinen Horussohn die Brust – ein Bild, das die direkte Vorlage für die christlichen Darstellungen der Maria mit dem Jesusknaben bot.

◄ Karte S. 159

Das Allerheiligste des Isis-Tempels

Liebe ist stärker als der Tod

Isis, die Mächtige, die Schützerin ihres Bruders, die ihn suchte ohne zu ermüden, die dieses Land durchlief in Trauer und nicht ruhte, bis sie ihn gefunden hatte; die Schatten spendete mit ihren Federn und Lufthauch schuf mit ihren Flügeln.
Aus einem **Osirishymnus**

Es trug sich aber zu, als die Götter noch auf Erden weilten, dass der Sonnengott Ra alt wurde. So rief er seine Söhne Osiris und Seth zu sich und sprach:»Fürderhin sollt ihr gemeinsam die Regierung Ägyptens übernehmen.« Grundsätzlich ein guter Gedanke, nur hatte Ra die Machtgier seines Sohnes Seth außer Acht gelassen. Der hielt gar nichts von dieser Machtteilung und verlangte die Alleinherrschaft. Zunächst befolgte er noch zivilisierte Regeln und rief das Göttergericht zusammen, das seinen Anspruch auf die alleinige Regentschaft bestätigen sollte – schließlich war er der Erstgeborene! Doch die Verhandlungen zogen sich in die Länge, bis Seth schließlich die Geduld verlor und einen hinterhältigen Plan ausheckte: Er lud die Göttergesellschaft inklusive seines Bruders Osiris zu einem großartigen Fest ein, bei dem den zahlreichen Gästen reichlich Wein ausgeschenkt wurde. Schließlich verkündete Seth den Versammelten eine Überraschung: Ein wunderschöner, handgeschnitzter und aufwändig dekorierter Sarg wurde in den Saal getragen: Er sollte der Gottheit gehören, die am besten in das edle Stück hineinpasste. Ob sich die dickbäuchige Nilpferdgöttin Thoeris, der zwergwüchsige Bes oder der spitzohrige Anubis zum Probeliegen bereitmachten, ist nicht überliefert. Aber auf alle Fälle ließ sich Osiris dazu bewegen, den Sarg auszuprobieren. Speziell für ihn maßgeschreinert, passte er natürlich wie angegossen. Diesen Moment nutzte Seth, um den Deckel auf den Sarg zu setzen, zu verschließen und den Sarg mitsamt seinem völlig überraschten und hilflosen Bruder Osiris im Nil zu versenken.

Isis und Nephthys – die Schwestergemahlinnen der beiden Brüder – reagierten schnell, sie folgten dem Sarg und zogen ihn aus dem Wasser. Dank ihrer großen Zauberkräfte gelang es Isis, den ertrunkenen Osiris wiederzubeleben. Doch Seth verfolgte dies nicht tatenlos – in seinem aufwallenden Zorn packte er seinen Bruder und zerriss ihn in 14 Einzelteile, die er wieder in den Fluss warf, wo die Strömung sie ergriff und forttrug. Voller Verzweiflung zogen daraufhin Isis und Nephthys an den Ufern des Nil auf und ab. Ihre Tränen flossen reichlich und ließen den Nil über die Ufer treten – was fortan die mythologische Erklärung für die alljährlich wiederkehrende Überschwemmung lieferte.

Es gelang den beiden Schwestern, 13 Teile des zerstückelten Osiris wieder zu finden. Das linke Bein fand sich auf der Philae gegenüberliegenden Insel Bigge, der Kopf tauchte in Abydos auf. Das fehlende Glied – das männlichste Stück Osiris – soll ein Krokodil verschluckt haben. Oder ein Fisch. Die Berichte sind nicht ganz eindeutig. Trotz all ihrer magischen Kenntnisse gelang es Isis diesmal nicht, Osiris ins Leben zurückzuholen. Voller Verzweiflung rief sie die Götter um Hilfe an. Und tatsächlich erbarmte sich einer. Anubis, der Schakal, reinigte zunächst die Wasserleichenteile und legte sie in austrocknendes Natronsalz. Das fehlende Stück formte er aus fruchtbarem Nilschlamm. Mit Harz bestrichen, konnten die Einzelteile zusammengesetzt werden. Duftende Salben, Amulette, Zaubersprüche

und lange Leinenbinden waren die weiteren Zutaten – Anubis schuf so die erste Mumie. Und wirklich – die Auferstehung gelang. Auch das Ersatzteil erfüllte
seine Aufgaben vortrefflich. Denn als die in ein Falkenweibchen verwandelte Isis
sich überglücklich auf dem Schoß ihres wiederbelebten Gatten niederließ, wurde
sie umgehend schwanger.

Osiris aber verzichtete auf sein Erbe und zog sich ins Reich der Schatten zurück.
Am Übergang zwischen Diesseits und Jenseits würde er in Zukunft Recht sprechen, und den Bösen und Gewalttätigen den Eintritt ins ewige Leben verweigern.

Isis hatte nun die Sorge um ihr ungeborenes Kind zu tragen. Dass es ein Sohn
werden würde, der die legitime Nachfolge seines Vaters antreten und damit in
Konkurrenz zu Seth kommen würde, war klar. Also verwandelte sich Isis in eine
unscheinbare Bäuerin und zog in die Papyrussümpfe des Deltas. Als alleinerzie-
hender Mutter standen ihr auch nach der Geburt des kleinen Horus noch einige
Hürden bevor. Sie musste den Jungen allein im Nest inmitten des Dickichts zu-
rücklassen, um den Unterhalt für beide zu verdienen – immer in der Angst, wilde
Tiere oder gar Seth könnten ihren Sohn entdecken. Einmal fand Isis ihn krank vor,
sein Körper war schlaff und sein Herz schwach. Ihre Furcht war groß und ihre Kla-
gen ließen sogar die Sonne stillstehen. Der Weisheitsgott Thot kam vom Himmel
herab, um das Kind vom Gift des Skorpionbisses zu heilen. Die Bewohner des
Deltas wurden daraufhin zu Beschützern von Mutter und Kind bestellt. So überstanden Isis und Horus alle Gefahren, Horus wuchs heran und der Zeitpunkt der
Auseinandersetzung mit seinem Onkel rückte näher. Die dramatischen Berichte
dazu finden sich im Tempel von Edfu.

Isis schützt Osiris, Darstellung im Sanktuar des Isis-Tempels

Nilgott Hapi

■ Hadrianstor

Vom zur Kirche umgebauten Säulensaal führt ein Nebenausgang nach Westen auf einen eher unscheinbaren, unter Hadrian errichteten **Torbau** 8 direkt am Ufer der Insel. Durch die Öffnung fällt der Blick auf eine der charakteristischen Inseln des Kataraktgebietes mit ihren übereinandergetürmten Granitblöcken. Dieser Blick war am ursprünglichen Standort von besonderer Bedeutung, denn dort lag die Nachbarinsel Bigge mit einem Heiligtum für Osiris. Der Legende nach war das linke Bein des Gottes hier an Land gespült worden. Darauf spielt auch das kleine Relief im Tor links über einem nach Süden weisenden Fenster an: In ein Rechteck eingefügt sieht man die Sonne zwischen den stilisierten Höhen des Ost- und Westgebirges über dem Niltal. In der Sonnenscheibe ist das Bild des thronenden Osiris eingraviert, vor dem sein kleiner Sohn Horus hockt. Unter diesem Ensemble taucht ein Krokodil aus den Fluten auf, das den mumifizierten Leichnam des Osiris an Land trägt.

Eine weitere kleine Szene, die Beachtung verdient, ist ganz in der Ecke der gegenüberliegenden Längswand zu sehen: Unter mächtigen Granitbrocken – wie im Original gleich nebenan zu sehen – verbirgt sich in einer von einer Schlange umringelten Höhle der kniende Nilgott Hapi. Aus einem Wassergefäß lässt er den Nil strömen. Für die alten Ägypter lag in dem von zahlreichen Strudeln durchsetzten Kataraktgebiet die mythische Quelle des Stroms.

Beim Umgang um den rückwärtigen Teil des großen Isis-Tempels erkennt man weiter nördlich im Gelände die Überreste eines weiteren **Nilometers** und die Fundamente eines kleinen, dem **Harendotes geweihten Tempels**. Nur ein Stück der äußeren Umfassungsmauer hat sich an der Rückseite des Heiligtums erhalten.

Nubien

Der Trajans-Kiosk

Dahinter erheben sich Säulen und Mauerfragmente eines **Augustus-Tempels** und zweier **Kirchen**.

■ **Hathor-Tempel**
Auf der Ostseite des Isis-Tempel vervollständigen noch zwei weitere Gebäude die Bebauung der Insel. Der kleine – nach aufwändigen Restaurierungsarbeiten wieder zugängliche – Hathor-Tempel ist verbunden mit dem Mythos vom Sonnenauge des Ra, das mit Hathor oder Tefnut identifiziert werden konnte. Da die Insel Philae nur wenig nördlich des Wendekreises des Krebses liegt, war hier ein idealer Ort, um die Rückkehr der Sonne nach der Wintersonnwende zu feiern. Lautespielende Meerkatzen und der die Harfe schlagende und tanzende Gott Bes zieren die Wände des Vorhofs und deuten die ausgelassene Stimmung an, die anlässlich der Rückkehr der Göttin geherrscht haben muss. Ein besonders schönes **Relief des Gottes Bes** findet sich in der Nähe der Treppe zum Nilometer dieses kleinen Tempels. Bes ist der Schutzgott der Wöchnerinnen und der Neugeborenen, aber auch ein Hüter in

der Nacht – mit seinem fratzenhaften Gesicht und der weit herausgestreckten Zunge verscheucht er zuverlässig alle bösen Dämonen.

■ **Trajans-Kiosk**
Unfertig geblieben und dennoch imposant ist der große Kiosk des Trajan. Er diente wohl während der Tempelprozessionen als schattiger Unterstand für Götter und Priester. Im Inneren finden sich lediglich an einer der Säulenschranken die üblichen Szenen des Königs beim Opfer vor den Gottheiten der Insel. Eine großformatige Inschrift rechts daneben zieht die Aufmerksamkeit auf sich: Der berühmte Tierforscher Alfred Brehm hatte dem Drang, sich an dieser prominenten Stelle zu verewigen, offenbar nicht widerstehen können.

Unter der südlich angrenzenden Gruppe von Palmen, Akazien und Oleanderbüschen, die der Insel eine romantische Note verleihen, finden sich eine Cafeteria und Toiletten. Von hier geht der Blick nach Südosten übers Wasser zu den Überresten der Stahlwände, die den Standort der versunkenen Insel Philae markieren.

Lautespielender Affe am Hathor-Tempel

Der unvollendete Obelisk

Der rosenfarbene Granit des Katarakt-gebiets findet sich nicht nur bei den Inseln im Nil, sondern wie ein breiter Riegel zieht sich das Hartgestein von Ost nach West. Als Baumaterial war es bereits seit dem Alten Reich geschätzt: Türlaibungen, Pyramiden- und Tempel-verkleidungen, Statuen und natürlich Obelisken wurden aus Granit gearbeitet. Im **Steinbruch** von Assuan wird noch heute Material abgebaut – Bürgersteige, Hausfassaden, ja sogar Bordsteinkanten werden hier produziert. Lediglich ein kleiner Teil des Geländes steht unter Schutz. Östlich des Nubischen Museums und des alten Friedhofs aus der Fatimidenzeit mit seinen charakteristischen Kuppelgräbern fasziniert vor allem der berühmte **unvollendete Obelisk**. Noch fest mit dem Muttergestein verbunden, liegt der Koloss von 1168 Tonnen Gewicht leicht geneigt im Gelände. Auf einer quadratischen Basisfläche mit einer Seitenlänge von nur 4,2 Metern hätte er 42 Meter hoch in den Himmel geragt. Wenn er denn fertig geworden wäre. Dieses Rie-senprojekt scheiterte jedoch, weil sich im Stein Risse zeigten – ein Makel, der bei einem so prestigeträchtigen Objekt nicht akzeptabel war. Nicht auszudenken, was passiert wäre, wenn der Obelisk bei der Aufstellung zerbrochen wäre! Bearbeitungsspuren an der Oberfläche zeigen, dass man wohl versuchte, den Riesenblock zu verkleinern. Doch auch diese Versuche wurden aufgegeben.

Ägyptologen gehen davon aus, dass der Auftrag für diesen Obelisken von Thutmosis III. gegeben wurde, der damit den Tempel des Amun in Karnak schmücken wollte. Damit wäre das Projekt ins 15. Jahrhundert vor Christus zu datieren – eine Zeit, in der Eisenwerkzeuge in Ägypten noch sehr rar waren. Hier im Steinbruch wurde mit Steinhämmern aus Dolerit gearbeitet. Das basaltische Gestein ist noch härter als Granit – ein paar dieser schweren Blöcke liegen zur Anschauung im Gelände.

Von der **Plattform** direkt oberhalb des Obelisken bietet sich ein guter Blick in den nur sehr schmalen Graben, in dem sich die Arbeiter mit ihren wuchtigen Werkzeugen Zentimeter für Zentimeter in die Tiefe gruben. Eine oft zitierte Theorie, nach der die altägyptischen Steinmetze Holzkeile in den Stein trieben, sie befeuchteten und die aufquellenden Hölzer dann den Stein absprengten, gilt mittlerweile als überholt. Zwar finden sich im Gelände um den Steinbruch überall Spuren an den Abbaukanten, die an riesige Reißverschlüsse erinnern, doch stammen sie erst aus ptolemäisch-römischer Zeit. Die Gesteinsstruktur des Granits ist für den Kenner durchaus hilfreich beim Fertigen von Blöcken. Schlägt man längs der beim Erstarrungsprozess des Gesteins entstandenen Lagen in regelmäßigen Abständen Metallkeile in den Granit, so setzt sich der Riss im Fels fort und erleichtert die weitere Bearbeitung.

Transport eines Steinriesen

Die Steinblöcke für den Obelisken von Assuan wurden vom Steinbruch mit Booten zu ihren jeweiligen Bestimmungsorten gebracht. Bis heute fragen sich Archäologen und Bautechniker, wie wohl der Transport des Riesenobelisken vonstatten gegangen wäre. Zunächst hätte der Verbindungssteg an der Unterseite abgearbeitet werden müssen – mächtige Holzbalken wären als Stützen untergeschoben worden. Wahrscheinlich wäre der Obelisk dann um die Längsachse zur offenen Seite des Steinbruchs gedreht worden, auf eine abschüssige Rampe aus Palmstämmen und Lehm. Hunderte von Arbeitern waren nötig, um solche gewaltigen Blöcke zu bewegen.

Auch im Verladehafen des Steinbruchs hätte man für den Transport eines so großen Stücks extra Vorkehrungen treffen müssen. Schließlich hebt man über 1000 Tonnen nicht mal so eben ohne Kran in ein leichtes Holzboot. In einem etwa 42 Meter breiten Becken mit einer erhöhten Stufe an jeder Seite wäre der Obelisk abgelegt worden. Mehrere Transportschiffe im tieferen Teil des Beckens würden langsam angehoben, sobald mehr Wasser einströmte, und würden den Obelisk mit anheben. Das riesige Gewicht würde so auf mehrere Träger verteilt.

Soweit die Theorie. Dass ein solches katamaranartiges Gebilde beim Weitertransport überaus sperrig wäre und sicher nicht zu jeder Jahreszeit auf dem Fluss unterwegs sein konnte – der Nil erlaubt mitunter nur knapp einen Meter Tiefgang –, stellt die nächste Herausforderung dar. Altägyptische Reliefs, die den Schiffstransport von Säulen oder Obelisken zum Thema haben, zeigen die Objekte längs in einem Schiff liegend. Wie auch immer der Transport eines so gewaltigen Stücks nun tatsächlich durchgeführt worden wäre, muss bislang offen bleiben. Der Inschrift eines immerhin knapp 30 Meter hohen Obelisken, den Hatschepsut in Karnak hatte errichten lassen, können wir entnehmen, dass vom Beginn der Arbeiten im Steinbruch bis zur Aufstellung und Einweihung nur sieben Monate verstrichen waren.

Der nie errichtete Obelisk von Assuan

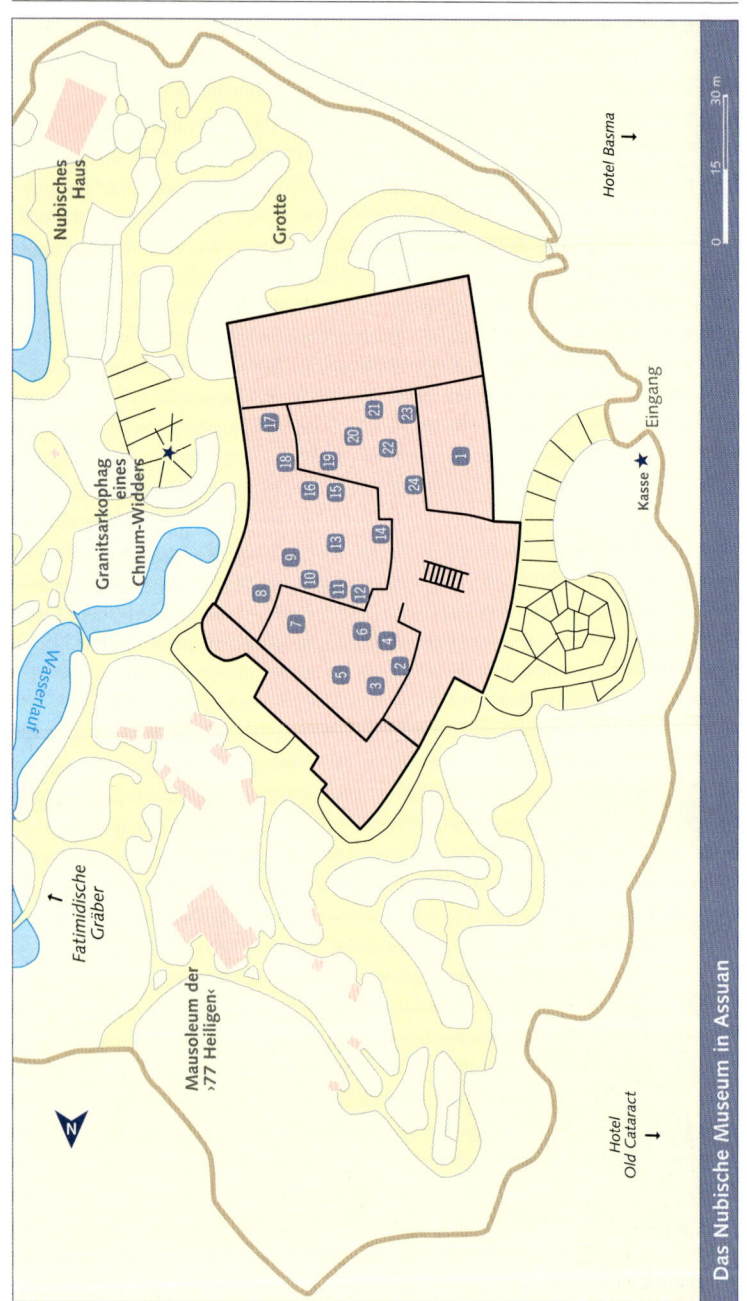

Nubisches Haus

Grotte

Granitsarkophag eines Chnum-Widders

Wasserlauf

Fatimidische Gräber

Mausoleum der >77 Heiligen<

Hotel Old Cataract

Hotel Basma

Eingang

Kasse

0   15   30 m

N

Das Nubische Museum in Assuan

Nubisches Museum

Südlich des Stadtzentrums, wo die Corniche sich vom Nil entfernt, führt eine Stichstraße zwischen einem kleinen Park und der großen koptischen Kathedrale zum Nubischen Museum. Rechter Hand liegt auch das berühmte Hotel **Old Cataract,** das Ende des 19. Jahrhunderts im britischen Kolonialstil errichtet wurde. Nach etwa 100 Metern ist der Eingang zum 1997 eröffneten Museum erreicht. Im großen **Park,** der das Haus umzieht, sind auch einige Stücke ausgestellt. Vorgeschichtliche Felsritzungen finden sich in einer nachgebauten Grotte. Ein künstlicher Wasserlauf zieht sich durch den Garten, in dem fatimidische Grabkuppeln aufragen und ein Haus in typisch nubischer Lehmziegelbauweise seine schön bemalte Fassade zeigt.

Im Inneren des großzügig geplanten, aber eher zurückhaltend beleuchteten Museums erwartet den Besucher ein Rundgang durch die Jahrtausende – von der Vorgeschichte bis in die Neuzeit um 1960, als der Dammbau den Untergang Nubiens brachte. Planen Sie gut zwei Stunden für die Besichtigung von Museum und Garten ein.

Eine breite Treppe führt vom Eingangsbereich zum Haupttrakt des Museums hinunter, wo ein Modell des Niltals die wichtigsten Denkmäler Nubiens im Überblick zeigt. Im Uhrzeigersinn führt der Weg durch die Ausstellung. Ein vergleichender Überblick über die Entwicklung Ägyptens und Nubiens mit ihren Kulturepochen bildet den Auftakt.

■ Nubien zwischen Unabhängigkeit und ägyptischer Dominanz

Faustkeile, Messer- und Pfeilspitzen vertreten zusammen mit **Felsritzungen 2** die bis um 60 000 vor Christus zurückreichende mittlere nubische Steinzeit. Aus den Gräbern der sogenannten nubischen A-Gruppe (3500 – 2900) stammen Elfenbeinarmreifen, geschnitzte Kämme, Ketten aus Steinperlen, Muscheln und Karneol, Paletten zum Zerreiben von Farbe für Augenschminke sowie verschiedene Keramikgefäße. Auch erste **Kupferwerkzeuge 3** tauchen auf und belegen zum einen den technischen Fortschritt wie auch den Reichtum dieser Kultur. Als Rinderzüchter und Getreidebauern waren die Menschen damals sesshaft geworden. Eines ihrer charakteristischen

1 Nebensaal mit Wechselausstellungen	**16** Statuengruppe Königin Shanakdachete
2 Ausstellung nubische Steinzeit	
3 Kupferwerkzeuge	**17** Vitrine Pferde
4 A-Gruppen-Grab	**18** Luxusgegenstände aus den Königsgräbern von Ballana
5 Statue des Chephren	
6 Modell der Bogenschützentruppe	**19** Malereien aus der Kirche von Abdallah Nirqi
7 Modell der Festung von Buhen	
8 Statuette des Horemachet	**20** Moscheenlampe
9 Figur der Amenirdis I.	**21** Dokumente zur Umsetzung der Tempel von Abu Simbel
10 Bildnis des Iriketekana	
11 Portrait des Taharqa	**22** Schaubild Korbflechterinnen
12 Portrait des Schebitqo	**23** Schaubild Unterricht
13 Figur Ramses' II.	**24** Schaubild Hochzeit
14 Mischwesen aus Mensch und Vogel	
15 Wandvitrinen mit meroitischen Objekten	

Statuette des Horemachet

Gräber 4 ist im Museum nachgebaut: Der Verstorbene wurden in hockender Haltung auf der Seite liegend mit seinen Grabbeigaben in einer runden Grube bestattet. Ein Kreis aus schweren Flusskieseln schützte die Bestattung. Die Beigaben belegen, dass ein reger Handelsaustausch zwischen Nubien und Ägypten bestand. Unternubien wurde in Folge der ägyptischen Reichseinigung unterworfen.

Der Diorit für die kopflose **Statue des Chephren** 5 stammt aus dem Steinbruch von Toschka in Unternubien. Zwischen 2900 und 2600 klafft eine Lücke in der Besiedlung Nubiens. In das ›leere‹ Gebiet drängten dann die Träger der C-Gruppen-Kultur, die wohl von Kerma südlich des dritten Katarakts stammten. Ihre Häuptlingstümer wurden in ägyptischen Inschriften der 6. Dynastie als Irtjet, Satju und Wawat erwähnt. Ausgrabungen belegen, dass es vermehrt zur

Ansiedlung von Nubiern auch in Ägypten kam. Sie dienten als Spezialeinheiten in der ägyptischen Armee des Mittleren Reiches. Das Modell der **Bogenschützentruppe** 6 (Original im Museum in Kairo) zeigt sie in ihrer typischen Tracht. Die starke ägyptische Dominanz in Nubien musste militärisch gesichert werden – ein Beispiel zeigt das Modell der in den Fluten des Nassersees versunkenen **Festung von Buhen** 7.

■ **Die Reiche von Kusch und Meroë**
Mit der 25. Dynastie (740–656) kam die große Epoche der Nubier. Die Statuette des kuschitischen Prinzen und Amunpriesters **Horemachet** 8 ist ein besonders gutes Beispiel für das Kunstschaffen dieser Zeit. In bester altägyptischer Tradition – die Kuschiten setzten sich intensiv mit den altehrwürdigen Denkmälern ihrer Vorgänger auseinander – erscheint der Königssohn mit kahlgeschorenem Schädel. Die hohe Qualität der Arbeit zeigt sich gerade im Gesicht, das mit den breiten Nasenflügeln und den vollen Lippen deutlich nubische Züge trägt.

Am Beginn des folgenden Gangs steht die Figur der Königstochter **Amenirdis I.** 9. Sie hält in ihrer rechten Hand das altägyptische Lebenszeichen ›anch‹ und in der linken das Emblem ihrer Priesterinnenwürde. Als Gottesgemahlin des Amun diente sie unter drei verschiedenen Königen. Ihre Statue diente übrigens als Vorbild für die Prinzessin Amneris in Verdis Oper ›Aida‹.

Üppig gerundete Körperformen zeigt das Altersbildnis des hohen Beamten **Iriketekana** 10. Schon am Namen als Nicht-Ägypter zu erkennen, kennzeichnen ihn auch seine Gesichtszüge als Ausländer.

Am Ende des Podests sind Portraits zweier kuschitischer Herrscher zu fin-

Karte S. 170

den: Der dunkle Kopf aus Diorit zeigt **Taharqa** , der Ägypten und Kusch in der Blütezeit der vereinigten Reiche regierte. Deutlich sind die nubischen Gesichtszüge zu erkennen. Das krause Haar des Königs wurde vom Künstler als enganliegende Kappe gearbeitet, darüber der Ansatz einer Krone.

Im Gegensatz dazu trägt das aus Rosengranit gearbeitete Portrait des **Schebitqo** eine Kappe mit breitem Stirnband und Schläfenlappen: die sogenannte ›Kuschitenkappe‹. Stark betonte Nasolabialfalten umrahmen den Mund und lassen die Wangen plastischer hervortreten.

Die Mitte des großen Saales beherrscht die Kolossalfigur **Ramses' II.** aus seinem Tempel von Gerf Hussein. Auffallend anders wirken die beiden **Mischwesen aus Mensch und Vogel**: Abstrakte, fast modern wirkende Körperformen, die sich nicht an die natürlichen Proportionen halten, spiegeln afrikanische Kunstvorstellungen. Doch ist der Hintergrund der Figuren gut altägyptisch: Als Ba-Vögel sind die beiden Statuen Abbilder der Seele eines Menschen. Mit Flügeln versehen kann sie sich vom Leichnam lösen und frei herumschweben, doch muss sie immer wieder zum Körper und zum Grab zurückkehren. Meroitische Herrscher haben diese Skulpturen vor oder auf ihren Gräbern aufstellen lassen.

In den **Wandvitrinen** findet sich eine Kollektion unterschiedlicher Gegenstände, die aus den meroitischen Fundplätzen Unternubiens stammen. Dazu gehören römische Glasgefäße, ein großer Lederschild mit Lanzen, dünnwandige, bemalte Keramikbecher und ein mit Elfenbein und Silber verziertes hölzernes Spielbrett.

In die erste Hälfte des 2. Jahrhunderts vor Christus datiert eine **Statuengruppe** aus nur grob geglättetem Basalt. Sie

zeigt die meroitische Königin **Shanakdachete** mit einem Prinzen, der seinen rechten Arm zu ihrer Krone emporstreckt. Die Augen beider Figuren waren ursprünglich aus anderem Material eingesetzt worden.

■ Funde aus Ballana

Ballana ist der Hauptort einer Kultur mit dem wenig poetischen Namen X-Gruppe. Sie existierte für etwa 100 Jahre vom Ende des 4. bis zum Anfang des 6. Jahrhunderts in der Region um Abu Simbel. Kennzeichnend ist die Verbindung meroitischer Elemente mit altägyptischen, hellenistischen und byzantinischen Strömungen. In großen Grabhügeln, die an die Tradition von Kerma anknüpfen, ließen sich die Herrscher auf Betten bestatten. Schockierend wirkt auf uns die Tatsache, dass offensichtlich Bedienstete der verstorbenen Kleinkönige getötet und mitbestattet wurden. Daneben wurden wichtige Nutztiere vom Hund bis zum Kamel im Friedhof begraben. Pferde als Statussymbole wurden mitsamt ihrem reichen Zaumzeug bestattet, die **große Vitrine** zeigt ein solches Beispiel.

Ba-Vogel

Beachtung verdienen die **Luxusgegenstände**, die in den Königsgräbern entdeckt wurden 18: Römische Öllampen in Gestalt eines Männerkopfes oder einer Taube und die Stehlampe in Form eines nackten Jünglings, der auf Stäben zwei Delphinlampen balanciert, zeigen hellenistischen Einfluss. Die Kunstfertigkeit einheimischer Handwerker belegt ein Weihrauchbrenner in Form eines feinziselierten Pinienzapfens, der auf einem filigran durchbrochenen Untersatz ruht. Sensationell war der Fund einiger Kronen, die deutlich altägyptisch geprägt sind. Die Kronen von Ballana bestehen aus einem hohen, mit großen Edelsteinen besetzten Silberreif, auf dessen Rand Elemente aufgesteckt sind, die den Darstellungen altägyptischer Kronen entsprechen.

■ **Nubiens jüngere Geschichte**
Mitte des 6. Jahrhunderts gab es in Nubien drei christliche Königreiche, an vielen Orten entstanden Klöster und Kirchen. Ab dem 8. Jahrhundert wurden sie mit großformatigen Fresken ausgeschmückt.

Aus dem 10. Jahrhundert stammen die **Malereien aus der Kirche von Abdallah Nirqi** 19, wenige Kilometer nördlich von Abu Simbel. Umgeben von den Symbolen der vier Evangelisten erscheint das große Bild Jesu in einem Medaillon. Links daneben haben die Künstler ihren nubischen Bischof abgebildet.

Im anschließenden Raum ist die islamische Epoche vertreten: Feine Textilien aus dem 14. Jahrhundert zeigen minutiös eingewebte Inschriften. Das zentrale Stück ist eine elegante **Moscheenlampe** 20, die einst die Sultan-Hassan-Moschee in Kairo schmückte. Feine mit Kalligraphie verzierte Keramik und ein paar islamische Grabsteine runden die Darstellung dieser Zeit ab.

Im folgenden Gang finden sich **Dokumente zur Umsetzung der Tempel von Abu Simbel** 21.

Den Abschluss des Rundgangs bilden Szenen aus dem Leben der Nubier kurz vor dem Untergang ihrer Heimat. In lebensgroßen **Schaubildern** 22 23 24 werden die Dörfer am Nil lebendig. Frauen sitzen in ihrer typischen Tracht

Karte S. 170

▲ *Schaubild einer Dorfschule*

bei Korbflechtarbeiten vor der buntge-schmückten Haustür, Kinder werden im Freien vom Dorflehrer unterrichtet, die Vorbereitungen für eine Hochzeit sind zu sehen: Tänzerinnen und Musikanten stimmen sich ein, während im Haus die Braut mit Henna bemalt wird. Dieser Teil des Museums fasziniert die Schulklassen, die regelmäßig zu Besuch hierherkom-men, am meisten.

Nach so viel geballter Geschichte haben Sie vielleicht Lust, von der Terrasse des benachbarten **Old-Cataract-Hotels** bei einem kleinen Imbiss oder einem Drink den herrlichen Blick auf das Kataraktge-biet zu genießen. Die aus dem Film ›Tod auf dem Nil‹ berühmte Terrasse ist zwar den Hausgästen vorbehalten, doch der Blick von der darunterliegenden Terrasse ist nicht minder spektakulär.

Auf dem Basar

Der Basar von Assuan

Parallel zur Corniche verläuft etwas wei-ter östlich die Marktstraße. Bis vor kur-zem das touristische Shoppingparadies der Stadt, passt sich das Angebot der aktuellen Lage an: Es finden sich weniger Skarabäen oder Glitzer-T-Shirts in den Geschäften, dafür wieder mehr Dinge, die auch für die Einheimischen und ihre täglichen Bedürfnisse wichtig sind. Be-rühmt ist der Basar von Assuan schon lange für seine Kräuter und Gewürze: Frische oder getrocknete Minze duftet um die Wette mit den verschiedensten Räucherwerken; Nelken, Kardamom, Anis, schwarzer Pfeffer, Kreuzkümmel und Zimt verwirren den Geruchssinn. Karkadé, der dunkelrote Malventee, ist hier besonders gut und günstig. Die Verführung ist groß, zumal die Händler mit großem Geschick selbst kaufunwil-lige Spaziergänger zu locken verstehen. Zwischen den bunten Ständen findet sich immer wieder eine Bäckerei, ein Metzger, ein Friseur – hier lässt Mann

sich noch rasieren! –, ein Schuhladen und Stände mit Gemüse, Geflügel und Obst. Richtung Bahnhof mischen sich öfter auch Cafés, Garküchen, Restaurants und einfache Hotels unter die Geschäfte. Auch in der breiten Verbindungsstraße zwischen Bahnhof und Corniche gibt es eine Reihe von Cafés, wo man bei Kaffee, Tee oder einer Wasserpfeife den müden Füßen eine Pause gönnen kann.

Insel Elephantine

Bei einer Segelpartie zwischen den Inseln des Kataraktgebiets gelangt man auch zur Südspitze der Insel Elephantine. Ein Besuch der Ausgrabung führt zurück zu den Anfängen der antiken Siedlung. Seit 1969 arbeiten deutsche und Schweizer Ägyptologen und Bauforscher hier. Der älteste Teil im Osten der Insel entstand um den Kultplatz der Göttin Satet.

■ Der Tempel der Satet

Bis ins 4. Jahrtausend lässt sich der mehr-fach vergrößerte und umgebaute Tem-pel zurückverfolgen: Damals wurde der Herrin des frischen Wassers in einer einfachen Nische zwischen zwei Granit-

Nubien

Sargwannen vor dem Satet-Tempel

blöcken geopfert. Noch Ende des Alten Reichs war ihr Heiligtum nur ein kleines Gebäude aus Lehmziegelmauern. Nach über 1000 Jahren Kultbetrieb wurde der Göttin von Sesostris I. erstmals ein Haus aus Stein errichtet. Ringsum war die Siedlung längst auf ihrem eigenen Schutt immer mehr in die Höhe gewachsen, so dass der heilige Bezirk sozusagen im Keller der Ortschaft lag. Das änderte sich in der Regierungszeit von Hatschepsut, die einen neuen und deutlich größeren Tempel über dem alten Gebäude aufsetzen ließ, wobei das alte Sanktuar zwischen den Granitblöcken im ›Untergeschoss‹ noch zugänglich blieb.

Eine ähnlich dramatische Erweiterung des Tempels gab es 1200 Jahre später unter Ptolemaios II., als zum letzten Mal ein Neubau in Auftrag gegeben wurde. Innerhalb von rund 3000 Jahren war aus einer kleinen unscheinbaren Nische ein Tempel von über 30 Metern Länge geworden. Dreißig unterschiedliche Phasen dieses Bauwerks sind in akribischer Puzzlearbeit von den Archäologen rekonstruiert worden.

■ Die Siedlung Abu

Der Name der antiken Siedlung lautete Abu oder Jabu, was soviel heißt wie Elefant, aber auch Elfenbein. Denn in geschichtlicher Zeit gab es hier sicher keine wilden Elefanten mehr, die als Namenspatron fungiert hätten. Doch der Hafen der Stadt war ein wichtiger Umschlagplatz für alle möglichen Waren, die aus dem Süden nach Ägypten kamen. Dazu gehörten auch Stoßzähne von Elefanten, die sicher als besonders eindrucksvolle Ware Aufmerksamkeit erregten.

Als Garnisonsstadt kam Abu die Aufgabe zu, die Südgrenze des Landes gegen Nubien zu verteidigen. Seine Gouverneure waren maßgeblich an den vielen militärischen Vorstößen beteiligt, um die begehrten Rohstoffe Nubiens und die Handelswege in den Süden zu sichern. Bereits im Alten Reich ließen sie einen Schiffskanal durch das Kataraktgebiet graben, um die Passage durch die unberechenbaren Stromschnellen zu erleichtern. Die Stadt Abu war von einer mächtigen **Stadtmauer** umgeben, deren Überreste

Karte S. 155

von der Aussichtsplattform im Südwesten des Geländes zu sehen sind. Auf dem Weg dorthin passiert man einige der wiedererrichteten Bauphasen des **Satet-Tempels** und das nördlich des Siedlungshügels liegende **Heiligtum für den vergöttlichten Stadtfürsten Heqa-ib**. Er prägte Ende des Alten Reichs das Idealbild eines weisen Herrschers. Selbst Könige huldigten ihm, und seine Nachfolger im Amt des Provinzgouverneurs ließen ihre Statuen in seiner Kapelle aufstellen. Elephantine ist ein seltener Glücksfall für Archäologen in Ägypten: Nur selten haben sich die zu Tempeln oder Friedhöfen gehörenden Siedlungen erhalten. Da sie aus ungebrannten Lehmziegeln errichtet wurden, zerfielen sie im Lauf der Jahrhunderte und wurden entweder zu Ackerland oder als neues Baumaterial wiederverwendet. Hier in Abu hat sich die Siedlung im Lauf von 3000 Jahren zu einem mehrere Meter hohen Hügel entwickelt, aus dem die Archäologen Stück für Stück einzelne Teile herauspräparieren. So gelingt der Blick in unterschiedliche Epochen – Priesterhäuser der Spätzeit, Wohnbereiche des Alten Reichs – eine Panoramakarte an der Aussichtsplattform erleichtert den Überblick.

■ Der Tempel des Chnum

Inmitten der Lehmziegelarchitektur liegt ein massiver Trümmerhaufen aus riesigen Granit- und Sandsteinblöcken. Ein aus einem Block gehauener Schrein ist auf die Seite gestürzt. Es sind die Überreste des Chnum-Tempels, der ab dem 2. Jahrtausend das prominenteste Gebäude der Stadt wurde. Abu war längst für die wachsende Zahl seiner Bewohner zu klein geworden – man war auf das Ostufer des Nil hinübergezogen, dorthin, wo das heutige Assuan sich ausbreitet. So gab es seit etwa 1470 Platz für das neue Heiligtum, das großzügig noch bis in die Römerzeit ausgebaut wurde. Im 6. Jahrhundert wurde sogar für eine fremde Gottheit ein Tempel auf der Insel gebaut: Jüdische Söldner huldigten hier ihrem Gott Jahwe. Als Anfang des 20. Jahrhunderts aramäisch beschriftete Papyri auf Elephantine entdeckt wurden, war dies eine Sensation. Dass die in

Nubien

Der Siedlungshügel von Elephantine

Ägypten lebenden Juden die persischen Könige so bereitwillig unterstützten, weckte jedoch den Zorn der national gesinnten Ägypter. Mit dem Vorwand, Juden würden beim Pessahfest das heilige Tier des Gottes Chnum schlachten, zerstörten sie um 410 den jüdischen Tempel. Einige Texte schildern dieses Ereignis: »Dein Diener Yedaniah und seine Genossen geben Zeugnis: Im Monat Tammuz, im 14. Jahr des Königs Darius, verschworen sich die Priester des Gottes Chnum, der in der Festung von Yeb ist, mit Vidranga, dem hiesigen Verwalter, um den Tempel des Jahwe in der Festung von Yeb zu zerstören... Als sie mit ihren Waffen bei der Festung von Yeb ankamen, betraten sie den Tempel und brannten ihn bis auf seine Grundmauern nieder. Sie zerschlugen die Steinsäulen, ... sie zerstörten fünf große Tore aus Stein..., und alles, das dort war, wurde verbrannt... Wenn es unserem Herrn gut erscheint, so erinnere dich des Tempels, um ihn wieder zu errichten, denn sie lassen ihn uns nicht wieder aufbauen.« Der Brief datiert drei Jahre nach der Zerstörung des Tempels, ein älterer Brief an Darius hatte wohl keine Folgen gehabt.

Alexander IV., der Sohn des großen Alexander und der persischen Prinzessin Roxane, stiftete das große **Granittor**, dessen Reste den Übergang zwischen dem zertrümmerten Tempelhaus und dem großen Vorhof markieren. Der Vorplatz war während der jährlichen großen Tempelfeste von zahlreichen Buden gesäumt. Devotionalien aller Art wurden feilgeboten, aber auch für die von weit her angereisten Pilger Bier ausgeschenkt.

■ Nilometer

Südlich der Tempelterrasse liegt das große Becken eines Nilometers. Ein kleinerer Nilstandsmesser am Nordostrand des Antikengeländes gehörte zum Tempel der Satet. Die Markierungen zum Messen der Nilstandshöhe sind noch gut zu erkennen. Bis in die Römerzeit hinein war dieses System zur Vorausberechnung von Arbeitseinsätzen, Ernteschätzungen und Steuern genutzt worden. Auch Franzosen

▲ *Die Ruinen des Chnum-Tempels und im Hintergrund das Old-Cataract-Hotel*

Karte S. 155

und Briten benutzten es Jahrhunderte später wieder – die Marmormarken wurden im 19. Jahrhundert nach Christus angebracht.

■ Elephantine-Museum

Zurück durch den kleinen Garten bis zum alten Museumshaus, bietet sich dort noch ein kleiner Abstecher zum neuen Grabungsmuseum an. Mit Plänen und einer Auswahl an Fundstücken wird dort ein Überblick über die Entwicklung von Stadt und Tempeln geboten. Keramik, Statuetten, Stelen, Werkzeuge und Münzen aus den verschiedenen Besiedlungsphasen von Elephantine geben einen Einblick in die Lebensverhältnisse auf der Insel.

Segelpartie zum Westufer

Umrundet man bei der Weiterfahrt mit dem Boot die Südspitze der Insel Elephantine, sieht man dort eine kleine **Kapelle**. Sie erinnert an die Zeit der Umsetzung der nubischen Tempel, als hier eine Reihe von Blöcken zwischengelagert wurde. Die Blöcke für diese Kapelle waren im Kalabscha-Tempel als Füllmaterial verbaut gewesen.

Richtung Westen liegen einige kleinere Inseln im Flussbett, teils üppig bewachsen und von zahlreichen Vögeln bewohnt. Auffällig sind die weißen Kuhreiher, die ihre Nester gerne in den Ästen der ufernahen Bäume bauen. Am vom Wüstensand beherrschten Westufer erhebt sich auf einer Anhöhe das **Mausoleum des Aga Khan III.** Regelmäßig hatte er Assuan besucht, um sich mit Sandbädern von seinen Rheumaschmerzen zu befreien. Obwohl in Ägypten kaum Anhänger dieser ismailitischen Sekte der Hodjas leben, entschied er sich dazu, hier seinen Ruheplatz für die Ewigkeit zu errichten. Seine Witwe ließ – nachdem der touristische Rummel am Grab überhand

genommen hatte – das Gelände für die Öffentlichkeit sperren. Dennoch lohnt es sich, dort am Rand der Wüste anzulegen und vom Segelboot auf Wüstenschiffe umzusteigen. Denn etwas weiter westlich liegen über einem Taleinschnitt die Ruinen des Simeonsklosters.

■ Das Simeonskloster

Der Fußweg zum Kloster führt steil bergan durch Sand, weshalb es sich anbietet, hier auf Kamele umzusatteln. Handeln Sie vorab einen Preis für Hin- und Rückweg aus und bezahlen Sie am Ende der Tour. »Nun ist das Niedernkieen und Aufstehen eines Kamels ein Vorgang, der dazu geeignet ist, dem Reiter umgehend schwere körperliche Schäden zuzufügen. Zweimal vor- und zurückgeworfen, in seinen ›Windbeutel‹ gekniffen und am Rückgrat beschädigt, erlebt der unglückliche Neuling gleich vier heftige Schocks, jeder gewaltiger und unerwarteter als der vorhergehende. Denn dieses ›abscheuliche Buckeltier‹ ist schrecklich und erstaunlich gebaut. Es hat irgendwo in seinen Beinen ein zusätzliches Gelenk und benutzt es, um sich an den Menschen zu rächen.« Ganz so schlimm, wie Amelia Edwards es hier beschreibt, ist es nicht – allerdings bringt der erste Ritt auf einem Kamel sicher ein paar aufregende Momente. Um blaue Flecken zu vermeiden, sollte man sich zum einen gut festhalten und sich zum anderen nie zu zweit auf ein Kamel setzen lassen.

Die Gründung des Klosters reicht ins 7. Jahrhundert zurück, 300 Jahre später entstand ein großer Neubau – Klöster hatten in der damaligen Zeit in ganz Ägypten unglaublichen Zulauf. Doch gestaltete sich das Leben der Mönche im Wüstenkloster schwierig. Da sie über keine Quelle oder einen Brunnen verfügten, mussten die Brüder regelmäßig Wasser vom Nil hierher schleppen.

Nubien

Drei Kamele

Mit Keramikprodukten, die sie auf dem Markt verkauften, finanzierten sie ihren Lebensunterhalt. Im 13. Jahrhundert häuften sich Überfälle auf die mit Wasser und Nahrungsmitteln schwer beladen heimkehrenden Mönche. Schließlich sah sich die Gemeinschaft gezwungen, das Kloster aufzugeben.

Massive **Wehrmauern** umgeben das zweigeschossige Gebäude. Ebenerdig liegt gleich gegenüber des Eingangs die **Basilika**, die östlich der in den Fels geschlagenen Eremitenzelle des heiligen Simeon erbaut wurde. Heiligenfiguren und geometrische Muster schmücken Wand und Decke der Grotte. Auch in der aus dem 9. Jahrhundert stammenden Kirche haben sich im Bereich der Apsis noch Reste von Bemalung erhalten. Vom großen Hof an der Nordseite der Kirche führt eine Treppe hinauf zu den Wohnbereichen der Mönche. Mit hohen Tonnengewölben überdacht ist der weite und kühle Mittelgang des **Dormitoriums**. Unterschiedlich große Kammern mit aufgemauerten Schlafbänken liegen an seinen beiden Seiten. Vom hinteren Teil führt ein Durchgang in den **Speisesaal**. Kreisrunde Mäuerchen dienten wohl als

Sitzbänke, in deren Mitte eine große Schüssel mit Speisen abgestellt werden konnte.

Westlich angrenzend sind **Küchenräume** erhalten. Außerhalb des Hauptgebäudes liegen in Nebentrakten die **Mühle**, ein **Backofen** für Brot und Hostien, eine **Ölpresse**, **Salzkläranlagen** und ganz im Südwesten der Anlage eine **Weinpresse**. Im südöstlichen Bereich erkennt man gut die Wasserleitungen, die zu den Badekammern und den Toiletten führten. Von hier bietet sich der Blick in einen offenen Hof im Erdgeschoss: Überreste eines **Brennofens** für Keramik und eine Reihe von **Gästezimmern** an der Ostmauer komplettieren die Ausstattung des Klosters.

Die Felsgräber der Qubbet el-Haua

Wer entgegen der Prognose von Amelia Edwards an seinem Ausflug auf Kamels Rücken Gefallen gefunden hat, der kann den Ritt fortsetzen, um richtiges Wüstengefühl aufkommen zu lassen. Etwa eine halbe Stunde dauert der Ritt zur Qubbet el-Haua, der ›Windkuppel‹, wo die Gräber der Fürsten von Assuan in den

Karte S. 155

Fels geschlagen wurden. Natürlich kann man auch per Felukka dorthin segeln, muss dann allerdings den steilen Anstieg zu den Gräbern auf sich nehmen.

Nachdem der Friedhof auf der Insel Elephantine schnell zu klein geworden war, verlegten die Fürsten und mit ihnen auch ihr Gefolge den Bestattungsplatz an einen Ort mit schöner Aussicht: Vom Berghang nordwestlich der Stadt bietet sich ein herrlicher Blick über die Inseln im Fluss und die Siedlung auf dem Ostufer. Über steile Rampen wurden einst die Särge vom Nilufer hinaufgezogen zu den in den Fels getriebenen Grabanlagen. Die meisten der bisher freigelegten Gräber stammen aus dem Ende des Alten und dem Mittleren Reich, sind also von etwa 2400 bis 1800 vor Christus entstanden. Seit einigen Jahren untersuchen Archäologen aus Spanien das Gräberfeld. Allein in **Grab Nr. 33** wurden bislang über 200 Skelette freigelegt, die in verschiedenen Epochen in diesem ursprünglich in der 12. Dynastie angelegten Grab beigesetzt wurden. Obwohl es sich bei den Bestatteten um Mitglieder der Oberschicht handelt, scheint ihr Gesundheitszustand nicht gut gewesen zu sein: Hungersnöte und verschmutztes Trinkwasser hatten den Menschen damals schwer zugesetzt.

■ Sarenput I.

Nördlich der großen Rampe, die als Aufweg vom Tickethäuschen genutzt wird, liegt das **Grab Nr. 36** von Sarenput I. Er war unter Pharao Amenemhet II. Fürst von Elephantine. Sein Grab spiegelt seine hohe Stellung und den Wohlstand der Zeit wieder. An der Rückwand des Vorhofs findet sich die bekannteste Szene dieses Grabes: Sarenput wird in den beiden Szenen links und rechts vom Eingang des Grabes von seinen Hunden begleitet. Links ist ein Stierkampf abgebildet, darunter die guterhaltene Szene des

Fischfangs, die Sarenput mit erhobenem Speer in seinem Nachen zeigen. Rechts von der Tür scheint der Grabherr begleitet von seinen drei Söhnen und einem Bogenträger zur Jagd aufzubrechen. Im Bildfeld darüber erscheint er mit seiner Mutter Sat-ten, seiner Frau und zwei Töchtern in einer Laube.

Die Bilder von Sport, Handwerk und Alltag, die an den Wänden der beiden Felskammern angebracht waren, sind leider stark zerstört.

■ Heqa-ib, der Vergöttlichte

Etwas weiter südlich liegt das eher bescheidene **Grab 35** des vergöttlichten Heqa-ib aus der 6. Dynastie, dessen Kultkapelle sich auf der Insel Elephantine befindet. Sein Name, der übersetzt ›der sein Herz meistert‹ bedeutet, war wohl ein Spitzname, der die große Beherrschtheit und Ausgeglichenheit des Mannes beschrieb. In den Wänden um den Eingang zum Grab finden sich zahlreiche Vertiefungen, in denen Votivstelen späterer Verehrer angebracht waren. Teils wurden die Inschriften auch direkt in den Fels der Grabwand hineingeschnitten. Zum gleichen Komplex gehört auch das Nachbargrab seines Sohnes Sabni II. sowie das kleine **Grab 35**, wo der Geburtsname des Heqa-ib, Pepi-nacht, erwähnt wird. Die biographische Inschrift an der Fassade berichtet von Kriegszügen, die er nach Nubien unternommen hat – eine der wichtigen Aufgaben der Provinzfürsten von Elephantine. Ihm wird die Befriedung Nubiens zugeschrieben, was möglicherweise auch der Grund für seine spätere Vergöttlichung war. Darüber hinaus hatte er den traurigen Auftrag zu erfüllen, eine Expeditionstruppe, die Schiffe für eine Puntreise bauen sollten, nach ihrer Ermordung durch ›Asiaten‹ für eine anständige Bestattung nach Hause zu holen.

Nubien

■ Horchuef

Das südlich angrenzende **Grab Nr. 34** gehört einem Kollegen des großen Gouverneurs, der noch in den frühen Jugendjahren von Pepi II. amtierte: Horchuef war ebenfalls mehrfach nach Nubien gezogen, um dort wertvolle Güter für den Königshof zu besorgen. Die Inschrift an der Fassade berichtet von einer dieser Expeditionen und einem ganz besonderen Wunsch, den der kindliche König Pepi hegte:

»Ich kam mit 300 Eseln beladen mit Weihrauch, Ebenholz, hekenu-Öl, Pantherfellen, Elefantenstoßzähnen, Wurfhölzern und jeder Art von guten Dingen ... Jahr 2, dritter Monat der ersten Jahreszeit, Tag 15. Königlicher Erlass an den Einzigen Freund, Vorlesepriester, Führer der Kundschafter, Horchuef. Du hast in diesem deinen Brief gesagt, dass du einen Zwerg der Gottestänze aus dem Land der Horizontbewohner mitgebracht hast, wie den Zwerg, den der Gottessiegler Bawerdjed aus Punt mitgebracht hat zur Zeit des Königs Isesi. Wahrlich, ich weiß, dass du tust, was dein Herr liebt und lobt! Komme sofort stromab zur Residenz! Eile dich und bringe diesen Zwerg mit Dir! Wenn er mit dir in dieses Schiff steigt, stelle zuverlässige Leute bereit, die an Deck um ihn sind und aufpassen, dass er nicht ins Wasser fällt. Wenn er sich nachts schlafen legt, sollen sich zuverlässige Leute um ihn herum legen. Schaue zehnmal nach in der Nacht! Meine Majestät wünscht diesen Zwerg zu sehen, mehr als alle Erzeugnisse des Minenlandes (Sinai) und von Punt. Wenn du in der Residenz anlangst, und dieser Zwerg befindet sich bei dir – lebend, heil und gesund – so wird Meine Majestät großartige Dinge für dich tun!«

Trotz des vielen Lobs scheint Horchuef nicht größenwahnsinnig geworden zu sein: Sein Grab ist außerordentlich klein, und im Inneren findet sich kaum Dekoration.

Bevor man zur Rampe zurückkommt, lohnt sich ein Blick zu den **koptischen Malereien** an der Wand. Sie zierten einst eine dem heiligen Georg geweihte kleine Kirche. Interessant sind dabei vor

Karte S. 155

▲ *Der Gräberberg von Qubbet el-Haua*

allem die Personen mit eckigen Heiligenscheinen – was darauf hinweist, dass die
so geehrten Personen wohl noch nicht
verstorben waren.

■ Doppelgrab von Vater und Sohn

Jenseits der Rampe führt der Weg nach
Süden, wo ganz am Ende des Weges
über der zweiten großen Rampe das
Doppelgrab von **Mehu** und **Sabni I.**
(**25** und **26**) liegt. In der Terrasse vor
ihren beiden Gräbern sind eine Reihe
von senkrechten Grabschächten zu sehen. Untergebene der Fürsten suchten
auch nach dem Tod die Nähe zu ihrem
Dienstherren, der im Jenseits weiter für
sie sorgen sollte. Mehu war von Pepi II.
– der König hatte in seiner 90-jährigen
Regierungszeit mehrere Provinzfürsten
erlebt – wie später sein Sohn Sabni zu
Expeditionen nach Nubien geschickt
worden. Stolz verkündet Sabni an der
Grabfassade, dass er in Wawat zwei
große Schiffe gebaut hatte, um damit
Obelisken bis nach Heliopolis zu bringen
und dass bei dieser Expedition alle heil
und gesund wieder zurückgekehrt waren,
ja nicht einmal eine einzige Sandale
verlorengegangen war. Da ereilte ihn die
Nachricht vom Tod seines Vaters Mehu,
und erneut zog er mit einer Karawane
von 100 Eseln nach Nubien, um den
Leichnam heimzuholen.

Im Inneren der Gräber überrascht zunächst die Größe der quergelagerten,
ineinander übergehenden Räume. Die
mächtigen Säulen, die sich zur Decke
hin verjüngen, stehen etwas schief. Auch
die vereinzelt an Säulen und Wänden
angebrachten Reliefs weisen darauf hin,
dass hier Provinzkünstler am Werk waren. In eigenwilliger Haltung stützt sich
Mehu im Bild rechts vom Eingang schwer
auf seinen Stab, wobei ein Bein seltsam
abgewinkelt und verkürzt erscheint. Ob
es sich tatsächlich um den Hinweis auf

*Koptische Malereien mit eckigen
Heiligenscheinen*

Kinderlähmung handelt oder ob auch hier
nur die mangelnde Fertigkeit der Künstler
vom Lande zu sehen ist, ist umstritten.
Deutlich besser sind jedenfalls die noch
in ihrer Bemalung erhaltenen Bilder über
dem Grabschacht des Sabni. Er ist in
antithetischer Anordnung einmal bei der
Vogeljagd im Papyrusdickicht und einmal
beim Fischespeeren in Begleitung seiner
ganzen Familie abgebildet. Auf dass der
edle Grabherr sich nicht in gebückter –
und damit demutiger – Haltung beim
Fischfang zeigen lassen musste, ließen
die altägyptischen Künstler die Fische in
überaus entgegenkommender Weise in
einem sogenannten ›Wasserberg‹ nach
oben schwimmen.

■ Farbenpracht bei Sarenput II.

Auf dem Rückweg zurück Richtung Ab-
stiegsrampe liegt das **Grab 31** von Sarenput II., Enkel Sarenputs I. und Provinzfürst unter Amenemhet II., das in seiner
Perfektion und farbigen Ausgestaltung

Speisetischszene im Grab des Sarenput

sicher das schönste der Qubbet el-Haua ist. In der nicht fertig gewordenen Sechs-Pfeiler-Halle des Eingangs beeindruckt die natürliche Farbigkeit des Sandsteins, der in feinen Schichten zwischen Gelb-, Rot- und Violettönen wechselt. Ein sehr feingearbeiteter Opferblock mit umlaufender Inschrift zeugt davon, dass im Mittleren Reich durchaus auch die besten Künstler des Landes hierher in die tiefen Süden geschickt wurden.

Die Farben der Bemalung von Gang und Kultkammer wirken wie frisch aufgetragen. Auf hellblauem Untergrund leuchten die in bunten Details aufgetragenen Hieroglyphen. In den Nischen im Gang sind mumiengestaltige Statuen des Verstorbenen angebracht. Das Bild in der rückwärtigen Nische des Kultraums zeigt Sarenput vor einem Opfertisch voller Speisen. Direkt über ihm taucht in der Inschrift das Bild eines Elephanten auf – die Schreibung für den Ortsnamen Elephantine.

Pflanzeninsel

Nach dem Abstieg vom Gräberberg wartet das Segelboot an der Anlegestelle zur Fortsetzung der Inselpartie. Nur ein kurzes Stück nach Süden geht die Fahrt zur Pflanzen- oder Kitchener-Insel. Der Kontrast zum kargen Wüsten- und Bergland auf dem Westufer könnte kaum stärker sein. Horatio Herbert Kitchener, der im Rahmen der Niederschlagung des Mahdi-Aufstands im Sudan 1898 aus Kairo nach Assuan gekommen war, hatte sich später auf der Insel sein Quartier errichtet. In gut britischer Tradition ließ der spätere britische Generalkonsul in Ägypten Pflanzen aus nahezu allen Kolonien des Empire auf die Insel bringen, um seinen privaten botanischen Garten anzulegen.

Dattelpalmen, Dumpalmen, Palmyrapalmen, Kokospalmen oder Ölpalmen sind nur eine Auswahl des vielfältigen Palmenbestands der Insel. Von den Westindischen Inseln stammen die Königspalmen (Roystonia regia), deren Stämme wie betoniert wirken. Mittel- oder Südamerika ist das Ursprungsland des Cashewbaums oder -strauchs (Anacardium occidentale). Seine leuchtend orange- oder rotgefärbten verdickten Fruchtstiele erinnern in der Form an Gemüsepaprika. Ganze Hecken von Wandelröschen (Lantana camara), Oleander und Bougainvillea und verschiedene Akazien säumen die Ufer. Ingwerstauden (Zingiber officinale), Okra (Abelmoschus esculentus) oder der zu den Lorbeergewächsen zählende Zimtbaum (Cinnamomum verum) gehören zu den zahlreichen Nutzpflanzen. Leuchtend rot und schwer sind die Blüten des Afrikanischen Tulpenbaums (Spathodaea campanulata). Üppige wachsen die duftenden Blüten des gelben Flamboyant (Peltophorum spec.), während der Wollbaum (Bombax malabricum) mit seinem dornenbesetzten grünen Stamm auffällt. Zahlreiche Pflanzen stammen ursprünglich aus Indien: Zu ihnen gehört der bis zu 25 Meter hohe Jackfruchtbaum (Artocarpus heterophyllus) mit seinen bis zu 50 Kilogramm schweren

Karte S. 155

Früchten. Man erkennt ihn an seinen ovalen, dunkelgrün glänzenden Blättern und der leicht schorfig wirkenden Rinde. Kuhreiher und Wiedehopfe genießen die Vielfalt der Pflanzen, aber auch die Bewohner Assuans kommen gerne hierher, um im Schatten der Bäume zu picknicken.

ℹ **Assuan**

Vorwahl: +20/97.

Assuan ist per Flugzeug, Bahn oder Straße zu erreichen. Der Flughafen liegt südlich der Stadt in Nähe des Hochdamms, der Bahnhof am Nordende des Stadtzentrums. Nilschiffe ankern entlang der Corniche, die Liegeplätze wurden teilweise deutlich nach Norden verlegt. Von hier starten dreitägige Kreuzfahrten stromabwärts oder enden viertägige Reisen nilaufwärts nach/von Luxor. Südöstlich des Hochdamms liegen die Nassersee-Kreuzfahrtschiffe.

Für Besichtigungen empfiehlt sich die Kombination von Taxi und Boot (Motorboot: Philae, Segelboot: Elephantine, Westufer, Inseln), Pferdekutschen stehen für Fahrten innerhalb der Stadt bereit.

Aus der großen Zahl der Nilschiffe, die zwischen Assuan und Luxor verkehren, sei hier nur eine kleine, spezielle Auswahl vorgestellt:

SS Karim, Buchung über Spring Tours Kairo, Tel. +20/2/27365972, Fax +20/2/27365967, www.springtours.com; teuer. Der Schaufelraddampfer diente einst als Feriendomizil der königlichen Familie. Daher sind die Kabinen nicht standardisiert. Da die SS Karim kleiner ist (ca. 30 Passagiere), liegt sie nicht mit den größeren Motorschiffen im ›Päckchen‹. Die Ausstattung des Schiffs bietet für nostalgische Gemüter die richtige Atmosphäre.

Ein Erlebnis besonderer Art verspricht die Nilreise auf einer **Dahabija**, einem ›Goldenen Boot‹, wie die edel ausgestatteten Segelboote am Ende des 19. Jahrhunderts genannt wurden. Seit ein paar Jahren sind wieder einige dieser Boote unterwegs – liebevoll restauriert und in gediegener Abgeschiedenheit von der großen Flotte der Motorschiffe. Zehn bis zwölf Gäste haben Platz, die Kabinen sind klein, Doppelkabinen oft nur mit einem französischen Bett ausgestattet. Es gibt ein Sonnendeck mit Liegestühlen und auf Anfrage ein individuell zu gestaltendes Programm. Die Segelboote brauchen für die Strecke zwischen Luxor und Assuan sieben Tage – bei Flaute wird das Schiff von einem Motorboot geschleppt oder der bei einigen Booten eingebaute Motor angeworfen. In der Regel sind sämtliche

Auf der Pflanzeninsel

Landausflüge im Preis eingeschlossen. Weitere Infos → S. 374.

Für abenteuerlich gelaunte Reisende eignet sich auch die Fahrt auf einer einfachen **Felukka**, wie sie in großer Zahl für die Ausflüge um die Inseln von Assuan starten. Reisende sollten Isomatte, Schlafsack, Mückenschutzmittel (!!), Seife (biologisch abbaubar) und Handtücher mitbringen. Suchen Sie sich mindestens 24 Stunden vor der geplanten Abreise einen Kapitän, da er die Anmeldung bei der Sicherheitspolizei (Passkopie!) erledigen und Verpflegung einkaufen muss (vegetarisch, tierische Kost nur auf Anfrage und gegen Aufzahlung, keine Alkoholika – wenn gewünscht, selbst besorgen). An der Corniche sind die Felukkakapitäne leicht zu finden. Geschlafen wird an Bord, auf kleinen, ruhigen Nilinseln oder in geschützten Buchten. In der Regel werden von Assuan aus Fahrten bis Kom Ombo oder Edfu (2–4 Tage) angeboten. Von dort geht es per Taxi (der Kapitän hilft bei der Organisation) oder Bahn weiter nach Luxor. Die Preise liegen bei 15–20 Euro/Person und Nacht. Die Bootskapitäne aus Assuan fahren nur ungern weiter nach Norden als bis Edfu – ihrer Meinung nach lässt dann die Wasserqualität des Nil zu sehr nach.

Hotel Old Cataract, Tel. +20/97/2316000, Fax +20/97/2318336, www.sofitel.com/de/hotel-1666-sofitel-legend-old-cataract-aswan/index.shtml; sehr teuer. Das berühmte Haus im Kolonialstil, dessen idyllisch liegende Terrasse schon Agatha Christie zum Sundowner lockte, wurde traumhaft renoviert und bietet gemeinsam mit dem völlig neu gestalteten Nebenhaus luxuriöses Ambiente, sowie ein Verwöhn-Spa, Außen- und Innenpool. Im Restaurant ›1902‹ speist man entsprechend gediegen und gut.

Mövenpick Resort Aswan, Elephantine, Tel. +20/97/2303455, Fax +20/97/2303485, www.moevenpick.com, resort.aswan@moevenpick.com; teuer. Das Hotel auf der Nordspitze der Insel bietet große

Zimmer mit Blick auf die Stadt Assuan oder das Westufer. Der Rundum-Blick von der Panorama-Bar im Turm ist vor allem zum Sonnenuntergang einfach herrlich! **Hotel Basma**, Sharia el-Fanadik, Tel. +20/97/2484001, Fax +20/97/2484007, www.basmahotel.com; mittel. Das familienfreundliche Hotel liegt auf einem Hügel südlich des Nubischen Museums. Vom Garten mit schöner Terrasse bietet sich ein phantastischer Blick über das Kataraktgebiet. Gute Küche, freundlicher Service. **Nubian Holiday House**, unterhalb der Qubbet el-Haua, Tel. mobil +20/112/4294349, www.holidayhouse-aswan.com (besser über einschlägige Buchungsportale reservieren); mittel. Direkt unter dem Gräberberg, nahe der Fähre am Westufer des Nil liegt das kleine, freundliche Hotel mit vier Zimmern, zwei Badezimmern, Wohnraum, Garten und Dachterrasse.

Assuan hat keine so vielfältige Restaurantszene wie Kairo. Eine Reihe von Restaurants und Cafés liegt in der Südhälfte der Corniche, auch um den Bahnhof herum gibt es einige nette Lokale, in denen man Tee trinken oder Wasserpfeife rauchen und die müden Füße nach dem Basarbummel von sich strecken kann. Wer es stilvoll haben will, kommt am **Sofitel Old Cataract** mit seiner Terrasse oder dem Restaurant **1902** nicht vorbei.

Einfache ägyptische Küche probieren kann man zum Beispiel hier:

Makka, Sh. Abtal el-Tahrir, Basarstraße in der Nähe des Bahnhofs; mittel. Britisch-ägyptisch, gute Speisen, freundliches, sauberes Restaurant, klimatisiert. Hier verabreden sich auch mal Ägypterinnen zum Essen mit ihrer Freundin.

Biti Pizza, Midan el-Matar; sehr preiswert. Direkt vor dem Bahnhof liegt dieses schlichte Lokal, wo ›Fatira‹ (eine Art Pizza-Crêpes) frisch zubereitet wird. Wahlweise mit geraspelten Nüssen, Rosinen und Honig oder Käse, Tomaten, Chili oder anderen Zutaten belegt und im großen Ofen knusprig gebacken. Lecker!

Wiedehopf auf der Pflanzeninsel

Die Besatzung besteht aus neun Mann. Als Kajüten dienen uns ein Raum mit zwei kleinen, einander gegenüberliegenden Diwanen, ein weiterer Raum mit zwei Betten sowie an einer Seite einer Art Alkoven für unser Gepäck, an der anderen einer Toilette englischen Typs (...). Der Dragoman schläft an Deck.

Gustave Flaubert über seine Reise auf einem Nilsegler, 1849

Widdersphingen in Karnak

Oberägyptische Tempel

Um die 500 Schiffe unterschiedlichster Größe und Ausstattung fuhren zu Hochzeiten im Drei- bis Vier-Tage-Rhythmus zwischen Assuan und Luxor. Auf einer Strecke von nur 240 Kilometern bedeutete das, dass im Schnitt alle 500 Meter ein Schiff auf dem Nil zu sehen war. An manchen Liegeplätzen wie in **Kom Ombo**, **Edfu** und **Esna** wurde eng geparkt – bis zu acht Schiffe lagen dort aneinander. Viel Aussicht vom Kajütenfenster war da nicht mehr geboten, denn aus maximal einem halben Meter Entfernung schaute der Nachbar zurück. Beim Durchqueren solcher Schiffstrauben erhielt man aber immerhin einen Überblick über die Bandbreite der Ausstattungen: Prunk und Glamour, plüschig-verspielt, verspiegelt

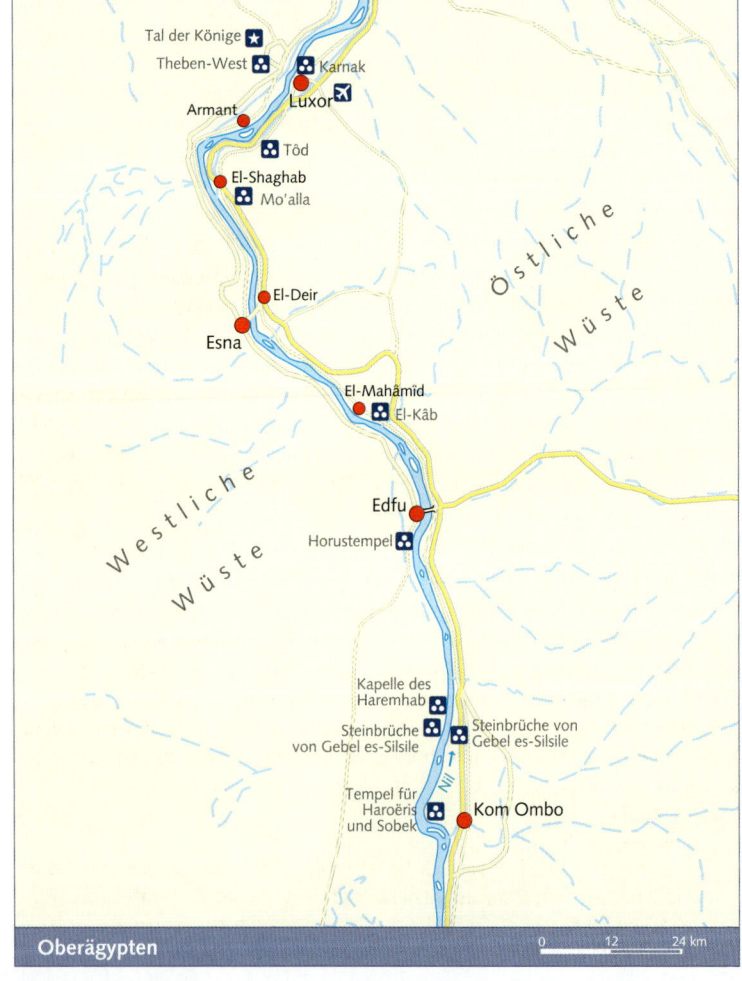

Der Doppeltempel von Kom Ombo

und kühl oder in holzgetäfeltem Under-statement. Auch die Größe der Schiffe variiert beträchtlich: Der kleine Schau-felraddampfer beherbergt maximal 30 Gäste, während die großen Schiffe auf bis zu vier oder fünf Stockwerken über 200 Betten bieten. Im Untergeschoss sind die Kajüten der Besatzung – vom Zimmerboy bis zum Kellner, vom Koch bis zum Kofferträger, dazu Kapitän, Ma-schinist, Wäscher und Arzt: Gut 30 bis 100 Leute kommen da zusammen. Dass hier nur Männer arbeiten, liegt an der Enge der Kabinen: Die Mannschaften sind in Viererkabinen mit Stockbetten untergebracht. Auf so engem Raum ist nach ägyptischem Schicklichkeitsempfin-den kein Platz für Menschen beiderlei Geschlechts.

Da die Anlegestellen keine festen Strom-anschlüsse für die Schiffe bieten, brum-men nachts die Generatoren – empfind-liche Gemüter sollten Ohrstöpsel oder andere einem ruhigen Schlaf zuträgliche Hilfsmittel mitnehmen. Der Ausbau der Anlegestellen inklusive landgestützter Stromanbindungen und – zumindest in Luxor und Assuan – die Verlegung der Liegeplätze an den Stadtrand wurde durch die Ereignisse von 2011 und die rückgängigen Touristenzahlen weitge-hend ausgebremst. Deshalb sind auch deutlich weniger Schiffe unterwegs, die Auswahl ist also kleiner. Den schnellsten Überblick über die aktuell fahrenden Schiffe bieten Online-Reiseportale.

Wer auf einer Nilkreuzfahrt Ruhe vor Motorengebrumm sucht, dem bietet sich seit einigen Jahren die Gelegenheit, in Nostalgie zu schwelgen. Die alten Zweimastsegler, die Ende des 19. und zu Beginn des 20. Jahrhunderts die üb-lichen Transportmittel der gutbetuchten Reisenden waren, sind wieder in Mode. Allerdings gibt es auf diesen Dahabija ge-nannten Seglern deutlich weniger Platz. Und bei Flaute ist man doch auf einen Motorschlepper angewiesen.

Kom Ombo

Nur 45 Kilometer nördlich von Assuan liegt der erste Besichtigungspunkt auf der Fahrt nach Norden. Kom Ombo bedeutet Goldhügel und deutet damit schon an, dass es sich um einen reichen Kult- und Siedlungsplatz gehandelt haben muss. Bis heute ist der breite Fruchtlandstreifen, in dem ein Großteil der umgesiedelten Nubier eine neue Heimat fand, ein wichtiger Wirtschaftsfaktor.

Rund 160 Jahre bauten die Ptolemäer am Tempel von Kom Ombo, römische Kaiser vervollständigten in den folgenden etwa 100 Jahren das Bildprogramm. Die bislang letzten Bauarbeiten wurden allerdings erst im Jahr 2005 nach Christus abgeschlossen. Der Standort am Ufer des weiten Schwemmlandbeckens um Kom Ombo ist zwar ausgesprochen malerisch, aber nicht ohne Gefahr – das mächtige Tempelgebäude ruht nicht auf stabilem Fels. Ein Teil des Vorhofes, fast das gesamte Mammisi und der erste Pylon waren bereits verlorengegangen, als Archäologen ab 1893 den von Sandverwehungen und Lehmziegelhäuschen weitgehend überbauten Tempel freilegten. Um weitere Verluste zu verhindern, waren Stabilisierungsmaßnahmen dringend nötig geworden – sie verhinderten jedoch nicht, dass im Herbst 2015 eine Sturmböe einen Deckenblock zum Absturz brachte.

Das Heiligtum von Kom Ombo weist eine architektonische Besonderheit auf, denn statt der üblichen Mittelachse finden sich hier zwei. Zweimal schützt die geflügelte Sonnenscheibe in der Hohlkehle den Eingang zum Säulensaal, zwei Prozessionswege führen bis zu den beiden Allerheiligsten. Zwei Götterfamilien haben sich in Kom Ombo zu einer Wohngemeinschaft zusammengefunden.

Haroëris (Horus, der Ältere) ist eine der Erscheinungsformen des Falkengottes Horus. Gemeinsam mit seiner Göttergattin Ta-senet-nofret (die schöne Schwester) und dem Kind Pa-neb-Taui (der Herr beider Länder) – bewohnt er eine Hälfte des Tempels. Der krokodilsgestaltige Gott Sobek mit seiner Familie herrscht in der zweiten Hälfte. Lassen Sie sich nicht davon verwirren, dass Sobek mit Hathor als Gemahlin auftritt, die Ihnen von Fachleuten sonst als Frau des Horus vorgestellt wird – im Bedarfsfall scheuten die alten Götter nicht vor einem Partnertausch zurück. Ihr gemeinsamer Sohn ist Chons, ebenfalls besser bekannt als Sohn von Amun und Mut von Karnak. Die altägyptische Mythologie speist sich aus verschiedensten Quellen, die Traditionen aus allen Landesteilen spiegeln. Unserem geradlinigen Denken mögen sie unlogisch und unbegreiflich scheinen – für die alten Ägypter waren sie jeweils nur ein weiterer Versuch, der Wahrheit näher zu kommen und die Vielfalt des Lebens zu fassen.

So gibt es auch keine strenge Trennung zwischen der Falken- und der Krokodilsseite im Tempel. Die Götter wandern von einer Wand zur anderen und lassen sich von den Herrschern im Rahmen der althergebrachten Kulthandlungen verwöhnen. Schönste ptolemäische Rundbäuche und pralle ›Apfelbusen‹ sind hier zu bewundern. Tryphae – Überfluss – war ein Motto der Herrscher aus Alexandria. Man darf wohl davon ausgehen, dass dieser Überfluss auch auf der Tafel der Könige zu finden war,

Ober- und Mittelägypten

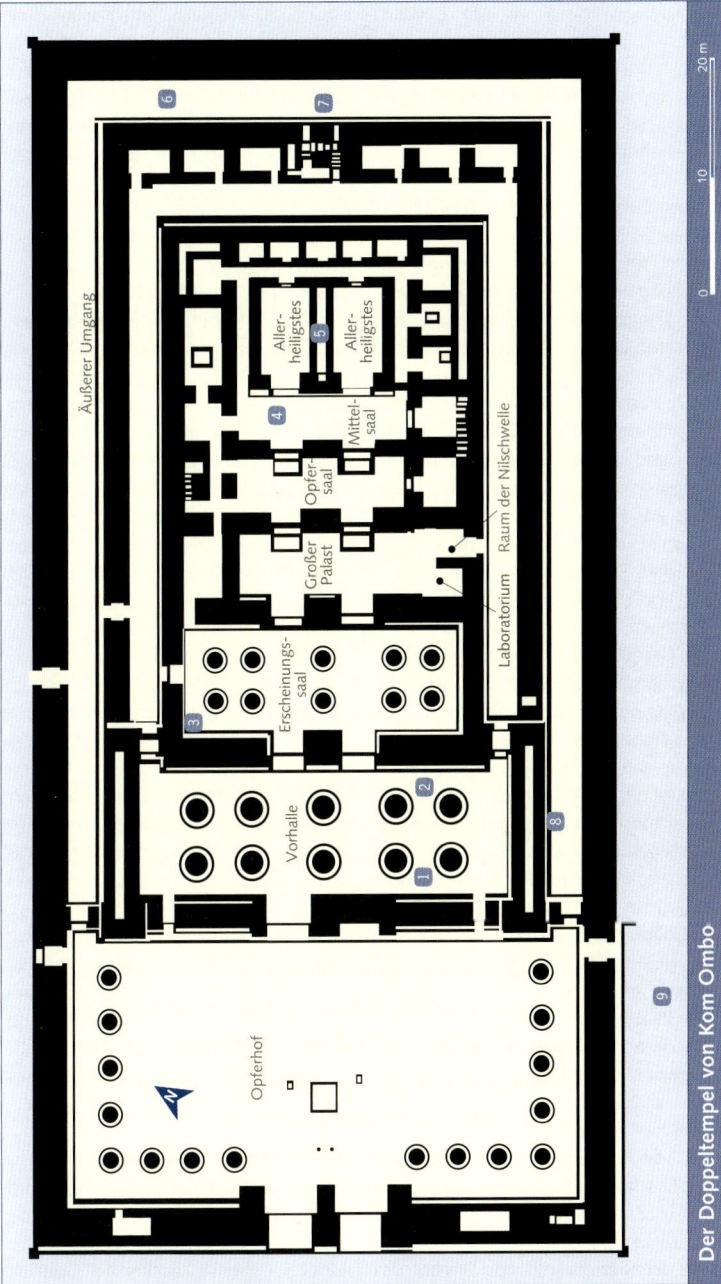

Der Doppeltempel von Kom Ombo

Äußerer Umgang

Allerheiligstes

Allerheiligstes

Mittelsaal

Opfersaal

Großer Palast

Laboratorium

Raum der Nilschwelle

Erscheinungssaal

Vorhalle

Opferhof

20 m

10

0

was zwangsweise zu ein paar Polstern an Hüfte, Bauch und Brust und zu einem freundlichen Doppelkinn führen musste – was wiederum getreulich als Stil der Zeit von den Künstlern im Relief festgehalten wurde.

■ Vom Opferhof zum Allerheiligsten

An den 16 Säulen des offenen Hofs haben sich noch **Reste der ursprünglichen Bemalung** erhalten – ein Hinweis darauf, dass altägyptische Tempel ausgesprochen farbenfroh waren. Tiberius ist es, der hier vor die Götter tritt, während an den Säulenschranken Ptolemaios XII. erscheint. Zwischen den beiden göttlichen Priestern Horus und Thot steht der König, der mit Reinigungswasser übergossen wird, das oft als eine Kette von Lebens- und Machtzeichen gestaltet wurde. Die Beischriften zu solchen Szenen lauten »Der König von Ober- und Unterägypten tritt ein zu euch, ihr großen Götter und Herren der Reinigung. Umgebt seine Majestät mit Wasser, beräuchert seinen Ka mit Weihrauch und reinigt seine Glieder mit Natron!«

Im angrenzenden Saal tragen schwere Säulen mit prachtvoll geschnittenen Pflanzenkapitellen die Decke, deren Blöcke die Darstellung der Geiergöttin Nechbet tragen. An den Wänden finden sich Szenen der **Krönung des Herrschers** ❶ und der **Übergabe des Tempels an die Gottheit** ❷. Im nächsten Säulensaal, dessen Decke deutlich niedriger ist, wird in der linken nordwestlichen Ecke **Ptolemaios VIII.** von zwei Damen namens Kleopatra begleitet ❸. Ungewöhnlich sind hier die Trachtdetails, die an die nicht-ägyptische Herkunft der Herrscherfamilie erinnern. Ptolemaios erhält von Haroëris eine lange Palmblattrippe überreicht. Deren Kerben zeigen die endlose Zahl der Regierungsjahre, die dem König verliehen werden. Am oberen Ende der Rippe hängt das Symbol des Regierungsjubiläums, am unteren Ende hockt über dem Ewigkeitsring eine kleine Kaulquappe – das Hieroglyphenzeichen für 100 000. Der ewigen Königswürde Ptolemaios' steht also nichts mehr im Weg. Immerhin hatte er es mit einer knapp 20-jährigen Unterbrechung auf insgesamt 37 Regierungsjahre gebracht; für ptolemäische Verhältnis tatsächlich rekordverdächtig.

Drei kleine Quersäle schließen sich an, von denen Nebenräume abgehen und einst Treppen hinauf aufs Dach führten. Im dritten Quersaal lohnt sich der Blick an die **Decke über dem westlichen Prozessionsweg** ❹, wo sich die Bemalung noch gut erhalten hat. Erst im Bereich des Allerheiligsten ist die räumliche Trennung der beiden Hälften vollzogen, Haroëris und Sobek erhielten jeweils ihr Separée. In den kleinen Sanktuaren erheben sich zwei aus dunklem Granit gearbeitete Sockel, auf denen die Götterbarken mit der Kultstatue abgestellt wurden. Da es in der Ptolemäerzeit gerade in Oberägypten immer wieder zu Unruhen kam, in deren Verlauf auch die Tempel mit ihren Schätzen gefährdet waren, ließen die Baumeister vorsorglich Geheimkammern für die wertvollen Objekte anlegen. Im Fundament der Zwischenmauer öffnet sich eine solche **Krypta** ❺ und auch in einer der winzigen Kapellen im Umgang um die Sanktuare findet sich eine Vertiefung. Über die nur noch in wenigen Steinlagen erhaltene westliche Mauer fällt der Blick auf die Überreste zweier Brunnen, die als Nilometer genutzt wurden. Weiter nördlich im Gelände steht eine kleine Nebenkapelle für den Kult des Sobek.

■ Überraschendes im Tempelumgang

Interessant ist ein **Relief im äußeren Umgang** um den Tempel ❻. Ein – leider kopfloser – König kniet vor einer thronenden – ebenso kopflosen – Gottheit.

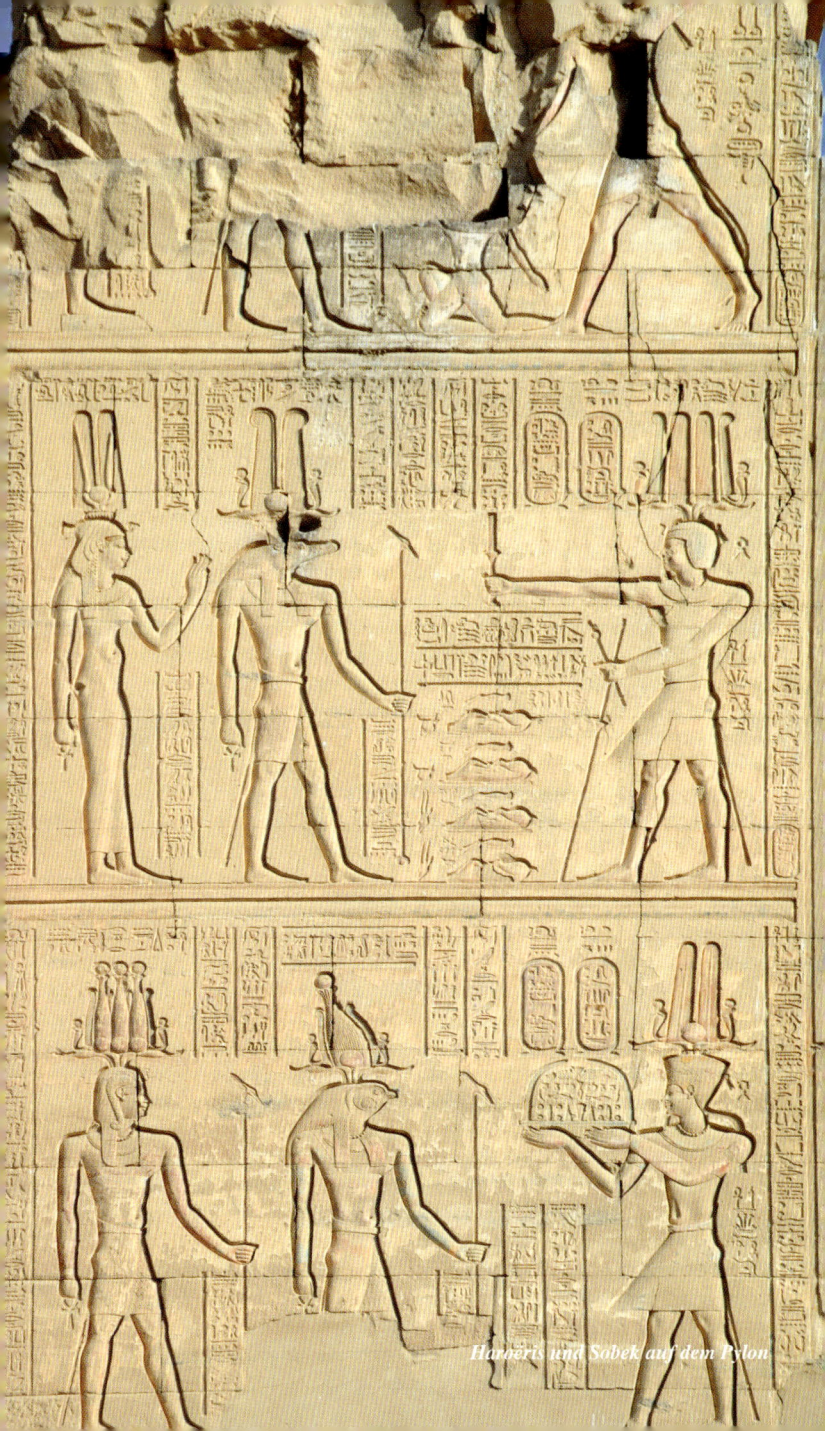

Haroëris und Sobek auf dem Pylon

Der Kampflöwe des Pharao

Dennoch lassen sich beide identifizieren als der römische Kaiser Trajan und Imhotep, der vergöttlichte Architekt des Djoser. Aufgrund seiner allumfassenden Weisheit waren Imhotep auch heilende Kräfte zugesprochen worden; noch die Griechen setzten ihn mit Asklepios gleich. Bei den Gegenständen, die zwischen König und Gott auf einem großen Opfertablett präsentiert werden, handelt es sich um medizinische Instrumente. Schröpfköpfe, Zangen, Spatel, Pinzetten, Schabelöffel, Messer, Bohrer und eine große Knochensäge gehören dazu, aber auch eine kleine Apothekerwaage, ein Schwamm und ein großes Reinigungsbecken. Eher magisch wirksame Mittel ergänzten die Ausrüstung des Arztes. Zu ihnen gehört das Falkenauge, das als Amulett die Unversehrtheit des Körpers schützte.

Ein zweites ungewöhnliches Bild findet sich genau in der Mittelachse des Tempels an der **Innenwand des Umgangs** **7**. In einer nur wenige Zentimeter hohen Nische saß die heute stark zerstörte **Figur der Göttin Maat** wie in einem kleinen Schrein. Zwei große Ohren an den Seiten der Nische und Augen darüber deuten an, dass die Göttin hört und sieht. Nichts entgeht ihr, aus allen Winkeln der Welt dringen die Nachrichten zu ihr. Pilger konnten sicher sein, dass auch ihre Bitten auf offene Ohren stießen. Die vier Himmelsrichtungen sind im Relief symbolhaft vertreten durch die Bilder eines Löwen, eines Stiers, eines Falken und eines vierten Wesens, dessen Kopf nicht mehr zu erkennen ist. Doch auch so wird man an die christlichen Symbole der vier Evangelisten erinnert. Folgt man dem Umgang nach Südosten, gelangt man an der Außenwand zu den bekannten Szenen der **Feindesabwehr** **8**. Begleitet von seinem zähnefletschenden Kampflöwen erscheint Pharao, nur noch bis etwas über Kniehöhe erhalten, beim Erschlagen der Feinde, die zusammengedrängt ängstlich vor dem Herrscher knien.

Direkt südlich des Vorhofs finden sich Zeugnisse aus römischer Zeit: eine Sitzfigur in feinausgearbeitetem Faltengewand inmitten von Sarkophagwannen und eine kleine **Kapelle aus der Zeit des Domitian** **9**. Über eine Rampe auf der Westseite des Tempelgeländes gelangt man zu einem kleinen **Museum**, in dem ein paar wirklich eindrucksvolle Exemplare mumifizierter Krokodile ausgestellt sind. Ob die Tiere zu Lebzeiten wirklich artgerecht gehalten wurden, muss aufgrund der Pathologieberichte bezweifelt werden, aber für das Jenseits wurden die ›Inkarnationsexemplare‹ der Gottheit eindeutig sorgfältig hergerichtet.

Karte S. 193

Altägyptische Medizin

»Wenn nun irgendein Arzt, irgendein Sachmet-Priester, irgendein Zauberer seine Finger auf den Kopf, auf den Hinterkopf, auf die Hände, auf die Stelle des Herzens, auf die beiden Arme und die beiden Beine legt, so wird er das Herz fühlen, denn es sind Gefäße in jedem Körperglied, und es (das Herz) ›spricht‹ vorn in den Gefäßen aller Körperglieder.«

Der Papyrus Ebers und der Chirurgische Papyrus Edwin Smith sind die beiden wichtigsten medizinische Texte, die sich aus dem alten Ägypten erhalten haben. Beide Papyri stammen aus dem Neuen Reich zwischen dem 17. und 15. Jahrhundert, gehen aber wohl auf viel ältere Sammlungen zurück. Im Papyrus Ebers sind Krankheiten aller Art beschrieben mit den jeweiligen Behandlungsmethoden, während der zweite Text sich auf die Versorgung von Wunden bezieht. Ärzte waren immer auch Priester, die Verbindung von medizinischen mit magischen Praktiken war im Sinne einer ›ganzheitlichen Behandlung‹ völlig selbstverständlich. Die Ausbildung der ›sunu‹ genannten Mediziner erfolgte im Lebenshaus, einer Art ›Tempeluniversität‹. Altägyptischen Ärzten gelangen erstaunliche Behandlungen – beispielsweise waren die Augenärzte berühmt dafür, den Star stechen zu können. Viele Kenntnisse gewann man beim Mumifizieren, denn das Aufschneiden des Körpers ermöglichte im Wortsinn tiefe Einblicke in den menschlichen Organismus.

Faszinierend sind die Beispiele für die Anfertigung von Prothesen: So wurden neue Zehen aus Holz gebastelt und sogar Ersatzzähne eingepflanzt. Auch wenn es damals keinen Zucker und damit noch kein Karies gab, waren Zähne ein echtes Problem: Zwar gab es eine Art Mundpflegekaugummi, doch führten im Brot verbackene Granitkrümel – Rückstände vom Getreidemahlen – zum fast völligen Abrieb des Zahnschmelzes. Grässliches Zahnweh muss die Folge gewesen sein.

Pharaos Chirurgen beherrschten die Kunst der Schädeltrepanationen und wagten sich sogar an Operationen am Gehirn. Ihre Patienten überlebten, das Zusammenwachsen der Knochenteile belegt es.

Magen-Darm-Krankheiten waren besonders häufig – his heute ein Phänomen am Nil. »Wenn du einen Mann untersuchst, der am Magen leidet, jedes Körperglied ist schwer wie bei Müdigkeit, legst du die Hand auf seinen Magen. Wenn sein Magen trommelartig ist, er unter deinen Fingern geht und kommt, sagst du: Das ist die Trägheit der Nahrung, die ihn nicht essen lässt. Bereite ihm ein Abführmittel. Wenn dann seine Körperseite warm und sein Bauch kalt ist, sagst du: Die Trägheit ist abgegangen. Du lässt ihn sich bewahren vor jeglichem gebratenen Fleisch.«

Opferung medizinischer Geräte vor Imhotep

Gebel es-Silsile

Nur 20 Kilometer nördlich von Kom Ombo passieren die Schiffe die Sandsteinbrüche von Gebel es-Silsile. Der altägyptische Name von Gebel es-Silsile lautete Cheni – der Ruderort. Von hier stammte das Baumaterial für den Tempel von Kom Ombo. Die Nutzung der Brüche reicht jedoch mindestens bis in die Zeit des Neuen Reichs zurück. Aus dieser Epoche stammen die dicht am Westufer aus dem Felsen gehauenen **Kapellen**. Mehrere tausend Arbeiter waren in den Hochphasen der altägyptischen Bauindustrie hier beschäftigt, Amenophis III. und selbstverständlich Ramses II. zählten zu den größten Auftraggebern. Auch Amenophis IV., der spätere Echnaton, ließ vom Ostufer Material für einen Obelisken holen. In diesem Teil des Steinbruchs brach man noch Anfang des 20. Jahrhunderts das Baumaterial für die Nilsperre von Esna.

Inmitten der modernen Brüche liegen **Rohlinge antiker Sphinxfiguren** und ein paar **Gedenkstelen** aus der Zeit von Sethos I. und Apries. Auf der Westseite des Nil wurde der Stein großteils im Tagebau abgebaut. Zahlreiche Nischen, Kapellen und Gedenkstelen künden von regen Aktivitäten.

Da nur kleine Schiffe hier anlegen können, werden die Steinbrüche und Kapellen nur selten besucht. Doch bietet sich auch vom Schiff ein guter Blick über die Reihe der Denkmäler.

Direkt über der Anlegestelle im Norden des Geländes liegt die große **Kapelle des Haremhab**. Vier Pfeiler flankieren den Eingang zum breiten Querraum, an dessen Rückwand eine Nische in den Felsen eingetieft wurde. Neben dem lokalen Hauptgott Sobek wurden weitere sechs Gottheiten hier verehrt. Die Reliefs und Malereien sind nicht mehr in bestem Erhaltungszustand, zentrales Thema der Rückwand ist ein Nubienfeldzug des Pharao, an der südlichen Schmalwand wird Haremhab von einer Göttin gesäugt. Auf dem Weg nach Süden passiert man einige **Felsstelen** aus der 20. und 22. Dynastie, die in großformatigen Bildern die jeweiligen Herrscher vor Amun, Mut und Chons sowie Sobek zeigen. Kleine Nischen wurden von Expeditionsleitern zur Erinnerung an ihre Taten und zum

▲ *Gebel es-Silsile*

Dank an die Götter angebracht – die meist aus dem Militär stammenden Führer solcher Unternehmungen vermerkten genauestens, wenn sie ihre ganze Mannschaft ohne Verluste wieder nach Hause brachten. Besonders interessant ist die Deckenverzierung der sechsten Nische. In der Zeit von Hatschepsut und Thutmosis III. ließ sie der Expeditionsleiter Ahmose anbringen – das Spiralmuster an der Decke spiegelt kretischen Einfluss. Vorbei an weiteren Nischen aus der frühen 18. Dynastie, entfernt sich der Weg etwas vom Ufer, wo teils stark verwitterte Denkmäler zu sehen sind. In einer Art offenem Hof lassen sich an den senkrechten Wänden sehr gut Bearbeitungsspuren erkennen. Die relativ langen und geraden Schlagspuren stammen aus der Zeit der Ptolemäer, als man über harte Eisenwerkzeuge verfügte. Eine schmale, steile Steintreppe führt weiter nach Süden – vorbei an einer pilzförmigen, auch vom Nil zu sehenden Felsformation. Hier liegen zwei große **Kapellen aus der Regierungszeit von Ramses II.** und seinem Sohn Merenptah. An der von Papyrusbündelsäulen gesäumten Fassade ist ein Hymnus an Hapi, den Nilgott, aufgeschrieben worden.

Im Steinbruch von Gebel es-Silsile

Der Horus-Tempel von Edfu

Habt Ehrfurcht vor Horus Behedeti, dem großen Gott und Herrn des Himmels, dem Buntgefiederten, der aus dem Horizont kommt.

Inschrift am Tor *in der Lehmziegelmauer um den heiligen Bezirk*

Am 23. August des Jahres 237 vor Christus begannen die Bauarbeiten am Tempel des Horus von Edfu. Auftraggeber des gewaltigen Neubaus war Ptolemaios III., eine Inschrift an der Umfassungsmauer berichtet davon: »Dieser schöne Tag im 10. Regierungsjahr, Tag 7 des Monats Epiphi zur Zeit der Majestät des Sohnes des Ra Ptolemaios III. Euergetes war der Tag des Senut-Festes, als man die Ausmaße auf dem Boden festlegte, anlässlich des Strickespannens bei der Gründung des ›Großen Sitzes des Ra Harachte‹, der Gründung des ›Thronsitzes des Schützers seines Vaters‹«.

Die Texte des Edfu-Tempels sind mittlerweile weitgehend übersetzt und erlauben einen einmaligen Blick auf Baugeschichte, alltägliche Rituale, große Feste und den mythologischen Hintergrund des Heiligtums. Mitte des 19. Jahrhunderts begannen französische Forscher dieses Riesenprojekt, allein 40 Jahre verschlang die genaue Abschrift der auf einer Fläche von rund 7000 Quadratmetern angebrachten Texte. Ab 1986 wurde die Übersetzung dann von der Deutschen Forschungsgesellschaft und dem Ägyptologen Dieter Kurth von der Universität Hamburg in Angriff genommen.

Die Geschichte Edfus reicht zurück bis ins Alte Reich, als der Ort ein bedeutendes Verwaltungszentrum war. Möglicherweise wurde damals schon der erste Tempel für den Falkengott erbaut, auch wenn die ältesten bislang bekannten Bauteile erst aus dem Neuen Reich stammen. Mit dem Neubau der Ptolemäerzeit änderte sich

Ober- und Mittelägypten

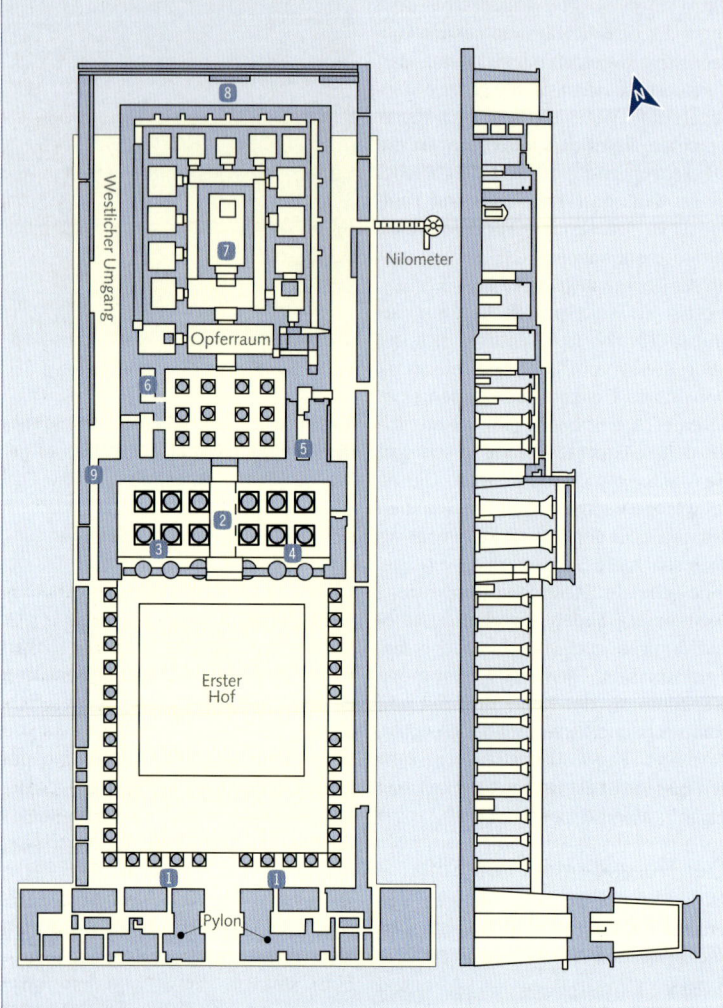

Der Horustempel in Edfu, Grundriß und Längsschnitt

0 _____ 25m

1 Schiffsprozession Dendera–Edfu
2 Erster Säulensaal
3 Morgenhaus
4 Bücherhaus
5 Schatzkammer
6 Salbenlaboratorium
7 Allerheiligstes
8 Bild des Horus in Falkengestalt
9 Zerlegen des Nilpferds

Within image:
Westlicher Umgang
Nilometer
Opferraum
Erster Hof
Pylon

Grundlegendes: Die Größe des geplanten Heiligtums und der zur Verfügung stehende freie Platz innerhalb der Siedlung stimmten nicht überein – mit einer 90-Grad-Drehung um die Mittelachse konnten die Architekten jedoch Abhilfe schaffen. Deshalb steht der Tempel eigentlich falsch, da seine Achse nicht auf den Nil ausgerichtet, sondern in Nord-Süd-Richtung angelegt wurde. 137 Meter lang und beim Pylon gut 76 Meter breit, erhebt er sich auf einer Grundfläche von fast 10500 Quadratmetern. Die gesamte Bauzeit bis zur Fertigstellung der letzten Reliefs betrug 180 Jahre, mit teils langen Pausen. Die Bauinschrift vermerkt, dass nach der Vollendung des ersten (hinteren) Tempelteils unter Ptolemaios IV. Unruhen in Oberägypten ausbrachen und erst unter Ptolemaios V. die Arbeiten wieder aufgenommen werden konnten. Ptolemaios XII. durfte für sich den Ruhm beanspruchen, die Vollendung des Bauwerks ermöglicht zu haben. Doch schon unter seinem Vorgänger Ptolemaios VIII. war der große Pylon fertiggestellt und mit goldbeschlagenen Türflügeln versehen worden – Anlass genug zu einem großen Einweihungsfest. »Ein großes Fest der Trunkenheit fand statt, dessengleichen es noch nicht gegeben hatte seit der Gründung der Erde bis zu diesem Tage: Brot und Bier waren zahlreich in unbegrenzter Menge, Stiere und Geflügel ohne Zahl, mit fetten Gänsen als Brandopfer, mit Myrrhe, Weihrauch und Salböl auf der Holzkohlenglut, so dass der Himmel über Edfu nicht mehr zu sehen war. Die Einwohner von Dendera gesellten sich zu denen von Edfu, Frauen und Männer buntgemischt, trunken vom Wein, gesalbt mit Öl und mit Blumenkränzen um den Hals. Horus Behedeti zeigte sich in seiner Prozessionsbarke wie seine Sonnenscheibe, die im Ostgebirge aufleuchtet.«

Der Hausherr in Edfu

■ **Der große Hof**

Anlässe für Feierlichkeiten gab es genug in Edfu. Einer der Hauptgründe ist an der Rückseite des Pylons im ersten Hof festgehalten. Die **Schiffsprozession** in den unteren Bildregistern ❶ gehört zum Besuch der Hathor von Dendera bei ihrem göttlichen Gemahl Horus in Edfu. Eine sehr modern anmutende Ehe führten die beiden Gottheiten, die aus Berufsgründen getrennte Wohnsitze hatten. Zweimal pro Jahr besuchten sie sich für eine jeweils 14-tägige Zeit des Feierns. Gemeinsame Ausflüge zu Kultplätzen und Friedhöfen der Umgebung gehörten zum Programm, aber auch die Auffrischung ihrer Kräfte und die – offenbar privatissime vollzogene, da in den Texten nicht beschriebene – Zeugung des Götterkindes.

In dem großen, von Säulen umstandenen Hof wurden während der Götterfeste viele kleine Altäre aufgestellt, auf denen Brandopfer aufgeschichtet wurden. Dabei landeten sicher nicht die allerbesten Stücke von Gans, Stier oder Wild im

Prozessionsbarke

Feuer – schließlich wollten die Priester am Ende des Festes die leckeren Teile doch lieber untereinander verteilen. Das war durchaus ihr gutes Recht, bestand die Bezahlung der Priester doch in Naturalien, sie nährten sich sozusagen von den ›Krumen, die von der Götter Tische fielen‹. Kritisch, mit gerunzelten Brauen und leicht gerümpftem Schnabel, scheint der granitene Horusfalke an der Rückseite des Hofs das Geschehen zu betrachten. Eindeutig lassen es die heute in sein Heiligtum strömenden Besucher an Ehrerbietung mangeln – nicht einmal das grundlegende Reinheitsgebot, alles Körperhaar zu entfernen, beachten sie! In früheren Zeiten hatte das Volk jedenfalls keinen Zugang zum Heiligtum gehabt. Nur geweihte Priester vollzogen die täglichen Kulthandlungen.

■ Grundsteinlegung im Säulensaal

Im **ersten Säulensaal** 2 finden sich an den Halbschranken, die den Raum zum Hof abgrenzen, zwei kleine Nischen. Die westliche Kammer trägt die Bezeichnung

Morgenhaus 3. Der Hohepriester des Horus vollzog hier vor Dienstantritt am Morgen seine Reinigung. Nach Ausweis der Texte standen in der Kammer Waschkrüge aus Edelmetall, Räucherwerkzeug, Natron und Augenschminke. Auch die Opferspeisen sind genannt – zum Frühstück gab es eine Auswahl von Obst, Milch, Zwiebeln, Brot, Bier und Wein. Die zweite kleine Kammer auf der Ostseite war das **Bücherhaus** 4, in dem Papyri aufbewahrt wurden. Hier fanden sich Anweisungen zu Ritualen, Festverzeichnisse, astronomische Texte, Rezepte für Duftsalben, Anleitungen zur Dekoration der Tempelwände. Die in Kästen aufbewahrten Papyrusrollen trugen Titel wie ›Niederwerfen des Seth‹, ›Behüten der Prozessionsbarke in der großen Flussbarke‹, ›Löwen jagen‹, ›Die Menschen einschüchtern‹ oder ›Alle Geheimnisse der Salbenwerkstatt‹. Sowohl an den Seiten- und Rückwänden dieses wie auch des folgenden Saals finden sich Szenen zur Tempelgründung. Ptolemaios VIII. (vorderer Saal) beziehungsweise Ptolemaios VI. (hinterer Saal) vollführen den zeremoniellen Schlag mit der großen Hacke, um die Bauarbeiten zu eröffnen. Seschat, die Schutzgöttin der Baumeister, treibt mit dem König die Pflöcke in den Boden, um die der Messstrick gespannt wird. Der Bauplatz wird anschließend mit Natron gereinigt, auf einem Tablett werden dem Gott die Steine für sein Haus präsentiert. Schließlich wird das fertige Heiligtum, symbolisiert durch einen Torbau, mit Weihrauch rituell gereinigt und seinem göttlichen Besitzer überreicht. Die Abfolge der Bilder springt zwischen den Wänden hin und her und bindet so bewusst den ganzen Raum mit ein. Von dem kleineren Saal zweigen Nebenräume ab, die als **Schatzkammer** 5 und **Salbenlaboratorium** 6 dienten.

■ **Im Zentrum des Geschehens**

Zwei schmale Quersäle bilden den Übergang zum **Allerheiligsten** 7 mit dem aus einem Block geschnittenen Granitschrein zur Aufbewahrung des Kultbilds. Direkt davor hat man die moderne **Rekonstruktion einer Götterbarke** aufgestellt – sie hilft bei dem Versuch, sich die Bilder an den Wänden plastisch vorzustellen. Hierher ins Allerheiligste zog sich nach Sonnenuntergang der am Himmel leuchtende Falke, Horus Behedeti, zurück. Morgens mussten deshalb die Türen seines Allerheiligsten rechtzeitig geöffnet werden, damit die Gottheit strahlend am Osthorizont erscheinen konnte. Die Strahlen der Morgensonne erneuerten gleichzeitig die Energie des im Tempel aufbewahrten Kultbilds. Deshalb musste ein ägyptischer Tempel immer nach Osten ausgerichtet sein. Inschriften beschwören hier in Edfu die magische Drehung des Bauwerks: Damit die Morgensonne ins Allerheiligste scheinen konnte, musste der Süden zum Osten verwandelt werden. An den schmalen Eingangswänden des Sanktuars befindet sich der Text des Morgenlieds: »Erwache friedlich. Erwache, Horus Behedeti, mit Leben! Die Götter sind früh auf am Morgen, um deinen Ba, die Sonne, zu verehren, den prächtigen geflügelten Skarabäus, der am Himmel aufleuchtet; denn du bist es ja, der mit der Schöpfung beginnt am Morgenhimmel und das Land mit Goldstaub erfüllt, der auflebt im Ostgebirge, der hinabsinkt ins Westgebirge und in Edfu schläft, Tag für Tag.« Im Allerheiligsten schildern die Bilder den Ablauf des Morgenrituals, das in etwa dem Lever autoritärer Herrscher wie Ludwig XIV. entsprach. Der Gott wurde durch sanftes Klopfen an der Tür geweckt, vom König begrüßt und gepriesen, gereinigt, gesalbt, beweihräuchert, neu eingekleidet und geschmückt.

Um das Allerheiligste herum zieht sich ein Kranz von 13 **Kapellen**, in denen weitere Gottheiten verehrt wurden. Das ganze Land erscheint an den Außenwänden des Sanktuars in einem Defilee der Provinzgottheiten, die Horus ihre jeweiligen Gaben darbringen. Die zwei Kapellen in der Nordwestecke sind Osiris, dem Vater des Horus, gewidmet.

Pylon des Horus-Tempels

■ Auf in den Kampf!

Nach der vollständigen Umrundung des Sanktuars geht man zurück bis in den kleinen Säulensaal, wo neben der Schatzkammer eine Tür in den **äußeren Tempelumgang** führt. Sie diente als eine Art Lieferanteneingang, durch den die Speisen für Horus ins Innere gebracht wurden: »Diese schöne Türe des Großen Sitzes dient dazu, den Speisealtar des Herrn der Götter reichlich zu versorgen mit allen guten Dingen.« An der Außenwand des Umgangs führen Stufen unter der großen Umfassungsmauer hindurch zu einem Nilometer.

Hoch oben an den Innenwänden ragen massige Wasserspeier in Gestalt von Löwen aus der Wand. An der Nordwand der Umfassungsmauer findet sich eine Darstellung des **Horus in Falkengestalt** 8, der in einem Schrein auf einem reichdekorierten Sockel hockt. Es ist das Bild eines lebenden Falken, der als Verkörperung des Gottes im Tempel regelrecht inthronisiert wurde. Der Vogel wurde von der Statue des Gottes in einer Art Orakel bestimmt: Eine Auswahl von Falken wurden vorgeführt, die Gottheit traf ihre Wahl und das lebende Abbild des Gottes wurde in einer feierlichen Prozession in den Falkentempel getragen. Abschließend vermerkt der begleitende Text nüchtern: »Ein Fest feiern und nochmals feiern, in festlicher Stimmung sein seitens der Männer und Frauen bis zum Ende der sieben Tage des Festes.«

Im **westlichen Umgang** erwartet den Besucher der dramatische Höhepunkt des Tempelgeschehens. Es ist der ewige Kampf zwischen Gut und Böse, der in Bild und Text festgehalten wurde. Horus tritt im Auftrag der Götter an, den gewalttätigen Seth zu unterwerfen und zu vernichten. Die Geschichte von Osiris und Seth ist hier in einen größeren Zusammenhang eingebunden: Im Jahr 363 der Regentschaft des Sonnengottes Ra war eine Rebellion der Sonnenfeinde ausgebrochen. Besonders hartnäckig erschienen die Rebellen im Süden – in der Region, in der die Sonne während der Wintermonate weilte und an Kraft

Ein Nilpferd aus Brotteig wird geschlachtet

verlor, also ernsthaft bedroht war. Horus verfolgte die Aufständischen und rettete Ra das Leben. Der gealterte Ra wurde mit Osiris gleichgesetzt, dem Vater des Horus. Dass die Revolution gerade im Jahr 363 ausbrach, war kein Zufall; damit wurde auf den Geburtstag des Seth am 363sten Tag des Jahres angespielt. Er führte die Feinde des Ra an, die in Edfu als Nilpferde und Krokodile gezeigt werden. Seth und seine Anhänger immer wieder aufs Neue zu vernichten und damit den Fortbestand der Welt zu sichern, war die vornehmste Aufgabe des Horus und seines irdischen Stellvertreters, des regierenden Königs.

»Jetzt aber gingen die Feinde ins Wasser und verwandelten sich in Krokodile und Nilpferde, während Ra in seiner Barke war und über das Wasser dahinzog. Herbei kamen nun die Krokodile und Nilpferde, und sie öffneten ihre Mäuler drohend gegenüber der Barke des Ra-Harachte. Herbei kam Horus Behedeti, indem seine Gefolgsleute hinter ihm waren als Harpunierer. Sie schlugen die Krokodile und Nilpferde.« Die nach Norden und Süden fliehenden Feinde wurden von Horus verfolgt, und »er richtete ein großes Gemetzel unter ihnen an. Er zerschnitt sie mit seinem Messer, er gab ihre Innereien seinen Gefolgsleuten.«

Immer wieder erschien Seth in neuer Gestalt, vom Mittelmeer bis nach Nubien wurden er und seine Anhänger gejagt. Thot und Isis begleiteten und unterstützten den Falkengott in seinem Kampf. Isis, die Gottesmutter, stieß einen Schrei aus und sagte zur Waise ohne Vater (Horus), die dabei war, mit Seth zu kämpfen: »Festige dein Herz, Horus, mein Sohn, denn du hast ihn gepackt, jenen Feind deines Vaters! Packe zu, Horus! Packe zu!« Schließlich war das Nilpferd vom Po bis zur Schnauze zehnmal durchbohrt und gefesselt worden.

Im Triumphzug kehrte Horus zurück an Land, wo ihn Sängerinnen bejubelten. Auf dem Rücken des Nilpferds stehend erscheint er als der Sieger über das Böse. Ganz am Ende der Wand beim schmalen Durchgang zum Hof findet Seth seine Strafe: Der treffliche Schlächter der Majestät des Ra zerlegt das **Nilpferd** mit einem großen, scharfen Messer 9. Ausführlich ist aufgelistet, wohin Kopf, Hinterteil, Zunge, Leber, Grillklein oder Schulterstücke des Rebellen als Opfergaben gebracht werden sollten. Für den modernen Betrachter der Bilder stellt sich die bange Frage, ob man tatsächlich alljährlich in einem grausamen Ritual diese Anweisungen befolgte und ein Nilpferd schlachtete. Die Antwort findet sich im gleichen Text: »Herbeibringen des Nilpferds aus Kuchenteig vor den, der den Arm erhebt. Zerlegen durch den Schlächter.« Wer noch mehr originale Tempeltexte aus Edfu lesen möchte, der findet im Buch von Dieter Kurth, ›Treffpunkt der Götter‹, ein faszinierendes Tor in eine andere Welt.

Esna

Die Vorhalle war 1842 unter Mohammed Ali ausgegraben worden; nicht zur antiquarischen Freude, sondern um ein sicheres, unterirdisches Lagerhaus für Schießpulver zu beherbergen. Bis dahin war der Innenraum bis wenige Fuß unterhalb der Säulenkapitelle zugeschüttet gewesen und als Baumwoll-Lager genutzt worden.
Amelia Edwards, *1877*

Am Westufer des Nil liegt die kleine, aber lebendige Stadt Esna. Ende des 19. Jahrhunderts durch Baumwoll- und Zuckerrohranbau zu Reichtum gekommen, finden sich in der Altstadt noch ein paar der alten, schön verzierten **Kaufmannshäuser**. Eine Schleuse, die im Schiffsverkehr

Bunte Kapitelle in Esna

wie ein Nadelöhr wirkt zwingt viele der schwimmenden Hotels hier zum Übernachten. Da man nie so genau weiß, wann das Schiff die Schleuse passieren wird – je nach Stau kann das durchaus mal weit nach Mitternacht oder in den noch dunklen Morgenstunden sein – legen nur wenige Boote fest an. Welch ein Jammer für die Händler im Basar! Schade auch für die erlebnishungrigen Gäste an Bord, denen kein Landausflug möglich ist. Im Basar ließe sich so schön

einkaufen für das Abend-Event an Bord! Auf den meisten Schiffen findet an einem Abend eine ›pharaonische Nacht‹, ›Gala-bijia-Party‹ oder ›laila arabija‹ statt. Nicht nur einheimische Leckereien auf dem Buffet sorgen für Lokalkolorit, sondern vom Kellner bis zum Bootsmanager erscheint die ganze Crew in Tracht. Auch die Gäste sind aufgefordert, sich nach Lust und Laune ägyptisierend zu kleiden. Am Abend schreiten dann Herr und Frau Pharao in langwallenden Gewändern zu Tisch, verführt die neu eingekleidete Bauchtänzerin mit glitzernden Pailletten oder verhüllt sich ein Gast geheimnisvoll mit dem soeben erstandenen Schal. Vielleicht erscheinen Ihnen nach ausgelassener Feier im Traum die einstigen Lokalgötter von Esna, der grünhäutige Widdergott Chnum samt löwenköpfiger Gemahlin Menhit und deren fischgestaltige Kollegin Neith nebst krokodiligem Göttergatten.

■ Zu Besuch bei Chnum

Als Schöpfergottheiten wurden sowohl Chnum wie auch Neith die Schaffung der Menschheit zugeschrieben. Ihnen war der einst sicher eindrucksvolle Tempel von Esna geweiht, von dem heute am Ende der gedeckten Basargasse, gut zehn

▲ *Im Markt von Esna gibt es Schuber für den Backofen, Tische und Siebe*

Meter unter dem modernen Straßenniveau, nur noch eine **Säulenhalle** zu sehen ist. Der größte Teil des ptolemäisch-römischen Tempels liegt begraben unter den Häusern der modernen Stadt. Er wurde zwischen 180 vor Christus und 250 nach Christus an der Stelle eines älteren Heiligtums aus der 18. und 26. Dynastie errichtet. Die 37 Meter breite Fassade der 15 Meter hohen und 16,5 Meter tiefen Halle wird durch sechs Säulen gegliedert. Die Reliefs auf den Schranken zeigen links Claudius (41–54) und rechts Nero (54–68). Inschriften auf den Säulenschäften handeln von der Gründung des Tempels und beinhalten Hymnen an den großen Gott Chnum: »Oh Chnum, Sonne und Mond, Lebensatem, Schöpfer der Pflanzen, ..., diese Pflanzensäulen sind ein Garten aus Papyrus, in dem du lustwandeln kannst zu deiner Zufriedenheit.« Die Naturnähe des steinernen Gartens wurde nicht nur durch die Vielfalt der Blüten betont – zusätzlich setzten die Bildhauer kleine Frösche, Heuschrecken und Käfer auf die Kapitelle.

An der rechten Eingangswand im Inneren erkennt man Hadrian, der von falken- und krokodilköpfigen Sänftenträgern ins Heiligtum gebracht wird. Die anschließende Schmalwand zeigt die in Tempeln selten abgebildete Szene des **Vogelfangs**: Der göttliche Hausherr Chnum, Kaiser Commodus und der Gott Horus zurren gemeinsam ein gutgefülltes Netz zu. Die gefangenen Vögel symbolisieren die Feinde der Götter und Ägyptens, die auf diese Art unschädlich gemacht werden. An der rechten Ecke der Rückwand erscheint der tanzende Kaiser Trajan vor den Göttinnen Menhit und Nebet-Uu. Ein Bild des widderköpfigen Chnum in der Sonnenscheibe prangt über der geflügelten Sonnenscheibe oberhalb des westlichen Tors. Links davon ist die älteste Inschrift im Inneren des Saals zu sehen: Sie stammt aus der Zeit von Ptolemaios VI. (180–145), dem Gründer des Tempel-Neubaus. Links im Anschluss daran folgt eine Inschrift des Decius (249–251) – es ist der letzte Text, der je in Hieroglyphen an einer Tempelwand angebracht wurde. Auf der Außenseite der Westwand sind Spuren der heute nicht mehr erhaltenen oder unter der modernen Überbauung verborgenen Tempelteile zu erkennen. Eine Umfassungsmauer, die an den Außenseiten der Halle ansetzte, umzog wie in Edfu oder Dendera den hinteren Teil des Gotteshauses mit kleinem Säulensaal, Opferräumen und dem Allerheiligsten.

Ober- und Mittelägypten

Kartusche des Ptolemaios in Esna

Sesammüller in Esna

An den schmalen Außenwänden treten im Süden Domitian und im Norden Trajan ganz in die Gefolgschaft der alten Pharaonen: Mit weit ausholender Geste schwingen sie ihre Waffen über den am Boden kauernden Feinden und wehren damit alles Übel vom Land und seinen Bewohnern ab.

Wer noch ein wenig Zeit hat, bevor es zurückgeht an Bord, dem sei ein kurzer Bummel durch die **Basargassen** südlich des Tempels empfohlen. Hier kann man den Schneider in seiner Werkstatt begrüßen oder in einer Querstraße die alte Sesamölmühle bestaunen. Aber bitte beachten Sie: Da hier nur sehr selten Touristen unterwegs sind, ist Zurückhaltung beim Fotografieren ein Gebot der Höflichkeit!

ℹ Oberägypten

Die Tempel von Kom Ombo, Edfu und Esna werden im Rahmen von **Nilkreuzfahrten** besucht. Nur kleinere Schiffe oder Segelboote können auch bei den Steinbrüchen von Gebel es-Silsile anlegen. Auf dem **Landweg** werden in der Regel nur Kom Ombo und Edfu besichtigt.

Die Schiffe und Überlandfahrten folgen einem **festen Zeitplan**. Die Schleusendurchfahrt bzw. das weitere Besichtigungsprogramm sind für die Organisatoren wichtige Eckdaten. Danach richtet sich die Verweildauer in den Tempeln. Meist sind nur ein bis zwei Stunden – je nach Lage und Größe des Heiligtums – vom Aussteigen bis zur Rückkehr aufs Schiff oder in den Bus eingeplant.

In **Kom Ombo** liegen die Schiffe direkt zu Füßen des Doppeltempels, in **Edfu** werden die Besucher vom Schiff per Kutschen bis zum Heiligtum gebracht (Fahrt ca. 10 Min.), und in **Esna** führt ein kurzer Fußweg durch den Basar.

Wenn Ihr Schiff über Nacht in Edfu oder Esna festmacht, trauen Sie sich ruhig zu einem abendlichen Spaziergang von Bord. Es ist kein so touristischer Rummel zu erwarten wie in Assuan oder Luxor, doch ein paar kleine Cafés laden zum Verweilen ein.

Im schön angelegten Garten vor der Tempelanlage von Kom Ombo findet sich eine **Cafeteria**, ebenso im eher kargen Vorfeld vor dem Tempel von Edfu (nach den Ticketschaltern und der Taschenkontrolle). Die Zeit reicht meist höchstens für Getränke, daher ist das Speiseangebot sehr überschaubar.

Im Umfeld der Tempel lenken eifrige **Händler** vom Besuch bei den Göttern ab. Sie stehen unter argem Zeitdruck: Bleiben ihnen doch nur Sekunden, um die Aufmerksamkeit der vorbeiströmenden Gäste zu erhaschen, bevor der nächste Händler seine Chance wittert oder der Reiseleiter die potentiellen Käufer ablenkt. Meist sind Galabijas, T-Shirts, leichte Baumwollkleider und bequeme Schlabberhosen oder Tischdecken im Angebot.

Hier dürfen Sie handeln, denn die Händler nennen meist exorbitante Erstpreise, freuen sich aber sicher über jedes Geschäft.

Luxor

Vor Luxor und Karnak muss der stolzeste Geist sich beugen. Man glaubt Werke von Halbgöttern zu erblicken, denn die jetzigen Menschen sind ihrer nicht mehr fähig.
Hermann Fürst von Pückler-Muskau, *1844*

Lange bevor am Roten Meer das Geschäft mit dem Badetourismus boomte, hatte Luxor Erfahrungen mit dem Massentourismus gemacht. Spätestens seit der Entdeckung des **Tutanchamun-Grabes** im Jahr 1922 war die Stadt weltweit in aller Munde. 1979 schließlich wurde Luxor mit seinen Monumenten in die UNESCO-Liste des Weltkulturerbes aufgenommen. Mit

dem Aufkommen günstiger Pauschalreisen konnten sich immer mehr Menschen eine Reise an den Nil leisten – und ihr wichtigstes Ziel nach den Pyramiden lag hier in Oberägypten.

Am Ostufer wurden neben dem altehrwürdigen Hotel **Winter Palace**, das so illustre Gäste wie König Faruq, Lord Carnarvon, Howard Carter und Agatha Christie beherbergte hatte, ein Hotel neben dem anderen errichtet. Arbeitsplätze entstanden: Vom Kellner und Zimmermädchen bis zum Fremdenführer und Taxifahrer wurden alle Hände gebraucht. Noch vor 50 Jahren war Luxor eine beschauliche Kleinstadt, mittlerweile zählt

Ober- und Mittelägypten

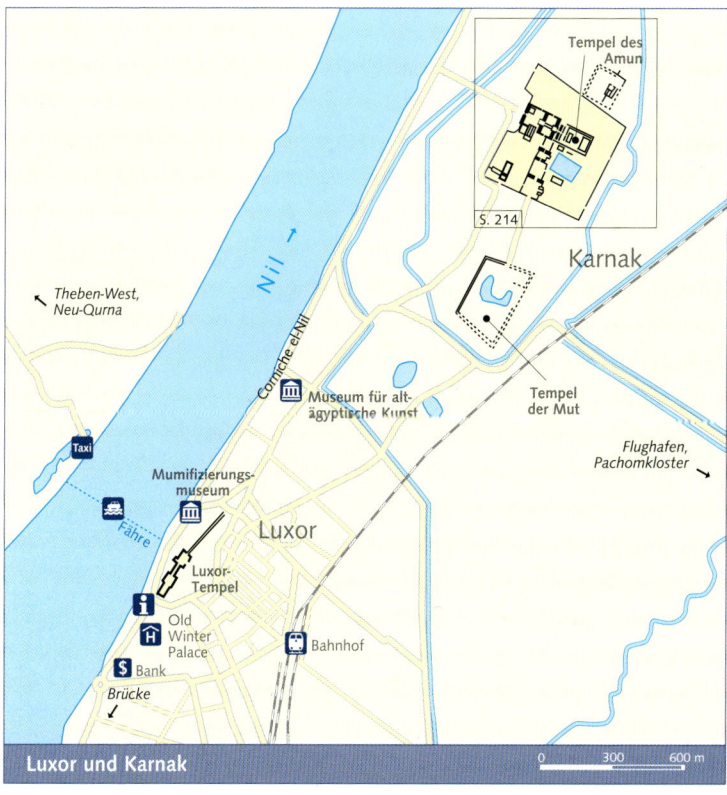

Luxor und Karnak

Schiffsanleger am Amun-Tempel in Luxor

die Stadt etwa eine Viertelmillion Einwohner, Tendenz steigend. Anfang des 21. Jahrhunderts wurde der Sonderstatus der Stadt gewürdigt, indem sie aus der Provinz Qena herausgelöst und als eigenständige Verwaltungseinheit etabliert wurde. Zu speziell sind die Bedürfnisse dieser ›Weltstadt der Antike‹, in der in ›normalen Zeiten‹ die Zahl der ausländischen Gäste die der Einwohner um ein Vielfaches übertrifft. Die Abhängigkeit vom Tourismus hat ihre Schattenseiten, nicht nur in Jahren, in denen nach Unruhen in Ägypten oder in der Nahost-Region wie seit 2011 wieder die Besucher ausbleiben und Tausende von Menschen ihre Arbeit verlieren.

Für die sehr konservative Bevölkerung ist das Freizeitverhalten der Fremden problematisch. Die oft sehr knappe Bekleidung der Urlauber wirkt ebenso anstößig wie zur Schau gestellte Zärtlichkeiten. In einem Land, in dem schon das Händchenhalten von Mann und Frau als Zeichen einer intimen Beziehung gedeutet wird, führt das zwangsläufig zu Irritationen und weckt mitunter falsche Erwartungen.

Luxor-Stadt

Bis 2011 hat Luxor im Rahmen eines umfassenden Stadtplanungsprogramms viel Geld in seine Verschönerung investiert: Um den Gästen schon die Ankunft zu verschönen, wurde der Flughafen vergrößert und modernisiert. In der Stadt selbst erhalten die **Uferpromenade** und Teile des **Touristenbasars** ein neues Gesicht. Die Zuwege zu den beiden großen Tempeln auf der Ostseite der Stadt wurden neu gestaltet und das **Luxor-Museum** erhielt eine großzügige Erweiterung.

Rund zehn Kilometer südlich der Stadt spannt sich eine Brücke über den Nil, die für eine deutliche Entspannung des Bootsverkehrs auf dem Nil sorgt.

Strenge Bauvorschriften für das Antikengelände auf der Westseite verhindern den Bau großer Hotelanlagen dort, so dass sich die touristische Aktivität am Abend weiterhin am Ostufer konzentriert.

Aber nicht nur die zahlenden Gäste werden in der Planung berücksichtigt. Für den erwarteten Bevölkerungszuwachs – innerhalb der nächsten Jahrzehnte könnten es nach Hochrechnungen bis zu einer Million Einwohner werden – entstehen in den Wüstengebieten jenseits des Fruchtlands und weitab vom Nil zwei neue Stadtviertel. Parallel fand eine Umsiedlung der Bewohner von Theben-West statt, die seit Jahrhunderten direkt über den antiken Stätten wohnten.

Karte S. 209 ▲

Nervende Händler

›Ägypten ist ja so toll – wenn nur die Händler nicht so nerven würden!‹ Wie oft hört man diesen Satz von zurückkehrenden Ägyptenreisenden. Sicher, die Hartnäckigkeit der fliegenden Händler, die T-Shirts, Tücher, Statuetten von Anubis, Bastet oder irgendeinem Pharao anpreisen, Bücher und Postkarten an den Mann oder die Frau bringen wollen, ist schon außergewöhnlich. Auch Taxifahrer, Kaleschenkutscher, Restaurantwerber oder Tempel- und Grabwächter zeigen mitunter eine zermürbende Penetranz. Wieso nur bedrängen sie die Besucher derartig?

Wirtschaftliche Unsicherheit steckt hinter dem Verhalten vieler Menschen, die im Umfeld der Antiken oder anderer touristischer Hotspots nachdrücklich ihre Waren feilbieten. Die Angst vor dem Ausbleiben der Gäste sitzt ihnen allen im Nacken – schließlich hat Ägypten seit 1990 mehrfach einen fast vollständigen Rückgang der Besucherzahlen erleben müssen. Seit 2011 zeigt sich entlang des Nil in Oberägypten kaum eine Verbesserung, und auch auf dem Sinai sind die Gäste ausgeblieben.

Kaum ein im Tourismus Beschäftigter hat Rücklagen, die eine so lange Durststrecke überbrücken können, zumal auch viele Hotels und ein Großteil der rund 500 Hotelschiffe in solchen Zeiten ihre Mitarbeiter in den unbezahlten Urlaub entlassen. Nur wer Umsatz macht, kann am Abend einkaufen – Essen für die Familie, Medikamente für die Eltern, Schulhefte für die Kinder, was auch immer gerade benötigt wird.

Oftmals sind es ja auch wirklich keine großen Beträge, die für einen Ritt auf dem Esel oder dem Kamel verlangt werden. Haben Sie keine Angst vor diesen Menschen, sondern drehen Sie den Spieß doch einfach einmal um: Gehen Sie auf die Schar der Händler, Eselstreiber oder Kaleschenfahrer zu mit den Worten: ›Wer bringt mich für 50 Pfund bis zum Grab des Ti (zum Luxor-Tempel, zum Mumifizierungsmuseum)?‹ Oder: ›Wer verkauft mir für 40 Pfund einen Sonnenhut?‹ So haben Sie das Heft in der Hand und gleichzeitig ein bisschen die Geschäfte angekurbelt.

Fanus-Stand im Basar von Luxor

Unterwegs in Luxor-Stadt

Bei einem Bummel im Zentrum der Stadt entdeckt man neben den Minaretten der Moscheen auch eine Reihe von Kirchtürmen: Ein großer Teil der Luxorianer sind Christen, überwiegend Kopten, aber auch katholische und protestantische Gemeinden sind zu finden.

In der näheren Umgebung liegen einige Klöster, in denen Nonnen und Mönche die uralte koptische Tradition lebendig halten. Das etwas abseits zwischen der Stadt und dem Flughafen liegende **Mönchskloster des heiligen Pachom** hat sogar vor einigen Jahren neue Unterkünfte für seine Novizen gebaut – viele Klöster Ägyptens erlebten seit den 1990er Jahren deutlichen Zulauf. Wer Zeit und Interesse hat, kann mit einer der zahlreichen Kaleschen oder per Taxi einen Ausflug dorthin unternehmen.

Für den Rückweg bietet sich ein Umweg durchs Fruchtland an, bei dem man die ländlich-bäuerliche Seite Luxors sieht – ein starker Kontrast zu dem von Souvenirläden, Internetcafés, Restaurants, Banken und Hotels geprägten Teil der Stadt am Nil, wo sich die touristischen Einrichtungen finden.

Östlich des Luxor-Tempels beginnt der **Basar** von Luxor; hier gibt es Mitbringsel aller Art: Dazu gehören bedruckte T-Shirts, Papyri mit mehr oder weniger inspirierten Kopien altägyptischer Malereien, Skarabäen jeder Größenordnung, ebenso zierliche Parfumflakons, farbenfrohe Baumwollrucksäcke und Taschen sowie die in den zahlreichen Gold- und Silbergeschäften angefertigten Anhänger in Form von Kartuschen, in die man nach Lust und Laune in Hieroglyphen den eigenen Namen oder den des Lieblingspharaos einschreiben lassen kann.

Der ehrgeizige Plan der Altertümerverwaltung, demzufolge die weitgehend unter der modernen Stadt verborgen gewesene Sphinxallee zwischen Luxor-Tempel und Karnak-Tempel freigelegt werden sollte, hat eine schwere Bresche ins Stadbild geschlagen. Eine große Zahl von Geschäften, Wohnhäusern und auch Hotels mussten diesem Projekt weichen. Versprochene Entschädigungen wurden nur sehr unzureichend ausgezahlt. Da aufgrund der gesunkenen Touristenzahlen nun aber die Kassen leer sind, ist eine vernünftige Sanierung längs der Grabungsschneise nicht zu erkennen.

Amun-Tempel von Karnak

Ist Reisen – Suchen? Nun, dies war ein Ziel. Der Wächter an dem Eingang gab uns erst des Maßes Schreck. Wie stand er niedrig neben dem unaufhörlichen Sich-überheben des Tors. Und jetzt – für unser ganzes Leben, die Säule -: jene! War es nicht genug?
***Rainer Maria Rilke**, In Karnak war's, 1911*

Über einen Viertelquadratkilometer nimmt der gewaltige Tempel des Gottes Amun-Ra von Karnak im Norden Luxors

Abends im Basar

ein, ohne die Nebenkomplexe seiner göttlichen Gemahlin Mut im Süden und der beiden Kollegen Month und Maat im Norden. Gut 2000 Jahre waren im Haus des Amun Säulensäle, offene Höfe, Pylontürme, Obelisken und Stationskapellen errichtet und mit feinsten Reliefs verziert worden. Von seiner Gründung als bescheidenes Gotteshaus in der 11. Dynastie über den Aufstieg zum bedeutendsten Reichsheiligtum Ägyptens in der Zeit des Neuen Reichs bis in die Zeit der Ptolemäer ließ es sich kein Herrscher nehmen, für den großen Gott von Karnak zu bauen. Außer einem: Echnaton verweigerte dem Amun die Gefolgschaft, ließ seine Reliefs aushacken und setzte ihm einen Aton-Tempel vor die Nase. Doch dieser Frevel ist längst getilgt – Blöcke des Aton-Tempels wurden schon von Tutanchamuns Architekten als Füllmaterial für Bauten zu Ehren des Amun genutzt. Nach über 2000 Jahren emsiger Betriebsamkeit versank der Tempel schließlich in der Vergessenheit. Bewohner der umliegenden Dörfer zogen ein, nutzten die mächtigen Mauern wie eine Festung. Erdbeben brachten Säulen und Mauern ins Wanken, und während der Überschwemmungsmonate angespülter Nilschlamm verkrustete Boden und Wände. Erst im Gefolge der napoleonischen Expedition entdeckte die Welt das Erbe der Pharaonen aufs Neue. Seit 1894 wird wieder eifrig gearbeitet im Haus des Amun: Ägyptologen haben den größten Teil des Areals freigelegt, nun sind sie mit dem Wiederaufbau der Tore beschäftigt, festigen unterspülte Fundamente und setzen im ›Open-Air-Museum‹ alte Tempelwände neu zusammen.

■ **Erster und zweiter Pylon**

Schon auf dem großen Platz vor Karnak sollten Sie Ihre Phantasie zuhilfe nehmen, um das Bild des Tempels ›echter‹ zu gestalten: Einst führte ein Kanal vom Nil bis zu einer kleinen **Plattform** 1, an der die Schiffe im Schatten des großen Tors anlegten. Heute tun dort statt der Priester Sicherheitsbeamte ihren Dienst – vor dem Besuch bei Amun steht die Taschenkontrolle.

Den Prozessionsweg zum Eingang flankieren liegende Widder, die heiligen Tiere des Amun, zwischen denen einst wie heute blühende Sträucher und Palmen gepflanzt waren. Die überlebensgroßen Figuren wirken zierlich vor dem gewaltigen Torbau: Der **erste Pylon** 2 ist 113 Meter breit, 43,5 Meter hoch und am Fuß 15 Meter dick. Er fügt sich in die aus Lehmziegeln erbaute Umfassungsmauer ein, die das gesamte heilige Areal umzieht. Bereits im 10. Jahrhundert vor Christus hatte man mit dem Bau des Tors begonnen, aber offenbar waren seiner Fertigstellung und Reliefierung andere Projekte vorgezogen worden.

Im Inneren des ersten Hofs sind an der Rückwand des Pylons die Reste eines alten **Lehmziegel-Baugerüsts** 3 zu fin-

Im Säulensaal von Karnak

Ober- und Mittelägypten

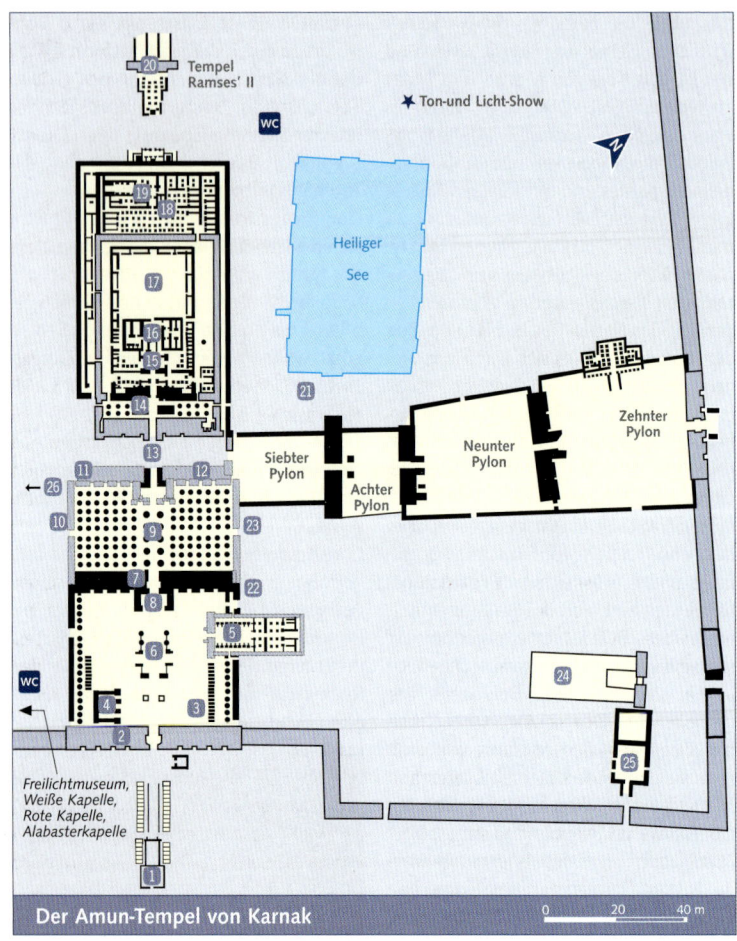

Der Amun-Tempel von Karnak

den – seltsam, dass diese Dauerbaustelle die Priester und den Gott nicht störte. Schon beim Rundblick über den ersten Hof fällt auf, dass hier Bauten aus unterschiedlichen Epochen versammelt sind. Ganz zur Seite gerückt sind die Widdersphinxe, die einst den Prozessionsweg bis zum zweiten Pylon gesäumt hatten. Ramses II. hatte sie in Auftrag gegeben, den Umbauaktionen seiner Nachfolger lagen sie jedoch im Wege – es blieb ihnen nur noch eine Randexistenz. An der Rückseite des nördlichen Pylonturms lehnt sich ein **Stationsheiligtum** 4 aus der Zeit Sethos' II. an, schräg gegenüber an der Südostecke des Hofs öffnet sich der Zugang zu einem von Ramses III. in Auftrag gegebenen **Nebentempel** 5, der ursprünglich vor dem Eingang des großen Heiligtums gelegen hatte.

In der Mitte des Hofs erhebt sich eindrucksvoll jene 21 Meter hohe Säule, die Rilke in seinem Gedicht bewunderte. Taharqa, einer der kuschitischen Könige,

Der erste Pylon des Amun-Tempels

Ober- und Mittelägypten

hatte hier eine stattliche **Prozessions-kapelle** 6 errichten lassen. Auch wenn der **zweite Pylon** 7 nicht mehr sehr ehrfurchtgebietend erscheint, gönnen Sie ihm einen genaueren Blick. Dreieckige Öffnungen im Mauerwerk zeigen, dass die Archäologen hier einen Schatz besonderer Art fanden: Der Pylon entstand in der Regierungszeit Tutanchamuns, der Blöcke aus dem Aton-Tempel als Füllmaterial für die Mauer verwenden

ließ. So versteckt, haben die bemalten Reliefs die Jahrhunderte überstanden und erlauben uns einen Blick in die Zeit des Ketzerkönigs Echnaton. Teile der rekonstruierten Wand sind im Luxor-Museum zu sehen.

Pinodjem I. (1070–1032) ging mit dem Erbe des großen Ramses dann doch etwas respektvoller um: Die damals schon rund 200 Jahre alte **Statue** 8 vor dem Tor des zweiten Pylons fand offenbar

1	Plattform	14	Obelisk der Hatschepsut
2	Erster Pylon	15	Sechster Pylon
3	Baugerüst	16	Barkensanktuar
4	Stationsheiligtum Sethos' II.	17	Hof
5	Nebentempel Ramses' III.	18	Ach-Menu
6	Prozessionskapelle Trajans	19	Botanischer Garten
7	Zweiter Pylon	20	Tor des Beki
8	Statue Pinodjems I.	21	Skarabäus
9	Großer Säulensaal	22	Relief Scheschonk I.
10	Außenwand, Darstellung der Kriegszüge Sethos' I.	23	Friedensvertrag von Ramses II. mit den Hethitern
11	Zedernfällen	24	Chons-Tempel
12	Dritter Pylon	25	Opet-Tempel
13	Obelisk Thutmosis' I.	26	Kleiner Ptah-Tempel

Die Sphinxallee bei Nacht

sein Gefallen, und der ehemalige Hohepriester des Amun ließ sie nach der Selbsternennung zum König mit seiner Namensinschrift ›aktualisieren‹.

■ Der große Säulensaal

Nicht nur eine Säule, sondern gleich 134 sorgen für den überwältigenden Eindruck, den der große **Säulensaal** 9 hervorruft. Vermutlich gehen seine Anfänge auf Amenophis III. zurück, der zumindest den Grundstein für die ersten Säulen der 24 Meter hohen Mittelkolonnade legte. Unterbrochen durch die Amarna-Zeit, wurden die Arbeiten unter Tutanchamun wieder aufgenommen. Aber erst unter Sethos I., in dessen Auftrag der 5400 Quadratmeter große Saal zum Papyruswald umgestaltet wurde, und Ramses II. konnte das Werk fertiggestellt werden. Im Mittelgang haben die weit emporragenden Papyruspflanzen bereits ihre Dolden geöffnet, weit schwingen hier die Kapitelle aus, während im dunkleren Dämmerlicht der Seitenschiffe die 13 Meter hohen Säulen noch Knospenkapitelle tragen. Den Übergang zwischen Seiten- und Mittelschiff bilden Fenstergitter, die Streifen von Licht auf die Reliefs an den Wänden und Säulenschäften fallen lassen.

Nehmen Sie sich Zeit, um in einer ruhigen Ecke diesen Säulenwald auf sich wirken zu lassen. Papyrus ist eng mit dem Wasser verbunden, aus dem nach Meinung altägyptischer Theologen das Leben entstand. Das frische Grün der Pflanze symbolisierte die sich immer wieder erneuernde Lebenskraft – die hier, in Stein verewigt, sowohl den Göttern wie auch den Menschen zugute kommen sollte.

■ Reliefs an den Außenwänden

Bevor Sie weiter entlang der Mittelachse des Tempels gehen, lohnt ein kleiner Abstecher nach Norden. Durch das Seitentor des Säulensaals gelangen Sie zur

Karte S. 214

Außenwand des Tempels mit interessanten historischen Darstellungen, die besonders gut im frühen Morgenlicht zu erkennen sind. Mehrfach führten Kriegszüge Sethos I. nach Syrien und Palästina, wo einige Stadtstaaten nachdrücklich an Ägyptens Überlegenheit erinnert werden sollten. Ganz am Ostende der Wand sieht man Stadtfestungen, auf deren Türmen sich bärtige Asiaten verschanzt haben. Vom ägyptischen Heer verfolgt, suchen feindliche Soldaten ihr Heil in der Flucht oder verstecken sich hinter Bäumen. Doch ist der Sieg des Pharao längst gesichert. Stolz führen Sethos' Soldaten die Gefangen Richtung Heimat, wo sie von jubelnden Ägyptern erwartet werden. Zwischen beiden Gruppen zieht sich ein von Wehrtürmen flankierter Wasserlauf voller Krokodile. Es ist die einzige bildliche Darstellung des Grenzkanals, der zur Verteidigung Ägyptens wohl schon Jahrhunderte früher angelegt worden war. Sinuhe, der um 1950 vor Christus lebte, erwähnt in seiner berühmten Lebensgeschichte die ›Fürstenmauer, die gemacht wurde, um die Asiaten abzuwehren und die Sandläufer (Beduinen) zu zermalmen.‹

Gleich um die Ecke findet sich an der Südseite ein weiteres **Relief** mit historischem Hintergrund . Die Fürsten des Libanon werden vom siegreichen Sethos genötigt, ihre mächtigen Zedern zu fällen. Sie wurden gebraucht, um die ägyptische Flotte mit Holz für neue Schiffe zu versorgen und um Fahnenmasten für die Tempeltore herzustellen.

■ **Die zweite Tempelachse**

Der **dritte Pylon** aus der Zeit von Amenophis III. ist nur noch wenige Meter hoch erhalten, doch lässt sich das Bild der großen Prozessionsbarke noch klar erkennen. In dem schmalen Bereich zwischen drittem und viertem Pylon ragt einer von ursprünglich zwei **Obelisken** 19,5 Meter hoch in den Himmel. Er trägt den Namen von Thutmosis I., einem der ersten Herrscher der 18. Dynastie. Anfang des 15. Jahrhunderts vor Christus lag hier das Eingangstor zum Tempel. Zwei weitere Obelisken waren von Thutmosis III. vor dem älteren Paar aufgestellt, allerdings

Ober- und Mittelägypten

Die Fürsten Libanons beim Zedernfällen

Wächter am Tempel

von Amenophis III. beim Bau des neuen Pylons entfernt worden.

Richtung Süden öffnet sich zwischen den beiden Pylonen der Blick auf die zweite Tempelachse mit vier großen Toren und den dazwischenliegenden Höfen.

Jenseits des vierten Pylons nach Osten wird es eng und unübersichtlich: Zwischen den Pharaonen Thutmosis I. und Thutmosis IV. ist hier in einem Zeitraum von rund 100 Jahren immer wieder umgebaut worden. Eindrucksvoll bezeugt dies der zwischen den Trümmern der beiden Tortürme 29,5 Meter aufragende **Obelisk der Pharaonin Hatschepsut** 14. Ihr Nachfolger Thutmosis III. hatte ihn und sein Pendant bis zum Dach des Säulensaals, in dem sie ursprünglich errichtet worden waren, ummauern lassen. So blieb ihm der Anblick der von dieser Thronräuberin gestifteten Denkmäler erspart. Ganz im Gegensatz zum großen Säulensaal wirkt der heute stark zerstörte Raum bescheiden und seltsam missproportioniert – lediglich zwei Säulenreihen

Karte S. 214 ▲

hatten zwischen den einst mächtigen Pylonen Platz gefunden.

Weiter Richtung Osten folgt ebenfalls nach nur ein paar Metern das letzte der Tore vor dem Allerheiligsten. Rechts und links dieses **sechsten Pylons** 15 hat Thutmosis III. in langen Listen die Namen der von ihm unterworfenen Fremdvölker aufzeichnen lassen.

In seiner ursprünglichen Gestaltung geht der nun anschließende Bereich auf Hatschepsut und Thutmosis III. zurück. Um die zentrale Kapelle für die Prozessionsbarke waren Opfersäle, Vorratskammern und Nebenkapellen errichtet worden. Zwei von Tutanchamun gestiftete Granitpfeiler mit den Wappenpflanzen Ober- und Unterägyptens stehen vor dem fast 1000 Jahre jüngeren **Barkensanktuar** 16. Philippos Arrhidaios, der geistig zurückgebliebene Halbbruder von Alexander dem Großen, hatte es in Auftrag gegeben. An der südlichen Außenwand des Sanktuars lassen sich vor allem in der oberen Wandhälfte noch gut die bemalten Reliefs erkennen, die den makedonischen Pharao beim Opfer vor Amun zeigen. Östlich des Barkenschreins öffnet sich ein großer offener **Hof** 17, dessen äußere Mauern in die Anfänge der 18. Dynastie unter Amenophis I. zurückreichen. Vom eigentlichen Allerheiligsten, in dem das Kultbild des Gottes aufgestellt wurde, ist nichts mehr erhalten. Der im Hof liegende Sockel aus gemasertem Kalzit ist der einzige Überrest aus dem Mittleren Reich. Die Rillen, die an seiner Oberseite zu erkennen sind, dienten zur Verankerung eines Holzschreins. Im Gegensatz zu der Weite und Offenheit des heutigen Hofs muss man sich das Allerheiligste umgeben von einer Reihe von Kapellen und Opferräumen, weitestgehend abgeschirmt von Licht und alltäglichem Tempelbetrieb vorstellen. Ruhe und Dunkelheit umgaben den Gott.

Obelisken für Amun-Ra

»Ich sah die Aufstellung von zwei großen Obelisken, ... wozu man ein erhabenes Schiff gebaut hatte, 120 Ellen lang und 40 Ellen weit, um diese Obelisken zu transportieren. Sie kamen heil und vollständig an und erreichten Karnak«, berichtete stolz Ineni, der Baumeister Thutmosis' I. Für Amun waren in Karnak im Neuen Reich mindestens 15 Obelisken aufgestellt worden. Nur zwei sind heute noch an ihrem ursprünglichen Platz – zu begehrt waren diese Souvenirs seit der Zeit der römischen Eroberung. Die größte Steinnadel – einst an der Ostseite des Tempels unter Thutmosis III. errichtet – steht heute auf dem Lateransplatz in Rom.

Obelisken haben einen engen Bezug zum Sonnenkult und zur Schaffung der Welt: Sie sind Symbole des Urhügels, der zu Beginn der Schöpfung aus dem Urozean auftauchte. Vielleicht kann man sich Obelisken wie eine Art Blitzableiter vorstellen, die an ihrer mit Elektron verkleideten Spitze Sonnenlicht einfangen und es auf die Erde weiterleiten. Es ehrte Pharao und Gott gleichermaßen, wenn solche Sinnbilder der Verbindung zwischen göttlichem und irdischem Raum errichtet wurden.

Auf dem Sockel des Hatschepsut-Obelisken findet sich folgender Text: »Ich saß im Palast und erinnerte mich an den, der mich erschaffen hatte; mein Herz befahl mir, zwei Obelisken aus Elektron für ihn zu errichten, auf dass ihre Pyramidion-Spitzen den Himmel berührten in der Mitte der herrlichen Säulenhalle und zwischen den großen Pylonen von Thutmosis I. ... Sie sind beide aus einem Block dauerhaften Granits ohne Riss oder Fehler. ... Niemand soll sagen, dass ich mich groß tue mit meinen Worten, vielmehr sage man ›Es entspricht ihr wirklich, ihr, die ihrem Vater treu ist.‹«

Der Obelisk Thutmosis I. im Amun-Tempel von Karnak

Blick über den Heiligen See zum Tempel

■ **Das Ach-Menu Thutmosis' III.**
Anlässlich seines Regierungsjubiläums ließ Thutmosis III. an der Ostseite des Amun-Tempels ein großes **Festzelt** 18 aufstellen – allerdings kein normales Zelt, sondern eines, das dem soeben in seiner Göttlichkeit bestätigten Pharao würdig war: Das ›Zelt‹ wurde aus Stein gebaut und ›Ach-Menu‹ – mit herrlichen Denkmälern – genannt. Spätestens in der Zeit Thutmosis' I. wurde der Amun-Tempel zum Ort der Königskrönung, und so war es nur folgerichtig, dass auch das Regierungsjubiläum hier gefeiert wurde. Vorbei am ältesten Teil des Amun-Tempels betrat man die Festhalle von ihrer Südwestecke. Der Mittelgang des langgestreckten Saals wird von charakteristischen ›Holzstangen‹ flankiert, die das Dach tragen. An den Wänden erscheint Thutmosis III. beim rituellen Lauf mit zwei Vasen, in denen er bei Assuan geschöpftes Nilwasser bis ins Delta bringt. In christlicher Zeit wurde das Bildprogramm des Saals verändert: Mit großen Augen schauen im Mittelteil des Saals die von Gloriolen bekrönten Heiligen von den Säulenschäften.

Ein Tor in der Mitte der Ostwand führt zu einem Nebentrakt des Ach-Menu. Durch drei schmale Räume und über eine kleine Treppe gelangt man in einen Raum mit vier eleganten **Papyrusbündelsäulen** 19. Feingearbeitete Reliefs zeigen hier eine Vielfalt von Tieren und Pflanzen, die mit Wurzeln, Stiel, Blüte und Früchten wie Darstellungen aus einer wissenschaftlichen Abhandlung erscheinen. Exotische und einheimische Natur sind hier im sogenannten ›Botanischen Garten‹ von Karnak vertreten, denn alles Lebendige hat in dem kleinen Sonnenheiligtum seinen Platz. Thutmosis wurde bei seinen Kriegszügen offenbar auch von Botanikern begleitet, denn laut Beischrift handelt es sich zum Teil um ›alle Arten fremder Pflanzen und schöner Blumen, die Seine Majestät gebracht hat, als er sich nach Retschenu begab, um die nördlichen Fremdländer zu unterwerfen.‹ Eine massive Steinmauer schließt das Festheiligtum mit dem eigentlichen

Amun-Tempel zusammen. Eine moderne Holzrampe führt über die Mauer Richtung Osten. Hier liegen die Reste eines ›Gegenheiligtums‹ – so benannt, weil es in Gegenrichtung zum großen Tempel nach Osten ausgerichtet ist auf ein Tor in der äußeren Umfassungsmauer des heiligen Bezirks. Zum **Tor des Beki** 20 – benannt nach dem Architekten Bekenchons – kamen in der Zeit Ramses' III. die einfachen Gläubigen, um den diensthabenden Priestern ihre Wünsche und Bitten an die Gottheit zu übermitteln. Hier stand einst auch der 36 Meter hohe Obelisk Thutmosis' III., der heute in Rom zu sehen ist.

■ **Beim Heiligen See**
Zu jedem altägyptischen Tempel gehört ein Heiliger See. Schließlich mussten sowohl Priester wie auch Kultgerät und Statuen rein sein. Auch war Wasser ein wichtiges Element beim Opfer, ganz abgesehen davon, dass ohne Wasser die Schöpfung nicht möglich gewesen wäre. Heilige Seen wurden in der Regel rechteckig angelegt – die Welt in geordnete Bahnen zu bringen war eines der vordringlichsten Ziele aller kultischen Handlungen.
In Karnak bot der Heilige See darüber hinaus einer der Erscheinungsformen des Amun angenehmen Aufenthalt: Neben dem Widder galt die Gans als heiliges Tier des Gottes; angemessen großzügige Stallungen fanden sich direkt am Südufer des Sees, eine gedeckte Rutschbahn führte bequem zur Wasseroberfläche. Selbstverständlich endeten die hier gehaltenen Tiere nicht als Opferbraten auf den Altären des Amun.
Nach Süden und Osten schlossen sich Wirtschaftsräume, Magazine und Priesterunterkünfte an, teils überbaut von der modernen Tribüne, die für die allabendliche **Ton-und-Licht-Show** errichtet wurde.

Danach geht es nur ein kurzes Stück nach Westen, wo – meist von einer Traube Menschen umlagert und mehrmals rituell umrundet – auf einem mächtigen Sockel die Figur eines riesigen **Skarabäus** 21 zu bewundern ist. Das aus Rosengranit gearbeitete Monument zeigt die morgendliche Erscheinungsform des Sonnengottes Ra und stammt ursprünglich aus dem Totentempel Amenophis' III. in Theben-West. Die rituelle Umrundung geht auf den Volksglauben zurück, wonach der große Käfer Frauen Kindersegen verspricht.
Ebenfalls im Gelände östlich der Nord-Süd-Achse des Tempels liegt ein Bruchstück des **zweiten Obelisken** der Hatschepsut. Vermutlich bei einem Erdbeben gestürzt, erlaubt er so einen Blick auf seine Spitze. Bei genauer Betrachtung erkennt man an den Reliefs Überarbeitungsspuren: Leicht vertieft erscheinen die Bilder des Amun. Echnatons Bilderstürmer waren bis ganz hinauf geklettert, um das Bild des verhassten Gottes zu entfernen – spätere Herrscher schickten dann ihre Bildhauer aufs Gerüst, um die Gottheit wiederherzustellen. Auch dem Namen der Hatschepsut wurde übel mitgespielt: In diesem Fall war Thutmosis III. der Auftraggeber für die Tilgung, und niemand fand sich, um den Namen der Herrscherin wiedereinzusetzen.

■ **Südachse**
Vier weitere Pylone zählt die Achse, die in Höhe des dritten Pylons abknickt und sich nach Süden wendet. Hatschepsut eröffnete das Bauprogramm in dieser Richtung mit der Anlage des achten Pylons. Ihr Nachfolger Thutmosis III. fügte den siebten Pylon davor ein. Weit nach Süden dehnte Amenophis III. die Bauarbeiten aus, indem er den zehnten Pylon begann, der heute das südliche Außentor von Karnak bildet. Jenseits dieses

Tores führt ein von Sphingen gesäumter Prozessionsweg zum **Tempel der Mut**, der löwenköpfigen Gemahlin des Amun. Erst unter Haremhab und Ramses I. wurde die Lücke zwischen achtem und zehntem Pylon geschlossen, es entstanden der neunte Pylon und die Mauern um die beiden großen südlichen Höfe. Die zwei südlichen Turmbauten ragen heute stark zerklüftet in den Himmel. Beim Bau war Bruchmaterial des Aton-Tempels zur Füllung der Mauern benutzt worden; Tausende von Blöcken konnten seit 1967 geborgen werden.

Einen anderen Schatz entdeckten die Ausgräber bereits in den Jahren zwischen 1902 und 1907: Im sogenannten Cachette-Hof nördlich des siebten Pylons fanden sie unter dem Fußboden 17779 **Statuen und Statuetten**. Fast 800 waren aus Stein gearbeitet, darunter einige großformatige Bildnisse von Pharaonen und hohen Würdenträgern. Die meisten Figuren waren jedoch kleine Bronzestatuetten, die als Weihegaben in den Tempel gestiftet worden waren. Wahrscheinlich hatten die Priester zu dieser Maßnahme Zuflucht gesucht, weil der Tempel sonst schlicht überbelegt gewesen wäre. Vor lauter Statuen und Statuetten, die ja alle auch kultisch versorgt werden wollten, wäre vielleicht gar der Opferkult für Amun ins Stocken geraten! So jedenfalls gab es Platz für neue Stiftungen.

An der Nordwestecke des Hofs öffnet sich ein schmaler Zugang zum **großen Säulensaal**, an dessen südwestlicher Außenwand ein **Relief** 22 biblische Geschichte illustriert: Scheschonk I., der um 925 vor Christus Jerusalem eroberte und den Jahwe-Tempel zerstörte, erhält von Amun ein Schwert überreicht. Das Bild des Pharao fehlt heute jedoch – späte Rache Jahwes?

An der Außenwand des Cachette-Hofs interessiert eine Abschrift des **Friedens-vertrags zwischen Ramses II. und dem Hethiterreich** 23 – illustriert von Szenen der Schlacht von Kadesch.

Amun und Mut sind ohne Götterkind nicht komplett. Der **Tempel des jugendlichen Mondgottes Chons** 24 findet sich in der Südwestecke des heiligen Areals. Es ist als Mammisi im rechten Winkel zum Haupthaus des Amun erbaut, als Bauherren treten Ramses III., IV. und XI. auf sowie der vom Hohepriester des Amun zum Herrscher von Theben aufgestiegene Herihor. Unter den Kuschiten und Ptolemäern hielt man es offenbar für wünschenswert, dem Götterkind eine Amme zur Seite zu stellen: Die **Kapelle der nilpferdgestaltigen Opet** 25 wurde angebaut. Ptolemaios VIII. ließ vor dem Chons-Tempel ein weiteres großes Tor in der Umfassungsmauer anlegen, von wo aus eine Prozessionsallee, die sich mit einem vom zehnten Pylon kommenden Weg vereinigte, bis zum drei Kilometer entfernten Luxor-Tempel führte.

■ Abstecher zu Ptah

Altägyptische Götter waren gute Gastgeber. Jedenfalls finden sich bei allen größeren Heiligtümern immer auch zahlreiche Kapellen für andere Gottheiten des Landes. Hier in Karnak gibt es für ausgewählte Kollegen sogar eigene Tempelchen. Besondere Beachtung erhielt Ptah, der in Memphis selbst ein Heiligtum besaß, das dem des Amun in Karnak ebenbürtig gewesen sein dürfte. Da seine Heimatstadt Memphis im Norden des Landes lag, errichtete man seine **Kultstätte** 26 direkt an der nördlichen Umfassungsmauer. Durch das Nordtor des großen Säulensaals erreicht man den Pfad dorthin.

Drei im Vergleich zum Amun-Tempel winzige Pylone markieren den Weg zum Tempelinneren. Sie entstanden in der Ptolemäerzeit, als der von Thutmosis III.

Karte S. 214

gegründete und von Schabaka renovierte Bau deutlich vergrößert wurde. Im Hof vor den drei Sanktuaren für die heilige Götterfamilie zeigen feine, teilweise noch bemalte Reliefs die bekannten Opferszenen. Bitten Sie die Wächter, die moderne Tür zu schließen, nachdem Sie das Allerheiligste betreten haben. Denn dann umfängt Sie wie einst den Hohepriester des Gottes Dunkelheit – nur erhellt durch das Licht, das durch eine kleine Öffnung in der original erhaltenen Decke einfällt. Besonders wirkungsvoll ist das Erlebnis in der rechten Seitenkapelle, wo eine Statue der löwenköpfigen Sachmet, der Gemahlin des Ptah, aufgestellt wurde.

■ Freilichtmuseum

Nördlich des ersten Hofs liegt die ›Puzzlestation‹ der Archäologen. Im Freilichtmuseum – ein Extraticket muss dort im Gelände erstanden werden – werden neuentdeckte Stücke gelagert, studiert und – im besten Falle – zu einem größeren Ganzen zusammengefügt. Es war in der Antike durchaus üblich, dass Teile des Tempels bei Umbauten abgerissen, versetzt oder als Füllmaterial für Neubauten verwendet wurden. Nicht nur

beim Aton-Tempel ging man scheinbar respektlos mit den Bauten der Vorgänger um. Zahlreiche Reliefblöcke, Säulenfragmente oder Statuenteile wurden als Fundamentblöcke wiederverwendet. Manchmal gelingen Glücksfunde – wenn beispielsweise Blöcke einer ganzen Wand an einem Fundort auftauchen. Allein im Mauerwerk des dritten Pylons haben sich die Überreste von zwei exquisiten Kapellen aus der Frühzeit des Amun-Heiligtums gefunden:

Die **Weiße Kapelle** von Sesostris I. war als Jubiläumskapelle anlässlich des Heb-Sed des Königs errichtet worden. Sie stammt aus der Zeit, in der Amun zum Reichsgott des ganzen Landes erhoben wurde. Überaus feingeschnittene Reliefs sprechen von der Blüte der Kunst um 1900 vor Christus.

Die schön gemaserte **Kalzitkapelle Amenophis' I.** diente nicht nur bei Prozessionen als Aufbewahrungsort der Götterbarke, ihr Platz war einst direkt vor dem Allerheiligsten gewesen.

Das Prachtstück der Ausstellung ist jedoch die wiedererrichtete **Rote Kapelle** der Hatschepsut. Sie ist in jeder Hinsicht ungewöhnlich – rötlicher Quarzit diente

Die Rote Kapelle der Hatschepsut

Ober- und Mittelägypten

Musikantinnen und Akrobatinnen in der Roten Kapelle

als Baumaterial, abgesetzt mit Streifen grauen Granits. Die Eleganz dieses Gebäudes wird unterstrichen von der Feinheit der Reliefs, die offenbar nicht vor Ort, sondern in Werkstätten angefertigt worden waren. Die Kapelle, die erst im Jahr 17 der Pharaonin in Auftrag gegeben wurde, war möglicherweise nie an ihrem geplanten Bestimmungsort aufgebaut worden.

ℹ️ **Amun-Tempel**

Öffnungszeiten: im Sommer tägl. 6–18 Uhr, im Winter 6–17 Uhr.

🎵

Sound&Light-Show: Allabendlich nach Sonnenuntergang mehrere Veranstaltungen in wechselnden Sprachen. Beginn im Winter: 19, 20, 21 Uhr, im Sommer jeweils eine Stunde später (www.sound andlight.com.eg/Shows/KarnakHome/Timetable.aspx). Falls die Show in der gewünschten Sprache gerade nicht läuft, kann man sich per Kopfhörer die passende Sprache einspielen lassen. Die Besucher gehen zu Beginn durch den ersten Hof, den großen Säulensaal und am heiligen See vorbei zur Tribüne.

Die gezielte Beleuchtung einzelner Bauphasen macht die Entstehung dieses riesigen Heiligtums sichtbar – der deutsche Text ist schon etwas älter und wirkt daher leicht betulich, dennoch ist die Show beeindruckend.

Museum für altägyptische Kunst

An der Corniche el-Nil etwa 1, 5 Kilometer südlich des Tempels von Karnak liegt das große Museum von Luxor. Im Jahr 2004 wurde ein neuer Flügel eröffnet, in dem die Glanzzeit Ägyptens während des Neuen Reichs mit ausgewählten Stücken vorgestellt wird. Überhaupt ist es ein Anliegen dieses Museums, den Besuchern mit besonders qualitätvollen Stücken die Kunst der Pharaonenzeit nahezubringen. Das beginnt schon in der Eingangshalle, wo eine elegante **Statue des Gottes Amun** aus der direkten Nach-Amarna-Zeit zu bewundern ist. Deutlich

 Karte S. 209

ist der Unterschied zu der nur wenige Jahre älteren Kunst unter Amenophis III. zu erkennen. Der Kopf einer Kolossalfigur aus seiner Zeit lädt zum Vergleich ein – achten Sie dabei besonders auf Mund- und Augengestaltung. Das Idealbild eines schönen, huldvoll lächelnden und den Spuren der Zeit nicht unterworfenen Herrschers wurde hier geschaffen.

Mit derart geschärftem Blick gehen Sie die wenigen Stufen hoch zu dem **Bildnis von Sesostris III.**, das noch einmal gut 500 Jahre älter ist: Um 1860 vor Christus schufen die Künstler aus Rosengranit dieses eindrucksvolle Porträt eines alt gewordenen Mannes mit scharf geschnittener Nase, schweren Lidern und Tränensäcken, tiefen Falten um den Mund und an der Nasenwurzel – und dennoch ist der Ausdruck des mächtigen Pharao überaus energisch und selbstbewusst.

Nur wenige Meter weiter finden sich der überlebensgroße Kopf einer **Statue der Hatschepsut** und die aus Grauwacke

Amenophis III. in zeitloser Schönheit

gearbeitete, makellose **Figur ihres Neffen Thutmosis III.** Deutlich tritt die Ähnlichkeit zutage – die von breiten Schminkstrichen umrahmten Augen, der lächelnde Mund und die gekrümmte Nase sind ganz charakteristische Merkmale dieser Familie. Ungewöhnlich ist die Statuengruppe in der Mitte des Saals: Sie zeigt die überlebensgroße **Sitzfigur des krokodilköpfigen Sobek**, flankiert von einer kleinen Standfigur des Königs. Laut Inschrift auf dem Rückenpfeiler soll es sich um Ramses II. handeln – aber Ihnen ist sicher schon aufgefallen, dass Sie diese Gesichtszüge gerade bei Amenophis III. gesehen haben. Ramses hatte die Gruppe aus gemasertem Alabaster einfach usurpiert.

■ **Großmacht Ägypten im Neuen Reich**

Eine kurze Treppe am Ende des Saals führt in den neuen Teil des Museums. **Thutmosis III.** erwartet Sie – der große Kriegsheld sitzt majestätisch auf seinem Thron. Eine Karte gegenüber an der Wand zeigt die Gebiete, die Ägypten ab der Zeit um 1500 eroberte und damit zur Weltmacht aufstieg. Neue Kampftechniken hatten wesentlich zur Erweiterung des Reiches beigetragen. Ein **Streitwagen** aus dem Grabschatz des Tutanchamun zeigt die Ausstattung der Elitetruppe des ägyptischen Militärs. Amenophis II. war ein starker Kämpfer, glaubt man dem Relief, das ihn beim Bogenschießen zeigt: Seine Pfeile durchdringen eine massive Kupferplatte wie Butter – und auch der Torso des muskelbepackten Königs gleich neben dem Relief lässt die Körperkraft dieses Herrschers erahnen. Überraschend klein und feingliedrig wirken dagegen die Gestalten der beiden Herrscher, zu deren Ehren dieser Teil des Museums konzipiert wurde. Die **Mumien von Ahmose und Ramses I.** sind in abgedunkelten Räumen

Ober- und Mittelägypten

Statue der Göttin Junit

in der Mitte des großen Saals zu sehen. Ahmose war einer der Herrscher, denen es am Ende der 17. Dynastie gelang, die Hyksos aus dem Lande zu treiben und damit die Grundlage für den Aufstieg zu neuer Größe zu legen. Sowohl seine Mumie wie auch die von Ramses, dem Stammvater der 19. Dynastie, waren nicht immer mit dem nötigen Respekt behandelt worden. Bereits um 1100 vor Christus kam es zu schweren Plünderungen der Königsgräber – einige der Pharaonen mussten schließlich gut 100 Jahre später umgebettet werden. Diese Notbestattungen entdeckten Grabräuber der Neuzeit. Um 1870 wurde die Mumie von Ramses I. inkognito nach Kanada verkauft – erst über 100 Jahre später gelang die (sehr wahrscheinliche) Wiederidentifizierung. Ramses gelangte 1999 schließlich in den Besitz eines Museums in den USA, dessen Leitung die Rückführung des königlichen Leichnams beschloss.

Die Objekte der oberen Galerie dieses Saals stammen zu einem Großteil aus den Tempelanlagen von Karnak – so die löwenköpfigen Statuen der Mut-Sachmet – oder aus den Gräbern von Theben-West. Interessant sind die verschiedenen **Gerätschaften der altägyptischen Schreiber**: Paletten, ›Notizzettel‹ in Gestalt von Kalksteinscherben, Farbpigmente und Messwerkzeuge sind zu betrachten.

■ Das große ›Atontempel-Puzzle‹

Von besonderem Interesse sind im alten Teil des Museums noch die Funde aus der Zeit des Echnaton. Mehrere Fragmente seiner eigenwilligen Statuen zeigen die hageren und extrem in die Länge gezogenen Gesichtszüge sowie die schmalbrüstige, aber breithüftige Figur dieses exzentrischen Herrschers. Hier finden sich auch zwei Rekonstruktionen von Wänden des Aton-Tempels. Die in Karnak wiederverwendeten Blöcke konnten zu einem Teil wieder zusammengesetzt werden. Echnaton erscheint unter den Strahlen seines Gottes Aton im heute verschwundenen Gotteshaus. Erstmals erlauben diese Bilder auch einen Blick in die alltäglichen Arbeiten der Priester und Diener des Tempels: Da wird der Boden gefegt und mit Wasser besprengt, Brote werden gebacken, Fleischstücke zum Trocknen aufgehängt – und nach getaner Arbeit darf gegessen werden.

■ Die Statuen der Luxor-Cachette

Verlassen Sie das Museum auf keinen Fall, ohne einen Abstecher in die unterirdische Galerie gemacht zu haben! 1989 entdeckte man bei Renovierungsarbeiten im großen Hof des Luxor-Tempels ein Statuenversteck – eine Sensation, die nur noch von der Schönheit der gefundenen Stücke übertroffen wurde. Den Auftakt macht links die **Gruppe des vor dem Gott Atum knienden Pharao Haremhab**, es folgen zwei Statuen des thronenden **Amun**, der dem König die Krone aufsetzt. Schwer zu entscheiden ist, welche der zwei thronenden Göttinnen vollkommener wirkt: **Iunit** oder **Hathor**? Beide zeigen sie die typischen Kennzeichen der Kunst aus der Zeit **Amenophis' III.**, der selbst mit einer 2,5 Meter hohen Statue aus rotem Quarzit vertreten ist. Die Statue ist das Abbild einer auf einem Transportschlitten stehenden Statue des Königs – bislang ist keine Parallele zu diesem Statuentyp bekannt.

Seit 2015 ergänzen Funde aus dem Totentempel Thutmosis' III. in Theben-West die Ausstellung. Ein Prunkstück ist eine weibliche **Mumie aus dem Mittleren Reich** mit reichem Goldschmuck, der den antiken Grabräubern entgangen war. **Museum für altägyptische Kunst**; 9–14 und 17–21 Uhr, Fotografieren derzeit erlaubt (mit Fototicket).

Ober- und Mittelägypten

Amun-Tempel von Luxor

Eine drei Kilometer lange, von Sphingen, Büschen und Palmen gesäumte Allee verband seit der Zeit Ramses' II. die beiden Tempel des Amun miteinander. Ein Teil dieser alten Prachtstraße ist vor dem Pylon des kleinen Tempels noch zu sehen.

Es muss ein eindrucksvolles Bild gewesen sein, wenn anlässlich der großen Prozession zum Opet-Fest der gesamte Hofstaat in edelsten Gewändern den Weg des Gottes Amun von Karnak zu seinem ›südlichen Harem‹ begleitete. In Leopardenfelle gehüllte Priester schritten dem Götterbild voran, das in einer von weißgewandeten Trägern geschulterten Barke stand. Sie stimmten Hymnen zu Ehren des Amun an und verbrannten Weihrauch. Überall funkelten juwelenbesetzte Schmuckstücke, selbst das Zaumzeug der Pferde war frisch poliert worden. Das Volk, das mit gewissem Abstand den Umzug bestaunte, jubelte vor Begeisterung – selten genug kam es der Gottheit und den ganz Großen des Landes so nah. Bratenduft zog über die Stadt; zahllose Rinder, Gänse und andere Opfertiere waren für die Festgesellschaft geschlachtet worden. Nachdem die Götter gesättigt waren, wurden das Fleisch und alle anderen Speisen verteilt. Mit etwas Glück gab es sogar einen Schluck Wein oder einen Krug Bier dazu. Viele Gäste aus dem ganzen Land, aber auch ausländische Gesandte wohnten dem Spektakel bei, das sicher einen der Höhepunkte des Jahres darstellte.

■ Pylon

Doch zunächst verdient der **Pylon** 1 Aufmerksamkeit: Unter Ramses II. errichtet, trägt er statt der üblichen großformatigen Szenen des Erschlagens der Feinde eine detaillierte Schilderung der Kadesch-Schlacht. Auf dem rechten Tor-

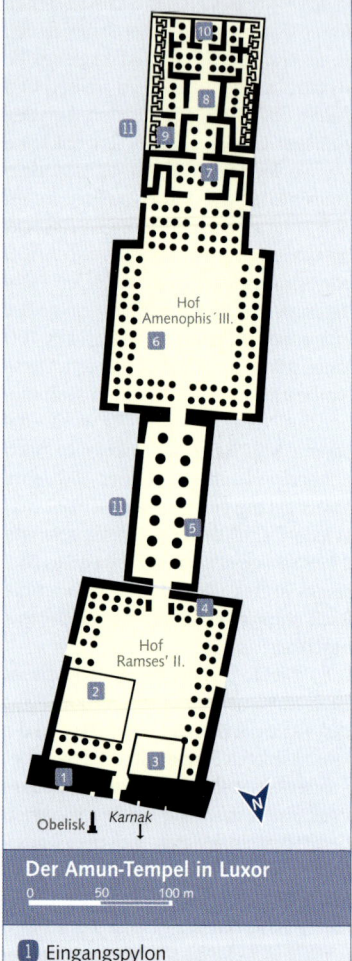

Der Amun-Tempel in Luxor

0   50   100 m

1 Eingangspylon
2 Abu-el-Haggag-Moschee
3 Stationsheiligtum
4 Einweihung des ersten Hofes
5 Darstellung des Opetfests
6 Hof mit Papyrusbündelsäulen
7 Kaiserkultkapelle
8 Barkensanktuar von Alexander dem Großen
9 Geburtshalle
10 Allerheiligstes
11 Freiluftmuseum

Der Amun-Tempel vom Ballon aus gesehen

turm ist der Pharao bei der Besprechung mit seinen Militärs zu sehen, während er links aktiv das Kampfgeschehen leitet. Sein Widersacher, der ›elende Fürst von Chatti‹ ist am äußersten Rand zu erkennen. Wie alle anderen Asiaten sucht er sein Heil in der Flucht. Vor dem Pylon steht noch einer der beiden Obelisken, sein Gegenstück gab Mohammed Ali als Geschenk nach Frankreich – er schmückt heute die Place de la Concorde in Paris. Zwei kolossale Sitzfiguren Ramses' II. flankieren den Eingang, ihnen standen einst je zwei kleinere Standfiguren zur Seite.

■ **Hof**
Durch das Tor betritt man einen großen Hof, an dessen Nordostseite sich über einer mehrere Meter hohen Schicht älterer Bauten eine **Moschee** 2 erhebt. In ihr ist der hochverehrte Lokalheilige Abu el-Haggag bestattet, weshalb der Freilegung des Tempels an dieser Stelle Grenzen

gesetzt sind. Aus der Zeit der Hatschepsut stammt das zierliche **Stationsheiligtum** 3 in der Nordwestecke. Viel größer und wuchtiger sind die Säulen aus der Zeit Ramses', die den Hof auf drei Seiten umziehen. Zwischen ihnen sind Statuen des Herrschers aufgestellt, von denen einige ursprünglich für Amenophis III. gearbeitet waren.
Interessant ist ein **Relief** 4 an der Südwestseite des Hofes: Es zeigt die Feier anlässlich der Einweihung des ersten Hofs. Eine lange Reihe von Prinzen schreitet auf den ersten Pylon zu, der in seiner ganzen Pracht mit vier Fahnenmasten, zwei Obelisken und insgesamt sechs Statuen des Pharao geschmückt war.

■ **Säulenhof Amenophis III.**
Noch einmal thront Ramses paarweise am Durchgang zur Kolonnade. Die erst unter Ramses angelegte Verbindungsstraße nach Karnak hatte den Knick in der Achse bewirkt – deutlich erkennt man die

Am Säulenhof Amenophis' III.

andere Ausrichtung der unter Amenophis III. erbauten Säulenreihen. Gehen Sie ein wenig zur Seite – an der westlichen Wand dieses langen Saals finden sich die im Auftrag von Tutanchamun angebrachten **Reliefs** 5, die in bewegten Bildern den Prozessionszug zwischen Karnak und Luxor schildern. Details wie die vor Ehrfurcht zu Boden gesunkenen Soldaten, die Musikanten und Tänzerinnen sowie die in den Nebenräumen des Tempels eifrig noch Opfergefäße füllenden Diener vermitteln die Stimmung bei diesem aufregenden Ereignis.

Großzügig erscheint der weite, von majestätischen, aber dennoch elegant wirkenden Papyrusbündelsäulen umstandene **Hof** 6, der zu Festtagen voller Altäre stand, auf denen Schalen voller Obst, Weinkrüge und schön gebundene Blumensträuße aufgestellt wurden. In der Nordwestecke des Hofes befindet sich die Stelle, an der man bei Renovierungsarbeiten 1989 unter dem Bodenbelag das Statuenversteck fand.

■ Die Geburt des Amenophis

Nach Süden hin schließt sich an den Hof ein deutlich kleinerer Raum an, der während der Römerzeit in eine **Kaiserkultkapelle** 7 umgestaltet wurde. Reste der bemalten Stuckierung sind noch über den Reliefs von Amenophis III. zu erkennen. Ein modern in die Rückwand der römischen Kapelle gebrochener Durchgang führt in einen Viersäulensaal, dessen Wände den Pharao bei verschiedenen kultischen Handlungen vor Amun und seiner Götterfamilie zeigen.

Für den nächsten Raum stiftete kein Geringerer als Alexander der Große ein neues **Barkensanktuar** 8. Gut 1000 Jahre liegen zwischen den Reliefs an den Außenseiten dieses Sanktuars und den gegenüberliegenden Wandbildern des Neuen Reichs.

Eine Tür in der Nordostecke des Raums führt in einen **Nebenraum** 9, der die Bedeutung des ganzen Tempels im Zusammenhang mit dem großen Heiligtum des Amun in Karnak beleuchtet. Eine

Karte S. 228

regelrechte Bildergeschichte lässt sich von der Westwand lesen: Ganz rechts unten erscheint Amun-Ra, der seine Absicht kundtut, einen neuen Pharao zu zeugen – schließlich galt der altägyptische Herrscher als Sohn Gottes. Die Wahl der Mutter des zukünftigen Königs fällt auf Mutemwia, die Gattin des amtierenden Pharao, die vom ibisköpfigen Gott Thot zu einem Treffen mit Amun geführt wird. Auf einem Zeremonialbett erscheinen der Gott und die Auserwählte in inniger Zweisamkeit: Die Beine der beiden überkreuzen sich und Amun streckt das Lebenszeichen ›anch‹ zum Schoß der Mutemwija. Im folgenden Bild erhält der widderköpfige Schöpfergott Chnum den Auftrag, das Kind und seinen Ka zu schaffen. Im darüberliegenden Register setzt sich die Erzählung – diesmal von links nach rechts – fort. Thot, der Götterbote, verkündet Mutemwija, dass sie den Sohn Gottes und neuen Herrscher der Welt gebären wird. Neun Monate später führen zwei Geburtshelferinnen die hochschwangere Mutter in den Kreißsaal. Hier klafft in der Wand ein großes Loch, so dass der Blick in die Babystube zum von göttichen Ammen versorgten Neugeborenen fehlt. Ganz rechts schließt das Geschehen dann mit der Übergabe des Kindes an seinen göttlichen Vater Amun, der es anerkennt und aller Welt verkündet: »Er soll die segensreiche Herrschaft ausüben in diesem ganzen Land … er soll die beiden Länder regieren wie Ra ewiglich.«

Diese Geburtslegende, ganz klar eine Vorläuferin der Weihnachtsgeschichte, weist den Luxor-Tempel als Geburtshaus aus. Das wird bestätigt durch die Ausrichtung des Heiligtums, das im rechten Winkel zu dem von Karnak steht.

Auf der Ostseite des Tempels wurde ein ›Open-Air-Magazin‹ angelegt, in dem Reliefblöcke ausgestellt sind, die bei den Grabungen der letzten Jahre entdeckt wurden. Über 50 000 Blöcke wurden in Karnak und Luxor ausgegraben, die meisten im Zuge der Freilegung der langen Sphinxallee zwischen den beiden Heiligtümern.

Luxor-Tempel; im Sommer täglich 6–22, im Winter 6–21 Uhr.

Mumifizierungsmuseum

Schon Herodot (6. Jahrhundert vor Christus) faszinierten offenbar die Techniken der Einbalsamierer, über die er in seinem Werk ausführlich berichtet: »Dann macht man mit einem scharfen aithiopischen Stein einen Schnitt in die Weiche und nimmt die ganzen Eingeweide heraus… Nun legen sie die Leiche ganz in Natron, siebzig Tage lang.« Filme wie ›Die Mumie‹ zeigen, dass das Interesse an diesem Thema nicht nachgelassen hat. Mit wehenden Leinenbinden geistern da die Untoten über die Leinwand und verfolgen frevelhafte Menschen mit ihrem Fluch. Jenseits von Hollywood und sonstigen Märchen- oder Gruselgeschichten bietet das kleine Mumifizierungsmuseum im Unterbau der Corniche nördlich des Luxor-Tempels Aufklärung. Eine kurze Einführung mit Kopien der wenigen altägyptischen Abbildungen zu diesem The-

Krokodilsmumien

Ober- und Mittelägypten

ma und Auszügen aus den Totenbüchern bildet den Auftakt der Ausstellung.

Die sehr gut erhaltene **Mumie des Hohenpriesters Maserharti** aus der 21. Dynastie zeigt, wie gut die Mumifizierer ihrer Handwerk beherrschten. Kein ausgewickelter Leichnam ist hier zu bestaunen, sondern das Endprodukt der sorgfältigen Verhüllung. Wie man die Verstorbenen für die Ewigkeit präparierte, wird an Tiermumien – Fisch, Krokodil, Rind und Katze sind gleichermaßen vertreten – und mithilfe von Werkzeugen und verschiedenen Substanzen erläutert. Pinzetten, Haken, Messer, Löffel und Meißel dienten als Hilfsmittel, um in den Körper einzudringen und auch das Gehirn zu entfernen – schließlich sollte die Verwesung mit allen Mitteln gestoppt werden. Neben dem Natron, das der Leiche das Wasser entzog, wurden Gummi arabicum, Harz, Weihrauch, Salböle und diverse Duftstoffe verwendet. Sägespäne und alte Lappen dienten als Stopfmaterial, um die ursprüngliche Körperform annähernd wiederherzustellen. In einzelnen Fällen wurden über 350 Meter Leinen zur Wickelung der Mumie verwendet. Dabei konnten die Balsamierer kleinere – oder auch größere – Pannen elegant verdecken: Archäologen entdeckten Mumien, in deren Wickelung neben den schutzbringenden Amuletten auch tote Mäuse oder Käfer steckten. Krasser noch sind die Fälle, wo den Verstorbenen die Beine und Arme falsch wieder angesetzt worden waren. Gut, dass die Sitte des Mumien-Auswickelns erst im 19. Jahrhundert nach Christus zum gesellschaftlichen Event avancierte ...

Mumifizierungsmuseum; täglich 9–14 und 17–21 Uhr (letzter Einlass 30 Min. vor Schließung).

ℹ️ Luxor

Vorwahl: +20/95.

Flughafen, Bahnhof, Straßen und der Nil verbinden Luxor mit allen Regionen Ägyptens. Mehrmals täglich wird Kairo angeflogen, Flüge nach Assuan und Hurghada bzw. Sharm el-Sheikh werden gegenwärtig nur mit Zwischenstopp in Kairo angeboten (Anfang 2017). **Innerhalb der Stadt** liegen der Luxor-Tempel, das Mumifizierungsmuseum, der Basar und das Luxor-Museum in Fußwegentfernungen.

Zum großen **Amun-Tempel** in Karnak gelangt man per Taxi oder Kalesche, auch mit einer Felukka kann man sich vom Stadtzentrum dorthin bringen lassen. Achten Sie bei der Auswahl einer Kutsche bitte auf den Zustand des Pferdes – nicht alle Tiere werden gut gehalten.

Zum **Westufer** setzt auf Höhe des Luxor-Tempels eine Fähre über. Südlich der Stadt verbindet eine Brücke die beiden Ufer.

Sowohl auf der Ost- wie auch auf der Westseite kann man **Fahrräder** mieten (an der Hotelrezeption oder an der westlichen Anlegestelle der Fähre), allerdings ist das Fahren nicht immer vergnüglich – Bus- und Taxifahrer nehmen herzlich wenig Rücksicht auf Radfahrer.

Seit Ende 2016 gibt es den **Luxor Pass** für Gräber, Tempel und Museen. Er gilt an fünf aufeinanderfolgenden Tagen. Ausgestellt wird er im Public Relations Office des Altertümerinspektorats hinter dem Luxor Museum oder in der Touristeninformation am Bahnhof. Sie brauchen ein Passfoto, eine Fotokopie Ihres Reisepasses und ggf. Ihres Studentenausweises. Die Bezahlung muss bar in US-Dollar oder in Euro erfolgen. Es gibt vier Varianten: Rot (200 US-Dollar) – für Erwachsene, schließt die Gräber von Sethos I. und Nefertari ein (Studenten: grün, 100 Dollar), Blau (100 Dollar, Studenten: gelb, 50 Dollar). Der Besuch in den Gräbern von Sethos I. und Nefertari ist auf 250 Besucher pro Tag begrenzt.

Weit ziehen sich die Liegeplätze der schwimmenden Hotels nach Norden und

► Karte S. 209

Süden. Generell lässt sich sagen, je weiter außerhalb der Stadt das Schiff liegt, umso ruhiger wird die Nacht. Aufgrund der dramatisch gesunkenen Besucherzahlen sind viele Schiffe außer Betrieb. Welche Schiffe zwischen Luxor und Assuan unterwegs sind, lässt sich daher kaum voraussagen.

Die **MS Club Vision**, ein sehr sympathisches Boot mit 21 Außenkabinen und für ein Flussschiff ausgesprochen großzügigen Badezimmern sowie großen Schiebefenstern, fährt u.a. auch die lange Strecke zwischen Kairo und Assuan. Buchungen über ›Phoenix Reisen‹, Tel. +49/228/92600, www.phoenixreisen.com; mittel. → auch Assuan, S. 155.

Auch in Luxor kann man mit dem **Segelboot** fahren. Die Felukka-Kapitäne sind im Stadtzentrum an der Corniche, in der Nähe der Fährlegestellen und auch in der Nähe der Liegeplätze der Hotelschiffe zu finden.

4- bis 5-Sterne-Kategorie:

Old Winter Palace, Corniche el-Nil (südlich Luxor-Tempel), Tel. +20/95/2380425, Fax +20/95/2374087, www.sofitel.com; teuer bis sehr teuer (saisonal). Ursprünglich als Palast für die königliche Familie erbaut, beherbergte das Traditionshaus schon die Ausgräber des Tutanchamun-Grabes Howard Carter und Lord Carnarvon. Ein parkartiger Garten gewährt mitten in Luxor einen Ort der Stille. Zimmer zur Straße bieten zwar einen wunderschönen Blick über den Nil bis nach Theben-West, sind allerdings nicht ganz ruhig. Im ›Sofitel Pavillon Winter‹ direkt nebenan kann man den Garten und den Pool genauso genießen, die Zimmer im moderneren Nebenhaus sind allerdings deutlich günstiger.

Jolie Ville Kings Island, Luxor, 4 km südlich außerhalb der Stadt auf einer eigenen kleinen Insel, Tel. +20/95/2274855, Fax +20/95/2274936, www.maritim.de, resort @lux-maritim-jolieville.com; mittel bis teuer (saisonal). Über 300 Zimmer, überwiegend im Bungalowstil, verteilen sich in der großzügigen Gartenanlage. Bus- und Boot-

Shuttle bringen Gäste ins Stadtzentrum. Ein großer Pool, extra Kinderpool, Tennisplätze und weitere Sportmöglichkeiten bieten ideale Ergänzung zum reichhaltigen Kulturangebot von Luxor. Ideal für Familien, aber auch für Gäste, die einen Mix aus Kultur, Sport und Erholung suchen.

Steigenberger Nile Palace Hotel, Sharia Khaled Ibn el-Walid, Tel. +20/95/2366999, Fax +20/95/2365666, www.steigenberger.com; mittel bis sehr teuer, je nach Zimmerkategorie und Saison. Kostenfreie Buchung aus Deutschland, Österreich und der Schweiz: Tel. 00800/78468357. Etwas südlich des Zentrums, mit einem Garten zum Nil liegt das elegante Haus, das vom Standardzimmer (mind. 31 m²) bis zur Präsidentensuite (98 m², große Terrasse) keine Wünsche offen lässt.

2- bis 3-Sterne-Kategorie:

Nefertiti Hotel, Sharia el-Sahabi, Tel./Fax +20/95/2372386, www.nefertitihotel.com; preiswert. Eines der besten Budget-Hotels in Luxor: Saubere Zimmer, zentrale Lage, freundlicher Service, opulentes Frühstück bis 12 Uhr. Ein zur Familie gehörendes Reisebüro bietet Touren in die nähere und weitere Umgebung an.

Unklassifiziert:

Für alle, die nicht unbedingt internationale Standardunterkünfte suchen, gibt es eine gute Auswahl von kleinen Häusern auf der **Westseite des Nil** in der Nähe der Fährlegestelle (→ Theben-West, S. 235).

Sofra, Sh. Mohammed Farid 90, Nebenstraße der zum Bahnhof führenden Sh. al Manshija, südwestlich vom Bahnhof, Tel. +20/95/2359753, www.sofra.com.eg; preiswert bis mittel. Egal, ob Sie Halb- oder Vollpension gebucht haben, hier sollten Sie sich mit echt ägyptischer Küche verwöhnen lassen. Entweder im ›Wohnzimmer‹-Separée, im kleinen Innengarten oder im herrlich orientalisch eingerichteten ersten Stock. Vorspeisen und Hauptgerichte werden frisch zubereitet, ebenso die saisonal angebotenen Säfte. Abends reservieren!

Ober- und Mittelägypten

Jamboree, mitten im Basar; preiswert. Direkt im Herzen von Luxor bietet dieses Lokal gutes Essen oder einfach nur eine Ruhepause bei Tee, Kaffee, Säften oder Wasserpfeife. Von der Terrasse hat man einen herrlichen Blick über das Geschehen im Basar.

Pizza Roma, Sh. al Mahdi (hinter dem Hotel St. Joseph); preiswert bis mittel. Ausgezeichnete Pizza und Pasta nicht nur für die, die ausnahmsweise mal nicht ägyptisch essen wollen.

Wenkie's, Sh. al-Gawasat (zweigt von Sh. Khaled Ibn al Walid ab, Höhe ›Steigenberger-Hotel‹); Sa–Mi ab 14 Uhr. Eis essen am Nil? Unbedingt! Nach italienischem Rezept mit ägyptischen Geschmacksrichtungen von den deutschen Besitzern Babett und Ernst: Karkadé-Sorbet oder Datteleis aus Wasserbüffelmilch, Eis aus Früchten der Domplame, dazu Milchshakes und hausgemachte Schokolade.

Der **Basar** von Luxor hat in den letzten Jahren auch aufgrund der Grabungen entlang der Sphinxallee ein wenig sein Gesicht geändert. Doch östlich des Luxor-Tempels um die Sharia es-Suq finden sich nach wie vor Geschäfte, Gewürzstände und Cafés in reicher Auswahl. Bäckereien oder Obst- und Gemüsestände zeigen, dass auch die Luxorianer hier einkaufen. Die großen **Papyrus**- und **Goldläden** reihen sich südlich des Zentrums in der Sharia Khaled Ibn el-Walid. Wo auch immer Sie einkaufen gehen – zahlen Sie nicht den ersten Preis (außer bei Lebensmitteln). Der Tourismus hat gerade in Luxor ein paar Nebenwirkungen, also feilschen Sie! In einigen wenigen Geschäften gibt es Festpreise bzw. Erstpreise, die nicht jenseits aller Realität liegen:

Habiba Gallery, Sh. Sidi Mahmoud (neben Susannah-Hotel), Zweigstelle in Karnak nahe dem Hilton-Hotel. Schöne Stoffe, Keramik, Glaswaren, Ohrringe, liebevoll ausgewählter Nippes – genau die richtige Adresse, um in Ruhe (!) ein paar Mitbring-sel auszuwählen. Die Produkte werden übrigens alle von lokalen Handwerkern und Künstlern hergestellt.

Art Gallery, Sharia Khaled Ibn el-Walid (neben dem ›Steigenberger Nile Palace Hotel‹), Aquarelle und andere Malereien ägyptischer Künstler, hochwertige Keramik und anderes Kunsthandwerk. Keine Billigware.

Winter Akhmim Gallery, Corniche el-Nil (südliche Winter-Palace-Arkaden, direkt unter der großen Hoteltreppe). Akhmim ist in Mittelägypten schon seit der Antike berühmt für seine Stoffe – zu Recht. Die Schals, Tücher, Decken, Kissenhüllen und viele andere textile Kostbarkeiten haben ihren Preis, sind aber auch von erlesener Qualität.

Aboudy Bookshop, Sh. Maabad Karnak (neben ›McDonalds‹). Wer Bücher liebt und Ägypten liebt, muss einfach zum Stöbern hier vorbeischauen. In dem 1909 gegründeten – mittlerweile mehrfach umgezogenen – Geschäft gibt es eine beeindruckende Auswahl an Literatur zu Ägypten: Archäologie, Zeitgeschichte, Romane, Kinderbücher, Bildbände, Postkarten, Landkarten, alles überwiegend auf Englisch.

Ballonfahrten: Jeden Morgen noch vor Sonnenaufgang steigen leuchtend bunte Ballons in den Himmel über Theben-West und ziehen – je nach aktueller Windrichtung – über den Nil und die Stadt oder das Antikengelände. Es ist ein fantastisches Erlebnis, die antiken Tempel und die moderne Bebauung von oben zu sehen. Von oben offenbart sich der einzigartige Charakter des Niltals besonders klar: Wüstenberge und Fruchtland rahmen den Fluss, wie Bauklötzchen von Riesen ragen die uralten Monumente darin auf. Da lohnt sich das Frühaufstehen! Z.B. mit:

Hod-Hod Soliman Balloon, Tel. +20/95/2271116, Tel. mobil +20/100/5857028, www.hodhodsolimanballoons.com.

Theben-West

An dieser Stelle möchte ich den Leser gleich darauf aufmerksam machen, dass man sich von der Ausdehnung der Denkmälerstätten in Theben nur ganz unvollkommene Vorstellungen macht, und seien sie auch von den gelehrtesten Reisenden sorgfältigst beschrieben. Es scheint mir unmöglich, sich diese Szenerie vorzustellen, ohne sie gesehen zu haben... Ich hatte den Eindruck, als beträten wir eine Stadt von Riesen ...
Giovanni B. Belzoni, *1816*

Nach einer Fahrt durch von Bewässerungskanälen durchzogenes Ackerland, auf dem neben Zuckerrohr und Bananenstauden vor allem Gemüse und Futterklee angebaut werden, erreicht man westlich des Dorfs **Neu-Qurna** die gerölligen Abhänge am Übergang zum thebanischen Gebirge. Zwischen den Bergen und dem Fruchtland wuchs spätestens seit dem Mittleren Reich einer der größten Friedhöfe des Landes. Die Grabplätze oben am Berg waren besonders begehrt, demzufolge liegen die meisten Gräber ab der späten 18. Dynastie näher am Fuß der Bergkette. Je nach sozialer Stellung der Bestatteten waren es üppig dekorierte Anlagen mit Säulensaal und geräumigem Vorhof oder einfache schlichte Schächte ohne Bildprogramm. Da lange Zeit fast nur Gräber der Oberschicht auf das Interesse der Archäologen getroffen sind, betrat ein Projekt des Deutschen Archäologischen Instituts Neuland. Nordöstlich des Hatschepsut-Tempels wurde bei **Dra Abu el-Naga** in einer großen Flächengrabung untersucht, wie das Friedhofsgelände im Lauf der Jahrhunderte genutzt wurde. Das Ergebnis belegt, dass seit der 11. Dynastie (um 2000 vor Christus) bis in die

Das Tal der Könige

Ober- und Mittelägypten

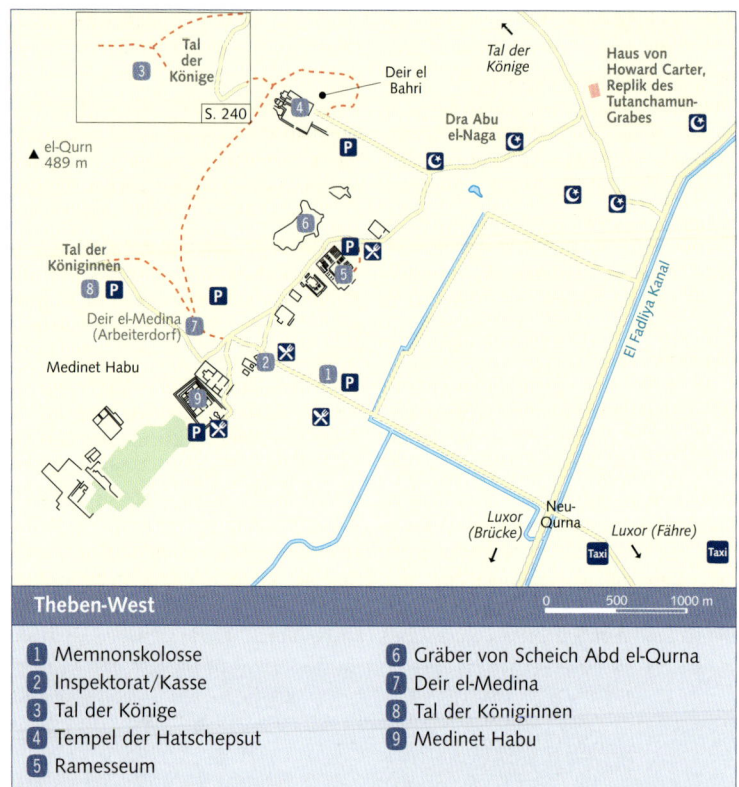

Theben-West

0   500   1000 m

1 Memnonskolosse
2 Inspektorat/Kasse
3 Tal der Könige
4 Tempel der Hatschepsut
5 Ramesseum
6 Gräber von Scheich Abd el-Qurna
7 Deir el-Medina
8 Tal der Königinnen
9 Medinet Habu

koptische Zeit hinein hier gebaut wurde. Bislang sind in Theben-West rund 1000 Gräber bekannt, nach Schätzungen der Ausgräber von Dra Abu el-Naga müsste die Zahl der Bestattungen um ein Vielfaches steigen, wenn die anonymen Familiengräber mitgezählt würden.

›Häuser für Millionen von Jahren‹ – die Totentempel der Pharaonen – säumten den Rand des Fruchtlands; der ›Platz der Wahrheit‹ – das Tal der Könige – dagegen lag verborgen im zerklüfteten Kalksteingebirge westlich davon. Über ein Gebiet von gut zehn Kilometern Länge erstreckt sich dieser ausgedehnte Friedhof. Seine Blütezeit lag im Neuen Reich zwischen 1500 und 1100 vor

Christus, als gegenüber auf dem Westufer die Hauptstadt sowie mit dem Amun-Tempel das geistliche Zentrum des Landes lagen. Im Westen, wo die Sonne untergeht, betrat man das Reich des Osiris. Es verhieß ewiges Leben für all die, die sich an die Gebote der Götter gehalten und ein Leben gemäß der Maat geführt hatten. Ein Leben, dass dem im Diesseits in vielen Punkten glich. Betrachtet man die Malereien in den Gräbern hoher Würdenträger, so zeugen sie von der Hoffnung, die erreichte Stellung auch im Jenseits beizubehalten. Dabei war das Grab selbst ebenso ein Spiegel des sozialen Stands wie die Reliefs und Malereien an der Wand.

Das Friedhofsgebiet war mit Balsamierungshaus, Kapellen und Gräbern aber nicht nur ein Ort für die Toten – die Verwaltung und Versorgung der Anlagen, die Organisation der Arbeiten und die Unterkünfte der Arbeiter wuchsen sich zu einer regelrechten Stadt aus. Schon bald gab es einen eigenen Bürgermeister, der für den reibungslosen Ablauf aller Angelegenheiten zuständig war. Es mussten Blumen für die Opferaltäre in den königlichen Totentempeln geliefert werden, ebenso durfte der Weihrauch in den Magazinen nicht ausgehen, Leinen für die Priester musste beschafft, Salböl, Brot und Bier für die Arbeiter bereitgestellt werden. Streitigkeiten zwischen Priestern und Beamten, Steinmetzen und Malern, Wasserträgern und Schlachtern waren nach Ausweis vieler Inschriftenfunde an der Tagesordnung. Auch die Polizei und die militärische Wachtruppe konnten die Ordnung nicht immer aufrechterhalten. Weite Teile des Gebiets galten als ›Sperrzone‹ für die einfachen Leute vom Ostufer. Schließlich arbeiteten hier die besten Handwerker und Künstler; sie waren bedeutende Geheimnisträger, die alles über die königlichen Bestattungen wussten.

Theben-West sah in den letzten Jahren tiefgreifende Veränderungen: Ein großer Teil der einfachen Häuser am Abhang des thebanischen Gebirges fiel der Abrissbirne der Antikenverwaltung zum Opfer. Nur wenige Gebäude – vor allem solche, die nachgewiesenermaßen schon seit 100 Jahren oder länger auf dem Gelände des pharaonischen Friedhofs stehen – durften bleiben. Als Rechtfertigung für den Abriss galt der Schutz der Antiken vor versickerndem Abwasser – die Häuser hier waren an keine Kanalisation angeschlossen – und vor Raubgrabungen seitens der Bewohner. Für die Händler, Restaurantbesitzer und Handwerker bedeutete die Umsiedlung einen massiven Eingriff in ihre Existenz – leben sie doch vom direkten Kontakt mit Antiken und Touristen. Zwar hat die Regierung neue Häuser angeboten, doch weder die Größe noch die Lage der neuen Siedlungen erschien den Bewohnern von Qurna oder Dra Abu el-Naga attraktiv.

Zahlreiche Häuser wurden von der Antikenverwaltung abgerissen

Ober- und Mittelägypten

Neuigkeiten aus dem Alten Ägypten

›Mumifizierte Überreste von über 50 Personen entdeckt‹ – ›Königsgrab aus der 11. Dynastie in Dra Abu el-Naga ausgegraben‹ – ›Vier Nobelgräber neu eröffnet‹ – ›Zwei Gräber aus der 18. Dynastie von amerikanisch-ägyptischem Team in Sheich Abd el-Qurna entdeckt‹ – ›Priestergrab entpuppt sich als steinerne Bibliothek‹ – ›5300 Jahre alte Siedlung und Grab eines bislang unbekannten Pharao in Abydos freigelegt‹ – ›Hafen aus der Zeit des Cheops am Roten Meer gefunden‹ ...

In den letzten Monaten und Jahren überschlagen sich die Neuigkeiten aus der Welt der Archäologen, gänzlich neue Funde oder spannende Wieder-Entdeckungen werden dabei nicht nur im Raum Luxor gemacht. Auch im Nildelta, in der Westwüste, in Assuan oder auf dem Sinai wird geforscht, Magnet-, Radar- und Infrarotmessungen, zum Teil von Satelliten übermittelt, helfen bei der Suche nach neuen Fundplätzen.

Besondere Aufmerksamkeit erhalten die Meldungen aus Theben-West: Im Grab KV 40 entdeckten Schweizer Forscher über 50 Mumien – Mitglieder der Königsfamilie, Söhne und Töchter der Pharaonen Thutmosis IV. und Amenophis III. Den gleichen Forschern gelang 2012 die Entdeckung eines noch nicht ausgeraubten Grabes, KV 64, das in der 22. Dynastie (im 9. Jahrhundert) für Nehmes-Bastet, eine Priesterin des Amun, wiederverwendet wurde. Ursprünglich war es wohl schon in der 18. Dynastie angelegt worden.

Im Vorfeld der Tempelanlage der Hatschepsut machten sich französische Archäologen an die Freilegung des Grabes von Padiamenope (TT 33) aus der 25. Dynastie – es erwies sich als eine Art Museum und Bibliothek der Antike: Die Wände zieren Unterweltstexte aus verschiedenen Epochen und die Räume wirken wie Modelle der Grabarchitektur seit der Zeit des Alten Reichs.

→ auch ›Immer wieder Aufregung um Tutanchamun‹, S. 245.

Grabungsarbeiten in Abydos

Memnonskolosse

Unvermittelt ragen zwei kolossale Sitzfiguren aus dem Fruchtland auf: Die **Memnonskolosse** **1**, die einst vor dem Pylon des riesigen Totentempels von Amenophis III. standen. Ursprünglich aus einem einzigen Block roten Quarzits gearbeitet, wirken die knapp 18 Meter hohen Figuren aufgrund von Rissen im Gestein und antiken Reparaturmaßnahmen seltsam grob. Doch bezaubert die in der ptolemäischen Zeit aufgekommene Legende um den nördlichen der beiden Kolosse: Sprachprobleme waren schuld, dass die ersten griechischen Besucher den Namen des Amenophis nicht richtig verstanden und zum ihnen vertrauteren Memnon umformten. Er war der Sohn der Eos, der rosenfingrigen Göttin der Morgenröte, der im Kampf um Troja gefallen war. Als nun die bei einem Erdbeben stark beschädigte Statue begann, des Morgens zu ›singen‹, fiel den Griechen die Erklärung nicht schwer: Memnon brachte seiner Mutter, die ihn mit ihren Tränen aus Tau benetzte, ein Ständchen dar. Nur prosaische Gemüter wollen da noch darauf bestehen, dass es nur der Wind war, der, vom Sonnenlicht erwärmt, durch die Ritzen der Statue pfiff. Nachdem um 200 nach Christus der römische Kaiser Septimius Severus die Renovierung der Statue angeordnet hatte, verschlug es dem wundersamen Koloss die Sprache.

Seit einigen Jahren sind deutsche Archäologen hier auf Spurensuche im scheinbar völlig abgeräumten Gelände – und haben tatsächlich Erstaunliches zutage gefördert: Zwei weitere Monumentalstatuen des Pharao lagen im Schwemmland verborgen, Bildnisse des Gottes Amun und eines Nilpferds sowie Überreste der Pylonfundamente und des Hofpflasters konnten bislang freigelegt werden. Dazu kamen in den letzten Jahren Fragmente von insgesamt 84 Statuen der löwenköpfigen Göttin Sachmet, zwei Sphingen, eine kolossale Krokodilsfigur und zahlreiche Stelenfragmente. Einige dieser Bildnisse wurden bereits wieder aufgestellt und bestätigen die Monumentalität dieser Tempelanlage, weitere Objekte sind noch unter weißen Tüchern verborgen. Ihre Rückkehr ans Tageslicht und an Freiluftbedingungen muss aus konservatorischen Gründen allmählich geschehen.

Tal der Könige

Ein spitzer Berg erhebt sich plötzlich höher als alle übrigen, ihn stützende, wallartige Felsengewände treten in langen, senkrecht abstürzenden Mauern daraus hervor, und unter ihnen werden hie und da einige schmale, zum Teil halb verschüttete Eingangspforten, wie zu Felsenkellern hinabführend, sichtbar.
Hermann Fürst von Pückler-Muskau,
1844

Im Norden des großen Friedhofsgebiets von Theben-West windet sich eine Straße nach Westen in das Gebirge. Vom Busparkplatz geht es weiter per ›taftaf‹, kleinen Elektrozügen, die Besucher noch ein Stück näher zum **Tal der Könige** **3** bringen. Viel hat sich hier geändert, seit die Antikenverwaltung zum Schutz der Gräber strengere Regeln eingeführt hat. Um Wasserschäden zu verhindern, wurde die Cafeteria aus dem Tal verbannt und selbst die Zahl der Toiletten, die in einer Art Bauwagen untergebracht sind, ist auf ein absolutes Minimum reduziert. Der Kalkstein in diesem Seitental des Westgebirges saugt Feuchtigkeit auf wie ein Schwamm und leitet sie weiter in die Schächte der Gräber, wo sie den Malereien und Reliefs schweren Schaden zufügt. Auch die Feuchtigkeit, die Abertausende von schwitzenden und redenden Menschen in die Stätten der

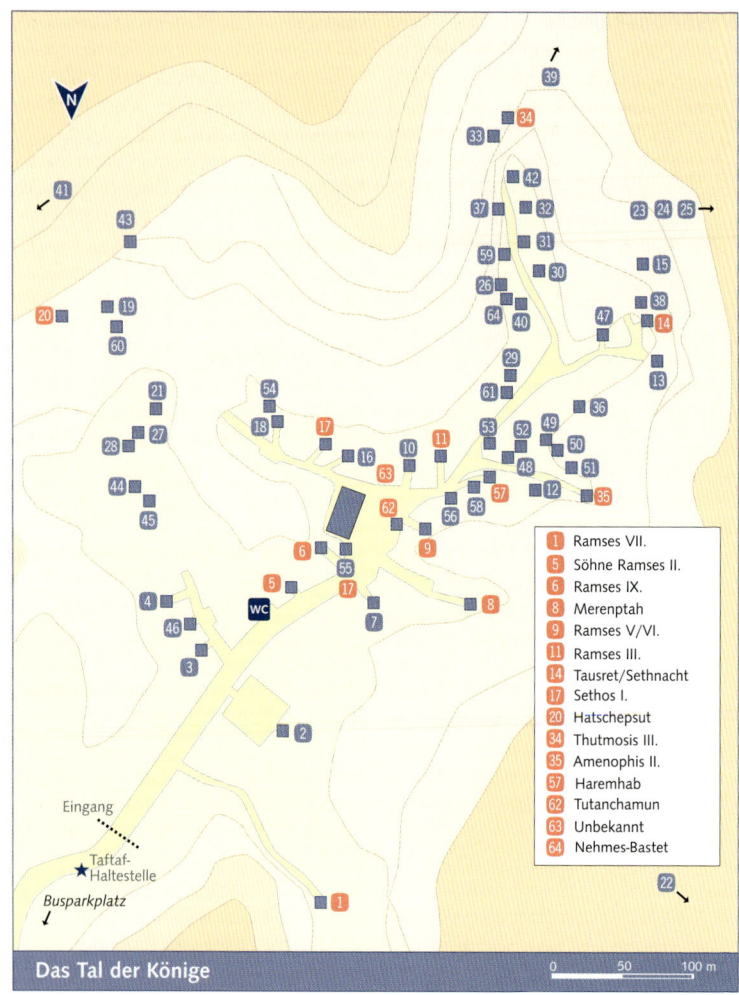

Legende:

1 Ramses VII.
5 Söhne Ramses II.
6 Ramses IX.
8 Merenptah
9 Ramses V/VI.
11 Ramses III.
14 Tausret/Sethnacht
17 Sethos I.
20 Hatschepsut
34 Thutmosis III.
35 Amenophis II.
57 Haremhab
62 Tutanchamun
63 Unbekannt
64 Nehmes-Bastet

Eingang

★ Taftaf-Haltestelle

Busparkplatz

Das Tal der Könige

0   50   100 m

Ewigkeit hineintragen, beschleunigt den Verfall – überall sind die dunklen Punkte des Schimmels zu erkennen, der an den Wänden wuchert. Wenigstens den Reiseleitern hat die Antikenverwaltung den Mund verboten: Erklärungen im Inneren der Gräber sind nicht gestattet – was als positiven Nebeneffekt den Geräuschpegel deutlich reduzierte. Um den Grabanlagen wenigstens ein Mindestmaß an Erholung zukommen zu lassen, werden immer nur wenige der insgesamt 62 Gräber im Turnus für die Öffentlichkeit zugänglich gemacht. Die Gräber sind in der Reihenfolge ihrer Entdeckung nummeriert: KV 1, am Eingang zum Tal rechts gelegen, stammt von Ramses VII., während KV 62 das berühmte, erst 1922 entdeckte Grab des Tutanchamun ist. Die Buchstaben KV vor der Zahl bedeuten Kings' Valley – Königstal. Mit wenigen Ausnahmen wurden hier im Tal nur Pharaonen bestattet, einige kleine, undekorierte Gräber waren in der 18. Dynastie als hohe Auszeichnung für enge Vertraute des Herrschers oder besonders geliebte Familienmitglieder, sogar für Lieblingstiere angelegt worden. So sind die Schwiegereltern von Amenophis III. im Tal beigesetzt worden und hat Ramses II. für seine früh verstorbenen Söhne das gewaltige Grab KV 5 anlegen lassen.

■ Von der Pyramide zum Felsengrab

Obwohl die Herrscher des Neuen Reichs, die hier ab etwa 1480 vor Christus ihre ewigen Ruhestätten anlegen ließen, sich eine völlig neue Architektur fürs Jenseits erdacht hatten, wollten sie wohl doch nicht gänzlich auf die altehrwürdige Form der Pyramide verzichten. Eine für alle – so könnte man es formulieren, wenn man sich die Bergspitze el-Qurn anschaut, die über dem südwestlichen Seitental aufragt. Unter diesem charakteristisch geformten Berg liegen einige der ältesten Gräber der Nekropole. Steil sind sie in den Fels eingetieft, über lange Treppen führt der Weg hinunter in die Grabkammer. Zu den frühen Anlagen zählen die Gräber der Hatschepsut (KV 20, nicht zugänglich), von Thutmosis III. (KV 34) und Amenophis II. (KV 35). Charakteristisch ist die abknickende Achse

dieser Gräber und die Tatsache, dass außer der Sargkammer nur einige wenige Stellen dekoriert wurden. Skizzenhaft, wie riesige an der Wand ausgebreitete Papyri, wirken die Bilder hier im Gegensatz zu den großformatigen und farbenfrohen Ausmalungen der späteren Gräber aus der 19. und 20. Dynastie. Im Gegensatz zu den lebensnahen Szenen in den Beamten- und Priestergräbern dominieren hier Darstellungen theologischen Inhalts.

■ Reise durch die Unterwelt

Jahrhundertelang hatten die Theologen am Nil sich Gedanken gemacht über das Leben nach dem Tod und ihre geheimen Erkenntnisse zusammengefasst und bebildert. Es entstanden das ›Buch von dem, was in der Unterwelt ist‹ – Amduat – und das ›Pfortenbuch‹, die jeweils die Unterwelt in zwölf Bereiche gliedern und die nächtliche Fahrt der Sonne schildern. Auf einem mehrfach abknickenden Weg gleitet die Barke des Sonnengottes, der des nachts mit Widderkopf erscheint, immer tiefer hinab in die Unterwelt. Zahlreiche Schlangen mit Flügeln, Beinen oder Menschenköpfen bewachen seinen Weg. Einer der gefährlichsten Momente wird allnächtlich in der siebten Stunde um Mitternacht erreicht: Eine riesige Schlange mit Namen Apophis ist das Sinnbild der zerstörerischen und lebensfeindlichen Mächte. Sie lauert in

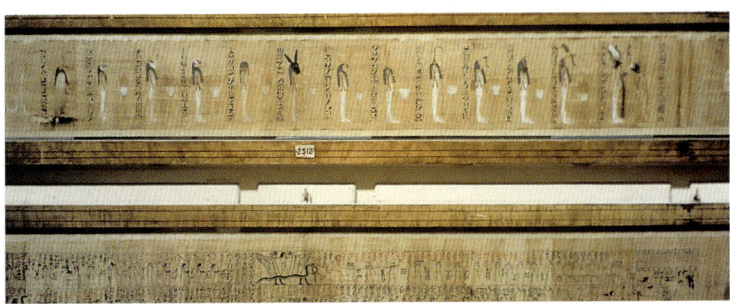

Unterweltsbücher auf Papyrus

Ober- und Mittelägypten

Kopie einer Anubisstatue aus dem Grab Tutanchamuns

den Tiefen des Jenseits, um die Weiterfahrt der Sonne und damit den neuen Tag und das Leben zu verhindern. Jede Nacht aufs Neue müssen die Götter all ihre Zaubermacht einsetzen, um Apophis in Bann zu schlagen. Isis und Seth sind es, die mit ihrer Magie und Kraft das Ende der Welt verhindern – die Reise des nächtlichen Ra kann weitergehen. Diese Szenen finden sich in nahezu allen Gräbern von Thutmosis III. (KV 34) über Merenptah (KV 8) und Ramses III. (KV 11) bis zu Ramses IX. (KV 6).

Im ›Höhlenbuch‹ und dem ›Buch von der Erde‹ sind die Bestrafung der Götterfeinde und die Wiederbelebung des Osiris zentrale Themen. Nur die seligen Verklärten, die ›gerechtfertigt an Stimme‹ sind, erfahren jede Nacht aufs Neue wie Osiris die Wiederbelebung. Der Gedanke an Gericht ist in vielen Szenen der Unterweltsbücher präsent, grausame Strafen warten auf all diejenigen, die Gottes Gebote verletzen. Beim Gedanken ans Jenseits dürften die Ägypter wohl durchaus auch Angst empfunden haben. Eindringlich klingen die Worte des Verstorbenen in der ›Halle der vollständigen Wahrheit‹ aus dem Totenbuch: »Ich habe kein Unrecht gegen Menschen begangen, und ich habe keine Tiere misshandelt. Ich habe nichts Krummes an Stelle von Recht getan … So rettet mich doch, schützt mich doch, macht keine Anzeige gegen mich beim Größten Gott. Ich bin einer mit reinem Mund und reinen Händen, den alle willkommen heißen, die ihn sehen.«

■ Der Lauf der Sonne und die Wiedergeburt des Osiris

Vom Ende der 18. Dynastie an wurde der Gedanke der Sonnenfahrt immer mehr auch in die Architektur des Grabes eingearbeitet, der Weg ins Jenseits wurde flacher und geradlinig. Theoretisch zumindest sollte die Sonne bis in die Grabkammer eindringen können, um den dort liegenden Leichnam zu neuem Leben zu erwecken.

Ein besonders prächtiges Bild fasst in den Gräbern von Tausret/Sethnacht (KV 14) und Ramses VI. (KV 9) dieses Thema zusammen: Gerahmt von blau-schwarzen Dreiecken, die die Dunkelheit und das Gewässer der Unterwelt symbolisieren, erscheint die Morgensonne als neugeborenes Kind am Osthorizont. Als Käfer setzt sie ihren Weg über den Tageshimmel fort, um im Westen wieder einzutauchen ins Jenseits, wo sie die Gestalt eines widderköpfigen Vogels annimmt. Diesem an einer der Schmalwände der Sargkammer angebrachten Bild gegenüber findet sich die Szenen von der Auferweckung des Osiris: Im zentralen Bild wird seine Mumie vom Licht der Sonne mit neuer Lebensenergie erfüllt: »Das Licht tritt ein in seinen Leichnam, als Ausspruch, der aus der Sonnenscheibe hervorging.« Sternenbekrönte Göttinnen sind Hüterinnen der Zeit, die sie in immer neuen Stunden verteilen.

Das ›Buch vom Tag‹ und das ›Buch von der Nacht‹ wurden ab der 19. Dynastie gerne an der Decke der Sargkammer angebracht, es findet sich in einer farblich noch wunderbar erhaltenen Fassung zum Beispiel im kleinen Grab von Ramses IX.: Eine langgestreckte Gestalt der Himmelsgöttin Nut beugt sich U-förmig über den Himmel. Am Abend verschluckt sie die Sonnenscheibe, die im Lauf der Nacht als rote Scheibe durch ihren Körper wandert, um am nächsten Morgen aus ihrem Schoß neu geboren zu werden. Im Gefolge der Sonne durchlaufen auch die Sterne diesen Kreislauf der Wiedergeburt, so heißt es in den ägyptischen Unterweltsbüchern: »Eintreten in den Mund, herauskommen aus der Scheide. Aufleuchten in der Türöffnung des Horizonts zur Stunde ›Die die Voll-

Ober- und Mittelägypten

kommenheit Ras erscheinen lässt‹, um den Lebensunterhalt der Menschen zu schaffen, des Viehs und allen Gewürms, das er geschaffen hat.«

Wichtige Königsgräber

Die Reihenfolge der unten aufgeführten Gräber folgt ihrer Anordnung im Tal entsprechend dem heutigen Zugang. KV 8 liegt dem Eingang am nächsten, während KV 34 ganz am Ende des westlichen Seitentals zu finden ist.

■ Merenptah

Das weite und flach in den Felsen getriebene Grab vom Ende der 19. Dynastie zählte bereits seit der Antike zu den Besucherattraktionen, was die griechischen und lateinischen Graffiti im Eingangsbereich deutlich belegen (**KV 8**). Im Eingangskorridor erscheint die Sonnenlitanei, in der sich der verstorbene Pharao mit den 75 Erscheinungsformen des Ra gleichsetzt. Ungewöhnlich ist der seinem Vater Ramses II. geweihte Nebenraum seitlich des ersten Pfeilersaals. Die Mumie des Pharao war von vier Särgen geschützt, drei Außensärgen aus rotem Granit und einem inneren aus weißem Kalkstein. Einer der Sargdeckel wurde in eine Nebenkammer des Grabes geräumt, der kleinste der Granitsärge war in der 21. Dynastie für die Bestattung des Psusennis nach Tanis verschleppt worden. Die Seitenwände der Grabkammer zeigen das Schlussbild des Höhlenbuchs und die Wiederbelebung des Osiris aus dem Buch der Erde.

■ Ramses IX.

Ebenfalls seit der Antike bekannt, ist dieses Grab vom Ende der 20. Dynastie das letzte, das im Tal angelegt wurde (**KV 6**). Es ist relativ klein, aber in seinen Details und Farben sehr gut erhalten. Gleich rechts nach dem Eingang erscheint Ramses IX. in Anbetung vor einer mu-

mienförmigen Gestalt des nächtlichen Sonnengottes mit vier Widderköpfen. Es folgen Szenen der Sonnenlitanei, aus dem Höhlenbuch und dem Amduat. Die astronomischen Darstellungen an der Decke des Korridors leuchten in intensivem Goldgelb auf dunkelblauem Grund. Im rückwärtigen Teil sind die Arbeiten vermutlich aus Zeitnot flüchtiger ausgearbeitet, besonders deutlich zeigt sich das auch in der kleinen Sargkammer, deren nur grob geglättete Decke vom Bild der Himmelsgöttin Nut eingenommen wird.

■ Tutanchamun

Im November 1922 entdeckte Howard Carter nach langen Jahren der Suche endlich das Grab des jung verstorbenen Königs aus der direkten Nach-Amarna-Zeit (**KV 62**). Obwohl es im Tal das kleinste Grab für einen Pharao ist, hat es wegen der darin gefundenen Schätze für weltweites Aufsehen gesorgt. Zwar waren Grabräuber schon in altägyptischer Zeit hier eingedrungen, aber offenbar waren sie in ihrer frevlerischen Tätigkeit gestört worden. Das Grab wurde wieder versiegelt und während der Arbeiten am benachbarten Grab von Ramses V./VI. (KV 9) schließlich derartig vom Bauschutt verdeckt, dass es völlig in Vergessenheit geriet. Tutanchamun, dessen Mumie erst Anfang 2005 erneuten medizinischen Untersuchungen unterzogen wurde, die einen gewaltsamen Tod ausschlossen, hatte in den wenigen Jahren seit Regierungsantritt noch kein repräsentatives Grab für sich anlegen lassen und musste daher mit einer Notunterkunft für die Ewigkeit Vorlieb nehmen. Nur die Wände der Sargkammer wurden mit Malereien geschmückt: Großformatige Bilder zeigen an der Rückwand rechts die Szene der rituellen Mundöffnung an der Mumie, links den jugendlichen Pharao in Umarmung mit dem Gott Osiris.

Karte S. 240 ▲

Immer wieder Aufregung um Tutanchamun

›Früh verstorbener König notdürftig im Grab seiner Mutter bestattet!‹ Hätte es im alten Ägypten Boulevardzeitungen gegeben – das wäre eine tolle Schlagzeile gewesen. Doch auch 100 Jahre nach der spektakulären Entdeckung seines Grabes erhitzt Tutanchamun die Gemüter. Der mit etwa 19 Jahren verstorbene König liegt möglicherweise nicht allein dort – so die These, die Nicholas Reeves 2014 formulierte. Schnell schossen die Spekulationen ins Kraut: Versperrt er vielleicht den Zugang zum Grab seiner Mutter beziehungsweise Stiefmutter? Liegt Nofretete in einer geheimen Kammer hinter dem Sargraum?

Wäre diese Idee nicht von einem international anerkannten Ägyptologen geäußert worden, man hätte sie schnell als verzweifelte Marketing-Campagne der ägyptischen Tourismusindustrie abgetan. Doch Nicholas Reeves hat sehr genau recherchiert. Erst vor kurzem wurde das Grab des Tutanchamun mit sehr hochauflösenden Kameras genauestens dokumentiert und als Faksimile neben dem ehemaligen Grabungshaus von Howard Carter nachgebaut. Auf den Bildern entdeckte Reeves Linien, die an zwei Seiten des Grabes Durchgänge anzudeuten scheinen. Infrarotmessungen, die im November 2015 die Existenz von Kammern hinter den Wänden bestätigten, wurden bei neuerlichen Radaruntersuchungen im Frühjahr 2016 widerlegt. Es gibt doch keine Räume hinter den Rissen, so der Ende Dezember weitgehend akzeptierte Stand.

Ob es weitere Untersuchungen geben wird, die den Befund endgültig klären können, bleibt abzuwarten. Auf alle Fälle lohnend ist der Besuch in der 2014 eröffneten Kopie des Grabes. Es liegt direkt neben dem Grabungshaus von Howard Carter, das mit seiner Ausstellung einen interessanten Einblick in die Grabungsgeschichte ermöglicht. Im alten Fotolabor, der urigen Küche und dem Arbeitszimmer finden sich originale Einrichtungsgegenstände.

Kopien von Grabbeigaben Tutanchamuns

■ **Sethos I.**

Es ist mit 137 Metern das längste bekannte Grab im Tal, und aufgrund seiner überaus feinen, in leuchtenden Farben gefassten Reliefs eines der schönsten. Es ist auch das erste, das in gesamter Länge dekoriert wurde. 1817 entdeckte der italienische Abenteurer und Ausgräber Giovanni Battista Belzoni diese Anlage (**KV 17**), Jean-François Champollion gelang elf Jahre später die Identifikation des Bauherrn. Im Eingangskorridor stehen Texte der Sonnenlitanei: ›Lobpreis sei dir, Ra, der du hoch an Macht bist, mit machtvollerem Herzen als sein Gefolge‹. In 75 verschiedenen Weisen wird der Sonnengott – meist in Mumiengestalt gezeigt – angerufen und mit dem verstorbenen König identifiziert: ›Ich bin du, und du bist ich, dein Ba ist mein Ba, dein Lauf ist mein Lauf durch die Unterwelt!‹ An der Decke breiten Geier ihre mächtigen Schwingen aus – in intensivem Rot und Blau leuchtet ihr Gefieder. Dazwischen schimmern in Goldgelb die Namen des Pharao: Men-Maat-Ra – Dauerhaft ist die Weltordnung/Gerechtigkeit des Ra, sowie Sethi-meri-en-Ptah – Sethos, geliebt von Ptah. Die allnächtliche Fahrt der Sonne durch die Unterwelt bis zum Aufgang am nächsten Morgen symbolisiert den Kreislauf des ewig sich erneuernden Lebens. Ein lang gewundener Schlangenleib, der von neun Göttern mit verhüllten Armen gepackt wird, bedroht die Reise der Sonne; die Szene schmückt die linke Wand des **Vier-Pfeiler-Saals**. Darüber stehen zwölf Gottheiten mit einem aufgerollten Messstrick; sie sind für die Neuverteilung der Ackerflächen im Jenseits zuständig. An den Pfeilern tritt Sethos I. vor verschiedene Gottheiten, wie Ptah (mit enger Kappe) oder Atum (mit blauer Perücke). Ein Nebenraum des folgenden Ganges zeigt die nicht fertig ausgearbeiteten Reliefs in feiner Vorzeichnung, während im Gang Bilder vom Ritual der Mundöffnung die Belebung des Königs garantieren.

Ein **Sechs-Pfeiler-Saal** bildet den Übergang zur **Grabkammer**, die erstmals mit einer gewölbten Decke versehen wurde. Hier finden sich astronomische Bilder in leuchtendem Goldgelb auf Dunkelblau. Die Kombination von Nilpferd und Krokodil wird als Sternbild des kleinen und großen Bären gedeutet. An den Wänden wurden Auszüge aus dem Amduat und dem Pfortenbuch angebracht, im Giebel der Westwand breitet die hockende Nephthys ihre Flügelarme aus. Wo einst der Alabastersarkophag des Königs stand (heute im Soane's-Museum, London), führt ein weiterer steiler Gang in die Tiefe. Er ist bislang nicht vollständig erforscht.

Karte S. 240

▲ *Deckenbilder im Grab Sethos I.*

■ Ramses V./VI.

Die Tatsache, dass dieses Grab von Vater und Sohn für eine gemeinsame Bestattung genutzt wurde, macht es allein schon zu einem der interessantesten (**KV 9**). Darüber hinaus zählt es mit seiner noch wunderbar erhaltenen, leuchtend farbigen Dekoration zu den schönsten und auch zu den größten Anlagen im Tal. Über 110 Meter in den Fels eingetieft, fällt der Weg sanft ab bis zu Sargkammer, nur unterbrochen im Pfeilersaal, von dem aus eine Rampe ein kurzes Stück in die Tiefe führt. Die ersten drei Abschnitte des Korridors schmücken Szenen aus dem Höhlenbuch (rechts) und dem Pfortenbuch (links), darunter das Bild der Gerichtshalle des Osiris: Als Schwein ist der ›üble Widersacher‹ – Seth oder Apophis können hier gemeint sein – gezeigt, der in eine Barke gesetzt und in Schimpf und Schande vertrieben wird. Gruselig sind die zahlreichen Formen der Bestrafung – geköpfte, an Pfähle gefesselte, von feuerspeienden Schlangen verbrannte oder auf dem Kopf stehende Feinde zeigen deutlich, dass kein Bösewicht seiner Strafe entgeht.

An der Decke des Korridors sind ausführliche Darstellungen von Sternbildern. Im Pfeilersaal finden sich an der Rückwand zwei Bilder des thronenden Osiris in einem Schrein. In der großen Sargkammer faszinieren die herrlich erhaltenen Deckenmalereien mit den vollständigen Darstellungen der Bücher vom Tag und von der Nacht.

■ Ramses III.

Das ›Harfnergrab‹ erhielt seinen Beinamen aufgrund einer ungewöhnlichen Darstellung eines Musikers in der letzten der vier kleinen Nischen auf der linken Seite am Ende des Eingangskorridors (**KV 11**). ›Das Gefilde der Seligen‹ – die altägyptische Vorstellung vom Paradies –

ist in der dritten Kammer auf der rechten Seite zu sehen. Ein Knick in der Achse wurde nötig, da man sonst ins benachbarte Grab eingebrochen wäre. Dieser Planungsfehler ging auf Baumeister im Dienst von Ramses' Vater Sethnacht zurück, in dessen Namen das Grab einst begonnen worden war. Im folgenden Gang schmücken Ausschnitte aus dem Amduat die Wände, das Pfortenbuch diente als Vorlage für die Ausgestaltung des Pfeilersaals. Bevor man der Treppe nach unten folgt, lohnt sich ein Abstecher in den linken Teil des Saals: Ägypter, Nubier, Libyer und Asiaten sind hier in ihrer jeweiligen Tracht gezeigt und vertreten die vier Menschenrassen. Die Mundöffnung an der Mumie folgt im tieferen Teil des Korridors, der nach zwei Vorräumen zur großen, aber durch Wassereinbrüche stark zerstörten Sargkammer führt.

■ Tausret/Sethnacht

Die Thronstreitigkeiten am Ende der 19. Dynastie spiegeln sich in diesem Grab, das Tausret noch als Königin begonnen hatte (**KV 14**). Nach ihrem Aufstieg zum Pharao wurde die Anlage in größerem Maßstab weitergebaut, aber schließlich von ihrem siegreichen Widersacher Sethnacht usurpiert. Sein Bild wurde über das der Königin gesetzt – notfalls wurde Tausret einfach unter einer Stuckschicht versteckt. Bilder aus dem Totenbuch dienten bis zur ersten Halle als Vorlage der Wanddekoration. Dort sind Darstellungen der Horussöhne sowie von Isis, Nephthys und Osiris zu sehen. Nach der Treppe öffnet sich links eine Kammer, an deren Rückwand Anubis an der auf einer Bahre liegenden Mumie letzte Hand anlegt.

Der Pfeilersaal, der noch als Sargkammer der Regentin gestaltet wurde, ist eines der schönsten Beispiele seiner Art:

Ober- und Mittelägypten

Die Schlussbilder vom Höhlenbuch und vom Buch der Erde leuchten von den Seitenwänden, deren Sockelzonen mit Bildern von Grabbeigaben geschmückt sind. Der hintere Teil des Grabes bietet im größeren Maßstab eine Wiederholung der ersten Hälfte, mit Szenen aus dem Amduat an den Wänden des Korridors. Die zweite Sargkammer, die Sethnacht für sich umgestalten ließ, wurde jedoch nie fertig.

■ Thutmosis III.

Zunächst gilt es eine steile Metalltreppe zu ersteigen, bevor man den Zugang zu einem der ältesten Gräber erreicht (**KV 34**). Genauso tief geht es im Inneren des Berges auch wieder hinunter bis zur Sargkammer. Keinerlei Dekoration ziert die Wände der Korridore, erst im Pfeilersaal sind Texte wie lange Listen in einfachen Hieroglyphen an der Wand zu sehen: 741 Götter aus der Unterwelt werden hier aufgeführt – jeder mit einem Weihrauchtöpfchen und einem Stern versorgt. Im rechten Winkel setzt sich der Abstieg in die ovale Sargkammer fort. Auch hier gibt es keine farbenprächtigen Malereien, sondern die streng wirkenden Abschriften eines Papyrus mit skizzenartigen Zeichnungen. Das komplette Amduat ist hier zu sehen, gleich rechts nach dem Eingang die Stunde der größten Gefahr – doch Apophis ist schon von Messern durchbohrt und gefesselt.

An der anschließenden Seitenwand fällt die Höhle des Sokar auf, in ihrer ovalen Form den ›gekrümmten Raum‹ der Unterwelt wiedergebend. Reste des finsteren und höllisch lauten Chaos der Zeit vor der Schöpfung sind hier verschlossen: »Ein Geräusch wird aus diesem Oval gehört ... wie die Donnerstimme des Himmels bei einem Unwetter.«

In nächster Nähe zum rötlichen Quarzitsarg ist das Bild der letzten Stunde vor Sonnenaufgang gemalt: Die Barke des Ra wird vom Schwanz zum Maul durch den Leib der Zeitschlange gezogen, vom Tod zur Geburt. Als Sonnenkäfer wartet Ra am Horizont darauf, von den Armen des Luftgottes Schu in den Tageshimmel gehoben zu werden.

■ Haremhab

Das 1908 entdeckte Grab des Haremhab (**KV 54**) führt knapp 30 Meter steil in die Tiefe. Im Gegensatz zu den älteren Anlagen führt der Weg hier fast gerade bis zur Sargkammer. Neu ist die Ausführung der Szenen im Relief sowie die Aufnahme von Texten und Bildern des Pfortenbuchs. Der Eingangskorridor blieb undekoriert, die ersten Bilder finden sich im Raum um den sogenannten **Grabräuberschacht** – einem steilen Schacht, der vermutlich eher eine Ableitung für Wasser und Geröll als eine Falle für Grabräuber sein sollte.

Intensive Farben lassen Isis, Hathor, Osiris, Horus und Anubis vor dem blauen Hintergrund deutlich hervortreten. Sie begrüßen den Pharao und geleiten ihn in die Unterwelt. Ähnliche Szenen zeigt der **Vorraum** vor der eigentlichen Sargkammer. Dort findet sich an der Rückwand eine unvollendete Darstellung des Totengerichts. Sogar der Pharao musste vor dieser obersten Instanz der Wahrheitsfindung Rede und Antwort stehen. »Gegrüßet seist du, großer Gott, Herr der beiden Wahrheiten! Ich bin zu dir gekommen, mein Herr, ich bin zu dir gebracht worden, um deine Vollkommenheit zu schauen. Ich kenne dich, ich kenne den Namen der 42 Götter, die bei dir sind in der Halle der beiden Wahrheiten, die von denen leben, die das Böse behalten haben, die von ihrem Blute schlürfen an jenem Tage des Abrechnens ...« So beginnt die Rede an Osiris, der als Herrscher über die ›Seienden und Nichtseienden‹ die seligen Toten empfängt, die

Karte S. 240 ▲

auf einer langen Treppenrampe vor ihm erscheinen. In einer Barke oberhalb der Szene – für unsere Sehgewohnheiten im Hintergrund – wird der Bruder und mörderische Widersacher des Osiris, Seth, in Gestalt eines Schweins davongejagt. Im Sarkophag aus Rosengranit fanden die Ausgräber noch die Reste einer Mumie.

Terrassentempel der Hatschepsut

Willkommen, willkommen, süße Tochter, die in meinem Herzen ist, König von Ober- und Unterägypten Maat-Ka-Ra, die schöne Denkmäler errichtet … Du bist der König, der die Beiden Länder gepackt hat, Chen-met-Amun Hatschepsut, groß an Opfergaben, rein an Nahrungsopfern. Du befriedigst mein Herz jedes Mal.
Lob des **Amun** *für Hatschepsut*

Am Fuß eines Steilabbruchs des Westgebirges liegt im Talkessel von Deir el-Bahri der dreistöckige **Terrassentempel der Hatschepsut** 4. Genauso ungewöhnlich wie die Tatsache, dass eine Frau sich zum Pharao erhob, ist die Architektur ihres Totentempels. Ihr engster Vertrauter

Senenmut gilt als sein genialer Architekt. Auf unauffällige Weise besonders gelungen ist dabei die Verbindung zum Grab der Herrscherin im Tal der Könige: Die Sargkammer war so weit in den Felsen eingetieft worden, dass sie fast unter dem ebenfalls in den Fels geschlagenen Allerheiligsten des Totentempels zu liegen kam.

Auch die direkte Nachbarschaft zu dem südlichen Totentempel des Mentuhotep II. war von Bedeutung, galt dieser doch als einer der bedeutendsten Herrscher der Vorzeit, dessen Vorbild Hatschepsut nacheiferte. Ein dritter Totentempel, der über den beiden Anlagen in die Felswand geschlagen worden war, ist heute kaum mehr zu erkennen. Thutmosis III. hatte wohl seine Tante übertrumpfen wollen und dabei unterschätzt, wie bröckelig der Berg an dieser Stelle war. Alle drei Anlagen waren Anfang des 19. Jahrhunderts fast vollständig vom Schutt begraben – die Wiedererrichtung des Terrassentempels ist der unermüdlichen Geduld polnischer Ägyptologen zu verdanken. Der Tempel diente nicht nur als Ort der kultischen Versorgung für die verstor-

Der Tempel der Hatschepsut

Hatschepsut-Statuen am Tempel

erkennen. Es war eine der Großtaten der Herrscherin, die sich bemühte, als Frau auf dem Pharaonenthron anerkannt zu werden. Die Bilder ihres Totentempels sollten auf Ewigkeit belegen, dass sie als rechtmäßige Herrscherin alle Pflichten eines Pharao erfüllt, wenn nicht sogar übererfüllt hatte.

■ Die Geburtshalle

Jeglicher Zweifel an ihrer legitimen Amtsübernahme musste verschwinden angesichts der **Darstellungen an der Wand der rechten Pfeilerhalle der zweiten Terrasse**: Die Geburtslegende belegt eindeutig, dass Amun selbst Hatschepsut zeugte mit der Absicht, sie zum Pharao über ganz Ägypten zu erheben. Die einst buntgefassten Reliefs sind heute nur noch schwer zu erkennen, doch sind sowohl die Verkündigungsszene – Thot steht mit ausgestrecktem Arm vor Hatschepsuts Mutter Ahmose – und die schwangere Königsmutter noch gut erhalten. Um die Erinnerung an die Frau auf dem Thron zu tilgen, wurden unter Thutmosis III. viele der Bilder beschädigt, und unter Echnaton kam es zu einer zweiten Welle von Zerstörungen. Davon weitgehend verschont geblieben ist die nördlich anschließende **Kapelle des Anubis**. Vor dem thronenden schakalsköpfigen Gott der Einbalsamierung ist ein gewaltiger Opfertisch aufgebaut. Die original erhaltenen Farben vermitteln einen Eindruck von der Buntheit altägyptischer Tempelanlagen.

■ Expedition ins Weihrauchland Punt

Auch die **Südhälfte der Mittelterrasse** bietet interessante Darstellungen: Unter Hatschepsut war eine große Expedition in das sagenhafte Weihrauchland Punt ausgeschickt worden. Kein Kult war möglich ohne große Mengen dieses Harzes. Der Weg war weit, die Reise schwierig

bene Hatschepsut, sondern war gleichzeitig ein Heiligtum für Hathor, die in Theben als Herrin des Westens verehrt wurde. Auch bestand eine Beziehung zum direkt gegenüber auf dem Ostufer liegenden Tempel des Amun von Karnak, der beim ›schönen Fest im Wüstental‹ zu Besuch hierher kam. Längs der Prozessionstraße entstanden noch in der Spätzeit eindrucksvolle Grabanlagen, deren Lehmziegelpylone im Vorfeld des Hatschepsut-Tempels aufragen.

Auf einen weiten, ursprünglich mit Bäumen bepflanzten Vorhof folgen drei von breiten **Pfeilerhallen** gebildete Stufen, die sich an den Fels zu schmiegen scheinen. Über eine breite Rampe in der Mittelachse gelangt man zur jeweils nächsten Etage. Stark verwittert sind die Reliefs an der Rückwand der linken unteren Terrasse, doch kann man die Boote, in denen die Obelisken für den Amun-Tempel transportiert wurden, noch und vor allem kostspielig, und so ist es kein Wunder, dass Frau Pharao stolz auf den Erfolg dieser Unternehmung war. An der linken Schmalwand des Pfeilersaals erscheinen die Bewohner von Punt und ihre Heimat: Bienenkorbartige Hütten auf Stelzen stehen unter Palmen, in deren Schatten fette Rinder weiden. Im Wasser darunter schwimmen Meeresschildkröten, Mantas und eine Reihe von Fischen, die Hinweise zur Lokalisierung des Weihrauchlands geben. Am Südende des Roten Meers oder in den Küstengewässern am Horn von Afrika sind solche Fische zu Hause; dort wächst auch wirklich der Weihrauchbaum, und auch Myrrhe gab es hier neben Gold, Ebenholz, Elfenbein und anderen Exotika zu holen. Berühmt ist die Darstellung der Fürstin von Punt, deren durch eine Krankheit deformierte Gestalt ebenso genau wiedergegeben wurde wie die Fische im Wasser. Die ägyptische Delegation verlud die Kostbarkeiten von Punt auf ihre Schiffe – darunter Bäume im Pflanztrog: »31 Bäume grüner Myrrhe waren als Wunder von Punt mitgebracht worden für die Majestät dieses Gottes. Niemals hat man etwas Gleiches gesehen, seit dem Beginn der Zeit.« Offenbar versuchte man, mit eigenen Plantagen unabhängig von den teuren Duftimporten zu werden. Etwa in der Mitte der Rückwand werden die mitgebrachten Waren im Hof des Amun-Tempels ausgebreitet, Männer mit Scheffeln sind dabei, einen riesigen Berg Myrrhe zu messen.

■ **Die Hathorkapelle**
Nach Süden schließt wiederum eine Nebenkapelle an, diesmal der Hathor geweiht, deren kuhoriges Gesicht die Kapitelle ziert. Die Reliefs an den Seiten des kleinen Säulensaals zeigen die Göttin in reiner Tiergestalt, wie sie aus ihrem Schrein hervortritt. Unter ihrem Euter

kniet der König und trinkt von der Milch der göttlichen Amme. So kann man sich das rundplastische Kultbild vorstellen, das im Allerheiligsten dieser Kapelle gestanden hatte. Ein ganz ähnliches Bildnis aus dem zerfallenen Totentempel Thutmosis' III. ist im Museum in Kairo zu sehen. Farbig noch gut erhalten sind die **Reliefs an der Nordwand des zweiten Saals**, wo die Ankunft einer feierlichen Prozession zu Ehren der Hathor gezeigt ist. Soldaten mit Schilden, Kampfäxten und Zweigen in der Hand begleiten im Laufschritt den Weg der Göttin.

■ **Kultstelle für Gott und Pharao**
Den 26 Pfeilern der dritten Terrasse waren Statuen der Königin vorgeblendet, die sie in der für Totentempel typischen mumienförmigen Gestalt des Osiris zeigten. Nur wenige der Statuen konnten vollständig wiederzusammengesetzt werden, doch erkennt man bei diesen die typischen Gesichtszüge der Hatschepsut. Wie auch in den Bildern der mittleren Terrasse tritt in den Reliefs neben der Königin oft Thutmosis III. im vollen Königsornat auf – ein Hinweis, der an einer völligen Entmachtung des jungen Thronfolgers Zweifel aufkommen lässt.
In Fortsetzung des Rampenwegs betritt man einen ummauerten Hof, der zur in den Felsen getriebenen Kapelle führt, die dem göttlichen Vater der Hatschepsut, Amun, geweiht war.
Die Seitenhöfe der Südseite waren dem Kult der Königin und ihres Vaters Thutmosis I. gewidmet, im Norden liegen ein **Sonnenhof** und eine zweite **Amun-Kapelle**. Dass der Kult noch lange nach dem Tod der verfemten Pharaonin aufrechterhalten wurde, belegen die aus der Ptolemäerzeit stammenden Einbauten direkt vor dem Zugang zum zentralen Amun-Sanktuar.

Ober- und Mittelägypten

Ramesseum

Etwa auf halber Strecke zwischen dem Tempel der Hatschepsut und den Memnonskolossen liegt östlich der modernen Straße das, was vom riesigen Totentempel für Ramses II. übriggeblieben ist. Einst erstreckte sich sein ›Haus von Millionen Jahren‹ auf einer Fläche von 15 000 Quadratmetern; heute ist das **Ramesseum** 5 eine der malerischsten Ruinen Altägyptens. Der Eingangspylon ist so stark unterspült worden, dass er einzustürzen droht. Deshalb betritt man das Gelände heute von der Nordseite her und gelangt so direkt in den **zweiten Hof** hinter dem ebenfalls recht baufälligen und nur noch in Fragmenten aufragenden **zweiten Pylon**. Dessen noch erhaltene Reliefblöcke haben einmal mehr die Kadesch-Schlacht aus dem Jahr 4 des Ramses' zum Thema. Dem Totentempel des großen Pharao war bereits in der Antike ein Großteil seiner Substanz abhanden gekommen – Ramses III., der in Zeiten wirtschaftlicher Engpässe das Land regierte, deswegen aber bei seinen Bauprojekten nicht von falscher Bescheidenheit geplagt wurde, bediente

sich für den Bau seines eigenen Totentempels in Medinet Habu am Kultbau seines hochverehrten Namensvetters. Eine riesige **Sitzfigur von Ramses II.**, die vor dem zweiten Pylon aufgestellt war, ist wohl bei einem Erdbeben gestürzt und zerbrochen. Aus einem Block Granit gearbeitet, war sie ursprünglich gut 20 Meter hoch gewesen. An der Südseite des Hofs stehen noch vier der **Osiris-Pfeilerfiguren** des Herrschers aufrecht, allerdings kopflos. Ihnen zu Füßen liegt das Haupt einer weiteren Granitstatue des Ramses, der trotz des desolaten Zustands seines Tempels huldvoll lächelt. Giovanni Battista Belzoni, eine der schillerndsten Gestalten der frühen Ägyptologie, ließ das Oberteil ihres Gegenstücks Anfang des 19. Jahrhunderts für das British Museum nach London verfrachten. Er hatte dabei mit einigen Schwierigkeiten zu kämpfen: »Um Platz für den Transportweg zu bahnen, mussten wir die Sockel zweier Säulen zerschmettern .... Der Kopf des jungen Memnon (Ramses II.) konnte verladen werden. Man mag mir die Feststellung erlauben, dass es kein einfaches Unterfangen war, einen Granit-

Karte S. 240

▲ *Blick auf das Ramesseum vom Ballon*

block derartigen Ausmaßes (2,67 Meter hoch) und Gewichts an Deck eines Schiffs zu befördern ... Zudem mussten wir ohne die geringsten mechanischen Hilfen auskommen; wir hatten noch nicht einmal einen Flaschenzug zur Verfügung. Und die Wasseroberfläche lag etwa achtzehn Fuß unterhalb der Uferböschung.«

Ungerührt vom Schwund des Tempels thront Amun, der Herr der Götter, an der Rückwand des Hofs. Dort setzt er dem vor ihm knienden Ramses die Krone aufs Haupt.

Auf den Hof folgt ein **Säulensaal**, dessen Decke mit Resten der Bemalung noch erhalten ist. Im folgenden **zweiten Säulensaal** ist besonders das Bild an der rechten Rückwand interessant: Ramses erscheint vor dem heiligen Isched-Baum von Heliopolis, auf dessen Blätter Thot, Seschat und der thronende Atum seinen Namen schreiben.

Die hinteren Räume des Tempels sind vollständig verschwunden – lediglich am Nordrand des Bezirks sind Lehmziegelmauern mit tonnengewölbten Dächern zu sehen. Es sind Magazinbauten aus der Zeit des 13. Jahrhunderts vor Christus, die zur Aufbewahrung von Opfergaben und Kultgeräten gedient hatten. Im Gelände des Totentempels war ab der 20. Dynastie auch die Verwaltung des gesamten Friedhofsgebiets untergebracht gewesen. Vielleicht war so auch eine Sammlung von Papyri hierher gelangt, mit medizinischen, literarischen und religiösen Texten.

Zwischen den Magazinbauten und dem Haupttempel ließ Ramses II. für seine Mutter Tuja, seine Gemahlin Nefertari sowie seine Tochter Meritamun einen Totentempel errichten. In diesem Heiligtum wurde in der 22. Dynastie eine weitere königliche Dame bestattet, die Gottesgemahlin des Amun Karomama, deren Grab 2014 wieder entdeckt wurde.

Der Kopf Ramses II.

Die Gräber von Scheich Abd el-Qurna

Durch öde Schluchten gelangt man zu den Gräbern der Königinnen und andrer Vornehmen, welche eine Menge Gegenstände aus dem gewöhnlichen Leben darstellen, als: Tänze, Konzerte, Jagden der mannigfaltigsten Tiere, Besuche fremder Fürsten, Mahlzeiten, alle Arten von Handwerken, Wasserfahrten, Fischereien und dergleichen mehr.

Hermann Fürst von Pückler-Muskau, 1844

Direkt gegenüber vom Ramesseum lag am Fuß des Berges eines der Dörfer von Theben-West, das vor einigen Jahren abgerissen wurde. Sein Name Scheich Abd el-Qurna bezeichnet aber auch eine Gruppe von **Privatgräbern** 6 aus der Zeit der 18. Dynastie. Vom Parkplatz führt der Weg nach links ein gutes Stück den Berg hinauf zu zwei der bekanntesten Gräber vom Beginn dieser Epoche. Die Bezeichnung TT steht für ›Theban Tombs‹, Thebanische Gräber.

Ober- und Mittelägypten

■ Rechmire

Rechmire war unter Thutmosis III. zum Bürgermeister von Theben und Wesir von Oberägypten aufgestiegen, und er hielt dieses Amt auch noch unter dessen Nachfolger Amenophis II. Damit war er nach dem Pharao der mächtigste Mann im Land. Ihm oblagen die täglichen politischen Aufgaben, er war oberster Richter und Verwalter. Entsprechend groß und eindrucksvoll ist sein Grab (**TT 100**) gestaltet – doch um gar nicht erst Missgunst aufkommen zu lassen, weist eine Inschrift im Eingangsbereich auf die Problematik des hohen Amtes hin:»Richte dein Augenmerk auf die Amtshalle des Wesirs. Überwache alles, was in ihr vorgeht: Bedenke, sie ist die Stütze des ganzen Landes. Bedenke, Wesir zu sein, bedenke, das ist nicht süß, bedenke, das ist bitter wie Galle. ... Sieh du zu, dass alles nach dem Recht vor sich geht, dass jedem Mann zu seinem Recht verholfen wird .... Sieh den, den du kennst, an wie den, der dir unbekannt ist, den, der dir nahesteht, wie den, der dir fern ist.«

Eine seiner angenehmeren Pflichten war sicher die Begrüßung ausländischer Gesandtschaften, die mit exotischen Mitbringseln in die Hauptstadt am Nil kamen. In der schmalen **Querhalle** sind an der linken Rückwand gleich mehrere solcher Ereignisse festgehalten: Syrer in Stufengewändern bringen Kupferbarren, Pferd und Wagen sowie prachtvolle Metall- und Keramikgefäße. Als Prachtstücke für den königlichen Zoo haben sie sogar einen Elefanten und einen Bären dabei. Die Nubier liefern Straußeneier und Straußenfedern sowie mächtige Rinder. Auch sie führen in Ägypten unbekannte Tiere mit: Leoparden, Paviane und eine Giraffe, an deren Hals eine Meerkatze emporklettert. Männer in mykenischer Tracht liefern Silber und Lapislazuli, über ihnen erscheint die Gesandtschaft aus

Punt: Weihrauch- oder Myrrhebäume werden herbeigeschleppt, ebenso Elfenbein, Leopardenfelle, Gold und Ebenholz. In der rechten Hälfte des Saals inspiziert Rechmire die königlichen Werkstätten, in denen Sphingen und Königsstatuen bearbeitet werden, aber auch Prunkgefäße und Möbel. Auch die Bilder des Ackerbaus spiegeln einen Teil der Aufgaben des Wesirs, schließlich war er dafür verantwortlich, dass die Scheunen gut gefüllt waren. Und wenn die Ernte gut war, konnten seine Finanzbeamten ordentlich Steuern eintreiben.

Schon die Architektur der schmalen **Längshalle** ist ungewöhnlich: Nach Westen in den Berg hinein steigt die Decke des Raums schräg an, so dass die Scheintür weit über dem Boden des Raums zu schweben scheint. An der rechten Längsseite ist eine große Festgesellschaft abgebildet, die Damen und Herren sind getrennt in verschiedenen Bildreihen wiedergegeben. Berühmt ist die Szene, in der eine junge Dienerin den auf einer Matte hockenden Damen aufwartet und dabei dem Betrachter den Rücken zuwendet. Die Gäste und die ihnen gegenüber sitzende Familie des Rechmire werden von Musikanten mit Harfen, Lauten und Tamburinen unterhalten. Hinter Rechmire und seiner Gemahlin Merit findet sich eine der seltenen Gartendarstellungen. Von Palmen, Sykomoren und Blumen umrahmt liegt im Zentrum ein großer Teich, wo in einem Boot die Statue des Verstorbenen aufgestellt ist. Die Szene leitet über zu weiteren Bildern der Trauerriten wie der Mundöffnungszeremonie und Reinigungs- und Opferriten. Auch der rückwärtige Teil der gegenüberliegenden Wand ist den Bestattungsfeierlichkeiten gewidmet: Das Ehepaar sitzt vor einem Speisetisch und wird von drei Söhnen versorgt. Davor finden sich Bilder der Aby-

Karte S. 240

▲

Nubier bringen eine Giraffe, Bild im Grab des Rechmire (TT 100)

Bild im Grab des Sennefer (TT 96)

dosfahrt, die eine ›virtuelle Bestattung‹ am Hauptkultort des Osiris andeutet, sowie des Bestattungszugs in Theben-West, wo Hathor, Anubis und Osiris den Verstorbenen empfangen. Besonders interessant sind die Bilder der ersten Hälfte der südlichen Wand: Sie geben Einblick in die unterschiedlichsten Werkstätten, in denen Kolossalstatuen und Sphingen aus Granit poliert, Lehmziegel für den Bau einer Mauer produziert, Gold gewogen, Perlen zu breiten Schmuckkragen aufgefädelt werden; Leder wird für Sandalen geschmeidig gemacht, aus Holz entstehen Schreine und Königsstatuen. Dabei sind alle Dinge, an denen die Arbeiter so fleißig zu werkeln scheinen, längst fertig – Unfertiges hatte keinen Platz im Jenseits.

■ **Sennefer**

Sennefer war ein Zeitgenosse des Rechmire, dessen Grab noch ein Stück weiter bergan liegt. Im Gegensatz zu den meisten anderen Anlagen ist es hier die **Sargkammer**, die mit ihrer vollständig erhaltenen Malerei in die Tiefe lockt (**TT 96**). Eine Reinigung und Restaurierung der oberirdischen Grabkammer brachte in den über Jahrzehnte als Wohnraum oder Stall genutzten Räumen dennoch interessante Bilder zum Vorschein: Eine detailreiche Gartendarstellung sowie die Getreidespeicher des Amun unterstanden der Aufsicht Sennefers. Er war unter Amenophis II. Bürgermeister von Theben-West, und offenbar ein strenger Verwalter. In einem Brief an einen seiner Untergebenen mahnte er ihn nachdrücklich: »Sieh dich vor, dass ich dich nicht nachlässig finde, sondern vielmehr alles in Ordnung ist. Ich weiß sehr wohl, dass du faul bist und gerne im Liegen isst!«
Über eine steile Treppe gelangt man in einen kleinen **Vorraum** mit ersten Bildern des Verstorbenen und seiner Frau. Durch eine sehr niedrige Öffnung erreicht man die **Hauptkammer**, in der die ungewöhnliche Deckenbemalung auffällt: Die Baumeister hatten an dieser Stelle des Bergs große Probleme, in den von zahlreichen Feuersteinknollen durchsetzten Fels eine glatte Decke zu schlagen. Sie wurden von genialen Malern gerettet: Weinranken wölben sich über den gesamten Raum und lassen die Dellen in der Decke fast völlig verschwinden. Dabei steht der Weinstock in engem Zusammenhang mit Osiris, dem Herrn der jenseitigen Welt, und symbolisiert die Wiederauferstehung. In der Mitte der rechten Wand ist ein Auszug aus dem Totenbuch angebracht, der Anubis an der Bahre mit der Mumie zeigt. Im Spruch 151 heißt es: »Du (Anubis) stehst vor Sennefer – durch dich sieht er. Du leitest

ihn zu den guten Wegen, du schlägst für ihn die Bande des Seth zurück und wirfst für ihn seine Feinde unter seine Füße.« Links anschließend tritt Sennefer gemeinsam mit seiner Gattin Merit vor den in seinem Schrein sitzenden und von Anubis beschützten Osiris. Die Rückwand zeigt in der Mitte das Ehepaar vor einem großen Opfertisch, rechts davon die Abydosfahrt. Ganz links hinten im Eck hat sich Sennefer ein bisschen Angeberei erlaubt: Über den Weinranken sind die Schwingen der Himmelsgöttin zu erkennen – ein Dekorationselement, das eigentlich ausschließlich in einem Königsgrab erlaubt war. Schließlich war Sennefer »der große Freund im Königshaus, der allein bei seinem Herrn eintreten darf, ... der zu jeder Stunde gerufen wird, um die Pläne der Beiden Länder auszuführen.« An den massiven Pfeilern ist immer wieder das Ehepaar gezeigt, wobei die Gattin ihrem sitzenden Mann Schmuckstücke, Stoffe, Duftsalben oder Blumen überreicht.

■ **Nacht**

Etwas weiter nach Norden, aber ungefähr auf gleicher Höhe des Hangs liegen die kleinen Gräber zweier Männer aus der Zeit von Thutmosis IV. Wie viele andere Gräber auch, wurde das des Priesters und Astronomen Nacht Ende des 19. Jahrhunderts von Bewohnern des Dorfes Qurna entdeckt (**TT 52**).
Bekannt wurde die winzige Anlage wegen der **Malereien in der oberirdischen Kammer**. Besonders die Szenen aus der Landwirtschaft an der linken Eingangswand der **Querkammer** verdienen einen längeren Blick: Auf welligem Untergrund folgt ein halb kahler Bauer dem von zwei Rindern gezogenen Pflug oder schlägt ein Forstangestellter einen Baum – wilder Holzeinschlag war verboten, Ägyptens dünner Waldbestand stand ab der

3. Zwischenzeit sogar unter königlichem Schutz! Säen und Ernten werden ebenfalls gezeigt, in großen Körben werden die geschnittenen Ähren gesammelt und zum Dreschplatz getragen. Das Korn wird vor den Augen des in einem Schrein sitzenden Grabherrn gemessen. Eine Scheintür aus Rosengranit hätte Nacht wohl gern gehabt, aber dazu reichte sein Einfluss nicht – dafür malte ihm der Künstler an der linken Schmalseite eine in rosa Farbe. Die linke Hälfte der Rückwand zeigt die Festgesellschaft, die Nacht im Jenseits um sich versammelt haben wollte. Bekannt sind die kleinen Szenen des blinden Harfners und der drei Musikantinnen. Typisch für diese Zeit sind ihre lieblichen Gesichtszüge mit Stupsnase und riesengroßen, mandelförmigen Augen. Rechts vom Durchgang zum nicht fertiggestellten **Längsraum** schildern Bilder die Fahrt des Grabherrn durch das Papyrusdickicht. Begleitet von seiner Familie erscheint Nacht gleich doppelt beim Vogelfang und Fischespeeren. Im linken Boot schwingt der kleine nackte Sohn ganz stolz schon wie der Papa ein Wurfholz in der Hand, während die stehende junge Dame hinter Nacht ganz vorsichtig ein kleines Vogelküken hält. Zwischen den Booten flattern Vögel und Schmetterlinge über dem Papyrusdickicht und steigen in einer mächtigen Wasserbeule zwei Fische empor. Sie sind so entgegenkommend, auf dass sich der Grabherr im rechten Boot nicht unangemessen niederbeugen muss, um seine nicht vorhandene Lanze – an einigen Stellen im Grab sind die Künstler mit ihrer Arbeit nicht fertiggeworden – durch die Beute zu stoßen. Die Weinlese und das Austreten der Trauben sowie das Rupfen von mit einem Schlagnetz gefangenem Geflügel, das anschließend zum Trocknen aufgehängt wurde, runden das Bildprogramm dieser Wand ab.

Fisch- und Vogeljagd im Menena-Grab (TT 69)

■ **Menena**

Ähnlich dicht und bezaubernd sind die Malereien im Grab des Feldvermessers Menena (**TT 69**). Noch ausführlicher werden die Arbeiten auf dem Feld gezeigt – vom Pflügen und Säen bis zur Ernte. Ein Mädchen zieht einer Freundin einen Dorn aus der Fußsohle – zwei andere streiten und ziehen sich kräftig an den Haaren. Unter genauer Aufsicht der Schreiber, die jedes einzelne Korn verzeichnen, wird das gedroschene Getreide gemessen, und Schreiber begleiten auch den Feldervermesser, der mit einem Strick die Ackergrenzen festlegt. Ein alter Mann, der sich auf einen kleinen Jungen stützt, begleitet die Beamten – als Ältester des Dorfes gibt er dem hohen Herrn Bericht. Jedes Jahr mussten nach der Überschwemmung die Äcker neu vermessen werden, denn Streitigkeiten um Landbesitz waren schon in der Antike bekannt. »Verrücke nicht den Markstein auf den Grenzen der Felder und verschiebe nicht die Messschnur von ihrer Stelle« mahnte die Lehre des Amenemope aus der Zeit um 1100 vor Christus den Leser.

Menena – dessen Gesicht überall im Grab ausgehackt wurde – tritt an der linken Schmalwand mit seiner Frau Henuttaui vor Osiris. Die Festgesellschaft ist neben einer großen Opferszene an der rechten Rückwand des Querraums versammelt.

An den Wänden des **Längsraums**, der auf eine Nische mit den Figuren von Menena und seiner Frau zuführt, sind rechts die Bilder der Abydosfahrt und Szenen aus dem Bestattungsritual zu sehen. Auch an der gegenüberliegenden Wand finden sich Darstellungen des Begräbniszugs. Die hintere Hälfte der rechten Wand zeigt die Bootsfahrten im Papyrusdickicht, die durch sehr detaillierte Abbildungen von Fischen und Vögeln lebendig wirken. Suchen Sie die Katze und das Ichneumon, die an den Papyrusstängeln emporklettern, um die Vogelnester auszurauben!

■ **Amenemope, genannt Ipy**

Als Haushofvorsteher diente er gleich drei Herrschern: Ramses I., Sethos I. und Ramses II. Sein Grab (**TT 41**) beeindruckt schon allein durch die Architektur: Eine

Karte S. 240

große Halle mit den Pfeilern vorgeblendeten Figuren des Grabherren empfängt den Besucher. Die Reliefs zeigen Ipy mit seiner Gemahlin Nedjmet (›der Süßen‹) im typischen Stil der Zeit mit schlanken, leicht überlängten Gliedern und einem feinen Lächeln.

An der linken (südlichen) Rückwand erscheinen hinter betenden Pavianen die Seelen des Ehepaares als ›Ba-Vögel‹. Von der angrenzenden Querhalle führt ein abknickender Schacht in die Tiefe, an der Seitenwand darüber zieht die Begräbnisprozession Richtung Grab. Weitere Schächte wurden für Nebenbestattungen ausgehoben. In der Mitte der Rückwand öffnet sich ein schmaler Gang, an dessen Ende in einer Nische die Statuen von Ipy und Nedjmet sitzen.

■ Ramose

Im Gegensatz zu den farbenfrohen Bildern der bisher beschriebenen ›Häuser für die Ewigkeit‹ besticht das Grab des Ramose durch die Eleganz seiner Reliefs (**TT 55**). Unter Amenophis III. entstanden, als die besten Plätze oben am Hang schon vergeben waren, erhielt der Wesir

dennoch eine repräsentative Anlage. Es ist eines der größten Privatgräber, das von den besten Künstlern ihrer Zeit gestaltet wurde.

Eine breite Treppe führt hinunter zum **Hof**, an dessen Rückseite noch zwei Säulenbasen zu sehen sind, die einst das Dach einer kleinen schattenspendenden Arkade trugen. Massive Papyrusbündelsäulen trugen ursprünglich auch das Dach im Inneren, ihre modernen Rekonstruktionen wirken im Vergleich zu Bauten der Zeit Amenophis' III. zu plump. Die Dekoration im Grab des Ramose wurde nicht fertiggestellt, vermutlich aufgrund der Wirren der beginnenden Kulturrevolution des Echnaton.

An den beiden **Eingangswänden** arbeiteten die Künstler noch ganz im Stil von Amenophis III.: Vollkommen schöne Gesichter mit ebenmäßigen Zügen, sanft geschwungenen, kleinen Nasen, scharf umrandeten, vollen Lippen und schrägen, mandelförmigen Augen sind in nur wenige Millimeter starkem Relief angedeutet. Gerade aufgrund der fehlenden Bemalung tritt die meisterliche Bearbeitung des Steins hier in den

Ober- und Mittelägypten

Amenemope und seine Frau Nedjmet

Vordergrund. Finger und Zehen haben makellos gepflegte Nägel, die dünnen Leinengewänder zeigen der Mode entsprechende Fransenkanten oder Plissee. Langes gekrepptes Haar wird von Blütendiademen gehalten, schwere Löckchenperücken schmücken auch die Häupter der versammelten männlichen Gäste. Es ist eine illustre Gesellschaft, die da mit dem Wesir von Oberägypten die Ewigkeit als Fest gestalten. An der südlichen Wandseite erscheint neben Ramoses Amtskollegen aus Memphis der engste Vertraute des Pharao: Amenophis Sa Hapu, der als alter Mann noch in diese höchste Position aufgestiegen war, ist der einzige Gast, dem keine ebenbürtige Tischdame zur Seite sitzt. Möglicherweise war der damals etwa 80-jährige längst verwitwet und daher ohne Gattin erschienen. Würdevoll thront Ramose in seinem bauschigen Wesirsschurz ihm gegenüber.

An der Südwand geht es weniger froh zu: Der **Trauerzug** anlässlich der Bestattung Ramoses ist hier gezeigt – in Malerei ausgeführt statt in Relief. Trauernde Männer schreiten in gefasster Haltung hinter den Gabenträgern und den Schlitten mit dem Sarg und den Eingeweidegefäßen einher. Ihrer ruhigen Trauer steht die Auflösung der weinenden Klagefrauen gegenüber, die mit Tränen in den Augen die Arme über den Kopf werfen.

Kurz nachdem sich an der Südwand eine Rampe hinunter zur unfertig gebliebenen Sargkammer öffnet, erreicht oben der Trauerzug das Westgebirge und den Grabeingang: Hier wird nocheinmal letzte Hand an die Mumie gelegt, aufrecht steht sie da, damit der Priester die Mundöffnungszeremonie vollzieht. An der Rückseite sind die Bilder wieder in Relieftechnik gearbeitet – ein Hinweis darauf, dass man diesen Teil des Grabes vor den Seitenwänden bearbeitet hatte.

Links vom Durchgang zu einem nur begonnenen Längsraum erscheint der Pharao als Gast im Grab. Eine seltene Auszeichnung, die auf die Bedeutung Ramoses verweist. Der Pharao sitzt unter einem Baldachin, vor ihm erscheint sein treuer Wesir. Er hebt die Hände, als wolle er ein Tablett tragen. Doch hält er nur ein unbearbeitetes Stück Wand. Das Bild wurde zwar nicht fertig, lässt sich aber sicher rekonstruieren: Ramose war vom Pharao Amenophis höchstpersönlich ausgezeichnet worden mit der offiziellen Verleihung einer schweren Kette aus Goldringen, dem ›Ehrengold‹.

Einen ganz ähnlichen Hintergrund dürfte das Bild rechts des Durchgangs haben. Allerdings hat sich der Stil der Darstellung auf den wenigen Metern dramatisch gewandelt. Echnaton ist es, der mit seinen seltsamen Körperformen am ›Erscheinungsfenster‹ des Palastes lehnt, übergossen von den Strahlen seines Gottes Aton. Lediglich im Umriss angedeutet sind die versammelten Höflinge inklusive der Vertreter Nubiens, Libyens und Vorderasiens, die ganz am rechten Bildrand ehrfürchtig die Arme erheben. Ob Ramose das Wesirsamt tatsächlich noch unter Echnaton ausübte oder wie fast alle anderen hohen Beamten und Priester aus der Zeit Amenophis' III. von dessen Sohn entmachtet wurde, bleibt ungewiss. Auch ob er mit Echnaton nach Amarna in die neue Hauptstadt ging und dort ein neues Grab begann – dieses hier wurde offenbar nie benutzt –, ist fraglich. Wieso dann an der Südseite der Trauerzug aufgemalt wurde, auch das ist eine Frage, die offen bleiben muss.

■ **Userhat**

Im Grab des Userhat (**TT 56**) erfreuen kleine Szenen aus dem Alltag: Überaus menschlich erscheinen die Kunden des Open-Air-Friseurs, die, unter einem

Karte S. 240

Baum wartend, eingenickt sind. Streng dagegen treten die Schreiber auf, die als Untergebene des Userhat die Anlieferung von Vorräten kontrollieren und auch nicht mit Prügeln geizen. An der linken Eingangswand überwacht Userhat die Arbeit auf den Landgütern – Rinder werden niedergeworfen, gebunden und mit Brandstempeln gekennzeichnet. Die gegenüberliegende Wand ist dem vergnügten Zusammensein mit Freunden und Familie gewidmet. Dienerinnen und Musikanten sorgen für das Wohl der Gäste; unter der Sitzbank Userhats und seiner Frau knabbert eine Meerkatze an einer Frucht.

In der **Längshalle** des T-förmigen Grabs zieht rechterhand die Begräbnisprozession in Barken über den Nil – es ist die ›Abydosfahrt‹. Dort beim Hauptkultort des Osiris würde jeder Ägypter gerne bestattet werden. Zumindest virtuell – denn praktischer liegt es sich dann doch in der Nähe der Familie, die sich um die Versorgung in der Ewigkeit kümmert. Auf der linken Längsseite jagt Userhat

von seinem Streitwagen aus Gazellen, Antilopen und Hasen. Ob er wohl selbst für Abwechslung auf dem Speiseplan sorgen wollte?

Deir el-Medina

Steinmetze, Schreiner, Maler und Stuckateure lebten seit der Zeit Thutmosis' I. in einem ummauerten Dorf mit Reihenhäuschen in einem abgeschiedenen Seitental des Westgebirges **7**. In seiner Blütezeit umfasste Pa-demi, ›das Dorf‹, 70 Häuser auf einer Fläche von etwa 4500 Quadratmetern. Außerhalb des Dorfes im Norden lag der kleine Tempelbezirk, in dem Laienpriester aus der Arbeiterschaft Dienst taten. Ihr prestigeträchtiger Arbeitsplatz lag im geheimnisumwitterten Tal der Könige, der Weg dorthin führte über den Berg. Gut eine Stunde waren die Arbeiter vor und nach einem harten Arbeitstag unterwegs; während der acht Arbeitstage bezogen sie schlichte Hütten am Rand des Tals und kehrten nur zu den zwei arbeitsfreien Tagen nach Hause zurück. Eine Möglichkeit, sich vor

Meerkatze auf einer Darstellung im Userhat-Grab (TT 56)

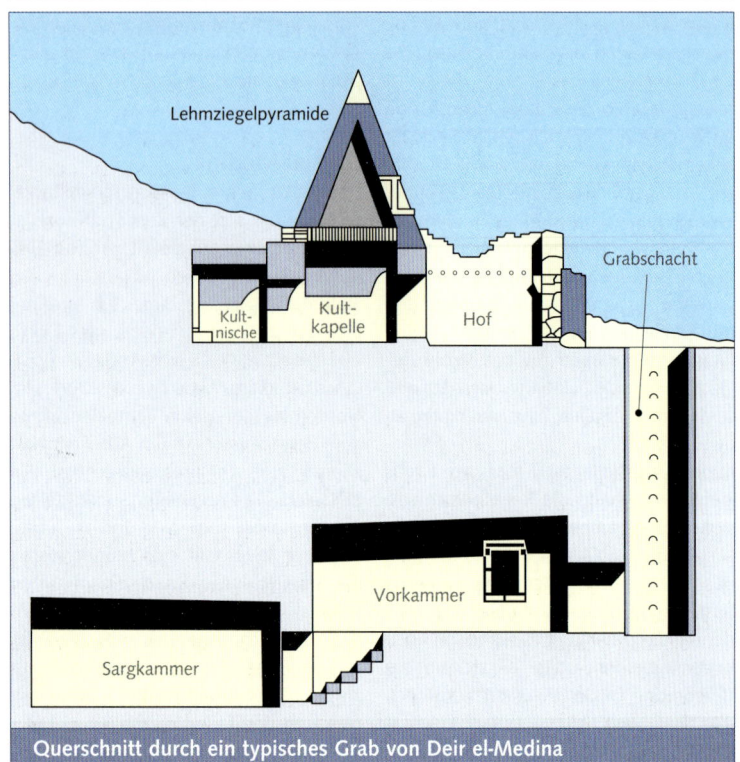

Lehmziegelpyramide

Grabschacht

Kult-
nische

Kult-
kapelle

Hof

Vorkammer

Sargkammer

Querschnitt durch ein typisches Grab von Deir el-Medina

der harten Arbeit zu drücken, bestand darin, für Hathor und Meretseger, die schlangenköpfige Hüterin des Berges, Tempeldienst zu schieben. Wer sich krankmeldete, konnte in schweren Fällen auch gleich noch das Pflegepersonal mit vom Dienst abmelden. Die Listen der Aufseher belegen auch, dass Arbeiter regelmäßig für andere Projekte vom Bauplatz am Königsgrab abgezogen wurden: Wesir und Bürgermeister sowie die Hohenpriester wollten schließlich auch schöne Gräber haben. Obwohl es am Ausgang vom Königstal strenge Kontrollen gab, gelang es den Arbeitern immer wieder, genau rationierte Materialien und Werkzeuge zu entwenden. In direkter Nachbarschaft zu ihrem Dörflein bauten sie an ihren eigenen

Häusern für die Ewigkeit. Schreiner fertigten Särge und Grabmobiliar im Austausch gegen das Aushauen des Grabschachts und die Bemalung – die besten Künstler des Landes arbeiteten hier für sich selbst und ihre Familien.

■ **Sennedjem**

In der Regierungszeit Ramses' II. lebte und arbeitete Sennedjem im Dorf. Mit seiner Frau Iineferti, den Kindern und Enkeln bewohnten sie das Haus direkt an der Südwestecke von Pademi. Auch im Jenseits blieb die Familie zusammen – mindestens drei Generationen fanden im Grab des Sennedjem ihre letzte Ruhestätte (**TT 1**). Es war ein Glücksfall für die französischen Archäologen, als das Grab

1886 noch ungestört entdeckt wurde. Der Oberbau umfasst an der Rückseite eines Hofes drei kleine Pyramiden für Sennedjem, seinen Vater und seinen Sohn Chonsu. Vom Hof aus führen Schächte zu den Sargkammern hinunter. Ein erster etwa elf Quadratmeter großer Raum wurde nur grob aus dem Fels gehauen, von ihm aus führen Stufen in den angrenzende, von einem Tonnengewölbe überspannten **Hauptraum**. Nur 2,5 Meter breit und 3,5 Meter lang, ist er über und über mit Malereien bedeckt. Direkt gegenüber vom Eingang fällt das große Bild des Osiris auf, der unter einem von schönen Pflanzensäulen getragenen Baldachin steht. Rechts von dem Tisch mit den üppigen Opfergaben für Osiris kniet Sennedjem, auf dessen Perücke ein zuckerhutförmiger Salbkegel sitzt. In der anschließenden Szene hält Anubis selbst den Grabherrn bei der Hand und führt ihn vor den großen Richter Osiris. Der Text über den Köpfen der beiden richtet sich an Sennedjem: »Es empfangen dich die Götter der Dat (Unterwelt), gegeben wird dir dein Platz im Totenreich, du bist gereinigt mit Weihrauch, du bist zusammengefügt, vereinigt sind deine Glieder.« An der Schmalwand rechts findet sich die wohl bekannteste Szene, das ›Gefilde der Seligen‹ – die altägyptische Vorstellung vom Paradies. Im von Kanälen durchzogenen Fruchtland gedeihen Blumen und Sträucher, tragen Palmen schwer an ihren Früchten und wachsen Flachs und Getreide übermannshoch. In festlichen Gewändern erscheinen Sennedjem und Iineferti – beim Flachsraufen, Pflügen und Ernten. Ägypter betrachteten das Jenseits mitunter recht realistisch: Wer gut versorgt sein will, muss selbst auch mit anpacken. Zu den Aufgaben der verklärten Seligen gehört auch der Gottesdienst, das Ehepaar kniet vor Ra-Harachte, Osiris, Ptah und zwei weiteren Gottheiten. Im Giebelfeld darüber erscheint der falkenköpfige Sonnengott in einer Barke, zwei mächtige Paviane hocken vor Bug und Heck und heben in Anbetung ihre Pfoten. Die untere Hälfte der Südwand wird beherrscht von Bildern der zum Fest versammelten Familie. Rechts vom Eingang erscheint

Ober- und Mittelägypten

Blick auf die Arbeitersiedlung von Deir el-Medina

der mit einem Leopardenfell bekleidete zweitälteste Sohn Bunachtef als Priester vor seinen Eltern. Unter dem Stuhl der Iineferti stehen die kleinen Figuren zwei weiterer Kinder, möglicherweise Enkel und Enkelin. Im Bildregister darüber ist ein Ausschnitt aus der Totenklage angebracht: In einer Kapelle aufgebahrt liegt der mumifizierte Leichnam, an dessen Kopf- und Fußende Nephthys und Isis als Falken stehen. An der Decke finden sich Szenen, die Senendjem in Anbetung vor verschiedenen Gottheiten zeigen.

Besonders schön ist die zur Nordwand gehörende Seite der Decke mit dem Bild Senendjems, der die Tore zu den Horizonten öffnet, um so freien Zugang nach Westen und Osten zu erhalten. Das folgende Bild zeigt einen Reiher, der als Tier des Sonnengottes gilt, sowie Ra-Harachte-Atum und die Große Götterneunheit. ›Lobpreis an alle Götter des Himmels‹ geben Senendjem und Iineferti im folgenden Bild, und das Schlussbild zeigt sie kniend vor der Baumgöttin. Das Mischwesen zwischen Feigenbaum und Frau symbolisiert die ewige Versorgung im Jenseits.

Das Gefilde der Seligen im Grab des Senendjem

■ Iniherchau

Unter der Herrschaft von Ramses III. und Ramses IV. entstand das benachbarte Grab des Vorarbeiters Iniherchau (**TT 359**). Vom Aufbau her entspricht es der rund 100 Jahre älteren Nachbaranlage. Zwar wurde der Oberbau mit der kleinen Pyramide nicht so schön rekonstruiert wie bei Sennedjem, dafür ist aber im **Vorraum vor der Sargkammer** eine interessante Deckenbemalung erhalten. Sie zeigt auf dunkelblauem Untergrund in ein Spiralmuster eingesetzte Rinderköpfe. Ein paar Stufen führen zur **Grabkammer**, deren Malereien auf leuchtend gelbem Untergrund aufgetragen wurden – die Sonne war auf diese Weise in die Tiefe gebracht worden. Besonders reizvoll sind die Szenen an der linken Längswand, die Iniherchau mit Familie zeigen. Vor einem Brettspiel sitzt er gemeinsam mit seiner Frau Wab, drei nackte Kinder mit witzigen Zopffrisuren spielen neben ihnen. Die gegenüberliegende Seite widmet sich stärker religiösen Themen: Der große Sonnenkater zerschneidet die schreckliche Apophis-Schlange, die sich unter dem heiligen Baum von Helio-polis windet, während nebenan Wab und Iniherchau der Musik eines blinden Harfners lauschen: »Feiere einen schönen Tag, Osiris, Werkmeister am Platz der Wahrheit Iniherchau, ohne dass dein Herz müde wird. Feiere einen sehr, sehr schönen Tag! Gib Balsam und Wohlgeruch an deine Nase, Kränze von Lotus an deinen Hals, während die Frau, die in deinem Herzen ist, bei dir sitzt. ... Gib deinem Herzen alle Tage Trunkenheit, bis jener Tag kommt, an dem man landen muss.« An der gegenüberliegenden Wand kniet Iniherchau betend vor zwei schakalsgestaltigen Gottheiten. Darunter schreiten die trauernden Söhne und eine Frau hinter dem Priester, der ein Gerät zur Mundöffnung in der Rechten hält, auf den sitzenden Grabherrn zu.

Vor dem Westgebirge sitzt Osiris auf seinem Thron, Grab des Paschedu in Deir el-Medina

Tal der Königinnen

*Wie gewaltig ist diese Person für die Tor-
wächter des Horizontes! Öffnet dem Osiris,
bereitet ihm den Weg, dass er an euch vor-
beiziehe.*

*Beginn des Spruchs 144 des **Totenbuchs**,
um einzutreten in der Unterwelt*

Vom Dorf der Arbeiter war es nur ein
kurzer Weg ins benachbarte **Tal der
Königinnen** 8, das seit der 19. Dy-
nastie zum bevorzugten Ruheplatz für
Familienangehörige des Königshauses
wurde. Bislang sind 98 Gräber bekannt,
die allerdings keineswegs alle so präch-
tig und groß waren wie das berühmte
Grab der Lieblingsfrau von Ramses II.,
Nefertari. Zwei Prinzengräber aus der
Zeit Ramses' III. begeistern mit ihren
Malereien in leuchtenden Farben. Die
Abkürzung QV steht für Queens' Valley.

■ **Nefertari**

Dieses 1904 entdeckte Grab (**QV 66**)
gehört sicher zu den schönsten Anlagen
in Theben-West. Durch Feuchtigkeit und
Salzausblühungen waren die rund 3250
Jahre alten Al-fresco-Malereien stark
gefährdet. Italienische Konservatoren
arbeiteten fünf Jahre an der Festigung
der Bilder.

Eine der berühmten Szenen des Grabs
findet sich gleich im **Eingangsraum**: Nefertari sitzt unter einer Art Baldachin vor
einem Spielbrett. Dieses Bild gehört zu
den Illustrationen des Totenbuchspruchs
17, der sich an der westlichen Wand
der Vorkammer entlangzieht: ›Anfang
der Erhebungen und Verklärungen, des
Herausgehens und (wieder) Hinabstei-
gens ins Totenreich. ... Sich im Gefolge
des Osiris befinden, jegliche Gestalt
anzunehmen, ... das Brettspiel spielen
und in der Halle sitzen ...‹. Eine Bank
zieht sich an den Wänden entlang, hier
konnten Grabbeigaben oder Ritualgeräte
abgelegt werden.

Rechts am **Durchgang zum Nebenraum**
steht der mumifizierte, grünhäutige Osiris in seiner Kapelle, an der hinteren

Nefertari in Anbetungshaltung – erkennen Sie das Rouge auf ihren Wangen?

Wand thront der Gott Chepri – eine Erscheinungsform der Morgensonne –, dessen Kopf durch einen Skarabäus ersetzt wurde. Rechts des Durchgangs erscheinen vorne Anubis und hinten Ra-Harachte mit Hathor, der Herrin des Westens. Im kleinen **Nebenraum** ganz hinten tritt die Königin an der linken Schmalwand vor den ibisköpfigen Thot, als Beischrift steht der ›Spruch, um Wassernapf und Schreibpalette zu erbitten‹ (Totenbuch 94). Gegenüber erkennt man acht prachtvolle Rinder über vier großen Rudern – die Tiere garantieren die Versorgung der Verstorbenen, die Ruder ermöglichen es ihr, am Nachthimmel ihren Weg zu finden: ›Derjenige, für den dies ausgeführt wird, dessen Steuerruder und dessen Schutz wird Ra sein, für den gibt es keinerlei Feinde im Totenreich …‹

(Totenbuch 148). An der Rückwand des Raum sitzen Atum (rechts) und Osiris und empfangen jeweils Opfergaben von Nefertari.

Zurück im Vorraum entdeckt man über dem Durchgang zum Korridor fünf hockende Gottheiten, die ersten vier sind als die Horussöhne – Schützer der mumifizierten Innereien – zu identifizieren. An den Längsseiten des Korridors opfert Nefertari Wein und Speisen vor den Göttinnen Isis, Nephthys und Maat (links) beziehungsweise Hathor, Selket – mit dem Skorpion auf dem Kopf – und Maat (rechts). Im unteren Teil des **Ganges** finden sich je eine große geflügelte Schlange, ein liegender Schakal und die auf der Gold-Hieroglyphe kniende Isis (links) beziehungsweise Nephthys (rechts). An der Türlaibung erscheint Maat, die Göttin der Wahrheit und Gerechtigkeit, gefolgt von den schlangengestaltigen Schutzgöttinnen Ober- und Unterägyptens. Vier Pfeiler markieren die Ecken eines tiefer ausgeschachteten Bereichs der Sargkammer, wo einst der Granitsarkophag stand. An den Pfeilerseiten wechseln Bilder Nefertaris, verschiedener Gottheiten und zweier in Leopardenfelle gehüllte Priester, die bei Osiris Fürbitte einlegen für Nefertari.

Dominierende Elemente der Wandbilder sind Tore und Wächterfiguren, die Texte entstammen den Totenbuchkapiteln 144 und 146. Tore, Wächter und Anmelder tragen schreckliche Namen: ›Der mit abwehrendem Gesicht und vielen Worten‹ ist dabei noch harmlos, ›Der von Würmern lebt‹ oder ›Der Nilpferdgesichtige mit rasender Wut‹ klingen schon unangenehmer. Die Wächter brüsten sich als ›Der Verhörende‹, ›Der mit wachsamem Herz‹ oder ›Der den Übeltäter zurücktreibt‹. Nefertari kennt sie alle, spricht sie mit richtigem Namen an und kommt so sicher durch die Unterwelt.

■ Amun-her-chepeschef

Das Grab des Prinzen Amun-her-chepeschef liegt am Ende des modernen Wegs in das Tal (**QV 55**). Die großformatigen Bilder zeigen Papa Ramses, der seinem Sohn voranschreitet und ihn bei den Göttern einführt. Mit unglaublicher Liebe zum Detail sind die prachtvollen Gewänder in den Stuck geschnitten: Mehrfach winden sich die bestickten Gürtel und Schärpen um den Leib der Personen. Stickereien, welche die Stoffe verzierten, sind in kräftigen Farben gemalt. Der wohl noch jung verstorbene Sohn erscheint deutlich kleiner und mit der charakteristischen ›Jugendlocke‹, bei der nur ein breiter Zopf seitlich am ansonsten kahlgeschorenen Schädel herabhängt.

Vom Eingangsraum aus führt ein Korridor ins Innere – hier durchschreiten Vater und Sohn die von messerbewehrten Dämonen bewachten Pforten der Unterwelt. Aus Granit gearbeitet wurde der anthropoide **Sarg**, der in der völlig undekorierten kleinen Sargkammer steht. Vermutlich war Amun-her-chepeschef unerwartet früh verstorben und die Arbeiten am Grab mussten schnell zuende gebracht werden. Allerdings handelt es sich bei dem kleine Fötus, der in einem Glaskasten in der Ecke des Grabes ausgestellt ist, nicht um den Grabherrn, denn Amun-her-chepeschef hatte bereits den Titel eines Truppenkommandaten inne und galt als der designierte Thronfolger.

■ Chaemwaset

Fast noch schöner ist das Grab seines Bruders Chaemwaset, der als Priester eine ganz andere Karriere angestrebt hatte (**QV 44**). Auch er wird von Ramses III. begleitet und durch die jeweiligen Tore geführt. Schauerlich wirken die Dämonen mit Katzen-, Esels- oder Rinderköpfen. Schrecklich sind auch die Namen der Tore und ihrer Wächter: ›Mit heißen Flammen, die nicht löscht, was sie verbrennt, mit wirksamer Glut, geschwind im Töten ohne zu fragen, an der niemand vorbeizugehen wünscht, aus Furcht vor ihrer Pein‹ – so lautet der Name der achten Pforte, ›Herrin der

Das Hohe Tor von Medinet Habu

Ober- und Mittelägypten

die Finsternis, den Urozean, die Ewigkeit und den Wind. Amun und Amaunet regten sich in der Tiefe und Dunkelheit des ewigen Urgewässers und brachten damit als erste die Schöpfung in Gang. Die Weiterentwicklung des Mythos betont die Rolle des Amun, der als der sich selbst und die anderen Götter Erschaffende galt und in Gestalt einer riesigen Schlange erschien. Wie die Häutung der Schlange steht die Selbstzeugung und Verjüngung des Amun für den ewigen Kreislauf des Lebens. Alle zehn Tage kam Amun vom Ostufer herüber, um das Heiligtum von Djeme zu besuchen. Bis in die Römerzeit wurde an diesem ältesten Heiligtum von Medinet Habu weitergebaut – der von einer hohen Mauer umzogene **römische Hof** bildet einen deutlichen Vorsprung an der Nordostecke des gesamten Areals. Die Schiffe, die für die wöchentlichen Prozessionen als Transportmittel genutzt wurden, konnten über einen Kanal direkt bis vor das Heiligtum fahren, wo heute noch **Reste des Hafenbeckens** zu erkennen sind. Es war eine goldene Zeit gewesen, als die acht Urgötter Ägypten beherrschten: »In ihrer Zeit kam die göttliche Wahrheit (Maat) zur Erde herab und vereinigte sich mit den Göttern. Überreich war die Versorgung in den Bäuchen der Menschen, und es gab keine Schlechtigkeit im ganzen Land. Kein Krokodil packte zu, und Schlangen bissen nicht in dieser Zeit der Urgötter.« Möglicherweise erhoffte Ramses III. eine Wiederkehr dieser Zustände, als er seinen Totentempel in direkter Nachbarschaft dieses hochheiligen Kultortes anlegte. Wohlstand und Gerechtigkeit waren zu seiner Zeit nur Idealvorstellungen, von der Wirklichkeit weit entfernt – es gab regelrechte Arbeitsniederlegungen im Tal der Könige, weil die Männer von Pademi sich weigerten, mit knurrendem Magen zu arbeiten.

Ramses III. krault einer Dame das Kinn

Wut, die blutig bestraft‹ heißt Tor Nummer 14. Doch Ramses III. und Chaemwaset fordern unbeirrt immer wieder: »Gib mir den Weg frei, denn ich kenne dich, ich kenne deinen Namen und kenne das, was in deinem Inneren ist.« Am Ende des Grabes, in der Kultkammer, erwartet der thronende Osiris den Verstorbenen.

Medinet Habu

Ramses III. wählte den Platz für sein ›Haus für Millionen von Jahren‹ **9** mit Bedacht: In Djeme lag einer der bedeutendsten Kultplätze der Region. Hatschepsut und Thutmosis III. hatten deswegen bereits ein Heiligtum hier errichtet, mit spezieller Betonung des Amun-Kultes. Doch Amun war nur einer der hier verehrten acht Urgötter. Als vier männlich-weibliche Paare bestanden sie seit undenkbarer Zeit und verkörperten

Karte S. 236

■ Durch das Hohe Tor

Wenn Ramses III., dessen Residenz ja im Nordosten des Landes in der Deltastadt Pi-Ramesse lag, zu Besuch nach Luxor kam, machte er sicher auch hier seine Aufwartung. Vielleicht ließ er sich sogar für ein paar Tage in Djeme nieder. Im hohen zweistöckigen Torbau am Eingang zeigt ihn ein Relief in durchaus privater Umgebung: Links vom Fenster in der westlichen Wand sitzt der Pharao und krault einer vor ihm stehenden jungen Dame liebevoll das Kinn. Muss man sich vorstellen, dass hier die Haremsrevolte gegen den Pharao stattfand, in deren Folge Ramses III. starb?

Hinter dem festungsartigen Eingangstor liegt rechter Hand der kleine **Tempel für die Urgötter**, während links im Hof drei **Kapellen** aus der Zeit der 25. und 26. Dynastie stehen. Es sind die Oberbauten der Grabstätten für die Gottesgemahlinnen des Amun, die in dieser Zeit als Hohepriesterinnen und Stellvertreterinnen des Pharao höchste geistliche und politische Autorität verkörperten.

■ Der Totentempel Ramses' III.

Das eindrucksvollste Gebäude im Gelände ist der mächtige Totentempel Ramses' III., dessen **erster Pylon** 63 Meter breit und im Süden 22 Meter hoch ist. Großformatige Reliefs zeigen Ramses links vor Amun und rechts vor Ra-Harachte beim Erschlagen der Feinde. Diese martialischen Bilder finden ihre Fortsetzung an den Wänden des **ersten Hofs**: Wildes Kampfgetümmel beherrscht die südliche Eingangswand, während auf der Nordseite Bericht erstattet wird. Ramses empfängt seine siegreichen Generäle, die ihm die Zahl der Gefangenen und der getöteten Feinde verkünden. Damit niemand ägyptischen Heldenmut anzweifeln konnte, wurden Beweise vorgelegt. Den feindlichen Gefallenen war die rechte Hand abgeschnit-

ten worden oder alternativ ein anderes, garantiert männliches Körperglied. Zwei mächtige Haufen türmen sich vor den Soldaten; im oberen sind klar die Hände zu erkennen. Ein ganz ähnliches Bild von Kämpfen gegen Libyer und Seevölker findet sich an der nördlichen Außenwand des Tempels. Die Beischriften dort nennen 38 000 Hände und 25 000 Penisse!

Weitere kriegerische Bilder verbergen sich an der **Südwand des ersten Hofs** hinter gewaltigen Papyrussäulen. Beiderseits des Fensters in der Mitte der Wand erscheint Ramses beim Erschlagen der Feinde, darunter üben seine Soldaten den Nahkampf: Ramses' Truppen führen hier ihre Kampftechniken vor, die teils an moderne Kampfsportarten erinnern. Ganz oben rechts an der Wand zeigt die Elitetruppe der Kavallerie die perfekte Dressur der Pferde. Möglicherweise war der Hof als Paradeplatz genutzt worden, wo im Beisein ausländischer Gesandtschaften militärische Stärke demonstriert wurde. Die Tür in der Ostecke der Wand führt hinaus zu einem kleinen **Palast**, in den Ramses sich zurückziehen konnte.

Kriegsberichterstattung vor Ramses III.

Säulensaal, Thronraum und angrenzende Privatgemächer einschließlich einer Toilette – mit Abfluss! – konnten von den Archäologen freigelegt werden.

■ Ernte und Aussaat oder Tod und Auferstehung

Den zweiten Hof des Tempels schmücken überwiegend kultische Szenen – eine Inschrift nennt allein für diesen Tempel 60 religiöse Feiertage. Zwei der Feste sind an den Seitenwänden geschildert: Links ist der Höhepunkt des zehntägigen Sokarfestes gezeigt, das zu Beginn des landwirtschaftlichen Jahres mit der ›Bestattung‹ der Getreidesamen und ihrem Sprießen aus dem Acker die Auferstehung der Verstorbenen symbolisierte. Am sechsten Tag der Feierlichkeiten begrüßt Ramses III. den falkenköpfigen Sokar mit einem schwer beladenen Frühstückstablett im Tempel (ganz rechts). Noch steht die Barke mit der Götterstatue auf ihrem Sockel vor dem Allerheiligsten, schon im nächsten Bild wird sie auf den Schultern der Priester aus dem Tempel getragen. Am linken Ende der Wand biegt die Prozession auf die Ostwand um, wo singende und klatschende Priester die Gottheiten bejubeln. Die **Nordwand** nehmen Szenen des Erntefestes ein, das dem Gott Min geweiht war. Als Fruchtbarkeitsgott zeigt er sich in menschlicher Gestalt mit erigiertem Glied oder als mächtiger Stier. Links im oberen Bildstreifen erscheint der Pharao in seiner Sänfte, um zu den Klängen von Trommeln und Trompeten den Palast zu verlassen. Im unteren Bildfeld blicken wir in die Kapelle des Min. Er wird während der Prozession für alle sichtbar auf einem Untersatz getragen. Voran schreitet der König neben einem weißen Stier, dem heiligen Tier des Gottes. In einem der letzten Bilder schneidet Pharao mit einer goldenen Sichel die ersten Ähren – die Ernte beginnt.

■ Zur Schatzkammer

An der **Rückseite des Hofs** sind einige Szenen in ihrer originalen Bemalung erhalten – eine Erinnerung daran, wie bunt einst alle Tempelwände waren.

Links und rechts vom Durchgang ist die Amtseinsetzung des Pharao durch die Götter zu sehen. Thot versichert Ramses: »Ich gewähre dir, dass dein Haus ist wie der Himmel, an dem die Sonne erscheint, und dein Name ewig ist darin.«

Eigentlich würden sich nach Westen die dunkleren Säulensäle anschließen, die zum Allerheiligsten führen. Doch ist der rückwärtige Teil des Tempels nicht einmal mehr bis zur Höhe von zwei Metern erhalten – jahrhundertelang nutzte man ihn als Steinbruch.

In der Südostecke der ersten Halle liegt der Zugang zum Schatzhaus des Tempels. Vor dem widderköpfigen Amun erscheint Ramses mit einem Tablett voller Gold. An der Waage zwischen beiden misst Thot genau die Menge ab. Besonders schön sind die Reliefs im Raum, der links gleich

Eine Tafel informiert über die Eintrittspreise

Karte S. 236

vom Eingang des Schatzhauses abzweigt: Zwischen Amun und Ramses sind die Schätze des Tempels aufgestapelt: Drei Haufen von Türkis, Lapislazuli und Gold liegen über edlen Truhen, sowie Kupfer- und Goldbarren.

Die folgenden, kleinen Säulensäle werden von Kapellen für Ra-Harachte und Osiris flankiert. Links und rechts des Durchgangs zum Allerheiligsten haben sich noch zwei Granitstatuen erhalten: Die südliche zeigt den thronenden Ramses III. neben Maat, der Göttin der Wahrheit; die nördliche neben dem ibisköpfigen Weisheitsgott Thot. Ganz hinten stand im mittleren Schrein die Barke des Amun.

 Theben-West

Vorwahl: +20/95.

Theben am Westufer des Nil erreicht man mit Taxi und Bus über die Brücke südlich von Luxor. Oder Sie nutzen die Fähre gegenüber dem Luxor-Tempel und nehmen am Westufer ein Taxi, Fahrrad oder einen Esel (schon am Vortag arrangieren, entweder an der Hotelrezeption oder direkt am westlichen Fähranleger).

Für **Radfahrer** empfehlen sich die Besuche der längs des Fruchtlands gelegenen Antiken, wo sich nette Pausen einlegen lassen. Zum Tal der Könige geht es zwar nur leicht, aber beständig bergan – weit und breit ist kein Grün in Sicht, und die Busse brausen haarscharf vorbei.

Eselsritte führen abseits der Autostraßen durch Felder und Dörfer und vermitteln ein ganz anderes Bild von Theben-West.

Wanderer können im Westgebirge auf antiken Pfaden wandeln: Besonders schön ist der Weg zwischen Deir el-Medina und dem Terrassentempel der Hatschepsut. In dieser Richtung ist der Aufstieg weniger beschwerlich, und der tolle Blick auf den Totentempel der großen Pharaonin belohnt den Wanderer. Man kann auch weiter gehen bis ins Tal der Könige. Nehmen Sie unbedingt etwas zu trinken mit, starten Sie frühzeitig und organisieren Sie Ihre Abholung. Bitte erkundigen Sie sich nach den aktuell geltenden Sicherheitsvorschriften – mitunter wird der Weg über den Berg nicht erlaubt.

Öffnungszeiten: im Sommer tgl. 6–17 Uhr, im Winter 7–16.30 Uhr; aus konservatorischen Gründen werden vor allem im Tal der Könige immer wieder einige Gräber geschlossen. Generell ist in den Gräbern

Fotografieren und Filmen nicht erlaubt! Kameras müssen am Eingang abgegeben werden, die Taschen werden am Zugang zum Tal der Könige kontrolliert.

Eintrittskarten gelten jeweils nur am selben Tag. Für den Tempel der Hatschepsut, das Tal der Könige und das Tal der Königinnen sind sie direkt dort erhältlich. Alle anderen Tickets gibt es beim Inspektorat westlich der Memnonskolosse (geöffnet ab 6.30 Uhr). Einzeltickets Sethos I. und Nefertari 1000 EP.

Infos zum **Luxor-Pass** → S. 232.

Tal der Könige: Beim Parkplatz hinter dem Besucherinformationszentrum (mit WC und kleiner Cafeteria) Startpunkt der ›taftaf‹-Bahnen zum Gräbertal. Die Eintrittskarten gibt es beim Besucherzentrum, pro Ticket können drei Gräber besichtigt werden. Extra-Tickets für Tutanchamun, Sethos I. und Ramses VI. direkt am Eingang zum Tal. Kartenverkauf ab 5.30 bzw. 6 Uhr, letzte Tickets ca. 30 Min. vor Schließung der Monumente.

Unklassifiziert: Unweit der Fähre in dem kleinen Dorf längs der Hauptstraße zu den Antiken gibt es eine Reihe von kleineren Hotels. Sie bieten meist eine Mischung aus lokaler und internationaler Architektur und Ausstattung, gute ägyptische Küche und eine friedliche Atmosphäre.

Gezira Garden, Gezirat el_Beirat, Theben-West, Tel. +20/95/2312505, www. el-gezira.com; preiswert. Nur wenige Gehminuten vom Fähranleger liegt das von einem ägyptisch-deutschen Ehepaar geführte Haus. Es bietet Appartements und Doppelzimmer sowie einen liebevoll

Ober- und Mittelägypten

gepflegten Garten und eine schöne Dachterrasse mit Pool. Gute Küche.

Hotel Sheharazade, Gezirat el-Bairat, Theben-West, Tel. mobil +20/100/6115939, www.hotelsheherazade.com; preiswert. Im Stil des Architekten Hassan Fathy wurde dieses Hotel erbaut – charakteristisch ist die 15 Meter hohe Kuppel über dem Atrium. Alle Zimmer haben Balkone zum ruhigen, begrünten Innenhof.

Cleopatra Hotel, Gezirat el-Bairat, Tel. mobil +20/100/3868345; preiswert. Etwas weiter vom Nil entfernt. Freundlich gestaltet und liebevoll geführt, alle Zimmer mit Balkon. Gute Küche und sehr hilfsbereites Personal.

Tutankhamun, südlich der Fähranlegestelle auf dem Westufer gelegen, Tel. mobil +20/100/5668614, +20/100/4414478; preiswert bis mittel. Im ›Tutankhamun‹ gibt es beste ägyptische Küche! Es fängt schon mit den eingelegten Pickles an, das Hühnchen soll süchtig machen, und die Kartoffel-Gemüse-Variationen begeistern nicht nur Vegetarier. Wer draußen sitzen möchte, sollte abends unbedingt Mückenschutzmittel mitbringen.

Nur el-Qurna, direkt gegenüber dem Inspektorat, Tel. +20/95/2311430, mobil +20/10/1295812; preiswert. Es ist nur ein einfaches Gartenrestaurant, doch fühlt man sich in der sehr ruhigen Atmosphäre sofort wie im Urlaub. Tatsächlich kann man hier auch einfache und saubere Zimmer mieten. Der Familienbetrieb mit Gans, Huhn, Katze und Hund vermittelt Einblick ins Leben auf dem Land. Absolut köstlich sind die in Teig ausgebackenen Auberginenscheiben oder der frische Limonensaft, ein Geheimtipp die Ente mit Orangensauce (auf Vorbestellung).

Cafeteria von Shehat, direkt gegenüber der Tempelanlagen von Medinet Habu; preiswert. Einfache Cafeteria, in der man Schatten (!!), gutes ägyptisches Essen und eine Auswahl an heißen und kalten Getränken findet.

Noch gibt es eine Reihe der mit ihren buntbemalten Fassaden lockenden **Alabasterfabriken**. Vor ihnen hocken Handwerker, zeigen Kalkstein- und Alabasterblöcke und führen ›antike‹ Techniken der Steinbearbeitung vor. Im Inneren reihen sich auf den Regalen Vasen, Schalen, Statuetten und Skarabäen aller Art. Maschinell gefertigte Ware erkennt man an der hochpoliert-glänzenden Oberfläche, Handarbeit hingegen weist eine stumpfere Oberfläche auf. Achten Sie darauf, dass keine mit Wachs geflickten Löcher in der Wandung zu entdecken sind. Mit Kerzen sorgen die Alabasterschalen und -becher für stimmungsvolle Beleuchtung – nicht zu empfehlen sind sie als Blumenvasen; die handbearbeiteten Stücke sind nicht wasserfest! Hier müssen Sie unbedingt hart handeln, die Erstpreise sind mitunter indiskutabel.

Open-air-Werkstätten von Scheich Abd el-Qurna. Vor den Gräbern von Ramose, Chaemhat und Userhat am Fuß des Berghangs hat noch ein Reliefschneider seine kleine Werkstatt. Einige der Arbeiten sind wirklich gute Kopien der antiken Vorlagen! Hier lohnt sich ein Halt, nicht nur, um den modernen Künstlern bei der Arbeit zuzusehen, sondern auch, um eventuell ein schönes Mitbringsel zu erstehen.

Balady Hand Craft Center, Siul, www.baladyhandicraft.com. Etwas weiter ab von den üblichen Touristenpfaden liegt dieses Kunsthandwerkprojekt. Seinen Anfang nahm es noch in Qurna, wurde dann aber von der Umsiedlung genauso getroffen wie die dort lebenden Menschen. Ziel des Projektes ist es, jungen Menschen Arbeit zu schaffen und ihre Kreativität zu fördern. Auf mittlerweile drei Webstühlen werden Stoffe gefertigt und Kinderkleider, Schals, Taschen und andere kleine Objekte genäht. Die Keramik folgt alten islamischen Vorbildern, die Schalen und Vasen sind eine Augenweide. Kurz gesagt: der Weg hierher lohnt sich.

Mittelägypten

Nördlich von Qena sind Assiut und Minya die beiden wichtigsten Städte der mittelägyptischen Provinzen. Schon lange ist die Textilindustrie um Assiut berühmt – in vielen Werkstätten werden hier charakteristisch gemusterte Stoffe von Hand gewebt. Der Großteil der Bevölkerung arbeitet jedoch in der Landwirtschaft, nur langsam zeichnete sich in den letzten Jahren ein allmählicher Wandel ab. Nicht zuletzt die dramatischen Ereignisse in den Jahren nach 1985, als militante islamistische Gruppierungen in dieser Region starken Zulauf verzeichneten und es zu schweren Ausschreitungen gegen die Staatsgewalt und koptische Gemeinden kam, hatten die Regierung aktiv werden lassen. Massive Verhaftungswellen standen auf der einen Seite, aber man erkannte offenbar auch, dass die Vernachlässigung Mittelägyptens stark zur Unzufriedenheit der Menschen beigetragen hatte. Seither wurden verschiedene Projekte begonnen, die den

Ober- und Mittelägypten

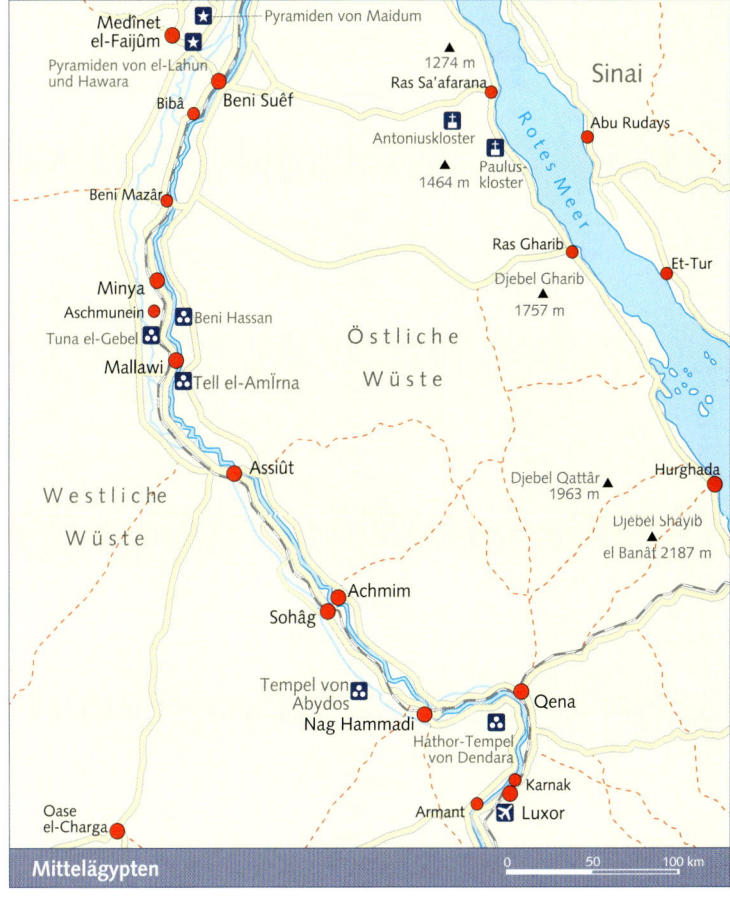

Nilufer mit Höhle in Mittelägypten

Lebensstandard heben sollen: Die Krankenversorgung wurde verbessert, ebenso die Wasser- und Stromversorgung, es gab mehr Gelder für die Ausbildung – langsam nähert sich die Alphabetisierungsrate dem Durchschnitt der Nation – und es wurde in modernere Landwirtschaft und den Aufbau der Industrie investiert. Dennoch blieb für viele junge Menschen keine Wahl, sie mussten – und müssen – auf Arbeitssuche oft weit von zu Hause weg, Familie und Freunde verlassen. Nach wie vor haben viele Dörfer keine asphaltierten Straßen, Eselskarren fungieren als Transportmittel, und das nächste Krankenhaus ist nur schwer zu erreichen. Seit der Revolution sind manche der Infrastrukturmaßnahmen ins Stocken geraten, die Müllberge entlang von Straßen und Bewässerungskanälen geben ein deutliches Zeichen dieser Missstände. Der Weg in die nächste größere Stadt ist daher voller Hoffnung, vielleicht wird es dort Arbeit, eine bessere Schule, ein Krankenhaus – kurz gesagt, eine Zukunft geben, wenigstens für die Kinder. Die ägyptische Schriftstellerin Salwa Bakr schildert in vielen ihrer Kurzgeschichten das Leben der kleinen Leute: »Es war tausendmal besser, auf dem Straßenpflaster zu schlafen als in der erbärmlichen Lehmhütte, in der sie geboren war und in der sie jahrelang gelebt hatte. Hinzu kam, dass der Unfall ihrer kleinen Tochter ihr den Wert ihres Lebens in der Stadt verdeutlicht hatte ... Zarifa war mit ihr in das öffentliche Krankenhaus geeilt, wo sie versorgt werden konnte. Wäre der Unfall im Dorf passiert, wäre sie möglicherweise gestorben, bevor ihr ärztliche Hilfe hätte zuteil werden können.«

Der Tourismus könnte auch in Mittelägypten ein bedeutender Wirtschaftsfaktor sein. Schließlich liegen so bekannte Kultstätten wie der Osiris-Tempel von Abydos in der Region oder die ehemalige Hauptstadt des Ketzerkönigs Echnaton. Zwar bieten einige Veranstalter die lange Nilkreuzfahrt zwischen Kairo und Assuan wieder an, doch ist der Rückgang der Besucherzahlen seit der Revolution von 2011 hier besonders deutlich zu spüren.

Karte S. 273

Hathor-Tempel von Dendera

Das Monument, das ich hier sah, erschien mir wie der Ur- und Inbegriff eines Tempels in seiner höchsten Vollendung ... und ich darf hinzufügen, dass das gesamte Heer, ohne dass man den Soldaten besondere Vorliebe für die Antike nachsagen konnte, ganz ähnlich empfand.

Vivant Denon, *Wissenschaftler der napoleonischen Expedition, 1802*

Nur wenige Kilometer westlich von **Qena**, der seit den 1990er Jahren aufgepeppten Provinzhauptstadt rund 60 Kilometer nördlich von Luxor, zweigt die Straße ab ins westliche Wüstengebiet zum Heiligtum der Hathor von Dendera. Eine mächtige Mauer aus luftgetrockneten Ziegeln umschließt das heilige Areal der Liebes- und Muttergöttin Hathor. Ihr Heiligtum wurde in der ausgehenden Ptolemäerzeit grundlegend vergrößert und unter römischen Herrschern wie Augustus, Nero und Trajan fertiggestellt. Die **Pylone** und der **erste Hof**, die man sich ähnlich wie in Edfu vorstellen kann, wurden jedoch nie vollendet. Dafür erhebt sich der geschlossene, rückwärtige

Teil des Tempels majestätisch in dem weiten Bezirk. Kuhohrige Gesichter der Hathor schauen an seiner Fassade von den Kapitellen des **Säulensaals** herab. Im Inneren verdienen die **astronomischen Darstellungen** an der Decke besondere Beachtung. Der mittlere Prozessionsweg wird von der geiergestaltigen Himmelsgöttin Nechbet beschützt. Links und rechts in den Längsschiffen ist der Lauf der Sonne und des Monds während der Tages- und Nachtstunden zu sehen. Die Decken über den Seitenschiffen ganz links und rechts zeigen das **Nut-Bild** ❶: Über die langgestreckte Gestalt der Himmelsgöttin Nut fahren Boote, in denen die Personifikationen altägyptischer Sternbilder zu sehen sind. An der zum Eingang liegenden Schmalseite findet die Geburt der Sonne statt, die allmorgendlich aus dem Schoß der Göttin hervorkommt.

Die Rückseite des Säulensaals ist wie die Fassade eines eigenständigen Tempels gestaltet: Rundstab und Hohlkehle säumen Seiten und oberen Abschluss, die Wand scheint sich wie ein Pylon nach oben zu verjüngen. Unter der geflügelten

Ober- und Mittelägypten

Die Details der Decke im Tempel strahlen nach der Reinigung vom Ruß wieder in frischen Farben

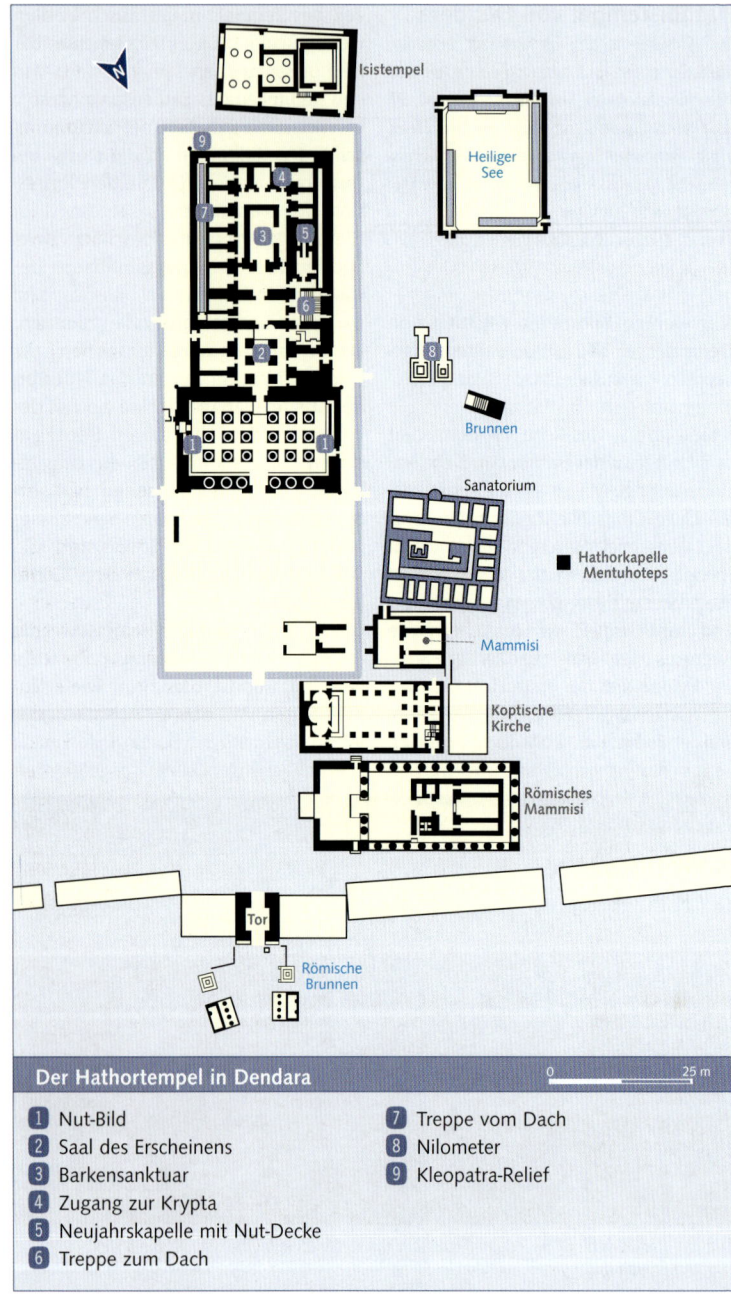

Der Hathortempel in Dendara   0   25 m

1 Nut-Bild   7 Treppe vom Dach
2 Saal des Erscheinens   8 Nilometer
3 Barkensanktuar   9 Kleopatra-Relief
4 Zugang zur Krypta
5 Neujahrskapelle mit Nut-Decke
6 Treppe zum Dach

Sonnenscheibe öffnet sich in der Mitte der Durchgang zum von sechs Pfeilern getragenen **Saal des Erscheinens** 2. Gut kann man sich hier die ursprüngliche Beleuchtung vorstellen: Durch acht schmale Schächte in der original erhaltenen Decke fällt nur spärlich Licht auf die Reliefs. Der Könige, der hier bei der Gründung des Tempels mit der Hacke in der Hand und einem Tablett voller Steine abgebildet ist, blieb namenlos. Wie an vielen anderen Stellen im Tempel sind die Kartuschen leer geblieben – Thronstreitigkeiten im fernen Alexandria oder gar Rom waren die Ursache.

■ **Salbenkammer und Krypta**

Verschiedenste Dinge für den alltäglichen Tempelkult wurden in den Seitenräumen aufbewahrt. Die Inschriften der sogenannten Salbenkammer überliefern Rezepte für Duftöle, die zur Salbung der Götterstatue verwendet wurden: Für das heilige Heken-Öl benötigte man geharzten Wein, in dem Schoten des Johannisbrotbaums eingeweicht wurden. Über Akazienfeuer wurde die Mischung

langsam eingedampft, und schließlich mit Weihrauch-, Mastix- und nach Vanille duftenden Styraxessenzen versetzt. Ganze 365 Tage dauerte die vorschriftsmäßige Herstellung dieses kostbaren Götterkosmetikums. Das Nachkochen einer anderen Rezeptur erbrachte ein verblüffendes Resultat: Der Duft der Matet-Salbe erinnert stark an Liebstöckel – und wirkt mückenabwehrend!

Zwei schmale Querräume liegen vor dem **Barkensanktuar** 3, von dessen Umgang elf Nebenkapellen zugänglich sind. In der Kammer direkt in der Mittelachse hinter dem Allerheiligsten, wie auch im Nachbarraum rechts finden sich Öffnungen hoch oben in der Rückwand beziehungsweise im Fußboden. Sie geben Zugang zu geheimen Räumen, in denen wertvolles Tempelgerät versteckt werden konnte.

Besonders schön sind die Reliefs in der unterirdischen **Krypta** 4, zu der man durch einen sehr engen Treppenschacht gelangt. Sie zeigen den Musikgott Ihi als Kind mit der Seitenlocke, wie er vor seiner göttlichen Mutter Hathor das Sistrum schwingt. Ein schwerer Perlen-

Ober- und Mittelägypten

Das Wandbild in der Krypta zeigt Schmuck, der vielleicht hier vor Räubern versteckt werden konnte

Falken-Kultbild in der Krypta

kragen zählte sicher zu den prachtvollen Gegenständen, mit denen die Gottheit im Kult geschmückt wurde.

■ Sonnenstrahlen für die Wiederbelebung

In ptolemäischen Tempeln gab es für das große Fest der ›Vereinigung mit der Sonne‹ spezielle Räume: Neben dem Allerheiligsten liegt ein kleiner offener **Hof** **5** mit einem erhöhten, baldachinartigen Raum. Hier zeigt das Deckenrelief eine schöne Variante des Nut-Bilds aus dem großen Säulensaal. Vom Hof aus führt eine mehrfach abknickende **Treppe** **6** aufs Dach zu einem kleinen Kiosk. In der Morgendämmerung trugen Priester die Statue und alles Tempelinventar hinauf; die Reliefs an den Wänden des Treppenaufgangs zeigen diese Prozession. Oben wurde die Statue – das Gefäß göttlicher Energie – von den Strahlen der Sonne mit Lebenskraft erfüllt und anschließend von musizierenden Priestern wieder in die Dunkelheit des Sanktuars geleitet. Auf dem Dach befindet sich in

der nordöstlichen Ecke eine dem Gott Osiris geweihte **Kapelle**. In ihrem Vorraum war das berühmte Deckenrelief mit dem Sternkreis von Dendera angebracht. Das Original ist heute im Louvre in Paris ausgestellt, vor Ort findet sich eine Kopie. Interessant ist die Vermischung der altägyptischen Sternzeichen mit den bis heute bekannten Tierkreiszeichen. Zwei weitere Varianten des Nut-Bildes ergänzen die Dekoration der Decke. Im anschließenden, nur durch einen einzigen Lichtschacht beleuchteten Raum sind an den Wänden Szenen aus dem Osiris-Mythos zu sehen. Der mumifizierte Leichnam wird von Anubis versorgt, in einem Sarg bestattet, vom Sonnenlicht wiederbelebt – und tritt in Aktion: An der linken Schmalwand zeigt eine Szene den Moment der Zeugung des Horus. Die in ein Falkenweibchen verwandelte Isis lässt sich auf dem erigierten Phallus ihres Göttergatten nieder. Das neue Leben hat den Tod besiegt!

Zurück in den Tempel gelangt man über eine **Treppe** **7**, die in gerader Linie zum Opfersaal hinunterführt.

■ Um den Tempel herum

Draußen lohnt sich die Umrundung des Tempels, denn auf dem Weg zur Rückseite kommt man an der Ummauerung des **heiligen Sees** vorbei – der heute eher wie ein versenkter Garten wirkt –, entdeckt Spuren alter **Nilometer** **8** und an der Rückseite des Hathor-Tempels ein kleines Isis-Heiligtum. Die Reliefs an der Rückwand des großen Tempels zeigen eine der berühmtesten Herrschergestalten Ägyptens: Mit ihrem Sohn Ptolemaios XV. Caesarion erscheint dort **Kleopatra die Große** **9**. Auch im Vorfeld des Tempels sind noch einige Bauten zu entdecken: Eher unscheinbar wirken die **Überreste eines Sanatoriums**, das in der Römerzeit entstand. Tempelschlaf galt schon in alt-

Karte S. 276

ägyptischer Zeit als probates Heilmittel, die Wannen im Gelände zeigen, dass Dendera ein regelrechtes Kurbad besaß. Nur noch in Resten erhalten ist das älteste Gebäude direkt nördlich des Bades. Nektanebos hatte dieses **Mammisi** in der 30. Dynastie anlegen lassen, es stand bei der Vergrößerung des Haupthauses ab der Ptolemäerzeit aber im Weg.

Aus dem 5. Jahrhundert nach Christus stammt die **Kirche**, die von Westen her über einen Vorraum mit Taufkapelle zugänglich ist. Pfeilerreihen gliedern die Versammlungshalle, an die sich nach Osten der Altarraum mit der Apsis anschließt. Das schönste und besterhaltene der Nebengebäude ist das **römische Mammisi**, dessen präzise geschnittene Reliefs an der südlichen Außenwand im Nachmittagslicht schön zur Geltung kommen. Der kleine Ihi, Sohn von Hathor und Horus, wird von seiner Mutter gesäugt. Einen Extrablick verdienen auch die Miniaturszenen auf dem Schurz des Königs. Im Inneren des Mammisi findet sich die Bildfolge der Geburtslegende, wie sie vom Totentempel der Hatschepsut und aus dem Luxor-Tempel bekannt ist.

Abydos

O mein Herr, der die unendliche Zeit durchläuft, der da sein wird für immer; Osiris, Erster der Westlichen, Herr der Ewigkeit, Herrscher der Unendlichkeit… Die Seienden, sie sind bei dir, Götter wie Menschen. Du bereitest ihre Stätte im Totenreich. Die da kommen zu Millionen über Millionen, am Ende steht das Anlanden bei dir.
*Aus einem **Osiris-Hymnus***

Etwa auf halber Strecke zwischen Luxor und Assiut liegt eines der wichtigsten Pilgerziele altägyptischer Gläubiger. Abydos war der Hauptkultort des Osiris, des Herrschers des Jenseits und obersten Richters des Totengerichts. Gerne wäre man in der Nähe dieses großen Gottes bestattet worden; wer immer es ermöglichen konnte, stiftete wenigstens eine Stele in den heiligen Bezirk des Osiris. Bereits in der Frühzeit Ägyptens ließen sich die Herrscher der 1. und 2. Dynastie hier Gräber anlegen – ob sie allerdings tatsächlich hier oder im Friedhof von Saqqara bestattet wurden, ist in Fachkreisen umstritten. Bei der Anfahrt zum Tempel über die neue Wüsten-

Ober- und Mittelägypten

Der ehemalige heilige See

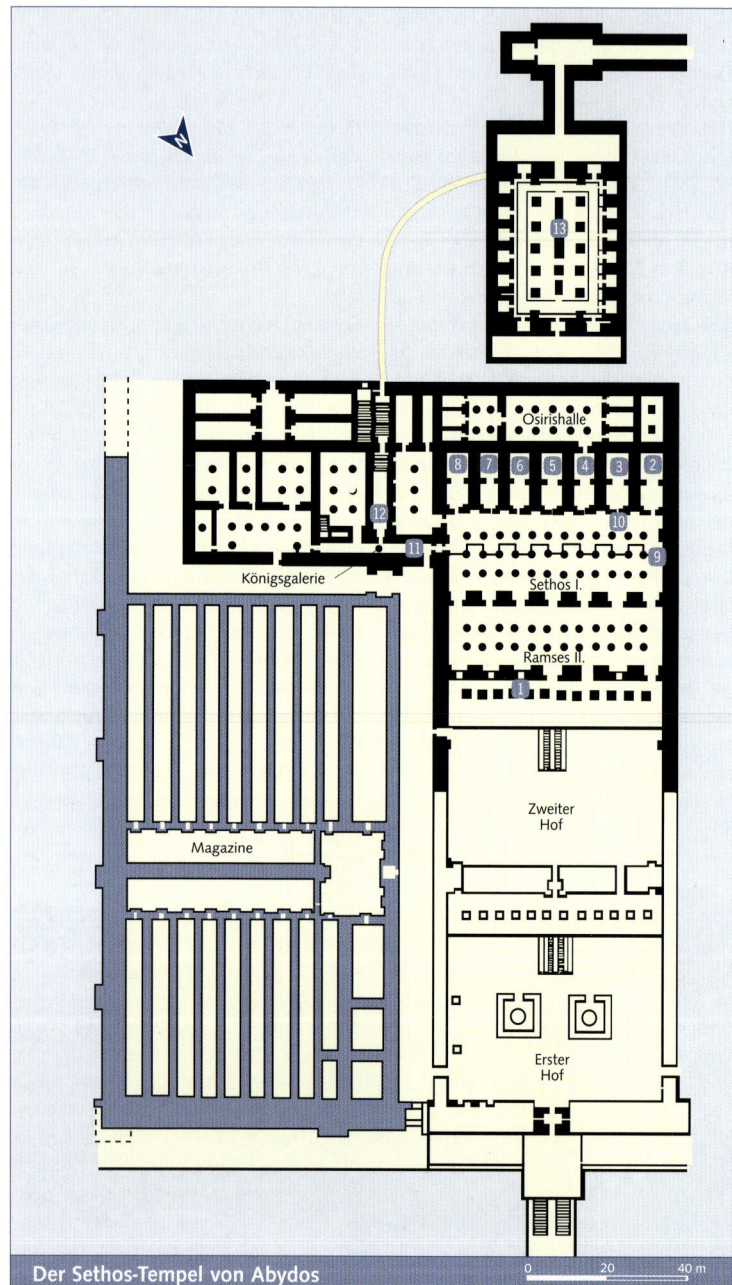

Osirishalle

Königsgalerie

Sethos I.

Ramses II.

Zweiter
Hof

Magazine

Erster
Hof

Der Sethos-Tempel von Abydos

0   20   40 m

1	Ramses II. überreicht Figur der Göttin Maat	**7**	Kapelle Ptah
2	Kapelle Horus	**8**	Kapelle Sethos' I.
3	Kapelle Isis	**9**	Reliefs Sethos' I.
4	Kapelle Osiris	**10**	Isis säugt Sethos I.
5	Kapelle Amun-Re	**11**	Gang mit Königsliste
6	Kapelle Ra-Harachte	**12**	Jagd auf Wildstier
		13	Osireion

straße passiert man das Gelände von Süd-Abydos unterhalb des ›Berges des Anubis‹. Hier wurde bei Ausgrabungen in den letzten Jahren unter anderem ein Grab von Sesostris III. freigelegt. Für Aufsehen innerhalb der Ägyptologie sorgte die Entdeckung des Grabes eines bislang unbekannten Herrschers namens Useribre-Senebkay. Er regierte während der Zweiten Zwischenzeit – einer Phase politischer Zersplitterung Ägyptens – einen Teil des Landes. Aus dem Mittleren Reich (11. und 12. Dynastie) stammt die Stadtanlage Wah-Sut. In der Zeit des Neuen Reichs wurden die Privatgräber, wie auch aus Theben-West bekannt, mit kleinen Pyramiden bekrönt. Das Grab eines Schreibers Haremhab aus der Zeit von Amenophis III. liefert dafür das schönste Beispiel.

Auch die Könige des Neuen Reichs, die ihre riesigen Versorgungstempel in Theben-West anlegen ließen, konnten sich nicht so recht entscheiden, wo ihr Platz für die Ewigkeit sein sollte. So gingen sie auf Nummer Sicher und ließen für sich in Abydos große Totentempel errichten. Am besten erhalten ist der unter Sethos I. begonnene und von seinem Sohn Ramses II. fertiggestellte Kultbau. Zwei weite Höfe lagen vor dem in seiner Architektur ungewöhnlichen Tempelhaus. Pylone und Umfassungsmauern sind nur noch in wenigen Lagen erhalten.

Eine breite Pfeilerhalle gliedert die Fassade, die nach der ursprünglichen Bauplanung sieben Eingänge besaß. Links des Mitteltors überreicht Ramses II.

Osiris, Isis und seinem vergöttlichten Vater Sethos I. eine kleine Figur der Göttin Maat **1**. In einer langen Inschrift berichtet er, wie er als junger Herrscher bei einer Reise durch Ägypten auf die Bauruine des Sethos-Tempels in Abydos stieß. Als vorbildlicher Sohn kümmerte er sich um die Fertigstellung des Baus. So finden sich im Inneren des ersten Säulensaals Darstellungen von Ramses II., erst im zweiten Saal und in den sieben Allerheiligsten tritt Sethos auf.

■ **Sieben auf einen Streich**

Mit diesem Gedenktempel ließ Sethos allen großen Göttern Ägyptens ein Denkmal errichten: Von rechts nach links sind die sieben Abschnitte des Heiligtums **Horus 2**, **Isis 3**, **Osiris 4**, **Amun 5**, **Ra-Harachte 6**, **Ptah 7** und **Sethos I. 8** geweiht. Vom Eingang zu den Allerheiligsten finden sich die vertrauten Bilder von der Tempelgründung, der Reinigung des Königs, seiner Krönung und den ersten Opfern vor der jeweiligen Gottheit. Zwar sind für Ramses' Verhältnisse die Reliefs im Eingangssaal sehr fein gearbeitet, doch werden sie an Eleganz und Präzision von denen seines Vaters Sethos I. weit übertroffen. An der rechten Seitenwand vor dem Allerheiligsten des Horus sind sie besonders gut zu erkennen **9**, da hier die Bemalung nicht mehr erhalten ist. Die Farbigkeit des Tempels lässt sich an den Wandstücken zwischen den Kapellen sehen. Die Szenen links und rechts des **Isis-Heiligtums** zeigen den König als Kind der Göttin, die ihm die Brust

Ober- und Mittelägypten

reicht 🔟. Das tägliche Ritual am Kultbild schmückte die Wände des Allerheiligsten. »Was zu diesem Gott gesagt wird im Anschluss an die beiden Lieder des täglichen Rituals: Horus und Thot sind gekommen, um dich zu schauen im Palast. Sie versehen dich mit dem Wasser der Urflut, mit Natronkugeln aus Elkab. Sie geben Salbe an deine Stirn, Leinen an deine Glieder, sie bringen dir grüne und schwarze Augenschminke dar; Myrrhe und Weihrauch umziehen deine Kapelle.« (nach Assmann, Hymnen).

Von der **Kapelle des Osiris** 4️⃣ öffnet sich der Zugang zu einem weiteren Komplex, der quer zur Hauptachse des Tempels liegt. Es ist ein ganz den geheimnisvollen Geschehnissen um Osiris und seine Auferstehung geweihter Bereich. Die Reliefs in diesem Pfeilersaal und den rechts anschließenden Kapellen gehören zu den Highlights einer Ägyptenreise.

Die südlichste (ganz links) der sieben Hauptkapellen zeigt die Vergöttlichung des verstorbenen Sethos, der in die Reihen der Ahnen aufgenommen wird. Die falken- und schakalsköpfigen Träger seiner Sänfte sind Verkörperungen dieser verklärten Vorgänger. Die Krönungsszene bestätigt Sethos' Herrschaftsanspruch auch im Jenseits.

Im hinteren Teil der Kapelle ist die Barke zu sehen, in der ein Kultbild des Königs aufgestellt wurde.

■ Die Königsliste von Abydos

An der Südseite des zweiten Säulensaals öffnet sich ein **Gang** 1️⃣1️⃣, an dessen Wand eine für die Erstellung der altägyptischen Chronologie bedeutende Liste entdeckt wurde: Es handelt sich um eine Aufzählung von 76 Pharaonen, die vor Sethos I. regierten. Die Hyksos, Hatschepsut, Echnaton und dessen Nachfolger bis Eje fehlen – so konnte man die Geschichte korrigieren. Vor dieser Liste erscheinen Sethos I. mit einem Räuchergefäß und sein Sohn Ramses mit einer Papyrusrolle, um den verehrten Ahnen Respekt zu erweisen.

Der nach rechts abknickende Gang wurde erst dekoriert, als Ramses Pharao geworden war. Er erscheint rechts nach dem Eingang mit seinem Sohn Amunher-chepeschef bei der **Jagd auf einen Wildstier** 1️⃣2️⃣. Das Lasso hat sich bereits an die Hörner verfangen, Ramses' Sohn packt mutig den Stier am Schwanz. Auf der gegenüberliegenden Seite in der Nähe des Ausgangs ist Ramses bei der Vogeljagd mit dem Schlagnetz zu sehen. Diesmal erhält er Unterstützung von Göttern. Beide Szenen sind im Zusammenhang der Feindvernichtung zu verstehen, die im Tempel des Osiris an dessen Kampf gegen Seth erinnern.

Der rückwärtige Ausgang führt zu einem **unterirdisch angelegten Komplex** 1️⃣3️⃣, der erst 1902 entdeckt wurde. Als Grab des Osiris wird diese wuchtige Anlage gedeutet, deren zentraler Bau sich inselartig aus dem Wasser erhebt. Mittlerweile ist jedoch das Grundwasser so stark angestiegen, dass dieses von mythologischen Szenen geschmückte Gebäude nicht zugänglich ist. Dafür tummeln sich im brackigen Wasser dicke Welse.

ℹ️ Dendera und Abydos

Die beiden Tempel werden meist von Luxor aus im Rahmen eines **Halb- oder Ganztagesausflugs** besucht. Seit Fertigstellung der Straße im westlichen Wüstengebiet wird meist diese – landschaftlich eher eintönige – Route gewählt. Sie umgeht die zahlreichen Orte am Nil, deren Verkehrsbelastung durch die Wüstenschnellstraßen reduziert wurde. Von Luxor bis Dendera sind es auf dieser Strecke rund 80 km, bis Abydos noch einmal 100 km.

Dendera wird auch als **Tagesausflug per Schiff** von Luxor angeboten, der Ausflug

Sethos I. auf dem Schoß der Isis

dauert insgesamt gut neun Stunden, es wird nach der Besichtigung an Bord Mittagessen serviert. Im Winter kann es an Deck recht kühl sein, nehmen Sie Jacke und Schal mit – und etwas zu lesen.

Die Cafeteria beim **Tempel der Hathor** ist aufgrund der gesunkenen Besucherzahlen vorübergehend außer Betrieb, es gibt lediglich einen Stand mit Getränken und Süßigkeiten.

Im Vorfeld des **Sethos-Tempels** in Abydos – wo demnächst ein neues Visitor-Center mit moderner Cafeteria entstehen soll – sorgt zurzeit eine kleine Teestube für leibliche Bedürfnisse. Sehr zu empfehlen ist dort das hausgemachte Fûl!

Tell el-Amarna

Ich errichtete Achet-Aton für Aton, meinen Vater, an diesem Platz! … Ich baue den großen Tempel für Aton … ich errichte mir Niederlassungen des Pharao und ich baue einen Harem für die königliche Gemahlin… Man baue mir ein Grab auf dem Berg von Achet-Aton, wo die Sonne aufgeht, in welchem meine Bestattung erfolgen soll nach Millionen von Regierungsjubiläen.
Von den Grenzstelen von **Tell el-Amarna**

So wie Echnaton es in den 14 Grenzstelen rings um seine neue Hauptstadt verkündete, so geschah es. Nur kam es nicht zu den Millionen von Regierungsjubiläen. Und nach wie vor ist unklar, ob und wo es zur Beisetzung des Pharao kam. Die rund 50 Kilometer südlich von Minya gelegene Hauptstadt des Aton-Kultes wurde innerhalb kürzester Zeit aus dem Wüstenboden östlich des Nil gestampft – und verschwand genauso schnell wieder. Denn die nachfolgenden Herrscher hatten sich zum Ziel gesetzt, die Erinnerung an diesen König, der die Grundfesten der Maat erschüttert hatte, auszulöschen. Es gelang ihnen nicht ganz: Seit Archäologen um 1890 erste Grabungen begannen, ließen sich doch noch große Teile der Stadt rekonstruieren.

Berühmt wurde die am Nikolaustag 1912 entdeckte Büste der Nofretete, die heute in der ägyptischen Sammlung von Berlin zu sehen ist. Im ehemaligen Stadtgebiet mit seinen beiden Aton-Tempeln, dem Palast, Verwaltungsbauten und herrschaftlichen Villen sind nur noch Grundrisse zu erkennen. Doch fand sich dort noch das Archiv des Auswärtigen Amts – Hunderte von Tontäfelchen belegen den regen Austausch zwischen Ägypten und seinen Nachbarstaaten. Diplomaten beherrschten schon damals die Kunst der schönen Rede, wie ein Brief aus Babylon belegt: »Mir ist Wohlbefinden, dir, deinem Haus, deinen Frauen, deinen Kindern, deinem Lande, deinen Großen, deinen Pferden, deinen Wagen sei in hohem Grade Wohlbefinden!«

■ Die Nordgräber

Die in den Abhang des Ostgebirges geschlagenen Gräber von Beamten und Priestern sind die am besten erhaltenen Denkmäler der Stadt. Sie sind alle im eigenwilligen Stil der Amarna-Zeit gehalten, Echnaton und seine Familie sind die zentralen Elemente der Dekoration. Die vier nah beieinander liegenden Gräber 3, 4, 5 und 6 der nördlichen Gruppe sind relativ gut erhalten und lohnen daher einen Besuch:

■ Ahmes (Grab 3)

Als Wedelträger zur Rechten des Pharao hatte Ahmes eine hohe Stellung am Hof inne. Sein unfertig gebliebenes Grab ist allerdings eher bescheiden. Es zeigt einen einfachen T-förmigen Grundriss ohne große Säulenhalle. Gleich im Türdurch-

Karte S. 273 ▲

gang erscheint der Grabherr mit seinem Amtsabzeichen, dem Wedel, in der Hand. An der mit Stuck verputzten linken Wand des Ganges finden sich noch Reste der Vorzeichnung in roter Farbe neben den bereits reliefierten Stellen. Nahe dem Eingang ist der Aton-Tempel zu sehen mit einer Reihe von Altären, Säulen und Statuen von Echnaton und Nofretete. Unter dem angrenzenden Tempelschlachthof ist noch ein Teil des Palastes zu erkennen mit dem Schlafzimmer. Entdecken Sie das Bett mit der Kopfstütze?

Weiter rechts sind Soldaten zu sehen, die in der für Echnatons Regierungszeit so typischen tief gebückten Haltung dem königlichen Pferdegespann vorauseilen. Im unteren Bildregister sind Musikantinnen gezeigt, daneben die königliche Familie beim Mahl. Zwei der Töchter von Echnaton und Nofretete sitzen auf dem Schoß beziehungsweise unter dem Stuhl ihrer Mutter. Der unfertig gebliebene rückwärtige Teil des Grabes besitzt zwei in den Fels eingetiefte Grabschächte und eine

Mittelnische, in der die stark zerstörte Statue des Ahmes noch zu erkennen ist.

■ Merire I. (Grab 4)

Im Gegensatz zu seinem Nachbarn besaß der Hohepriester des Aton als einer der wichtigsten Theologen der Zeit ein ausgesprochen großes Grab, dessen Reliefs in der Säulenhalle sehr gut erhalten sind. An der rechten Rückwand seines Grabes findet sich die Abbildung seiner von Gärten umgebenen Residenz. Auch Stallungen mit Pferden sind zu sehen und die älteste Abbildung des Schaduf, eines Wasserschöpfgeräts, das bis Ende des letzten Jahrhunderts noch in Verwendung war. Die restlichen Wände sind der Arbeitsstätte des Merire vorbehalten: Links erkennt man mit seinen offenen Höfen gut den großen Aton-Tempel, auf den Echnaton und Nofretete in Pferdewagen zufahren. Trotz seines pazifistischen Gedankenguts erscheint der Pharao mit Militäreskorte, an seinem Wagen sind Bogen und Köcher mit Pfeilen angebracht.

Ober- und Mittelägypten

Höflinge vor dem Erscheinungsfenster im Grab des Merire

Wächter in Tell el-Amarna

Die linke Eingangswand zeigt das sogenannte **Erscheinungsfenster**, eine Art Balkon im Palastbereich, von dem aus Echnaton Empfänge ausländischer Gesandter beobachtete oder an seine verdienten Untertanen Auszeichnungen in Form schwerer Goldketten verteilte. Die rechte Eingangswand zeigt Merire als Priester im Tempel neben der königlichen Familie.

Im angrenzenden Raum, der als zweite Vierpfeilerhalle geplant war, sind die Arbeiten nicht zum Abschluss gekommen. Dafür kann man gut nachvollziehen, wie die Felskammern aus dem Stein geschlagen wurden.

■ Pentu (Grab 5)

Das Grab des Oberarztes Pentu entspricht in der Anlage dem des Ahmes (Grab 3). Es ist nicht fertiggestellt und in der Nach-Amarna-Zeit stark beschädigt worden. An seiner linken Längswand sind die Darstellungen der königlichen Familie beim Besuch des Atontempels zu erkennen. Bei genauer Betrachtung sieht man darunter Schiffe, Häuser, Gärten und Stallungen, die ein Bild von der Stadt Achetaton geben.

■ Panehesi (Grab 6)

Das Grab des ›Aufsehers der Diener des Aton im Atontempel‹ liegt etwa 100 Meter weiter südlich, ist aber über einen Pfad leicht zu erreichen. Ähnlich angelegt und auch im Bildprogramm verwandt dem großen Grab des Merire, finden sich hier noch einmal sehr detailgenaue Bilder des Atontempels mit zahlreichen Altären voller Opfergaben. Die Ausfahrt von Echnaton, Nofretete und ihren Töchtern in Pferdegespannen wird wieder begleitet von sich ehrfurchtsvoll verneigenden Soldaten. Selbstverständlich durfte auch die Szene der Verleihung der Ehrengoldkette an Panehesi in seinem Grab nicht fehlen. Das Grab wurde in christlicher Zeit zu einer Kirche umfunktioniert, weshalb auf der linken Seite des Pfeilersaals eine Vertiefung in die Wand und an der linken Rückwand eine Apsis eingeschlagen wurden. Im Durchgang zum zweiten Pfeilersaal erscheint Panehesi mit seiner Tochter, die auch in der Opfertischszene in der Stauennische ihren Vater begleitet. Offenbar war Panehesi verwitwet, denn die anderen Damen in seiner Begleitung werden als seine Schwester mit ihren Töchtern vorgestellt.

Ober- und Mittelägypten

ℹ Tell el-Amarna

Das weitläufige Antikengelände der ehemaligen Residenz Echnatons liegt südlich der Kleinstadt Mallawi auf dem Ostufer des Nil. Dorthin gelangt man entweder von Mallawi per **Fähre** oder über die neue **Straße am Ostufer** von Minya aus (Fahrtzeit ca. eine gute Stunde).

An der Anlegestelle der Fähre muss man eine Weile warten, bis die örtlichen Transportmittel – vom Kleinbus bis zum Traktor mit Anhänger – organisiert sind. Sie bringen die Besucher zu den verschiedenen, weit auseinander liegenden Besichtigungspunkten (pro Ziel fallen Gebühren an). Am Nil beim Dorf et-Till eröffnete 2016 ein **Visitor Center**, in dem eine Statue

Echnatons, Modelle der Stadt sowie Repliken von Grabungsfunden, inklusive des Wohnhauses von Ranefer, in die Geschichte von Achet-Aton einführen.

✕

Eine kleine **Cafeteria**, die auf dem Weg zum Nordpalast bzw. den Nordgräbern liegt, bietet einen einfachen Imbiss, den man am besten gleich bei Ankunft am Ostufer vorbestellt. Der Besitzer Nasr ist telefonisch zu erreichen, wer ein bis zwei Tage vorher anruft, kann Tee und Sandwiches bestellen, möglicherweise auch Busse zur Fähre organisieren. Nasr spricht Englisch und Französisch, Tel. mobil +20/100/7236818.

Tuna el-Gebel

*Sämtliche Tiere aber galten als heilig,
Haustiere so gut wie wilde. Jedes hat seinen Wärter, der ein Ägypter oder eine
Ägypterin ist, und dieses Amt erbt sich vom
Vater auf den Sohn fort. Die toten Katzen
werden nach der Stadt Bubastis gebracht,
einbalsamiert und in heiligen Grabkam-
mern beigesetzt. Spitzmäuse und Habich-
te bringt man nach der Stadt Buto, Ibisse
nach Hermopolis.*
Herodot, um 450 vor Christus

Nach einem Besuch bei den Tierfriedhöfen von Tuna el-Gebel ist man geneigt,
dem Bericht Herodots zu glauben, dass
alle Tiere als heilig galten. In den unterirdischen Kammern wurden anfangs
tatsächlich überwiegend Ibisse und Paviane, die beiden heiligen Tiere des hier
besonders verehrten Thot, bestattet.
Doch fanden die Ausgräber von Mäusen,
Schafen, Rindern bis zu Krokodilen eine
ziemliche Bandbreite anderer mumifizierter Tiere. Als Friedhofsgebiet zum
nahegelegenen Aschmunein, wo Thot als

Schöpfer verehrt wurde, erlebte Tuna el-
Gebel unter den ersten Ptolemäern eine
Blütezeit. Besonders interessant sind die
Reliefs im **Familiengrab des Petosiris**,
der als Verwalter der Ibisgemeinschaft
– einer der Pflege der heiligen Tiere des
Weisheitsgottes Thot gewidmeten Gemeinschaft – eine bedeutende Stellung
einnahm. Griechische und altägyptische
Traditionen mischen und durchdringen
sich hier und belegen, dass die Künstler
sich beider Stile bedienen konnten. Im
Vorraum des wie ein kleiner Tempel
gestalteten Grabes beherrschen Alltags-
szenen das Bildprogramm: An den beiden
Seitenwänden sind Ackerbau (links) und
Weinanbau sowie Viehzucht (rechts)
dargestellt. Die schmalen Säulenschranken an der Eingangswand dagegen sind
handwerklichen Themen vorbehalten.
Alle diese Bilder sind stark von der hellenistischen Kunst geprägt – in Körperhaltung und Kleidung unterscheiden
sich die Figuren deutlich von denen im
konservativ ägyptischen Stil gehaltenen
an der Rückwand des Vorsaals. Hier und

▲ *Das Grab des Petosiris*

Beim Weinkeltern

im angrenzenden Kultraum finden sich Darstellungen religiösen Inhalts. Man hat also bewusst für die irdischen Themen den modernen Stil gewählt, während das ›Ewige‹ auf althergebrachte Weise gestaltet wurde. Auszüge aus dem Totenbuch wurden hier wiedergegeben, wobei die große Vignette an der Rückwand hinter dem Grabschacht die Aufmerksamkeit auf sich zieht: Der Skarabäus symbolisiert die Auferstehung. Werfen Sie auch einen Blick auf die Reliefs der Sockelzone: Die sehr lebendige und fröhlich wirkende Reihe der Opferträger – wieder in griechischem Stil – steht in starkem Kontrast zu den strengen Bildern darüber. Im nicht zugänglichen **Sargraum** fanden die Ausgräber die Mumien von Petosiris, seiner Gemahlin und einem seiner Söhne. Im Gebiet von Tuna el-Gebel finden nach wie vor Grabungen statt: Die Universität München forscht in den unterirdischen Tierfriedhöfen, während das Museum von Hannover sich mit den Bauten der Humannekropole beschäftigt. Zu den besterhaltenen Anlagen gehört das **Haus-**

grab der Isidora, in dem die Mumie der jung Verstorbenen wie in einem Schneewittchensarg aufgebahrt liegt.

Fürstengräber von Beni Hassan

In Beni Hassan habe ich ein ganzes Felsgrab vollständig auszeichnen lassen; es soll ein Specimen des großartigen Stils der Architektur und der Kunstübung überhaupt während der mächtigen zwölften Dynastie abgeben.

Richard Lepsius an Alexander von Humboldt

Lepsius, der ›Vater der deutschen Ägyptologie‹, war besonders angetan vom **Grab Chnumhoteps II.**, den Pharao Amenemhet II. als Fürst in der Antilopenprovinz eingesetzt hatte. Von insgesamt 39 Grabanlagen, die zwischen 2080 und 1760 im Berghang rund 20 Kilometer südöstlich von Minya angelegt wurden, ist es das schönste und größte.

Der große, in den Felsen getriebene Raum wird von Säulen in drei Längs-

Kuppelfriedhof am Nil bei Beni Hassan

schiffe mit leicht gewölbten Decken unterteilt. Nachdem die Malereien in den Gräbern erst kürzlich vorsichtig gereinigt wurden, erstrahlen die Farben wieder in alter Frische. Ringsum läuft in der Sockelzone eine grüngefasste Inschrift, in der die Lebensgeschichte Chnumhoteps berichtet wird. Vom Eingang aus links finden sich Szenen der Landwirtschaft, rechts verschiedener Handwerker über Abbildungen der rituellen Bootsfahrt nach Abydos zum Heiligtum des Osiris. An der nördlichen Seitenwand erscheint Chnumhotep bei der Jagd auf Wüstentiere, unter denen auch Fabelwesen wie Schlangenhalspanther und das mythische Seth-Tier erscheinen. Im hinteren Teil der Wand empfängt der Provinzfürst eine Händlerkarawane von 37 Aamu-Beduinen, die neben Antilopen und Steinböcken spezielle Augenschminke liefern. Ihre buntgemusterten Gewänder sowie Haar- und Barttracht weisen sie als Bewohner des ägyptisch-vorderasiatischen Grenzgebiets aus; ihr Anführer trägt den Titel ›Herrscher der Fremdländer‹.

An der Rückwand des Saals war in einer Nische die Statue des Verstorbenen aufgestellt. Darüber findet sich eine ungewöhnliche Variante des Vogelfangs: Chnumhotep sitzt auf einem Stuhl hinter einer Art Sichtschutz und hält in der Hand den Strick für das Vogelnetz, in dem bereits die Beute gefangen ist. Zwischen dem Netz und dem Grabherrn ragt ein Baum voller Vögel ins Bild – es ist eines der beliebtesten Motive heutiger Papyrusmaler. Hinter Chnumhotep erscheinen sein Sohn und eine Stufe tiefer der Architekt des Grabes, Baqet. Links und rechts der Nische finden sich großformatige Bilder des Grabherrn bei der Jagd im Papyrusdickicht, darunter links der Fischfang mit einem großen Schleppnetz und rechts ein Spiel der Bootsmannschaften, das sogenannte Fischerstechen. An der rechten Wand ist die Opferversorgung des Chnumhotep und seiner Gemahlin gezeigt.

Eine Generation früher war das **Nachbargrab des Amenemhet** entstanden. Es entspricht im Aufbau ganz dem des

Karte S. 273

Chnumhotep, lediglich die Bilder an der Rückwand unterscheiden sich: Die militärische Macht der Provinzfürsten wird hier zur Schau gestellt. Die Amenemhet unterstellten Truppen sind bei Kampfsportübungen in verschiedensten Stellungen gezeigt.

Zwei weitere Gräber aus der 11. Dynastie sind geöffnet. Baket und sein Sohn Cheti waren ebenfalls Fürsten im Antilopengau mit großer militärischer Befehlsgewalt. Das Bildprogramm entspricht dem der späteren Gräber, Tanz- und Ballspielszenen bei Baket oder die beiden Zwerge, die Cheti vorgeführt werden, setzen andere Akzente.

Minya

Die Provinzhauptstadt ist in den letzten Jahren gewachsen und hat einen deutlichen Modernisierungsschub erlebt. Hier in Mittelägypten, wo ein sehr großer Prozentsatz von Kopten lebt, ist seit der Revolution auch der Neubau von christlichen Gotteshäusern leichter geworden – es sind daher deutlich mehr Kirchtürme im Stadtbild zu entdecken. Eine Brücke, die vor einigen Jahren errichtet wurde, hat zum Aufschwung

von **Neu-Minya** (Medinat el-Minya el-Gedida) auf dem Ostufer geführt. Dort erhebt sich das pyramidenförmige **Aton-Museum**, ein Gemeinschaftsprojekt zwischen Minya und Hildesheim, das in den letzten Jahren aufgrund der politischen Verwerfungen nur schleppend vorankam. Nach seiner Fertigstellung soll es Fundstücke vor allem aus dem Bereich von Tell el-Amarna zeigen, aber auch weitere archäologische Stätten der Umgebung können hier endlich repräsentiert werden.

Entlang der Uferstraße nördlich der Brücke lässt es sich abends schön bummeln. Gerade in den wärmeren Monaten sind hier die Bewohner der Stadt mit Kind und Kegel unterwegs, picknicken oder kaufen sich am Straßenrand gegrillte Maiskolben und Popcorn. In der Parallelstraße etwas weiter westlich locken dann kleine Restaurants, Cafés und Imbissbuden – eine bunt beleuchtete Mischung aus Tradition und Moderne. Einige der Cafés wirken sehr cool, beschallen ihr Publikum mit den angesagten Charts und ziehen nicht nur junge Männer, sondern auch Frauen sowie durchaus auch die ältere Generation an.

Ober- und Mittelägypten

Das Aton-Museum in Minya

Dattelpalmen in Mittelägypten

ℹ Mittelägypten

Wer nicht mit einer Reisegruppe per Bus nach Mittelägypten kommt, für den bietet sich die **Bahn** als bestes Transportmittel an. Von Kairo oder Luxor aus erreicht man **Minya** in wenigen Stunden.

Die Kreisstadt eignet sich als Ausgangspunkt für die Besichtigungen von Tell el-Amarna (Tagesausflug) sowie Tuna el-Gebel und Beni Hassan (jeweils Halbtagesausflüge). Am besten mieten Sie sich für diese Besichtigungen ein Taxi, mit dem Sie sich dann zum Beispiel auch in Tell el-Amarna unabhängig von den örtlichen Bussen bewegen können (→ S. 284).

Nach wie vor sind die **Sicherheitsvorkehrungen** in Mittelägypten strenger als an anderen Orten des Niltals. Wer das Schiff oder Hotel verlassen möchte – und sei es nur zu einem Bummel an der Corniche – darf dies nicht ohne Anmeldung (mind. 30 Min. im Voraus) und – meist recht nettem – Begleitschutz.

Da die Sicherheitsvorkehrungen sich immer wieder der geänderten Lage anpassen, erkundigen Sie sich bitte vor Ort nach den aktuell gültigen Vorschriften. Die Strecke nach **Tuna el-Gebel** führt auf dem **Westufer** bis kurz vor die Kreisstadt **Mallawi**, wo eine schmale Straße durch kleine Dörfer bis zum Wüstengelände führt. Im Vorfeld des abgegrenzten Antikengeländes erkennt man am Felsabbruch eine Stele, die von einer modernen Schutzkonstruktion umgeben ist. Es handelt sich um eine der **Grenzstelen** aus der Regierungszeit des Echnaton, dessen Residenz auf dem Ostufer lag und der das fruchtbare Westufer mit eingemeindet hat.

Die Fahrt auf dem **Ostufer** nach Süden Richtung **Beni Hassan** führt entlang des riesigen Friedhofsgebiets von **Sawiet el-Maitin** mit den für diese Region charakteristischen Kuppelgräbern. Seit Jahrhunderten wurde dieses Gelände als Friedhof sowohl von Muslimen wie auch Kopten genutzt – kein Wunder also, dass sich hier Tausende von Kuppeln wölben. Nach einer knappen halben Stunde Fahrt erreicht man die Treppe, die hinauf zu den Fürstengräbern von Beni Hassan führt.

Da deutlich weniger europäische Reisende Mittelägypten besuchen, ist die Auswahl an entsprechenden Hotels eher klein. Aufgrund der Universitätskooperation mit arabischen Staaten – überwiegend aus der Golfregion – ist das Hotelangebot entlang der Corniche dennoch recht gut:

Grand Aton Hotel, Cornish el-Nil, Tel. +20/86/2342993, Fax +20/86/2341517, http://grandatonhotel.com; mittel. Die Lage direkt am Nil ist der absolute Pluspunkt dieses 2014 gründlich renovierten Hotels. Die Zimmer sind in einem langgestreckten Garten in ansprechend eingerichteten Bungalows verteilt. Neben dem Hauptrestaurant gehören zum Hotel das ›Grand Café‹ und das Nilterrassen-Restaurant sowie eine Shisha-Lounge im Eingangsbereich des Hotels.

MG Nefertiti Hotel, www.facebook.com/mg.nefertiti; mittel. Direkt gegenüber dem ›Grand Aton‹ steht dieses Haus, das ebenfalls erst kürzlich einen Facelift erhielt. Die Zimmer sind ordentlich, das Restaurant gilt als Topadresse für Hochzeitsfeiern – also rechnen Sie an den Wochenenden mit lautem Unterhaltungsprogramm. Dafür macht es bestimmt Spaß, das Brautpaar und die Gäste zu bestaunen.

Minya: In der Shopping-Mall **Masr li-ae-Tamin** hat man nicht nur einen interessanten Überblick über das Einkaufsvergnügen der Ägypter. Im 1. Stock bietet das trendige Lokal **Makanak** frisch gepresste Säfte – probieren Sie unbedingt Laimun bi Na'na' (Limonensaft mit süßer Minze)! Zum Essen gibt es Pizza, Sandwiches, Pasta und Fleischgerichte. Großbildfernseher übertragen meist Sport und bieten so einen leichten Einstieg für Gespräche. Falls Sie für die Ausflüge Verpflegung einkaufen wollen, aber nicht nur dann, empfiehlt sich ein Abstecher in die Parallelstraße zur Corniche etwa auf Höhe des ›Aton-Hotels‹. Dort gibt es in einer kleinen **Bäckerei** außerordentlich leckeres Gebäck von der Minipizza bis zu süß gefüllten Blätterteigtaschen. Und nebenan einen mindestens ebenso verführerischen Fûl-Imbiss.

Tuna el-Gebel: Eine einfache Cafeteria am Eingang des Geländes sorgt für Schatten und Getränke, mitgebrachte Speisen können hier verzehrt werden. Auf Vorbestellung werden Sandwiches vor Ort gemacht, Faradj spricht Englisch, Tel. mobil +20/120/0200864.

Beni Hassan: Am ersten Absatz der Treppe zu den Gräbern findet sich eine kleine Cafeteria – bringen Sie sich ruhig eigene Verpflegung mit oder rufen Sie ein bis zwei Tage vorher an und bestellen Sie Fatir maa Asal (ägyptische Pfannkuchen mit Honig), Fûl wa Gibna (Bohnenmus mit weißem Käse) und Aish (Brot) – ein richtiges Landfrühstück (ab 4 Personen, pro Person ca. 5 Euro), Moussa Ahmed, Tel. mobil +20/10/25713363.

Ober- und Mittelägypten

Sie sind die berühmtesten Denkmäler Ägyptens, vielleicht sogar der Welt. Seit der Antike zählen sie zu den Weltwundern, von denen sie als einzige noch erhalten sind: die Pyramiden.

WO DIE PYRAMIDEN STEHEN

Die Pyramiden von Giza

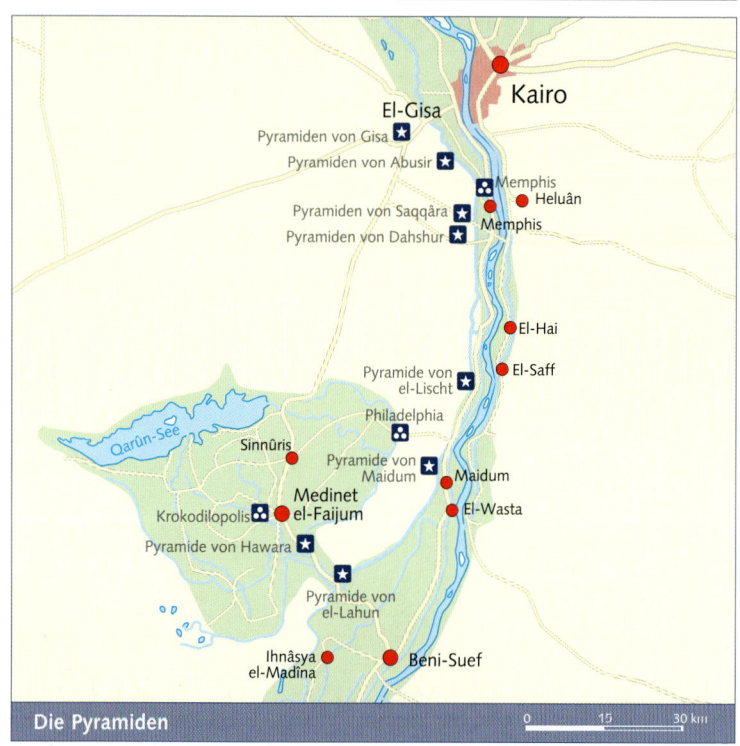

Die Pyramiden

0   15   30 km

Weltwunder Pyramiden

Bei den Pyramiden Ägyptens denkt jeder sofort an die drei Großen von Gisa – dabei gibt es im ganzen Land 81 solcher Bauten, über die Hälfte davon waren als Königsgräber geplant. Die älteste Pyramide steht in Saqqara, die erste ›richtige‹ in Dahshur und die größte in Gisa. Aber sogar auf der Insel Elephantine stand eine kleine Pyramide, die nicht als Grab, sondern möglicherweise als Symbol einer königlichen Pfalz gedient hatte.

In der 3. Dynastie entwickelte sich in der Regierungszeit des Djoser (2690 – 2670) der Gedanke, dem Pharao als ewige Stätte eine monumentale Himmelstreppe zu errichten. Dieser Bau war ein regelrechtes Experimentierfeld in Sachen neuer Technologie – erstmals wurde ein so großes Denkmal in Stein erbaut. Das ›Lernen beim Bau‹ hörte aber nach dem ersten Erfolg nicht auf: Unter Snofru (ab 2640) gingen die Baumeister auf die Suche nach der Vollendung. Sie entwickelten innerhalb von etwa 40 Jahren die glatte, klassische Form an drei Bauprojekten in Maidum und Dahshur. Die gewonnenen Erfahrungen kamen dann etwa 90 Jahre später Cheops zugute, dessen Pyramide den Höhepunkt dieser Architekturform markiert. Seine Nachfolger wurden bescheidener: In der 5. und 6. Dynastie (etwa 2505–2215) pegelte sich die Größe der Pyramiden auf ein durchschnittliches Maß von 150 Königsellen Seitenlänge ein, also etwa 78 Meter. Wirtschaftliche und innenpolitische Schwäche ließen die Königsgräber nach der 6. Dynastie weiter schrumpfen. Im Mittleren Reich (2010–1795) experimentierte man wieder: Nur für das Gerippe und die Außenhaut der Pyramiden wurden Steinblöcke verwendet, die ›Füllung‹ bestand aus luftgetrockneten Lehmziegeln. In den meisten Fällen waren die Sargkammern unterirdisch oder ebenerdig angelegt, die Cheopspyramide hält auch diesbezüglich den Höhenrekord. Zu jeder Pyramide gehörte ein Totentempel, in dem die kultische Versorgung des Herrschers stattfand. Über einen Prozessionsweg war er verbunden mit dem Taltempel am Rande des Fruchtlands, der wiederum über einen Kanal vom Nil aus zu erreichen war. Für die Beisetzungsfeierlichkeiten war dieser ›Hafen-Tempel‹ als erste Anlaufstelle der Trauergesellschaft von größter Bedeutung – später wurde er nicht mehr genutzt.

Auch errichtete man für die Ehefrauen und Mütter der Pharaonen kleine Nebenpyramiden, während der Rest des Hofstaats in den quaderförmigen Mastaba-Gräbern bestattet wurde. Eine Vielzahl an Priestern war nötig, um den Kultbetrieb an der Stätte der Ewigkeit aufrechtzuerhalten – sie lebten in den Pyramidenstädten, die möglicherweise auch die jeweilige Residenz des amtierenden Pharao einschloss. Mit einem Wohnsitz in der Pyramidenstadt kam man übrigens ganz nebenbei auch in den Genuss von Steuerbegünstigungen und wurde von Frondiensten ausgenommen. Die Pyramidenstadt von Pepi I., die während der Ersten Zwischenzeit noch als Residenz fungierte, trug den Namen Men-nefer-Pepi: Memphis.

Schon seit der Antike machten sich Besucher der Pyramidenstätten Gedanken, wie denn diese gewaltigen Bauten errichtet worden waren. So heißt es beim griechischen Historiker Diodor im 1. Jahrhundert nach Christus: »Sie ist vollständig aus harten, schwer behaubaren Steinen errichtet ... Man habe sie, heißt es, aus Arabien, von sehr weither, kommen lassen, und mit Hilfe von Terrassen habe man sie zusammengestellt, denn damals hatte man noch nicht die Maschinen erfunden. Und das Erstaunlichste ist, dass dieses Denkmal inmitten eines sandigen Landes steht, wo man keine Spuren von Terrassen oder Steinmetzarbeiten wahrnimmt, dergestalt, dass es kein Menschenwerk zu sein scheint und dass man glauben möchte, es sei von irgendeiner Gottheit ... erschaffen worden.« Ein paar der Fragen sind mittlerweile beantwortet, doch bleiben noch viele Dinge ungeklärt – mit ein Grund für die Faszination, die die Pyramiden seit Jahrhunderten ausüben.

Maidum

Pharao Snofru, der später in Dahshur noch zwei Pyramiden errichten ließ, begann sein ehrgeiziges Bauprogramm in Maidum. Heutige Besucher stehen vor einem eigenartigen Gebilde, das eher an einen monumentalen Sandkuchen mit Bröselring erinnert. Wohl schon während der letzten Baumaßnahmen oder kurz nach der Fertigstellung ist ein Teil der Pyramidenverkleidung abgerutscht.

Zwischen Sarg und Deckel klemmt noch der alte Holzschlägel

Pyramide und Mastaba M17 in Maidum

Der Kernbau, der mehrfach erweitert und jeweils mit einer glatten Steinhülle ummantelt worden war, dürfte einfach zu steil und zu glatt gewesen sein, um der letzten Ummantelung ausreichend Halt zu geben. Um einen bislang noch nicht erschlossenen Kern wurde zunächst eine sechsstufige, dann sieben- und schließlich achtstufige Pyramide errichtet, die immerhin 85 Meter aufragte. In der letzten Bauphase vollzog sich die Verwandlung zur 92 Meter hohen glatten Pyramide – sie war der Prototyp aller folgenden Pyramidenbauten. Im Verlauf der Umbauten hatte sich der Neigungswinkel an den Kanten von 75° auf die fast schon klassischen 51°50' verringert.

An der Ostseite liegt ein kleiner **Totentempel**, der schon in der 18. Dynastie Besucher anlockte, die hier ihre Graffiti hinterließen.

Die **Grabkammer**, die nie für eine Bestattung genutzt wurde, ist über einen Einstieg in 15 Meter Höhe zu erreichen (Taschenlampe!). Von dieser Höhe aus bietet sich ein guter Überblick über das weitere Areal mit einigen riesigen Lehmziegelgräbern. Diese **Mastabas** waren für engste Familienangehörige des Hofstaats errichtet worden. Zu Beginn seiner Regierungszeit hatte Snofru hier in der Nähe der Fayum-Senke an einer wichtigen Kreuzung von Handelswegen seine neue Residenz anlegen lassen.

Direkt am Fuß der Nordostecke der Pyramide erhebt sich die Mastaba **M17**, die nur über einen engen und steil nach unten führenden Schacht zugänglich ist. In ihrer undekorierten Sargkammer befindet sich ein Sarkophag aus Rosengranit, in dem sich nur noch Überreste einer Mumie fanden. Wer hier bestattet wurde, lässt sich nicht mit Sicherheit sagen – möglicherweise Snofrus Schwiegervater und Vorgänger Huni oder ein früh verstorbener Königssohn.

Weiter abgelegen finden sich die berühmteren, heute nicht zugänglichen **Gräber von Rahotep** (Statuen im Museum in Kairo) sowie **Nefermaat** und **Itet**. Nefermaat hatte offenbar damals schon festgestellt, dass die Farben an

Karte S. 296

den Wänden nicht ewig halten und ließ seine Grabkammer daher in einer neuen Technik ausgestalten: Tief ins Gestein geschnittene, grobkonturierte Bilder wurden mit Farbpaste ausgefüllt. Stolz berichtet er davon in seinem Grab: ›Er machte seine Mastaba in dieser unverwüstlichen Schrift‹. Dieses ›Erfinder- und Entwickler-Gen‹ hat Nefermaat offenbar auch einem seiner Söhne weitergegeben: Hemiunu hatte als genialer Baumeister der Cheops-Pyramide eindeutig mehr Erfolg als sein Vater. Denn – wie sich wohl recht schnell zeigte – diese neuen Pastenreliefs waren weniger haltbar als erhofft. Möglicherweise hatte Nefermaats Ehefrau Itet dies vermutet – in ihrer Grabkammer jedenfalls fanden sich die Bilder im herkömmlichen Stil al fresco aufgetragen. Von hier stammt das berühmte Bild der ›Gänse von Maidum‹ (im Museum in Kairo). Gerade diese Darstellung ist allerdings Anfang 2015 ins Gerede gekommen: Ein italienischer Ägyptologe hält sie aufgrund der verwendeten Farben sowie der dargestellten Gänseart – die in der Antike am Nil nicht belegt ist – für ein Werk des 19. Jahrhunderts.

Pyramiden des Snofru in Dahshur

Vermutlich nach dem Umzug der Residenz ins nördlichere Gebiet von Memphis war auch ein Neubau für die Ewigkeit nötig. Man wählte das Gebiet um Dahshur – ein schwieriger Baugrund, wie sich bald herausstellen sollte. Der Tonschieferuntergrund erwies sich als nicht ausreichend tragfähig für die gewaltige Masse der geplanten Pyramide. Dabei war Snofru mit dem zweiten Pyramidenprojekt ein entscheidender Schritt weg vom Stufenbau zur glatten, klassischen Form der Pyramide gelungen. Doch zeigten sich schon während der Bauarbeiten Risse im Gestein. Snofrus Baumeister reagierten schnell – bis heute ist der Knick an der **ersten Pyramide von Dahshur** ihr markantestes Erkennungszeichen. Durch die Änderung des Neigungswinkels von 54 auf 44 Grad reduzierte sich die Masse der Steine beträchtlich, die noch zur Fertigstellung nötig waren. Dennoch wollte man den König lieber nicht in einem eventuell einsturzgefährdeten Grabmal beisetzen. Also wurde Pyramide Nummer drei begonnen.

Wo die Pyramiden stehen

Knickpyramide in Dahshur

Etwa zwei Kilometer nördlich entstand die **Rote Pyramide**, die von vornherein mit 45 Grad einen sehr flachen Neigungswinkel besaß. Beide Bauten des Snofru erreichten schließlich eine Höhe von 104,5 Metern, allerdings waren die Seiten der Roten Pyramide mit je 220 Metern um 32 Metern länger als die ihres Vorgängerbaus. Dadurch konnte sich die Last des Gesteins auf eine größere Fläche verteilen, die Gefahr der Risse war gebannt. In beiden Pyramiden gibt es ein System von absteigenden und ansteigenden Gängen und von Kammern mit hohen Giebeldächern. Beim Besuch der Roten Pyramide führt eine moderne Treppe an der nördlichen Außenseite auf eine Höhe von 28 Metern. Von dort senkt sich der Korridor bis tief in den gewachsenen Fels zu einer ersten Vorkammer. Über moderne Hilfstreppen steigt man vom folgenden Raum empor zur undekorierten Sargkammer, die etwa ebenerdig liegt. Der ursprüngliche Fußboden der Kammer ist bei der Suche nach der Bestattung herausgerissen worden, tatsächlich fand man Überreste einer Mumie.

Im Süden der Knickpyramide steht noch ein kleine, nur knapp 25 Meter hohe **Nebenpyramide**, die ebenfalls über ein Gang- und Kammersystem verfügt. Wie beim ›Südgrab‹ des Djoser in Saqqara ist auch hier die Funktion der Pyramide nicht eindeutig zu bestimmen, eine echte Bestattung wurde hier wohl nicht vorgenommen.

Eine Überraschung brachten die neuen Grabungen im Umfeld der Knickpyramide: Unter den Überresten des Taltempels liegen Überreste eines großen ummauerten Gartens mit Sykomoren und Zypressen. Er gilt als ältester Beleg eines solchen Ritualgartens und ist möglicherweise als Vorbild der späteren, von Pflanzensäulen getragenen Tempelhallen zu sehen.

Östlich und südlich der beiden Snofru-Pyramiden sind im Gelände noch die bizarren Formen der sogenannten **Schwarzen Pyramide** von Amenemhet III. und der Hügel der **Weißen Pyramide** von Sesostris III. zu erkennen. Sie waren aus Lehmziegeln erbaut und sind daher sehr viel stärker verwittert. Einst ragten beide etwa 80 Meter auf und besaßen eine Verkleidung aus polierten Kalksteinblöcken. Wie in Saqqara legten auch in Dahshur die Beamten und Mitglieder der königlichen Familie ihre Gräber in der Nähe des Herrschers an. Der größte Teil dieses Friedhofs liegt aber noch unter dicken Sand- und Schuttschichten verborgen.

Imhotep-Museum in Saqqara

Direkt nach dem Tickethäuschen von Saqqara liegt rechts der Straße ein neuer Komplex mit Cafeteria (nicht immer geöffnet), Toiletten und einem kleinen, aber sehenswerten Museum. Im Mittelpunkt stehen **Funde aus der Stufenpyramide**: Djoser und sein Baumeister Imhotep werden vorgestellt, ebenso wie der französische Archäologe Jean-Philippe Lauer, der sein Leben der Rekonstruktion dieses Grabbezirks widmete. Daneben finden sich Fundstücke aus verschiedenen Grabungen, die immer noch das riesige Gelände von Saqqara erforschen.

Ein Relief aus dem Aufweg zur Unas-Pyramide zeigt völlig abgemagerte Beduinen – ob es sich um das Zeugnis einer tatsächlichen Hungersnot handelt oder nur belegen soll, dass die Beduinen in der Wüste ein viel kargeres Leben führen mussten als die unter dem Schutz des Pharao lebenden Niltalbewohner, ist unter Ägyptologen umstritten.

Ein **Holzsarg aus dem Mittleren Reich** mit dem Modell eines Bootes und einer Kopfstütze veranschaulicht die Grabausstattung, zu der auch die sogenannten **Kanopen** gehören, jeweils vier Gefäße,

Karte S. 296

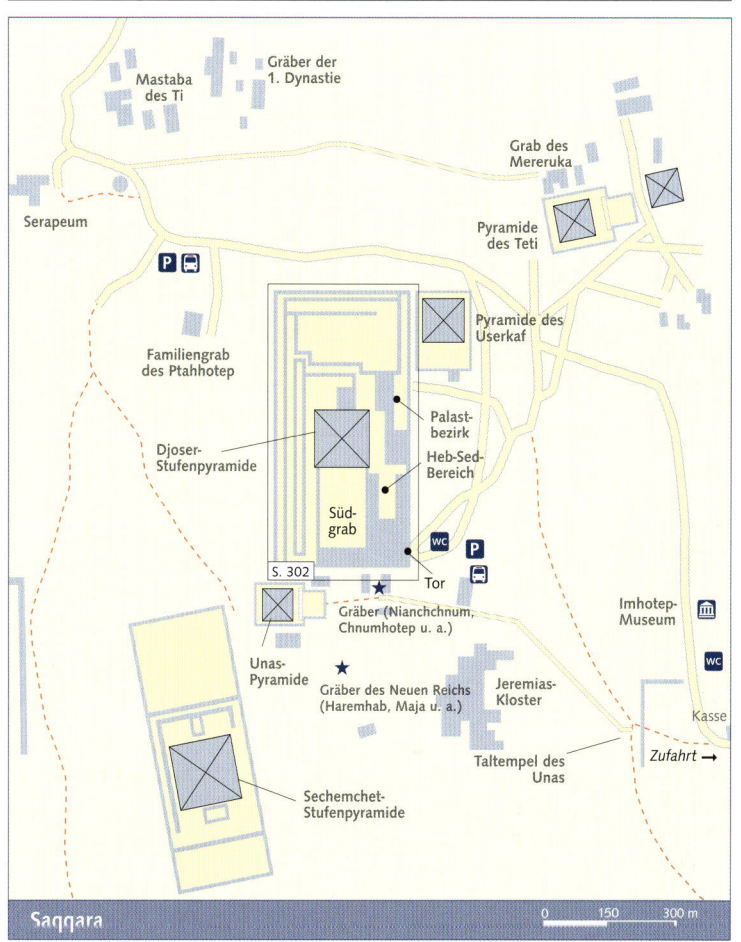

Saqqara

0   150   300 m

Wo die Pyramiden stehen

in denen die mumifizierten Eingeweinde aufbewahrt wurden. Statuen aus verschiedensten Epochen vertreten den jeweiligen Stil – kräftig, untersetzt, schlank, feingliedrig, mandeläugig oder mit Stupsnase – und die unterschiedlichen Moden der Zeit: Kurzhaarperücke, lange Zöpfchenmähne, glatter Schurz oder reichplissiertes Kleid mit langen Tütenärmeln. Faszinierend ist das **Bildnis aus dem Grab des Aper-El**, das die Umbruchzeit am Ende der 18. Dynastie repräsentiert.

Grabkomplex des Djoser

Ein Areal von 550 auf 330 Meter ist von einer 10,5 Meter hohen Umfassungsmauer umschlossen, die an ihrer Südostecke teilweise wieder aufgebaut wurde. Mit zahlreichen Vor- und Rücksprüngen ahmt sie ältere Lehmziegelbauten nach. Durch das **Tor** ❶ betritt man eine gedeckte Passage, die von 21 Nischen auf beiden Seiten flankiert wird – 42 Statuen von Gottheiten, welche die Provinzen Ägyptens ver-

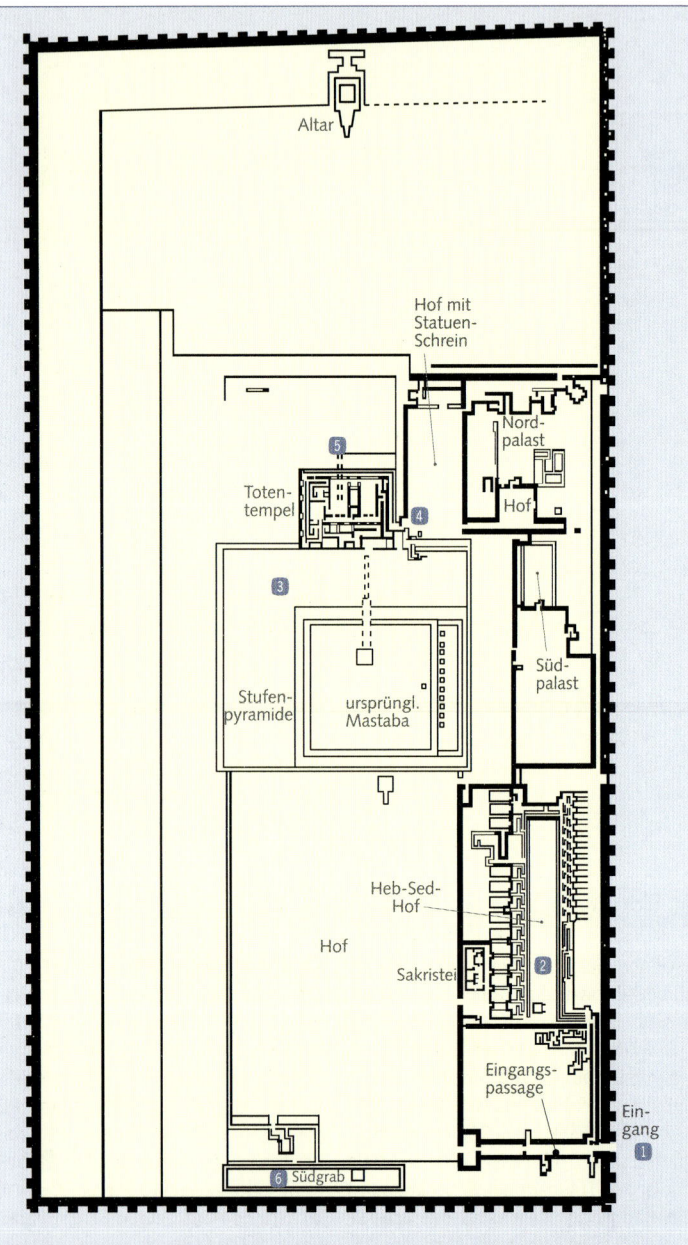

Altar

Hof mit Statuen-Schrein

Nord-palast

Hof

5

Toten-tempel

4

3

Stufen-pyramide

ursprüngl. Mastaba

Süd-palast

Heb-Sed-Hof

2

Sakristei

Hof

Eingangs-passage

Ein-gang **1**

6 Südgrab

Djoser-Komplex

0   35   70 m

körperten, standen hier Spalier für den Begräbniszug des Pharao.

Der Weg mündet in einen weiten, offenen Hof, an dessen Nordseite sich die Pyramide erhebt. Auf dem Weg dorthin bietet sich ein Abstecher in den **Heb-Sed-Bereich** ❷ an, in dem Kapellen für Djosers Feier des Regierungsjubiläums errichtet worden waren.

Richtung Norden schließt sich der **Palastbezirk** an, der direkt östlich der Pyramide liegt. Schließlich benötigt ein Herrscher auch in der Ewigkeit eine angemessene Residenz. Sowohl bei den Kapellen im Festhof wie auch bei den Palästen handelt es sich um Scheinbauten: Nur ein kurzer Gang oder eine Nische täuschen die Begehbarkeit der Gebäude vor – nach wenigen Metern steht man vor massivem Mauerwerk. Auf diese Art ließ sich die Standfestigkeit der Bauten erhöhen. Interessant sind die Graffiti, die sich im Gang des Südpalastes finden, belegen sie doch, dass schon in altägyptischer Zeit die Pyramiden als Wunderwerke bestaunt wurden und Kulturtouristen nicht widerstehen konnten, ihren Kommentar zu hinterlassen.

■ **Die Stufenpyramide**
Die **Stufenpyramide des Djoser** ❸ machte gleich zwei Männer unsterblich: Djoser – für den sie als monumentales Grab erbaut wurde – und Imhotep, den Baumeister, der aufgrund dieses die Architektur Ägyptens revolutionierenden Werks vergöttlicht wurde. Dabei hatte das Projekt ganz normal angefangen, vielleicht ein bisschen größer als die Anlagen der Vorgänger. Eine quadratische Mastaba mit leicht gebößschten Seitenwänden sollte als Oberbau über

einem unterirdischen Kammersystem errichtet worden. Neu war hierbei schon die Wahl des Materials: Statt des bisher üblichen Lehmziegels wurde lokaler Kalkstein verwendet. Die erste Mastaba erreichte eine Höhe von 8,4 Metern und besaß eine etwa einen halben Meter niedrigere, umlaufende Randstufe. Blickt man heute von Süden und Osten auf die Pyramide, lässt sich dieser Kernbau ganz klar erkennen. Dabei fällt auf, dass in diesem Bereich relativ kleinformatige Blöcke verbaut wurden im Vergleich zu den weiter oben verwendeten größeren Quadern. Während des Bauens wurden die gemachten Erfahrungen mit dem neuen Baustoff sofort umgesetzt – Stein lässt größere Formate zu als Lehmziegel. Elf Grabschächte für die Bestattung von Familienangehörigen wurden direkt östlich der Mastaba ausgehoben, aber eine 8,5 Meter breite Stufe, die direkt an der Mastaba ansetzt, verdeckte ihre Zugänge später. Die Ränder dieser ersten Erweiterungsstufe sind im Mauerwerk deutlich auszumachen. Der nächste Schritt war entscheidend: Eine vierstufige Pyramide wurde über dem bereits bestehenden Bau errichtet. Auf quadratischem Grundriss hätte sie eine Höhe von 42 Metern erreicht, wenn man nicht schon kurz nach Beginn dieser Phase eine nochmalige Vergrößerung in Angriff genommen hätte. Sechs Stufen sollten es werden, die oberste 60 Meter hoch in den Himmel aufragen. Der obere Abschluss der letzten Stufe war leicht gewölbt, die unteren Stufen nicht waagerecht, sondern deutlich abfallend. Heute wirkt die Pyramide regelrecht ›gerupft‹, da sie ihrer Verkleidungsschicht beraubt wurde, die die einzelnen Bauphasen umhüllt hatten.

Wo die Pyramiden stehen

❶ Tor	❹ Statuenschrein
❷ Heb-Sed-Bereich	❺ Rampe
❸ Stufenpyramide des Djoser	❻ ›Südgrab‹

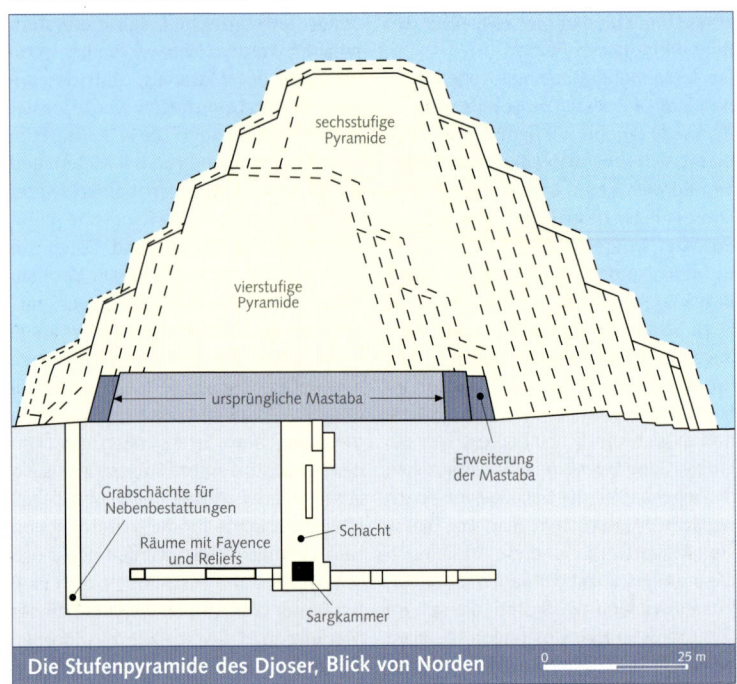

sechsstufige
Pyramide

vierstufige
Pyramide

ursprüngliche Mastaba

Erweiterung
der Mastaba

Grabschächte für
Nebenbestattungen

Räume mit Fayence
und Reliefs

Schacht

Sargkammer

0   25 m

Die Stufenpyramide des Djoser, Blick von Norden

■ Versorgung für die Ewigkeit

An der Nordostecke der Pyramide lehnt ein **Steinkasten** ❹ an der Verkleidungsschicht der untersten Stufe. Er weist die gleiche Neigung auf wie diese Stufe, und auch die Figur des Djoser im Inneren des Steinkastens – das Original befindet sich im Museum in Kairo – lehnt sich nach hinten. Dadurch hebt sich ihr Blick, der durch zwei kreisrunde Gucklöcher nach draußen geht, hinauf zum Himmel. Zu den Polarsternen, die als ›die Unvergänglichen‹ für die alten Ägypter Symbole der Unsterblichkeit waren, soll die Seele des Djoser aufsteigen, die in dieser ›Ka‹-Statue einen ewigen Ersatzkörper erhielt. Die Vorsorgemaßnahme war durchaus sinnvoll, denn die Mumifizierungstechnik war im Alten Reich noch längst nicht vollkommen – und Grabräubern war zuzutrauen, dass

sie selbst eine Königsmumie zerstörten. Tatsächlich ist vom Leichnam des Djoser nicht mehr viel erhalten; Graf Minutoli, der im 19. Jahrhundert in die Grabkammer eindrang, fand dort noch den vergoldeten Schädel, Jean-Philippe Lauer – der mit dem ägyptischen Verdienstorden ausgezeichnete Erforscher dieses Geländes – fand 1926 immerhin noch einen Fuß und einen Oberarmknochen. Der Zugang zum Grab erfolgte über eine **Rampe** ❺ an der Nordseite, über der die Fundamente des Totentempels erhalten sind.

An der Pyramide wird derzeit gearbeitet: Grundlegende Sicherungsarbeiten sollen den unterirdischen Bereich stabilisieren, und auch im Bereich des Totentempels werden Maßnahmen zur Restaurierung und Konsolidierung vorgenommen. Daher ist dieser Bereich im Norden des

Komplexes vorübergehend nicht für Besucher zugänglich.

■ Der Hof vor der Stufenpyramide

Im Süden des weiten Hofs vor der Pyramide liegt ein massives Gebäude. Dahinter verbirgt sich in der Überbauung der Umfassungsmauer eine weitere **Grabanlage** 6 mit einem 28 Meter tiefen Schacht. An dessen unterem Ende liegt eine Kammer, deren Ausmaße von 1,6 auf 1,6 Meter zu klein sind für eine normale Bestattung. Waren hier die Kanopen mit den separat mumifizierten Eingeweiden bestattet? Oder handelt es sich um ein Scheingrab, das die ältere Tradition von zwei königlichen Grabanlagen in Saqqara und Abydos andeutete? Oder wurde hier eine Ka-Statue des Herrschers bestattet? Auch wenn sich die Bezeichnung Südgrab für diesen Komplex eingebürgert hat, sind sich die Ägyptologen doch noch nicht ganz im klaren, welche der Theorien der Wahrheit am nächsten kommt.

Die Grabanlage des Djoser wirkte in den folgenden Jahrhunderten wie ein Magnet – vom König bis zum Nagelpfleger, von der Prinzessin bis zum Arzt, jeder wollte in nächster Nähe zu diesem Wunderwerk seine ewige Ruhe finden. Einige der schönsten Gräber Ägyptens sind hier zu besichtigen.

Gräber von hohen Würdenträgern

Im Wüstengebiet um die Stufenpyramide erstreckt sich ein riesiger Friedhof, der im Lauf der Jahrhunderte von zahlreichen hochrangigen Beamten, Priestern, Politikern und Gelehrten als ewiger Ruheplatz auserwählt wurde. Hier finden sich einige der schönsten Reliefs der pharaonischen Kunst und man sollte mindestens eins dieser Gräber mit Muße besuchen.

■ Ptahhotep

Der Name Ptahhotep war bekannt im alten Ägypten, vor allem bei den Schülern und Gelehrten. Als Verfasser einer der berühmtesten Weisheitslehren wurden seine Ermahnungen noch Jahrhunderte später abgeschrieben und überliefert. »Niemals noch ist es gut ausgegangen, wenn man Menschen in Furcht versetzt, allein, was Gott anordnet, das geht gut

Wo die Pyramiden stehen

Restaurierungsarbeiten an der Stufenpyramide von Saqqara

aus. Nimm dir vor, in Zufriedenheit zu leben – was die Götter zuteilen, das kommt von selbst.« Ob es sich beim Verfasser der Lehre, der in der Zeit des Pharao Asosi Wesir war, um den gleichen Ptahhotep handelt, der hier bestattet wurde, ist nicht eindeutig festzustellen. Auf alle Fälle waren die beiden Zeitgenossen. Unter Ahtihotep, dem Vater des Ptahhotep, war das Familiengrab um 2400 vor Christus begonnen worden.

Im Eingangsbereich sind die Reliefs nicht fertiggeworden – eine der seltenen Möglichkeiten, Einblick in die Arbeitsweise der Künstler zu erhalten. An verschiedenen Stellen der Wand sind die Bilder bereits bis ins letzte Detail ausgearbeitet: Ganz präzise ist die Wadenmuskulatur des Ahtihotep zu erkennen oder der Kopf eines Esels, während Hirten daneben nur im Umriss angedeutet sind. Sobald die einfacheren Vorarbeiten – vermutlich noch von Lehrlingen ausgeführt – fertig waren, begannen die Meister mit der Feinarbeit. Zum Schluss setzten die Maler mit ihren Farben die Glanzlichter.

Vom zentralen **Vierpfeilersaal** zweigen zwei **Kultkammern** ab, nach Westen die des Ahtihotep, nach Süden die kleinere, aber interessantere des Ptahhotep. Hier findet sich eine wahre Bilderflut an den Wänden. Zwei Scheintüren an der Westwand rahmen das Bild des auf einem Hocker sitzenden Grabherrn, der sich einen Becher voll duftender Salbe vor die Nase hält. Unter seinem Stuhl befindet sich ein Waschgeschirr – schon Herodot bewunderte an den Ägyptern ihren Sinn für Reinlichkeit. Vor Ptahhotep schleppen Diener in mehreren Reihen immer neue Gaben für den großen Opfertisch, der mit Obst, Gemüse, Geflügel und Fleischstücken gut gefüllt ist. An der Schmalwand über dem Eingang sieht man Nagelpfleger, Masseure und Friseure in Aktion um ihren Herrn herum abgebildet.

Die schönsten Bilder finden sich jedoch an der **Ostwand**, wo zwei große Darstellungen des Ptahhotep jeweils mehrere Bildregister überschauen. Mit faszinierender Liebe zum Detail und Freude am Erzählen werden Szenen aus dem Leben des Grabherrn festgehalten: Rechts führen Bedienstete gefangenes Wild vor: Steinböcke, Gazellen, Kraniche und Gänse gehörten zu den Leckerbissen der Zeit. Links oben an der Wand finden sich die Bilder der Jagd: Abgerichtete Hunde unterstützen die Jäger. Ein Igel schaut aus einer Erdhöhle hervor, Löwen paaren sich und Wildrinder werden erlegt. In der unteren Hälfte der Wand ist die Jagd ins Papyrusdickicht verlegt, wo Vögel und Fische gefangen werden. Lebhaft geht es zu beim Wettkampf der Bootsmannschaften in der unteren Szene. Ganz links am Bildrand sitzt in einem kleinen Boot ein Mann, dem ein Diener aufwartet. Es ist Ptah-anch, der Vorsteher der Künstler, die diese Grabkammer offenbar zur großen Zufriedenheit des Ptahhotep gestalteten.

■ Ti

Als ›Oberster Hoffriseur‹ kam Ti seinem Pharao Niuserre sehr nahe. Es war eine Auszeichnung und ein Ehrentitel, wie auch der eines ›Einzigen Freunds des Königs‹. Als Priester oder Verwalter war er außerdem in den Totentempeln mehrerer Könige der 5. Dynastie tätig. Dazu gehörte die Aufsicht über große Rinderherden, Ländereien und das Personal. Seiner hohen Stellung am Hof entspricht sein großes und mit äußerst feinen Reliefs ausgestattetes Grab. Ein Treppenweg führt vom heutigen Wüstenniveau zum von zwei Pfeilern flankierten Zugang. Dahinter öffnet sich ein pfeilerumstandener Innenhof, in dessen Mitte ein verwinkelter Gang zur undekorierten Sargkammer des Ti hinunterführt. An der

Karte S. 301

Südwestecke des Hofes passiert man die Scheintüren für seinen Sohn Demedsch und seine Gemahlin Neferhetepes. Durch einen engen Gang erreicht man zunächst einen schmalen **Magazinraum**, an dessen Wänden Diener Gefäße, Tische und alle Arten von Opfergaben herbeitragen, während Bäcker, Brauer und Töpfer eifrig für Nachschub sorgen.

Die schönsten Bilder finden sich aber in der **Kult- und Opferkapelle** am Ende des Ganges. Hier werden die verschiedenen Arbeitsbereiche des Ti in Szene gesetzt. Gleich rechts vom Eingang fährt Ti in einem Boot durch ein stark stilisiertes Papyrusdickicht – dem altägyptischen Symbol für Lebensfülle. Vögel, Fische, Krokodile und Nilpferde geben die damalige Tierwelt wieder. Der Grabherr selbst steht aufrecht in seinem Papyrusnachen, während seine Begleitmannschaft mit langen Speeren auf ein Nilpferd anlegt. Das Papyrusdickicht öffnet am oberen Bildrand seine Dolden, dort finden sich Vogelnester und aufflatternde Kraniche. Finden Sie den Reiher, der im Sturzflug auf ein Ichneumon herabstürzt? Das mit den Mungos verwandte Raubtier klettert an einem Papyrusstängel auf zwei Nester mit Jungvögeln zu.

Über der Türöffnung werden Rinder durch eine Furt getrieben. Dass die Männer, die als Hirten mit den Tieren unterwegs waren, nicht immer entspannt waren – vielleicht lauerten Krokodile im Wasser – belegt der beigeschriebene Text: ›He, du Scheißkerl, lass die Kühe losgehen!‹ An der schmalen Ostwand werden weitere Szenen aus der Landwirtschaft abgebildet. Aussaat und Ernte geben den zeitlichen Rahmen an. Nachdem das Getreide mit Sicheln geschnitten wurde, wird es zu Garben gebündelt, gedroschen und geworfelt. Beim Beladen der Esel ging es auch nicht immer friedlich zu – die Tiere wurden nicht nur hart angefasst,

sondern auch beschimpft: ›Trag den Sack, du Arschloch!‹ ist da tatsächlich in einer der Inschriften zu lesen.

In der rechten Hälfte der Wand erlauben die Bilder einen Blick in eine Werft: Dabei wird emsig an den Schiffsrümpfen gesägt, gehämmert und gehobelt, obwohl die aus Planken zusammengesetzten Boote schon fertig sind. Unvollständiges abzubilden, entsprach nicht dem altägyptischen Kunstauftrag, schließlich mussten die Grabbilder als Ersatz des wirklichen Lebens für die Ewigkeit dienen.

Das galt übrigens auch für die **Statuen des Grabherren**, die sich in der nicht zugänglichen Kammer hinter der Südwand befinden und nur durch Schlitze zu sehen sind (Originale im Museum in Kairo). Sie dienten als Ersatzkörper für die Seele des Ti. Die Bilder dieser Wand zeigen zunächst (links) noch weitere Werkstätten. Ab der Mitte werden Reihen von Gazellen, Antilopen, Rindern, Gänsen und (rechts unten) sogar Steinböcke Richtung Grabherr geführt. Im unteren Bildstreifen wird ihr Schicksal deutlich – hier werden die Opfertiere geschlachtet.

An der Westwand der Kultkammer ermöglichen zwei Scheintüren den Kontakt zum Jenseits: Vor der Tür wurden die Gaben für den Verstorbenen abgelegt, sein Ka (die Lebensenergie) überwand die steinerne Barriere, nahm sich den Ka der Opfer (vielleicht modern als der den Kalorien entsprechende Energiegehalt der Opfergaben zu deuten) und war zufrieden. Der mit der Betreuung der Grabstelle beauftragte Priester bekam zum Dank den Rest – also so eine Art Rinderbraten ›light‹ – und war damit ebenfalls gut versorgt.

■ Serapeum

Etwa 300 Meter südwestlich des Ti-Grabs öffnet sich die riesige unterirdische Anlage des Serapeums. Von der Zeit Amenophis III. bis zu den Römern wurden hier die heiligen Apis-Stiere bestattet. Sie galten als Vermittler zum im nahen Memphis verehrten Schöpfergott Ptah. Dass sie besonders bei der Bevölkerung beliebt waren, belegen die zahlreichen kleinen Votivstelen, die einst im Eingangsbereich der Galerie angebracht waren. Heute sind die meisten dieser Stelen allerdings in Museen zu finden – als leicht zu transportierende Objekte waren sie leichte Beute für frühe Antikensammler. Weniger leicht und daher immer noch vor Ort sind die bis zu 70 Tonnen schweren **Granitsarkophage**, von denen einer im Eingangskorridor noch immer auf seinen Weitertransport zu warten scheint. Unter Chaemwaset, einem Sohn Ramses' II., wurden längs einer langen Galerie Nischen in den Fels geschlagen, in denen solche Riesensärge für die mumifizierten Stiere aufgestellt wurden. Pharao Nektanebos ließ eine weitere Galerie anlegen sowie eine prächtige Allee als Zuweg gestalten, flankiert von 600 Sphinxfiguren.

Zugänglich ist heute der aufwändig mit Metallstützen gesicherte Teil aus der Spätzeit mit insgesamt 24 Sarkophagen.

■ Mereruka

Mereruka gehörte als Schwiegersohn des Pharao Teti und Wesir zu den obersten Zehn der Gesellschaft am Beginn der 6. Dynastie (um 2350 vor Christus). Direkt gegenüber der Pyramide seines Königs liegt das ungewöhnlich große Grab, das er für sich, seine Gemahlin Heru-atet-chet und den Sohn Meri-Teti erbauen ließ. In der schmalen Eingangspassage erscheint Mereruka mit der Schreibbinse, er malt die Namen der drei ägyptischen Jahreszeiten an die Wand.

Von einem kleinen Vorraum mit Bildern der Jagd im Papyrusdickicht – Frösche und Insekten hocken und krabbeln zwischen den Stängeln – führen Türen nach

links in den Bereich der Heru-atet-chet und nach rechts in den des Mereruka. Dort sind an der rechten Schmalwand Goldschmiede bei der Arbeit zu sehen, Zwerge fädeln die breiten Perlenkragen auf. An der gegenüberliegenden Wand ist in lebendigen Details eine Wüstenjagd geschildert.

Im folgenden Raum zeigt die linke Längswand Szenen der Verwaltung: Schreiber kontrollieren die Abgaben und lassen die Wahrheit mitunter aus den Dorfbewohnern herausprügeln.

Ein kurzer Abstecher nach rechts in die **Vierpfeilerhalle** führt in die ›Privatgemächer‹: An der Eingangswand ist besonders eine Szene interessant, die Mereruka mit seiner Ehefrau auf einem großen Bett sitzend zeigt. Ein Harfner spielt vor den beiden – ›Genieße den Tag!‹ ist das Motto vieler altägyptischer Lieder.

Fast im Zentrum des Grabes liegt die schmale **Querkammer**, an deren Westseite ein Schacht zur Sargkammer führt. Darüber an der Wand markiert eine Scheintüre die Opferstelle.

Nach Norden schließt sich der **größte Raum** des Grabes an. Sechs Pfeiler stützen das Dach, an der Rückwand findet sich etwas erhöht eine Nische, aus der die Statue des Verstorbenen tritt. Die Gefolgschaft des Wesirs Mereruka ist an den Wänden abgebildet, Zwerge bringen seine Lieblingshunde herbei. An der Südwand des Pfeilersaals ist der Begräbniszug zu sehen, gegenüber an der Nordwand die Gabenbringer. Opfertiere – unter anderem Hyänen – werden gemästet und geschlachtet, an der Ostwand überwacht Mereruka gemeinsam mit seiner Frau und seiner Mutter die Ernte auf den Feldern, in der Nordostecke sind Musikanten und Tänzerinnen abgebildet. Der kleine Trakt, der von der Nordostecke des Raums aus zugänglich ist, war Meri-Teti geweiht.

Karte S. 301 ▲

Jubelnde Fremdländer im Grab des Haremhab

Wo die Pyramiden stehen

■ **Die Pyramide des Teti**

Fast unscheinbar wirkt die Pyramide des Teti, des Begründers der 6. Dynastie. Auf einer Grundfläche von 78,75 mal 78,75 Quadratmetern erreichte sie eine Höhe von 52,5 Metern. Heute allerdings ist davon nur ein viel niedrigerer, unordentlich wirkender Steinhaufen erhalten. Durch einen etwa 15 Meter langen engen Gang, in dessen Mitte Fallsteine aus Granit einst den Weg blockierten, gelangt man zu den Grabräumen. Die Vorkammer und der Sargraum sind über und über mit Hieroglyphen bedeckt: Es sind Ritualtexte, die im Zusammenhang mit der Beisetzung vorgetragen wurden und die für die Vergöttlichung des verstorbenen Herrschers wichtig waren. Der Aufstieg zum Himmel ist das zentrale Thema vieler Sprüche dieser Pyramidentexte: »Er gehört nicht zur Erde, er gehört in den Himmel!«

■ **Die Gräber der Nach-Amarna-Zeit in Saqqara**

Sie gehören mit zu den spannendsten Gräbern Ägyptens, denn ihre feinen Reliefs verbinden die Lebendigkeit der Bilder aus der Zeit Echnatons mit der Eleganz der Zeit Amenophis' III. beziehungsweise der frühen Ramessidenzeit.

Haremhab, der oberster General unter Tutanchamun war und später zum Pharao aufstieg, ließ hier ein großzügiges Haus für die Ewigkeit erbauen, dessen Grundriss an einen Tempel erinnert. Seinen Karrieresprung, der letztlich auch den Wechsel des Bestattungsplatzes ins Tal der Könige nach sich zog, erkennt man an den nachträglich angebrachten kleinen Kobras, die sich über der Stirn des Grabherrn ringeln. Seine Frau Mutnedjmet und ein totgeborenes Kind wurden jedoch noch hier beigesetzt. Einige der Reliefs zeigen fremdländische Gefangene,

Ramses II. im Memphis

die von teils deutlich kleineren ägyptischen Soldaten vorgeführt werden. Ihre
Gesichtszüge und Trachten weisen sie
deutlich als Afrikaner, Libyer oder Asiaten
(nach altägyptischer Terminologie) aus.
Das ähnlich große Nachbargrab für **Tia
und Tia** datiert in die Zeit von Ramses II.
Der Schatzmeister und Aufseher über die
Rinderherden des Amun war mit einer
Schwester des Königs verheiratet gewesen, mehrfach erscheint der Königsname
in den Reliefs. Eine 6,35 Meter hohe
Pyramide bildete den hinteren Abschluss
des Grabes. Neun mumifizierte Affen
gehörten zum Grabinventar: Zwei Paviane, zwei grüne Meerkatzen und eine
Dianameerkatze konnten identifiziert
werden – sie galten seit der Pyramiden-
zeit als prestigeträchtige Haustiere. Das
fast ganz aus Kalkstein erbaute Grab
war schon in der Antike als Steinbruch
missbraucht worden.
Das dritte Grab in der Reihe – ebenfalls als großes Tempelgrab angelegt
– stammt wieder aus der Zeit Tutanchamuns. Es gehörte dem Schatzmeister

und Aufseher aller Arbeiten **Maya** und
dessen Frau **Merit**. Als eine Art ›Innen-
minister‹ war er mit seinem eher außenpolitisch verantwortlichen Nachbarn
Haremhab maßgeblich für die Politik
Tutanchamuns und die Abkehr von Echnatons Revolution verantwortlich gewesen.

Memphis

»Wo aber befindet sich der zweite Koloß?
Wo der Tempel selbst? Wo sind die
Pylone, Obelisken und Sphinxalleen?
Wo, kurz gesagt, ist Memphis?« Diese
Frage stellte sich Amelia Edwards beim
Besuch der Ruinen der einstigen großen
Hauptstadt Ägyptens, dieser Weltstadt,
die in ihrer Blütezeit bis zu einer halben
Million Menschen beherbergt haben
soll. Auch heute drängt sich die gleiche
Frage auf – nur wenig ist von ›Hedsch-
Junu‹ übriggeblieben. Die ›Weiße Mauer‹
war der eigentliche Name der Stadt, die
von einer mächtigen Umfassungsmauer
geschützt war. Neuere Ausgrabungen
russischer Archäologen haben tatsächlich
große Blöcke aus weißem Kalkstein zu

Karte S. 301

Tage gefördert, die einst ein Teil dieser Mauer gewesen waren.

Der Name Memphis ist die griechische Verballhornung des Namens Men-nefer-Pepi für die benachbarte Pyramidenstadt von Pepi I., die Ende des Alten Reichs und in der Ersten Zwischenzeit Residenz gewesen war. Aus Gewohnheit blieb man dann bei dem Namen, auch als die Residenz wieder ins Gebiet von Hedsch-Junu zurückverlegt wurde. Memphis blieb auch dann noch von Bedeutung, als die Könige in den Süden nach Luxor zogen oder unter den Ramessiden die Residenz ins Delta verlegten. Verwaltung und Militär blieben hier stationiert, aber vor allem fand die Krönung eines neuen Herrschers in Memphis statt. Noch Alexander der Große beugte sich dieser uralten Tradition.

Im **Freilichtmuseum** von Memphis liegt ein 10,5 Meter großer Koloss Ramses' II. auf dem Rücken. Ohne Füße und Unterschenkel war eine Aufstellung der einst noch gewaltigeren Statue nicht möglich. Sie dürfte den Eingang zum Haupttempel von Memphis geschmückt haben, sehr wahrscheinlich gemeinsam mit einer zweiten Figur des großen Pharao. Ebenso gehörte der im Gelände aufgestellte Sphinx Amenophis' II. zur Ausstattung des Ptah-Tempels, den man sich ähnlich groß wie den Amun-Tempel von Karnak vorstellen kann. Ausgedehnte Ländereien unterstanden der Priesterschaft des Schöpfergottes mit der blauen Kappe. Das auf einer Stele festgehaltene Dekret des Apries verkündet zusätzliche Steuerbefreiungen für den Tempel. Er war ›das Haus der Lebenskraft des Ptah‹ – Hut-Ka-Ptah –, woraus sich der Name Ägypten entwickelte. Die Bautätigkeit im mittelalterlichen Kairo ist verantwortlich für den Schwund der heiligen Stätten von Memphis. Paläste und Verwaltungsbauten waren aus Lehmziegeln erbaut – sie wurden im Laufe der Jahrhunderte von der immer wiederkehrenden Nilflut aufgelöst.

Wo die Pyramiden stehen

Drei Polizisten in Gisa

Die Pyramiden von Gisa

In Gisa locken die weltweit wohl bekanntesten Bauwerke Ägyptens unzählige Touristen an: die Cheops-Pyramide und der Sphinx.

Große Pyramide des Cheops

Wolle mir zuvörderst bei diesem günstigen Anlaß vergönnen, dir einen respektvollen Gruß vom Gipfel der höchsten Pyramide zu Dschiseh zuzurufen ... dicht unter meinen Füßen grüß ich den Sphinx, der, schon seit Jahrtausenden schweigend, dennoch so laut zu uns spricht von vergangener Herrlichkeit und Größe, von Wundern, zu unglaublich für unsere Zeit, und von Rätseln, die noch niemand gänzlich gelöst.
Hermann Fürst Pückler-Muskau, 1844

Vom Sturm auf den Gipfel der Cheops-Pyramide halten den Besucher heute Wächter ab und die Schilder ›Don't climb the monument‹, doch stimmt der zweite Teil von Fürst Pückler-Muskaus Aussage immer noch: Die Majestät und Rätselhaftigkeit des Bauwerks bringt die Menschen nach wie vor zum Staunen. Steht man erst einmal am Fuß dieses gewaltigen künstlichen Bergs aus exakt behauenen Steinblöcken, wird man überwältigt von der schieren Unmöglichkeit, das zu begreifen, was man sieht. Jede einzelne Steinlage ist nahezu mannshoch, das Durchschnittsgewicht eines Blocks liegt bei zwei Tonnen. 2,3 Millionen Kubikmeter Kalkstein wurden hier aufgetürmt als ewige Ruhestätte des gottgleichen Pharao Cheops. Ohne Bagger, Kran, Sattelschlepper, Flaschenzug oder sonstige uns heute bekannte technische Hilfsmittel wurde gearbeitet – kein Wunder, dass manch einer an Außerirdische als Erbauer denkt. Dabei haben die Archäologen mittlerweile eine ganze Reihe von Hinweisen ergraben, die zumindest zum Teil Antworten geben auf Fragen zum Wie und Wer. Südwestlich der Pyramiden konnte eine Großbäckerei und -brauerei freigelegt werden sowie Massenunterkünfte. Die Abfallgruben der Siedlung belegen übrigens, dass es keineswegs nur Brot und Zwiebeln gab, sondern dass die Arbeiter mit Rinder-, Lamm- und Ziegenbraten wohl versorgt wurden. Zu Tausenden mussten sie untergebracht und versorgt werden, wenn in den Monaten der Nilüberschwemmung aus dem ganzen Land Männer zum Steineschleppen zusammengezogen wurden. Hauptsächlich in diesen drei Monaten – ausgerechnet im Sommer! – wurde der Bau vorangetrieben; den Rest des Jahres wurden die Arbeiter schließlich auf den Feldern benötigt, um die Grundversorgung Ägyptens zu sichern.
In den Kalksteinbrüchen des ganzen Landes wurde jedoch rund ums Jahr geschuftet – das Baumaterial wurde teils in weiter Entfernung vom Bauplatz ge-

Cheops-Pyramide von der Kante

Karte S. 313

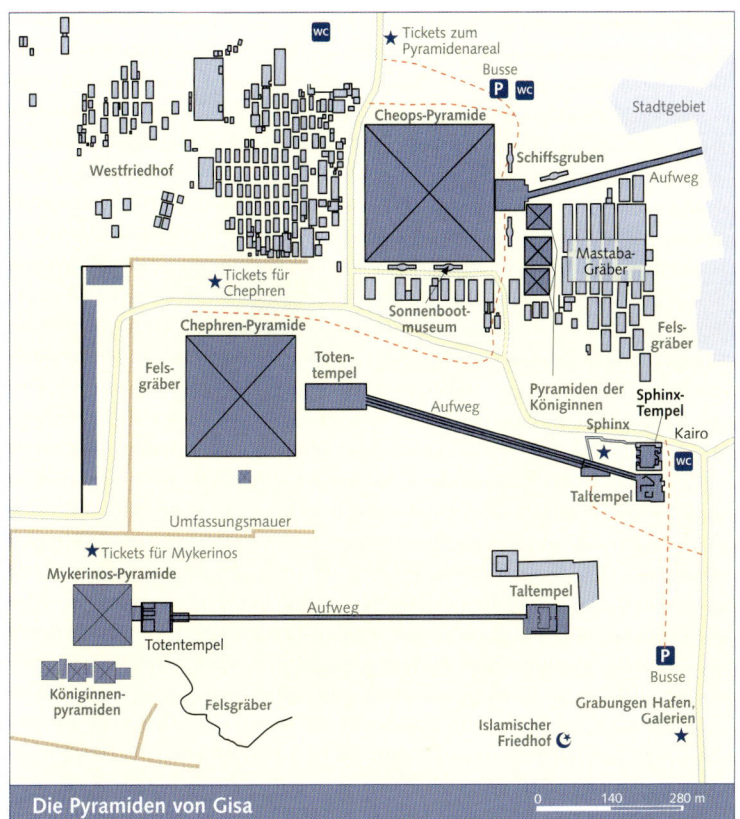

Die Pyramiden von Gisa

| 0 | 140 | 280 m |

Wo die Pyramiden stehen

brochen und auf dem Wasserweg zum extra angelegten Hafenbecken nahe des Felsplateaus transportiert. Kupfermeißel, Steinpicken, Dolerithämmer und Kupfersägen wurden bei der Steinbearbeitung während des Alten Reichs eingesetzt.

Technisches Rätselraten

Voraussetzung für ein Gelingen des Projekts waren die gründlichen Messungen und Berechnungen vor und während des Baus. In einem Papyrus haben sich Rechenaufgaben zum Pyramidenbau erhalten: »Gegeben sei eine Pyramide, 140 Ellen ist ihre Grundkante, 5 ¼ Handbreit ihre Böschung. Welches ist ihre Höhe?

Teile eine Elle durch die doppelte Böschung, das heißt durch 10½. 7 (1 Elle: 7 Handbreit) geteilt durch 10½ ist 2/3. Dividiere 140 durch 2/3, das macht 93 1/3. Dies ist ihre Höhe.«

Bei einer Seitenlänge von 230,37 Metern und einem Neigungswinkel von 51,5 Grad erreichte das Grabmal des Cheops die Höhe von 146,6 Metern. Während der Fatimiden- und Mamlukenzeit wanderten die Blöcke der Verkleidung ins nahegelegene Kairo – die Bauten der Stadt machten die Pyramide um gut neun Meter kürzer.

Sternbeobachtungen der Astronomen gingen dem Bau voraus – sie ermög-

In Gisa werden Kamelritte angeboten

lichten die präzise Nordausrichtung der Pyramide. Das Gelände wurde nivelliert, um einen ebenen Baugrund zu erreichen. Dass man die gesamte Fläche einebnete, ist jedoch unwahrscheinlich. Im Inneren konnte der gewachsene Fels in den Pyramidenkörper integriert werden. Untersuchungen der letzten Jahre erbrachten eine Reihe überraschender Erkenntnisse zum Aufbau der Pyramide. So handelt es sich bei mit Sand verfüllten Kammern im Inneren der Pyramide wahrscheinlich um ›Baubeschleuniger‹: Schließlich war es viel einfacher, Sand in einen Hohlraum zu schütten, als schwere Steinblöcke exakt verfugt neben- und aufeinander zu setzen. Wie die riesigen Blöcke bis an die Spitze transportiert wurden, ist allerdings nach wie vor nicht ganz geklärt. Dass Rampen dazu nötig waren, sagt der einfache Menschenverstand und belegen im Gelände kaum mehr sichtbare Spuren. Bei Grabungen in Gisa wurden Anfang des 20. Jahrhunderts Schichten von festgebackenem Schutt aus Steinsplittern, Lehm und Steinkugeln entfernt – vermutlich die Überreste der alten Baurampen. Über das genaue Aussehen dieser Rampen zerbrechen Ägyptologen und Bauforscher sich nach wie vor die Köpfe.

■ Eine Rampe im Inneren der Pyramide?

Ein französischer Architekt, Jean-Pierre Houdin, stellte 2006 eine neue Theorie vor, die bei Ägyptologen und Laien schnell große Beachtung fand: Demnach wurde das untere Drittel der Pyramide mithilfe einer Außenrampe errichtet. Für den weiteren Verlauf aber verlegten die Konstrukteure unter Leitung von Cheops' Bruder Hemiunu die Rampe ins Innere, wo sie sich spiralförmig nach oben zog. An den Kanten ließen Öffnungen genug Raum, um auch große Blöcke wenden

zu können. Mit modernsten Messtechniken gemachte Aufnahmen der Pyramide scheinen einen solchen Gang innerhalb des Mauerwerks zu bestätigen.

Auch für das Rätsel des Kammersystems im Inneren haben Vater und Sohn Houdin eine Erklärung parat: Insgesamt drei Räume stehen als Kandidaten für die Sargkammer zur Verfügung. 35 Meter führt ein abschüssiger Gang durch Mauerwerk und gewachsenen Fels zur unterirdischen Kammer, die allerdings nie vollendet wurde. Der zweite Raum – irreführend Königinnenkammer genannt – liegt exakt in der Mittelachse der Pyramide, während ein dritter Raum darüber etwas aus der Achse versetzt angelegt wurde.

Die Erklärung der Franzosen für die drei Kammern ist verblüffend pragmatisch: Da Cheops zu Baubeginn bereits um die 40 Jahre alt gewesen sein dürfte, mussten seine Baumeister damit rechnen, dass er möglicherweise bereits nach wenigen Jahren verstarb. Also plante man vorsichtshalber von Anfang an eine Grabkammer ein, die aber nach den ersten Jahren aufgegeben werden konnte – schließlich lebte der Pharao noch. Kammer Nr. 2 wurde fertiggestellt, ohne dass Cheops das Zeitliche gesegnet hatte, und so wurde auch die Planung für die große Galerie und die dritte Kammer noch umgesetzt. Die große Galerie war dabei auch als geniale Erleichterung für den Transport schwerster Granitblöcke genutzt worden: Innerhalb der schräg verlaufenden Galerie waren auf Rollen bewegliche Gegengewichte angebracht, die beim Heraufziehen des Sarges und der Deckblöcke für die Grabkammer eingesetzt wurden. Diese mussten noch über die Außenrampe transportiert werden, da sie für die innere Spiralrampe viel zu groß waren.

Pyramidenspringer

Mittlerweile gibt es eine Ergänzung zu dieser Theorie: Sie fordert zwei noch nicht entdeckte Nebenkammern, in denen sich der Grabschatz des Cheops befinden könnte. Der Zugang mündet direkt in die Sargkammer, wo neben dem Granitsarkophag ein großer, nahezu quadratischer Block in der Wand zu erkennen ist. Er könnte verschoben werden, ohne dass die darüberliegenden Steine deswegen ins Rutschen kämen. Ende 2016 wurden neue Vermessungen der Pyramiden in Gisa und Dahshur vorgenommen. Mit Infrarot-Thermografie, Myonen-Tomografen (wie sie auch in Fukushima benutzt wurden) und an Drohnen hängenden 3D-Scannern wurden neue Informationen gesammelt. Sie zeigten klare Anomalien, die als Hinweis auf Kammern oder Gänge im Inneren gedeutet werden könnten.

■ Der Weg zur Grabkammer

Den ursprünglichen Zugang zur Pyramide schützen zwei massive Giebelblöcke, die heute deutlich in dem seiner Verkleidung beraubten Mauerwerk zu erkennen sind. Besucher benutzen aber einen von Grab-

Karte S. 313

räubern möglicherweise bereits in der Ersten Zwischenzeit angelegten Weg. Spätestens ab dem 9. Jahrhundert nach Christus war er permanent geöffnet. Damals hatte der Kalif Maimun Arbeiter losgeschickt, die Pyramide zu öffnen. Seine Hoffnung auf enorme Schätze wurde allerdings enttäuscht – der Legende nach fand er gerade so viel, um die Unkosten der Unternehmung zu decken.

Recht nüchtern beschrieb der abenteuerlustige Fürst Pückler-Muskau seinen Eindruck von dem Kammersystem: »Gänge, in denen man sich kaum umdrehen, selten anders als wie ein Fiedelbogen gekrümmt, oder gar auf dem Bauche kriechend, vordringen kann und die endlich nach aller Mühe einem Heiligtume zuführen, das nur aus ein paar elenden, dunklen Zimmern von den Dimensionen einer Bedientenstube besteht, deren Wände mit düstern, einst polierten, jetzt matten Granitplatten ohne eine Spur von Schrift, Verzierung oder Bilderwerk belegt sind – scheinen mir ebensowenig wie die einfachen steinernen Kastensärge ein Gegenstand der Bewunderung zu sein.« Tatsächlich ist es mühsam, bis zur **Sargkammer** emporzusteigen. Über den **Grabräuberschacht** erreicht man den ursprünglichen, absteigenden Gang, der mit einer Höhe von nur 1,2 Metern gebeugte Haltung verlangt. Nach etwa 25 Metern teilt sich der Weg – abwärts geht es weiter zur Felskammer, während ein aufsteigender Gang zur **Königinnenkammer** und zur **Großen Galerie** führt. Diese hallenartige Erweiterung des Korridors wirkt vor allem wegen ihres steilen Kraggewölbes beeindruckend. Noch einmal muss man am Ende der Galerie tief in die Knie, um unter den Fallsteinen hindurch in die Sargkammer zu gelangen. Der gut 60 Quadratmeter große Raum ist vollständig mit Rosengranit verkleidet, selbst die Decke ist aus mächtigen Granitblöcken gefügt. Darüber liegen fünf Kammern, deren letzte ein Giebeldach aus gewaltigen Granitblöcken trägt. Durch diese Konstruktion wird das Gewicht des noch über der Grabkammer aufgehäuften Gesteins auf das massive Mauerwerk abgeleitet – der Himmel über Cheops ewiger Ruhestätte sollte nicht einstürzen. Die Grabkammer des Cheops ist vollkommen undekoriert, auch der schlichte Sarkophag weist keine Verzierungen oder Inschriften auf. Vermutlich war das Grab bereits in der Ersten Zwischenzeit zum erstenmal geplündert worden.

Schiffsgruben und Sonnenboote

An der Ostseite der Pyramide sind in den Felsen vier große Gruben eingetieft, die in ihrer Form an Schiffe erinnern: Ein zu den Seiten ansteigender Boden gleicht dem Rumpf, Bug und Heck entsprechen dem üblichen Aussehen altägyptischer Holzschiffe. Zwei der Gruben liegen in Nord-Süd-Richtung, die beiden anderen in Ost-West-Richtung. Der in die Ewigkeit entrückte Cheops sollte in ihnen den Sonnengott bei seinen Fahrten begleiten: Dem alltäglichen Sonnenlauf folgend von Ost nach West und nachts zurück von West nach Ost. Die Nord-Süd-Richtung war zum einen vorgegeben durch den Nil, aber auch sie stand im Zusammenhang mit dem Jahreslauf der Sonne zwischen den Wendekreisen.

An der Ostseite stand auch der **Totentempel des Cheops**, von dem lediglich das dunkle Basaltpflaster erhalten ist. Südöstlich davon erheben sich drei **kleine Pyramiden**, in denen die Mutter und zwei Gemahlinnen des Cheops bestattet wurden. Östlich davon liegen **Mastaba-Gräber** weiterer Familienmitglieder und hoher Beamten und Priester.

Direkt an der Südseite der Pyramide liegt das **Sonnenbootmuseum**. 1954

entdeckten ägyptische Archäologen zwei von schweren Kalksteinblöcken verschlossene Gruben an dieser Stelle. Eine der Gruben wurde geöffnet, und in ihr fand sich die in ihre 1224 Einzelteile zerlegte Zedernholzbarke des Cheops. Aufwändige Restaurierungsmaßnahmen waren notwendig, bevor das Schiff wieder zusammengefügt und der Öffentlichkeit präsentiert werden konnte. Faszinierend ist die Technik, mit der die bis zu 24 Meter langen und zwei Tonnen schweren Planken in einer Art Hohlsaum zusammengenäht waren. Da der Nil im allgemeinen ein eher sanfter Fluss ist, konnte das Schiff ohne Kiel auskommen. Die riesigen Ruder wurden als Stabilisatoren verwendet, denn die königliche Staatsbarke wurde von einer an Land befindlichen Zugmannschaft getreidelt oder von Begleitschiffen in Schlepp genommen. In der großen Kajüte konnte Pharao sich zurückziehen – selbst bei geöffneter Tür war kein Einblick in den hinteren Teil möglich, da eine Trenn-

Das Sonnenboot des Cheops

wand den König vor Blicken verbarg. Holzpflöcke, die neben der kurzen Landungsbrücke an Deck liegen, dienten zum Vertäuen des Schiffes an Land.

Im Museumsbereich unter dem Schiff ist neben der Grube, in der das Boot abgelegt worden war, eine Dokumentation zu Restaurierung und Zusammensetzung zu sehen. Ein Foto zeigt Ahmed Yussef Musatafa – den Mann, der diese diffizile, zehn Jahre dauernde Arbeit leitete.

Die Bergung des zweiten Bootes geht mittlerweile gut voran. Erste Holzteile wurden bereist in die Restauratorenwerkstatt des Grand Egyptian Museum transportiert, wo das wieder zusammengesetzte Schiff ab 2020 gezeigt werden soll.

Pyramide des Chephren

Die Cheops-Pyramide gilt bis heute als die Vollendung dieser Bauform. Vielleicht sah das sein direkter Nachfolger Radjedef auch so und beschloss, seine Grabstätte nicht in nächster Nachbarschaft errichten zu lassen. Doch Chephren plagten sicher keine solchen Bedenken. Sein Bauplatz lag etwas versetzt im Südwesten an einer erhöhten Stelle des Gisa-Plateaus. Obwohl sie einst um drei, heute um zwei Meter kleiner ist als ihre Nachbarin, wirkt die Chephren-Pyramide daher größer. An ihrer Spitze ist noch ein Teil der polierten Verkleidung erhalten. Vor über 5000 Jahren müssen die mit Elektron verkleideten Spitzen schon von weitem als gleißende Lichtpunkte über dem Horizont zu sehen gewesen sein. Die unteren Lagen der Chephren-Pyramide waren mit Rosengranit ummantelt worden – eine Neuerung, die in der Folgezeit zum Standard wurde. Die Sonne lieferte das Vorbild für dieses Farbspiel: Sie erscheint morgens und abends dicht über dem Horizont in rötlicher Farbe, doch mittags steht sie weißglühend im Zenit. Gut 15 Meter kürzere Seiten und ein etwas flacherer Neigungswinkel belegen, dass Chephren doch schon ein wenig bescheidener plante als sein großer Vorfahr. Auch im Inneren ist das Kammersystem längst nicht so komplex: Vom Eingang senkt sich der Gang bis knapp unter das Felsniveau, um dann waagerecht bis zur fast genau in der Mitte liegenden **Grabkammer** zu führen. Der moderne Zugang erfolgt über

Die Chephrenpyramide

Die Mykerinos-Pyramide

den unteren Korridor, der möglicherweise für eine zunächst geplante, kleinere Pyramide angelegt worden war. Wie bei Cheops sind die Grabkammer und der Sarkophag undekoriert geblieben – bis 1818 Giovanni Battista Belzoni und Colonel Fitzclarence ihre Namen in den Granitsarkophag einkratzten.

Wieder draußen lohnt sich ein kurzer Abstecher zur Nordwestecke des Geländes. Man erkennt deutlich das wie eine Umfassungsmauer wirkende Felsplateau, in das der Pyramidenbauplatz tief eingeschnitten wurde. Wie eine riesige Tafel Schokolade wirken die aus dem Boden aufragenden, in Reihen angeordneten Blöcke. Es ist ein Teil des alten **Steinbruchs**, der hier noch zu sehen ist – Inschriften an der Wand darüber weisen auf Restaurierungsmaßnahmen unter Ramses II. hin. Einer seiner Söhne hatte sich intensiv um die Wiederherstellung und Pflege der alten Denkmäler bemüht. An der Ostseite der Pyramide liegen die Überreste des Totentempels. Sie waren aus wuchtigen Kalksteinblöcken gebaut – innerhalb von 150 Jahren seit dem Beginn des Steinbaus unter Djoser hatte man enorme Fortschritte in der Beherrschung des neuen Materials gemacht.

Mykerinos-Pyramide

Noch einmal ein Stück nach Südwesten versetzt scheint die kleine Pyramide des Mykerinos sich im Schatten der beiden großen regelrecht zu verstecken. Nicht einmal mehr halb so hoch wie die Vorgängerinnen, erreicht sie nur eine Höhe von 66 Metern bei einer Seitenlänge von 103,4 Metern.

In den unteren Lagen hat sich noch ein Teil der bis zur Höhe von 20 Metern angebrachten Granitverkleidung erhalten. Die lange Nische an der Nordseite hoch über dem Eingang stammt aus islamischer Zeit, als man mit aller Gewalt versuchte, in das Grabmal einzudringen. Über einen absteigenden Gang erreicht man einen ersten, von 26 Nischen gegliederten Raum. Nur wenig senkt sich der anschließende Korridor dann zu einem ganz aus dem gewachsenen Fels gehauenen Raum, an dessen Westseite eine leichte Vertiefung für die Aufnahme des Sarges vorbereitet war. Dort fanden Archäologen 1837 einen hölzernen **Sarkophag** mit dem Namen des Mykerinos und Reste einer Bestattung. Vermutlich war unter Ramses II. eine Neubestattung des alten Pharao vorgenommen worden. Die Mumienreste sind allerdings noch

Wo die Pyramiden stehen

jünger – sie gelangten erst in frühchristlicher Zeit hierher.

Von dieser Sargkammer führt ein vollständig granitverkleideter Gang noch tiefer in die Unterwelt zur von einem Tonnengewölbe bedachten **Sargkammer**. Die schweren Granitblöcke für die Abdeckung des Raums konnten nur durch einen eigens angelegten Tunnel eingebracht werden. Auch hier fand sich ein Sarg, diesmal aus Granit gearbeitet und mit reliefierten Nischen dekoriert. Die damaligen Ausgräber ließen ihn herauszerren und schickten ihn auf eine Seereise nach England – das Schiff geriet in Seenot und versank mitsamt dem Sarkophag des Mykerinos.

Vom Zugang zur Sargkammer gehen ein paar Stufen nach unten zu einer Kammer mit sechs großen Nischen, die entweder als Magazine oder zur Aufstellung von Statuen des Königs genutzt worden waren.

An der Südseite der Pyramide stehen drei kleine **Nebenpyramiden**, von denen eine Reste einer Bestattung barg. Der Totentempel an der Ostseite wurde erst unter Mykerinos' Nachfolger in vereinfachter Form fertiggestellt, Prozessionsweg und Taltempel mussten aus Zeitnot sogar in Ziegelbauweise erstellt werden.

Sphinx und Taltempel des Chephren

Wenn Herrscher ihren Ruhm der Nachwelt künden wollen, so mag es durch die Zunge der Bauten wohl geschehen.
Siehst du die Pyramiden, wie sie unverändert trotz aller Zeiten Wechsel immer noch bestehen?
***1001 Nacht**, 398. Nacht*

In einer Senke östlich der Chephren-Pyramide liegt eine der berühmtesten Figuren der Welt: Der **Sphinx**, ein männliches Fabelwesen, gestaltet aus Löwen-

▲ *Der Sphinx*

leib und Menschenkopf. Sein Name leitet sich vom altägyptischen Ausdruck ›schesep-anch‹ ab, was ›lebendes Abbild‹ bedeutet. Das Mischwesen galt als Erscheinungsform des Gottes Horemachet – Horus im Horizont. Ringsum waren schon beim Bau der Cheops-Pyramide Steine gebrochen worden, doch ließen die Arbeiter diesen Felsrücken unberührt. Möglicherweise genügte der teils recht weiche Kalkstein nicht den Qualitätsansprüchen für Pyramidenmaterial. Unter Radjedef oder sogar erst unter Chephren wurde aus dem Felsen die Gestalt des Sphinx.

Wind und Sand aus der Wüste machten dem majestätischen Monument von jeher zu schaffen – immer wieder wurde es von Sandmassen begraben. Das ging soweit, dass der göttliche Sphinx jungen Prinzen im Traum erscheinen musste, um die drohende Totalverwehung zu verhindern.

Als um 1400 vor Christus herum der junge Königssohn Thutmosis einen Ausflug zu den Pyramiden unternahm, erlaubte er sich ein Nickerchen im Schatten der ehrwürdigen Denkmäler. Diese Gelegenheit nutzte der Sphinx und forderte Thutmosis auf, für seine Freilegung zu sorgen – zum Dank würde er dafür Pharao werden. Das Geschäft verlief zu beiderseitiger Zufriedenheit: Dem Sphinx wurde der Sand vom Hals geschafft, und Thutmosis bestieg den Thron. Eine Stele, die zwischen den Tatzen des mächtigen Wesens aufgestellt wurde, erinnert an die Ereignisse. Doch schon bald waren weitere Rettungsmaßnahmen nötig – an einigen Stellen begann der Kalksteinkörper zu bröckeln. Das ist ein Problem, das bis heute Ägyptologen und Restauratoren beschäftigt. Die schon in der Antike begonnene Ausbesserung am Löwenleib wuchs im 20. Jahrhundert zu einer voll-

ständigen Ummauerung von den Tatzen bis zum Po. Verwitterung hat besonders im Bereich von Schultern und Hals die Haut des Sphinx abgeschmirgelt. Was genau allerdings mit der Nase passierte, ist umstritten. Als Übeltäter verdächtigt werden mamlukische oder französische Soldaten, die angeblich Schießübungen am Sphinx gemacht haben sollen. Ein Stück vom geflochtenen Bart des Sphinx liegt jedenfalls in London im British Museum. Als Statue einer Gottheit kam dem Sphinx natürlich auch kultische Verehrung zu – der kleine Tempel vor seinen Tatzen erscheint vor dem 20 Meter hohen Bild des Gottes winzig.

Direkt neben dem Sphinx und seinem Tempel liegt der zum Pyramidenkomplex des Chephren gehörende **Taltempel**. Wie auch der Totentempel wurde er aus monumentalen Blöcken errichtet, die im Inneren von schweren, unregelmäßigen Granitplatten verkleidet waren. Im schmalen Vorraum fällt ein Loch auf – hier wurde die jetzt im Museum ausgestellte Statue des Chephren mit dem Falken im Nacken entdeckt. Ein großer T-förmiger Saal schließt nach Westen hin an. Mächtige Granitpfeiler trugen einst die Decke, Alabasterplatten bedecken den Boden. Im Fußboden sind rechteckige Vertiefungen zu sehen, in denen Statuen des verstorbenen Herrschers aus schwarz-weißem Diorit aufgestellt waren.

An der Nordwestecke des Raums beginnt ein schmaler Korridor. Der Taltempel wurde ausschließlich währen der Bestattungsfeierlichkeiten genutzt – der neue König, die Familienangehörigen und die Priesterschaft folgten dem Schlitten mit dem Sarg über den Aufweg bis zum Totentempel. Von diesem langen, ursprünglich tunnelartig ummauerten und von einem Dach geschützten Prozessionsweg sind heute nur noch die Fundamente

Wo die Pyramiden stehen

erhalten. Der Weg dorthin lohnt sich dennoch, denn hier kommt man dem großen Sphinx ganz nah.

Südlich dieses Gebiets und ganz in der Nähe des großen islamischen Friedhofs haben Archäologen die **Überreste von bis zu dreistöckigen Baracken** ausgegraben. Zunächst hielt man sie für die Unterkünfte der Arbeiter an den Pyramiden, aber weitere Ausgrabungen mit Funden von Zedernholz machen die Deutung als Unterkunft für Händler beziehungsweise als eine Art Kasernen wahrscheinlicher. Ganz in der Nähe befand sich auch ein Hafen, zu dem das Pyramidenbaumaterial transportiert werden konnte.

ℹ Pyramidengebiet

Vorwahl: +20/2.

Tickets Saqqara: An der Zufahrt zum Antikengelände befindet sich das Tickethäuschen und **nur dort** kann man die Karten für die Besichtigung der Gräber von Pthahhotep, Mereruka, Kagemni, der Gräber am Unas-Aufweg (Ni-anch-Chnum und Chnumhotep, Irukaptah) sowie der südlicher gelegenen Gräber von Haremhab, Maya und Merit, Tia und Tia, Meritneith, Ptahemwiya, Pay und Raia sowie für das Serapeum erwerben. Je nach Öffnung oder Schließung einzelner Monumente kann die Auswahl der Sondertickets sich jederzeit ändern. Wer alle diese Gräber besichtigen will, sollte mindestens einen ganzen Tag einplanen und Verpflegung mitbringen!

Tickets Gisa: Karten für das gesamte Areal und die Innenbesichtigung der Pyramiden gibt es **nur am Haupteingang** im Norden der Cheops-Pyramide (Auffahrt ›Mena House‹). Das Area-Ticket berechtigt zur Außenbesichtigung der Pyramiden und des Taltempels des Chephren sowie zum Besuch einiger Gräber im Friedhofsbereich östlich der Cheops-Pyramide. Die Chephren- und Mykerinos-Pyramide sind jeweils im Wechsel geöffnet.

Für den Besuch der **Cheops-Pyramide** gelten folgende Einschränkungen: zweimal täglich (morgens um 8, mittags um 12 Uhr) wird jeweils nur eine sehr begrenzte Anzahl von Tickets verkauft – wer die Große Galerie und die Grabkammer des Cheops sehen will, muss unbedingt pünktlich sein!

Tickets für das **Sonnenbootmuseum** gibt es nach wie vor direkt vor Ort.

Nach wie vor in Planung ist der Aufbau eines ›Taftaf‹-Systems, das in (naher?) Zukunft alle Besucher per Elektrobähnchen durch das Gelände transportieren soll.

Öffnungszeiten:

Dahshur: tgl. 8–16 Uhr.

Saqqara: tgl. Winter 7.30–16 Uhr, Sommer 7.30–17 Uhr.

Memphis: tgl. 8–16 Uhr.

Gisa: im Winter tgl. 8–16 Uhr, im Sommer 8–17 Uhr.

Achtung: In allen Gebieten wird im **Ramadan** das Gelände bereits um 15 Uhr geräumt.

🛏

In der näheren Umgebung der Pyramiden von Gisa finden sich überwiegend Hotels der gehobenen Klasse.

4- bis 5-Sterne-Kategorie:

Mena House Hotel, Sh. El-Haram, Tel. +20/2/33773222, Fax +20/2/33767777, www.menahousehotel.com; sehr teuer. Direkt am Fuß der Pyramiden ließ der Khedive Ismail das Gästehaus für seine illustre Besucherschar erbauen, die anlässlich der Einweihung des Suezkanals im Jahr 1869 nach Ägypten gekommen war. Mittlerweile wurde das alte Haupthaus um zwei Neubauflügel erweitert und mehrfach sehr gediegen renoviert.

Le Meridien, El Remaya Square, Tel. +20/2/33777070, www.lemeridien-pyramids.com; mittel bis teuer. Schon die großzügige Lobby mit ihrer Café-Bar und den Shoppinggalerien ist beeindruckend. Auch die Zimmer sind groß. Vom Poolbereich geht der Blick zu den Pyramiden, die fast vor der Haustür liegen. Da das Hotel an einer der Hauptverkehrsstraßen von Gisa liegt, dringt mitunter auch nachts lauter Straßenlärm in die Zimmer.

3-Sterne-Kategorie:
Pyramids View Inn, Sh. Abu el-Hol (Sphinx Street) 10 Tel. mobil +20/100/0586661, +20/100/1432548, +20/100/9761770, www.pyramidsviewinn.com; mittel. Am Platz vor dem Sphinx gelegen mit gutem Blick von der Dachterrasse auf die abendliche Sound&Light-Show, sehr aufmerksamer Service, gutes Frühstück.

Queen Cleopatra Restaurant, Sh. el Mansourija, Ecke Sh. Abu el-Hol (Sphinx Street); mittags und abends, preiswert bis mittel. Die Speisekarte bietet eine Auswahl typisch ägyptischer Gerichte, aber auch Salate, Sandwiches oder Pizza. Schöner Blick von der Dachterrasse auf die Pyramiden.
Koshary Hekaya, Sh. Abu el-Hol (Sphinx Street). Das typisch ägyptische Fastfood zum Sattessen! Reis, Nudeln, Linsen, Kichererbsen, Röstzwiebeln und dazu Tomatensauce plus Schärfe – eindeutig suchtgefährdend.

Sound&Light, www.soundandlight.com.eg; tgl. bis zu drei Shows in verschiedenen Sprachen, Beginn der Shows im Winter 19, 20, 21 Uhr, im Sommer 21, 22 Uhr, Dauer ca. 60 Min. Allabendlich erstrahlen Pyramiden und Sphinx nach Einbruch der Dämmerung in künstlicher Beleuchtung. Geschichte und Geschichten rund um die Weltwunder und die mächtige Skulptur zu ihren Füßen lassen die Antike lebendig werden.

Dandy Mall, mit Carrefour Supermarkt, km 28 Alexandria-Desert Road; tgl. 9–1 Uhr. Koffer weg? Falsche Kleidung dabei? Oder einfach Lust, mal nicht im Touristen-Basar, sondern in einem Mega-Einkaufszentrum ein anderes Lebensgefühl in Ägypten kennenzulernen? Auf der Ausfallstraße von Gisa nach Alexandria liegt eins der größten Einkaufszentren der Stadt. Im Supermarkt findet sich alles – von pikanter Basterma (luftgetrockneter Rinderschinken im Gewürzmantel) über Nüsse, Datteln oder Tahina (Sesampaste) bis zu einer Riesenauswahl an Seifen, Cremes, Mückenschutzmittel und anderem. Die Preise sind erschwinglich, für Europäer allemal. In der Mall gibt es auch verschiedene Bekleidungsgeschäfte, einen Kinokomplex und mehrere (Fast-Food-) Restaurants. Und: Ja, das Eis kann man hier wirklich essen.

Wo die Pyramiden stehen

Warten auf Kundschaft bei den Pyramiden

Niemand hat Kairo verlassen ohne Gewinn und ohne Schaden;
denn wenn auch jeder von dort mannigfaltige Eindrücke und
lang nachleuchtende Erinnerungen mit sich heimnimmt, so
schleicht sich doch zugleich mit ihnen die Sehnsucht in's Herz,
die ihn wie mit winkenden Händen an den Nil zurückruft.

Georg Ebers, 1885

Brunnenhof der Alabastermoschee in Kairo

Die Mutter der Welt

Viele Namen hat die Stadt im Laufe ihrer rund 5000-jährigen Geschichte schon gehabt: Hedsch-Junu, Men-nefer-Pepi, Babylon, Misr, Al-Fustat, al-Qata'i und schließlich al-Qahira. So heißt Kairo nämlich in der Landessprache; übersetzt bedeutet es ›die Siegreiche‹. Seit 969 nach Christus hört die ›Mutter der Welt‹, wie Kairo liebe- und respektvoll auch genannt wird, auf diesen Namen. Die Fatimiden wählten ihn, aber genaugenommen war es – ein Rabe. Denn als alle schon mit Schaufeln, Hacken und Messstricken paratstanden, um die Gründung der neuen Residenzstadt genau zur von den Astrologen bestimmten günstigen Zeit zu beginnen, passierte das Undenkbare. Auf einen der mit Glöckchen behängten Stricke, die das Baugelände abgrenzten, ließ sich zur Unzeit ein Rabe nieder. Dieser Unglücksvogel läutete die Glocken, die Arbeiter hörten das angekündigte Signal zum Arbeitsbeginn und schwangen die Hacken. Ausgerechnet in diesem Moment erschien der krieg- und unheilver-kündende Mars – arabisch al-Qahir – am Himmel. Ein schlimmes Omen für die Zukunft der noch nicht gebauten Stadt, das nur durch die rechte Namenswahl ausgeglichen werden konnte.

Die Taufpaten haben klug entschieden, als sie die Stadt unter den Schutz des kämpferischen Planeten stellten. Siegreich ist sie bisher noch aus allen Wirren hervorgegangen, meistert immer wieder die größten Probleme und erträgt gelassen das in ihr brodelnde Chaos.

■ Die Stadt der tausend Minarette

Auch wenn moderne Stadtplaner sich alle Mühe geben, mit auf drei Stockwerken verteilten Brücken den Verkehr zu entzerren und das Stadtbild zu verschandeln, wenn Hochhäuser um die Wette aus dem Boden schießen, so besitzt Kairo doch eine der faszinierendsten Ansammlungen islamischer Architektur. Fast die ganze Altstadt gehört zum UNESCO-Weltkulturerbe. Zum Schutz der Altstadt mussten die kleinen Handwerker mit ihren Werkstätten weichen,

Blick auf die islamische Altstadt von Kairo

Karte: hintere Umschlagklappe

Töpfer und Glasbläser machten einfach zu viel Dreck. Wo jahrhundertelang die Brennöfen von Fustat Rußwolken gen Himmel schickten, entstanden ein großer Park und ein schönes Einkaufszentrum, in dem modernes und traditionelles Kunsthandwerk angeboten werden.

Die Ergebnisse des ›Verschönerungsplans Altstadt‹ kann man zwischen den fatimidischen Stadttoren Bab el-Futuh und Bab es-Suweila bewundern. Die von alten Kaufmannspalästen gesäumte Gasse **Darb el-Asfar** wurde als eine der

Alltägliches Bild: Stau in der Azhar-Straße

ersten im Rahmen einer Restaurierung des ganzen Viertels liebevoll instandgesetzt. Dazu mussten Stromleitungen und Kanalisation von Grund auf erneuert und die Müllentsorgung – eines der dramatischsten Probleme der Stadt – gesichert werden. Viel Miete darf man aber von den Bewohnern der Altstadt nicht erwarten, gehören sie doch überwiegend der ärmeren Schicht an. Mittlerweile sind die mit herrlichen Ornamenten geschmückten Moscheen von Qaitbay, Ashraf, el-Ghuri und Mu'aijad renoviert und säumen als eindrucksvolle Beispiele islamischer Architektur diesen Weg.

■ Moderne Großstadt

Die enorme Kluft zwischen der Masse der am Rand des Existenzminimums lebenden Menschen und den superreichen ›fetten Katzen‹ ist im Stadtbild zu erkennen. Wohnungen mit Nilblick sind begehrt, an beiden Ufern des Flusses wachsen schicke Designer-Hochhäuser mit viel Glas, Stahl und hier und da ein paar Stuckschnörkeln empor. Sie kosten Millionen – Dollar, versteht sich –, während in den Randgebieten wacklige Beton- und Ziegelhäuser im Rohbau belassen bleiben: Geld für den Verputz treibt die Miete unnötig in die Höhe.

In Heliopolis, einem der alten vornehmen Stadtviertel, sitzen die Vertretungen weltbekannter Edellimousinen. Deren Klientel profitierte noch unter Mubarak gerne vom Steuernachlass auf Importwagen. Doch jedesmal, wenn die Benzinpreise steigen, trifft das vor allem die autolose Gesellschaft – der Anstieg der Busfahrpreise bringt deren knappe Haushaltskasse noch mehr in Bedrängnis. Im Januar 2015 wurde ein System eingeführt, das einem Autobesitzer per Benzinkarte den Kauf von 1200 Liter Sprit pro Jahr zum staatlich subventionierten Preis ermöglicht. Wer mehr Benzin braucht, muss höhere Preise bezahlen.

Das enorme Verkehrsaufkommen gehört zu den größten Problemen der Stadt. Jeden Morgen und Abend kriecht der Stau durch die Straßen, kommt der Verkehr nur knapp am Infarkt vorbei. Nur wenige Fahrzeuge würden eine ASU-Plakette erhalten, doch haben öffentliche Groß- und Kleinbusse sowie Taxis schon seit Jahren auf Gasbetrieb umgerüstet. Einen wichtigen Beitrag zur Entzerrung des Berufsverkehrs leistet die U-Bahn, die stetig weiter ausgebaut wird und mittlerweile auch den Nil unterquert. Zu Stoßzeiten herrscht drangvolle Enge – die Frauen Kairos haben deshalb einen eigenen Damenwaggon, um vor Belästigungen geschützt zu sein.

Kairo

Unterwegs in Kairo

Vielleicht ist es auf den ersten Blick nicht zu sehen – einfach weil zuviel des ungewohnten Chaos' auf den Fremden einstürmt –, aber Kairo ist eine unglaublich spannende, vielseitige, lebendige und schöne Stadt. Sie besitzt ihren ganz eigenen Charme, der sicher zu einem großen Teil der Gelassenheit ihrer Bewohner zu verdanken ist, die mit der alten Dame am Nil nachsichtig umgehen. Wenn an Feiertagen die Kairener zu Tausenden mit Kind und Kegel an der Corniche flanieren, dann steckt deren Lebensfreude auch den zurückhaltendsten Besucher an. Wie wär's denn mal mit einer Bootsfahrt mitten in der Stadt?

Midan et-Tahrir

Am Midan et-Tahrir, dem Freiheitsplatz – der von Januar 2011 bis ins Jahr 2013 wichtigster Schauplatz der Revolution gewesen war –, im Herzen Kairos steht eine Reihe wichtiger Gebäude: Am Südende des Platzes ragt ein cremefarbener Klotz empor, der die Zentrale ägyptischer Verwaltung beherbergt. Freiwillig geht kaum jemand in die **Mogamma** – ist sie doch berüchtigt als wahrhaftes Labyrinth der Bürokratie. Ohne Bestechungsgelder gibt es keine Formulare, ohne die es keine Genehmigungen gibt, die selbstverständlich auch von mehreren Stellen Zustimmung brauchen. Wer Beziehungen hat, tut gut daran, den langen Weg durch die Hierarchie abzukürzen, denn das spart Zeit und Geld.

Östlich der Mogamma liegt auf der anderen Straßenseite der ehrwürdige Campus der **American University of Cairo** (AUC), an der viele ägyptische, aber auch ausländische Studenten von Wirtschaftswissenschaften über Informatik bis zur Ägyptologie die verschiedensten Fächer belegen. Die meisten Fakultäten sind allerdings mittlerweile in modern ausgestattet Gebäude am Stadtrand umgezogen. Mit den drei ägyptischen Universitäten Kairos – Ain Shams, Cairo University und al-Azhar-Universität – und mit der im Jahr 2004 eröffneten ersten deutschen Auslandsuniversität, der German University Cairo (GUC), besitzt Ägyptens Hauptstadt ein gutes Hochschulangebot. An der zum Nil gewandten Seite des Platzes steht ein schmales hohes Gebäude, das Ägyptens Bedeutung in der internationalen Politik belegt: Es ist der **Sitz der Arabischen Liga**, hier versammeln sich die Staatschefs von Marokko bis Saudi-Arabien zu ihren Konferenzen. Unter dem Platz queren sich die Metrolinien und verbirgt sich ein großer Parkplatz.

Nationalmuseum

Die Nordseite des Midan et-Tahrir beherrscht ein neoklassizistisch anmutendes

Karte: hintere Umschlagklappe

▲ *Freiheitsplatz mit Mogamma*

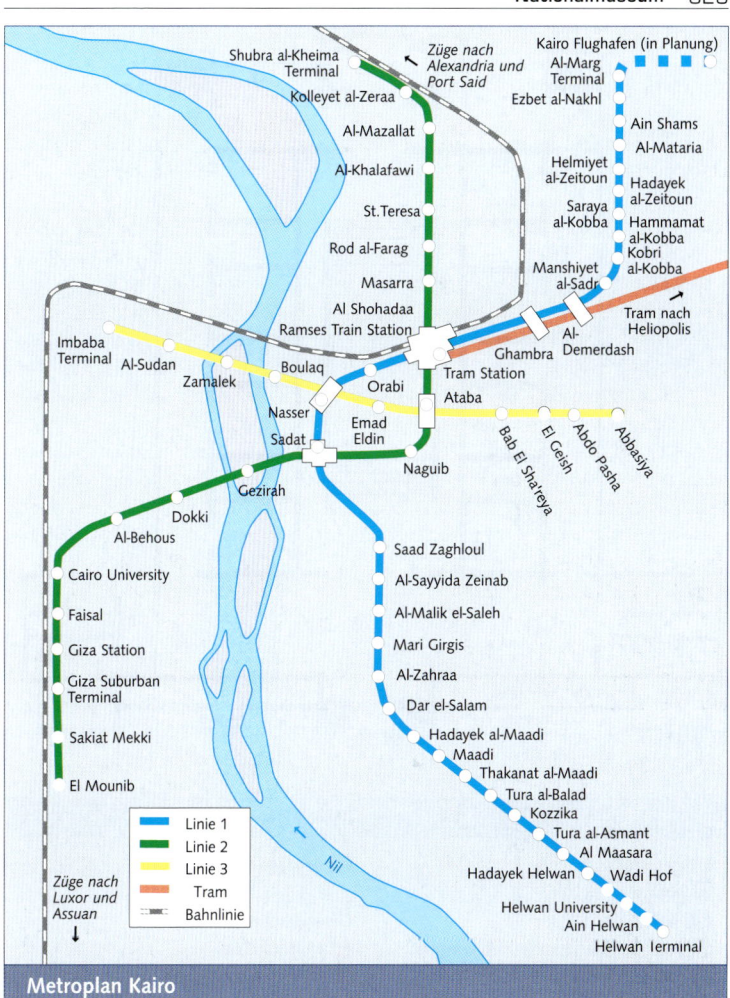

Metroplan Kairo

Gebäude – das Nationalmuseum von Kairo. 1902 wurde es vom damaligen Chef der Antikenverwaltung, Auguste Mariette, gegründet. Für rund 5000 Objekte ausgelegt, beherbergt es mittlerweile weit über 100 000 Stücke. Ausgrabungen im ganzen Land bringen immer weitere Exponate, so dass das Museum mitsamt den mehrstöckigen Magazinbauten längst hoffnungslos überlastet ist. Die täglichen Besucherströme trugen das Ihre dazu bei, dass eine Modernisierung der Ausstellung kaum möglich war. Der Neubau des Grand Egyptian Museum (GEM) in Gisa in der Nähe der Pyramiden verheißt Hoffnung – die politischen Umwälzungen und die bei solchen Großprojekten weltweit üblichen Planungsfehler haben den Baufortschritt allerdings stark verlangsamt. Nun hofft

Kairo

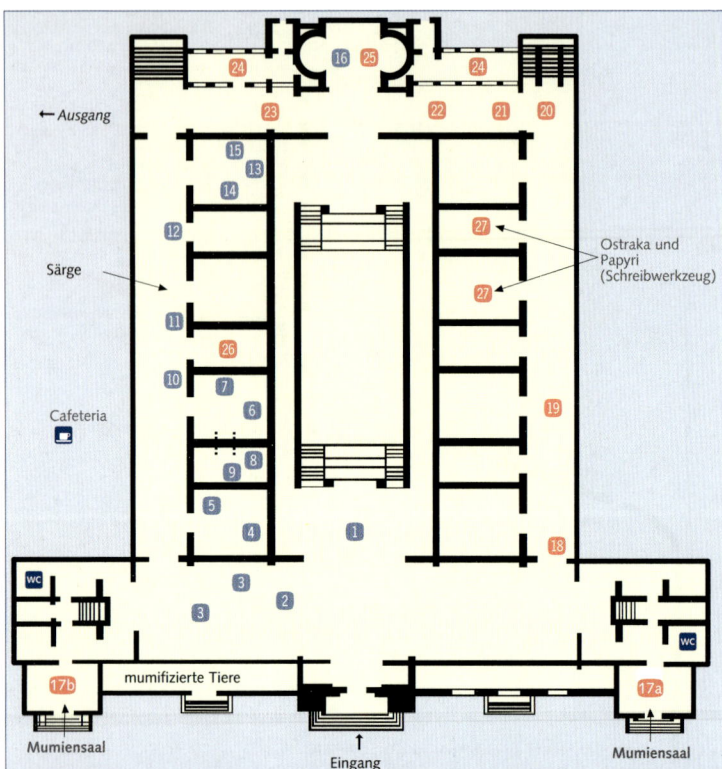

Nationalmuseum

Erdgeschoss

1 Narmer-Palette
2 Statue des Djoser
3 Gruppenstatuen des Mykerinos
4 Falken-Chephren
5 Statue des Kaaper
6 Statuen des Rahotep und der Nofret
7 Malerei der Gänse von Maidum
8 Mobiliar aus dem Grab der Hetepheres
9 Statuette des Cheops
10 Statue des Mentuhotep II.
11 Statue Sesostris' III.
12 Statue des Amenemhet III.
13 Kapelle der Hathor
14 Figur des Senenmut
15 Statue des Amenopis Sa Hapu

16 Amarna-Saal

Obergeschoss

17 Mumiensäle
18 Wächterfiguren des Tutanchamun
19 Goldthron
20 Zeremonialbetten
21 Statue des Anubis
22 Kanopenkasten
23 Schreine aus dem Grab des Tutanchamun
24 Schmuckräume
25 Goldmaske des Tutanchamun
26 Modellgruppen aus dem Mittleren Reich
27 Ostraka, Papyri, Schreibwerkzeug

Den großen Mittelsaal dominiert die Sitzgruppe von Amenophis III. und Teje

Kairo

man auf eine Eröffnung frühestens ab 2018 oder 2020. Tatsächlich sind aber schon einige Objekte wie beispielsweise die große Ramsesstatue, die vor dem Hauptbahnhof stand, zum neuen Museum transportiert worden; ebenso Funde aus dem Grabschatz Tutanchamuns, die bislang in den Magazinräumen lagen. Je nach Fortgang der Arbeiten am und im GEM wird sich die Ausstellung im Nationalmuseum ändern. So sollen die Möbel aus dem Grab von Königin Hetepheres und alle 5000 Objekte aus dem Grab Tutanchamuns dort ausgestellt werden. Bevor man in die Ausstellung gelangt, muss man zwei **Sicherheitskontrollen** passieren. Das Museum ist nicht klimatisiert, aber selbst im Sommer sind die Temperaturen angenehm kühl. Bei großem Besucherandrang wird die Luft allerdings recht dick.

Auf zwei Stockwerken verteilen sich die Exponate, wobei im **Erdgeschoss** ein Rundgang im Uhrzeigersinn die chronologische Entwicklung altägyptischer Kunst und Kultur von der Frühzeit bis in die ptolemäisch-römische Epoche veranschaulicht.

Im **Obergeschoss** liegen in zwei kleinen Nebentrakten die Mumien der Pharaonen, für den man dort ein Extraticket erwerben muss. Der größte Teil der Galerien im ersten Stock wird jedoch von den Objekten aus dem Grab des Tutanchamun eingenommen. An der Rückseite des Obergeschosses sind drei Räume vor einigen Jahren neu gestaltet worden: Rechts findet sich **Schmuck des Alten und Mittleren Reichs**, in der Mitte die **Goldmaske** 25 , zwei Innensärge und exquisiter Schmuck von Tutanchamun und links der **Silberschatz von Tanis** sowie schwere Goldketten der Ptolemäerzeit. Ein knapp gefasster Rundgang zu den wichtigsten Stücken der Sammlung ist im Folgenden beschrieben:

■ Von der Frühzeit zum Bauherrn der ersten Pyramide

Direkt im Eingangsbereich steht in einer Mittelvitrine die ›Mutter aller ägyptischen Reliefkunst‹: Die **Narmer-Palette** ❶ aus der Zeit der Reichseinigung zeigt zum erstenmal die für die folgenden 3000 Jahre gültige Repräsentativdarstellung des Pharao beim Erschlagen der Feinde. Als Weihegabe im Tempel eines Falkengottes ist die große Schieferpalette beidseitig dekoriert. Die Rückseite schildert den Triumph des oberägyptischen Narmer über die Delta-Bewohner, während die Vorderseite im Zentrum ein mythologisches Thema zeigt: Zwei Schlangenhalspanther halten zwischen ihren verschlungenen Hälsen die Sonne, um sie so sicher zwischen den Horizonten zu geleiten. In einer der Nachbarvitrinen liegen zwei aufsehenerregende Objekte aus dem Delta: In Tell el-Farcha entdeckten polnische Archäologen diese mit Goldblech überzogenen männliche Figuren, deren Augen aus Lapislazuli gearbeitet sind. Sie werden auf 3150 vor Christus datiert und gehören zu den ältesten derartigen Funden.

Am Übergang zur linken Galerie steht die Statue des **Djoser** ❷, die ursprünglich in einem Steinkasten an der Nordseite der Stufenpyramide aufgestellt war. Die leeren Augenhöhlen lassen Djoser unheimlich erscheinen; Grabräuber haben die aus Glas oder Kristall eingesetzten Augen brutal herausgerissen.

■ Pyramidenzeit

Beiderseits des Gangs stehen aus dunklem Schiefer gearbeitete **Gruppenstatuen** ❸ aus dem Taltempel an der Pyramide des Mykerinos. Dem sehr breitschultrigen Herrscher stehen je zwei Gottheiten zur Seite. Charakteristisch sind die Gesichtszüge des Pharao: volle Wangen, üppige Lippen, eine relativ niedrige Stirn und eine kleine Knubbelnase – so ist er leicht wiederzuerkennen. In den Mittelvitrinen stehen Statuetten von Grabherren mit oder ohne Ehefrau und von Bediensteten, die im Jenseits für das Wohlergehen ihrer Herren sorgten. Besonders schön sind die am großen Bottich stehende Bierbrauerin im ersten Teil der Galerie und der Gabenbringer mit seiner feinen Tasche über der Schulter ganz am Ende. Der Erbauer der zweiten Pyramide von Gisa thront majestätisch im ersten Saal der Westgalerie. Die aus schwarz-weißem Diorit gehauene Statue des **Chephren** ❹ bietet eine Überraschung: Nur von der Seite oder von hinten zu sehen ist der Falke, der seine Schwingen schützend hinter dem Kopf des Pharao ausbreitet. Im gleichen Raum fasziniert die aus Sykomorenholz gearbeitete, lebensgroße Statue des **Kaaper** ❺. So lebendig wirkt der Blick ihrer Glasaugen in dem porträthaft gearbeiteten Gesicht, dass die Arbeiter bei der Entdeckung glaubten, ein Bild ihres Bürgermeisters vor sich zu haben. Der nächste Saal zeigt ebenfalls noch Stücke aus der 4. Dynastie: **Rahotep und Nofret** ❻ beherrschen den Raum – der Prinz und die Königstochter verkörpern das Schönheitsideal der damaligen Zeit. An der linken Wand ist die berühmte Malerei der **Gänse von Maidum** ❼ zu sehen, aus einem Grab nahe der ersten Pyramide des Snofru am Rand des Faijum.

Gegenüber öffnet sich ein Nebenraum, in dem **Mobiliar aus dem Grab der Hetepheres** ❽ zu sehen ist. Cheops' Mutter hatte ihr Bett, einen Stuhl, einen großen Baldachin, Schmuck und ihre Sänfte mit ins Jenseits genommen. Besondere Beachtung verdient die nur 7,5 Zentimeter große **Elfenbeinstatuette des Cheops** ❾: Es ist die einzige erhaltene Figur des Erbauers der größten Pyramide, sie wurde in Abydos ausgegraben.

Karte S. 330 ▲

■ **Große Pharaonen**

Etwa in der Mitte des Gangs markiert die massige Statue von **Mentuhotep II.**  den Übergang zur Epoche des Mittleren Reichs. Mit viel zu schweren, dicken Beinen thront der mit der roten Krone Unterägyptens und dem Heb-Sed-Mantel bekleidete Pharao auf einem schlichten Hocker. Die schwarze Hautfarbe ist eine Anspielung auf Osiris und die Hoffnung auf Auferstehung. Schwarz ist die Farbe des fruchtbaren Nilschlamms, aus dem immer wieder neues Leben entsteht.

Nach ein paar Metern erreicht man die faszinierende Statue **Sesostris' III.** Einer der mächtigsten Herrscher Ägyptens ließ sich um 1860 vor Christus als deutlich vom Alter geprägter Mann mit riesigen Ohren porträtieren. In seltsamem Kontrast dazu steht sein jugendlich straffer Körper.

Auch sein Sohn **Amenemhet III.** wählte eine ungewöhnliche Darstellungsart für sich: Eine schwere Lockenperücke und

ein Vollbart rahmen das fast trotzig wirkende, sehr kräftig modellierte Gesicht dieses Herrschers. Eine Doppelstatue Amenemhtes zeigt die gleiche archaisierende Tracht, und die an der Westseite des Gangs aufgestellten Mähnensphingen wirken viel ›löwiger‹ als die gewohnten Darstellungen dieser Mischwesen. Bei der Entdeckung der Stücke waren die Ägyptologen verwirrt: Man glaubte zunächst, Bildnisse der fremden Hyksos vor sich zu haben.

Der Raum am Ende des Ganges führt nach Theben-West. Aus dem Allerheiligsten des Totentempels von Thutmosis III. stammt die **Kapelle der Hathor**. In reiner Tiergestalt tritt die Göttin aus der buntbemalten Kammer, an ihrem Euter trinkt der jugendliche König. Die intensiv leuchtenden Farben sind original erhalten.

Rechts vor dieser Kapelle steht die Hockfigur des **Senenmut**; der Architekt der Hatschepsut war auch Erzieher ihrer Tochter gewesen. Der Kopf der kleinen Nofrure ragt aus der Umarmung des hohen Beamten.

Vor der gegenüberliegenden Wand steht die Statue eines Kollegen des Senenmut aus der Zeit von Amenophis III. Als alter Mann war **Amenophis Sa Hapu** zum Leiter aller Arbeiten für seinen Pharao berufen worden – und als alter Mann ist er in dieser Statue gezeigt. Noch zu Lebzeiten wurde er als eine Art Heiliger zur Anlaufstelle der Gläubigen, die ihn um Vermittlung beim großen Gott Amun anflehten.

■ **Echnaton und Nofretete**

Der rückwärtige Quergang des Museums führt zum **Amarna-Saal** mit Stücken aus der Regierungszeit des Echnaton. Die großen Statuen des Königs ziehen mit ihren ungewöhnlichen Körperformen sofort den Blick auf sich. Aber auch die

Amenophis Sa Hapu

Kairo

Replik von Tutanchamuns Löwenbett

übertrieben langgezogenen Schädel der Prinzessinnen weichen vom üblichen Darstellungsmuster ab. Immer wieder werden Krankheit und Missbildung als Erklärung bemüht, doch ohne die Möglichkeit einer Überprüfung an Knochenfunden der Familienmitglieder müssen solche Überlegungen Spekulation bleiben. Die Reliefs zeigen Echnaton und Nofretete gemeinsam mit den Töchtern unter den ›Strahlenarmen‹ des Gottes Aton.

In der Mitte des Saals ist der berühmte **Goldsarg aus dem Grab KV 55** im Tal der Könige ausgestellt. Gleich mehrfach spannend und mysteriös ist seine Geschichte: Das Grab wurde in der direkten Nachfolgezeit Echnatons genutzt – offenbar für ein schnell organisiertes Begräbnis, denn die Stücke im Grab tragen Namen unterschiedlichster Personen. Der besser erhaltene Deckel des Sarges wurde seit seiner Entdeckung im Museum ausgestellt, aber die Fragmente des Unterteils verschwanden. Als sie Jahrzehnte später in Deutschland wieder auftauchten, kam es natürlich zu wilden Theorien und Gerüchten über moderne Kunsträuber. Mittlerweile hat sich die Aufregung gelegt, das restaurierte Unterteil des Sarges ist wieder zurück in Kairo – und eine Frage der Ägyptologie ist beantwortet: Eindeutig wurde dieser Sarg für Echnaton hergestellt. Die herausgerissenen Hieroglyphen des Königsnamens am Deckel wiesen schon darauf hin, Inschriften an der Sargwanne bestätigten es nun zweifelsfrei. Wer jedoch im Sarg bestattet wurde, ist deswegen noch lange nicht geklärt.

Von allen Ecken des Museums führen Treppen hinauf ins Obergeschoss. Dort sind die rückwärtige und die östliche Galerie den Funden aus dem Grab des Tutanchamun vorbehalten. Am besten beginnt man in der südöstlichen Ecke mit dem Rundgang. Hier befindet sich auch der Zugang zum **ersten Mumiensaal** **17**a, Eintrittskarten hierfür sind direkt am Eingang zu dem klimatisierten Raum zu erhalten.

Der **zweite Mumiensaal** **17**b liegt am gegenüberliegenden Ende dieser Galerie. Der erste Saal beherbergt elf königliche Mumien aus der 17. bis 19. Dynastie, der zweite Saal elf Herrscher der 20. Dynastie bis zur Dritten Zwischenzeit. Sie alle sollen demnächst im neuen Museum der Ägyptischen Zivilisation (NMEC) in Fustat ein Zuhause finden.

■ Der Grabschatz des Tutanchamun

Neben dem Durchgang zu den langen Galerien hängen Rekonstruktionszeichnungen vom Grab des Tutanchamun, die zeigen, wie Beigaben und Särge im Grab übereinandergestapelt waren. Großformatige Schwarz-Weiß-Bilder an den Wänden der Galerie geben einen Eindruck von der originalen Fundsituation. Zwei schwarz-goldene **Wächterfiguren** **18** bilden den Auftakt – sie standen einst vor der Mauer, die den Sargraum verschloss. Statuetten des jungen Königs und verschiedener Gottheiten waren in kleinen Schreinen oder Holztruhen aufbewahrt gewesen. Ebenso die zahlreichen Uschebtis, die in unterschiedlicher Größe aus Holz und Fayence hergestellt worden waren und dem Pharao im Jenseits als Diener zur Seite stehen sollten.

Berühmt ist der **Goldthron** **19**, der noch aus den ersten Jahren des Herrschers stammt. Ganz klar sind Elemente des Aton-Kultes in der Szene an der Rückenlehne zu erkennen. Auch die Namen des Königspaars weisen auf die Amarna-Zeit hin: Anches-en-pa-Aton und Tut-anch-Aton erscheinen unter der roten Sonnenscheibe des Aton. Weitere Throne und Hocker sowie die Szepter und Zeremonialstäbe des Königs sind in den folgenden Vitrinen zu sehen.

Kairo

Interessant ist die Gegenüberstellung altägyptischer Wurfhölzer und eines australischen Bumerangs – die Übereinstimmung ist verblüffend.

Am Übergang zur Quergalerie stehen die drei großen **Zeremonialbetten** 20, deren Beine und Rahmen als Himmelskuh, Nilpferd und Löwe gestaltet sind. Ein großer faltbarer Sonnenschirm konnte während Prozessionen über dem Thron des Königs aufgespannt werden.

Würdevoll und überaus aufmerksam wirkt die auf einem Sockel ruhende Gestalt des Schakalgottes **Anubis** 21. Als Hüter über die Eingeweide des Verstorbenen lag er im Durchgang zwischen Sargraum und Kanopenkammer.

Der aus einem Block Alabaster geschnittene **Kanopenkasten** 22 zur Aufnahme der vier Eingeweidekrüge gehört zu den schönsten Stücken der Grabausstattung. Die Deckel der Kanopen sind als Porträtköpfe Tutanchamuns gearbeitet. Um den Steinkasten war ein schützender Holzschrein gestellt, der wie auch die Schreine um den großen Sarg reliefiert und mit Blattgold belegt ist. Zusätzlichen Schutz geben die Göttinnen, deren Statuen an den Seitenwänden ihre Arme ausbreiten. Vier in der Größe gestaffelte blattvergoldete **Schreine** 23 hüllten den Qaurzitsarg ein und füllten den gesamten Sargraum bis auf wenige Zentimeter aus. Sie sind hier nebeneinander aufgestellt, so dass die Dekoration mit Szenen aus den Unterweltsbüchern gut zu sehen ist.

Hier an der Rückseite des Museums liegen die bereits erwähnten **Schmuckräume** 24 – im mittleren findet sich die berühmte **Goldmaske des Tutanchamun** 25. Unbedingt einen Besuch wert sind auch die benachbarten Räume, wo unter anderem die Silbersärge und der fein gearbeitete Schmuck aus Gold und Lapislazuli aus Tanis im Westdelta ausgestellt sind. Sie belegen, dass auch nach dem Ende des großartigen ›Neuen Reichs‹ heute eher unbekannte Pharaonen wie Scheschonk, Osorkon und Psusennes die alte Pracht weiterleben ließen.

■ **Bilder aus dem Alltag**

Einen Blick in die Welt von Arbeitern und Handwerkern erlauben die aus dem Mittleren Reich stammenden **Modellgruppen** 26, die in einem etwa in der Mitte der Ostgalerie abzweigenden Raum ausgestellt sind. Der Kanzler Meketre hatte in seinem Grab in Theben-West eine ganze Kollektion puppenstubenartiger Modelle. Zwischen zwei Papyrusbooten ziehen Fischer eine Reuse durchs Wasser, Boote mit Kajüten dienten dem Grabherrn als Transportmittel. Eine der wichtigen Aufgaben des Meketre war die Kontrolle der Viehbestände: Die Tiere zogen mit ihren Hirten in die Weidegebiete des Deltas, mussten aber einmal im Jahr zu Hause vorgeführt werden. Fehlten zu viele Tiere oder gab es nicht den erhofften Zuwachs an Jungtieren, setzte es Prügel. Zwei kleine Modelle geben Einblick in eine Weberei und eine Schreinerei. Aus anderen Gräbern stammen die kleinen Kornspeicher, in denen Arbeiter mit Säcken voller Getreide anmarschieren, während die Schreiber genauestens Buch führen. Papyri, Ostraka – Kalksteinscherben, die als ›Skizzenblätter‹ oder ›Notizzettel‹ genutzt wurden – sowie **Schreibutensilien** 27 finden sich in zwei Räumen des Ostflügels. Besonders interessant ist der ›Katzen-Mäuse-Papyrus‹, in dem eine verkehrte Welt gezeigt wird: Katzen erscheinen als Diener vornehmer Mäuse. Das **Nationalmuseum** ist täglich von 9 bis 19 Uhr geöffnet, im Ramadan von 9 bis 15 Uhr. Fototickets am Eingang (zurzeit 50 EGP). Extra-Tickets für den Saal der Königsmumien im 1. Stock gibt es vor dem Eingang zu diesem Raum. Wer einen ganzen Tag im Museum verbringen

Karte S. 330

möchte, kann Pausen einlegen – sollte aber beim Verlassen des Museums den Ticketkontrolleuren Bescheid geben. Es gibt direkt im Gelände eine kleine Cafeteria. Wer mehr als nur Sandwich essen möchte, findet um den Midan el-Tahrir Richtung Midan Talaat Harb eine Reihe von einfachen Restaurants oder kann im nahegelegenen **Nile Ritz Carlton** unter mehreren Lokalen wählen.

Koptenviertel

Steigt man direkt vor dem Museum in die Metro – die ganz nach Pariser Vorbild gestaltet ist – und fährt vier Stationen bis zur Haltestelle ›Mari Girgis‹, kommt das einer kleinen Zeitreise von der Pharaonenzeit in die frühchristliche Epoche gleich. Jahrelang wurde hier schwer gearbeitet, denn das gestiegene Grundwasser bedrohte die tiefliegenden Kirchen. Schwierig gestaltete sich die Sicherung des Mauerwerks vor dem immer wieder nachsickernden Nass. Zwar sind die meisten Bauwerke mittlerweile an den Seiten bis auf die Fundamente aufgegraben und mit Schutzmänteln umgeben worden, doch dringt durch die Böden nach wie vor Feuchtigkeit ein. Ähnliche Probleme waren schuld an der jahrelangen Schließung des Koptischen Museums.

■ **Festungstürme und Georgskirche**

Direkt gegenüber der Metrostation sind die Ruinen eines der römischen Wehrtürme zu sehen, der die Einfahrt zum antiken Hafen Per-Hapi-en-On schützte. Der Name On wird in der Bibel genannt, er bezieht sich auf das nahegelegene Heliopolis. Der altägyptische Name klang den Griechen seltsam, und sie verschliffen ihn zu Babylon.
Auf einem zweiten Festungsturm wurde im 20. Jahrhundert die mächtige griechisch-orthodoxe Rundkirche für den heiligen Georg erbaut.

■ **El-Mo'allaqa-Kirche**

Wie die Georgskirche erhebt sich auch die bedeutendste koptische Kirche auf den Überresten eines Festungsturms: Eigentlich der heiligen Jungfrau Maria geweiht, hat sie wegen ihres Standorts den Spitznamen el-Mo'allaqa erhalten: ›die Hängende‹. Über eine Treppe und einen kurzen gedeckten Durchgang erreicht man einen kleinen offenen Hof vor der Kirche. Hier schon erkennt man an der kleinen **Brunnenanlage** und den Fliesen den Einfluss der islamischen Baukunst des 13. bis 15. Jahrhunderts.
Damals war Kairo ein Zentrum des Kunsthandwerks, und auch die nichtmuslimischen Gemeinden gestalteten ihre Gotteshäuser nach der Mode der Zeit. Die Kirche selbst ist jedoch deutlich älter, ihre Gründung geht ins 4. oder 5. Jahrhundert zurück. Mehrfach wurde sie erweitert, ab dem 11. Jahrhundert diente sie dem Patriarchen der koptischen Gemeinde als Sitz.

Die Kirche des heiligen Georg

Kairo

Kairo, Koptenviertel

Map labels:
- Amr-Moschee
- Shoppingzentrum Suq el-Fustat
- Mari Girgis
- Tariq Misr el Qadima
- Eingang
- Sankt-Georg-Kirche
- Abu-Serga-Kirche
- Sankt-Barbara-Kirche
- Griechisch-katholischer Friedhof
- Mari Girgis (M)
- Römischer Wehrturm
- Koptisches Museum
- Ben-Esra-Synagoge
- Sharia Abu Seyfine
- Kirche der heiligen Jungfrau (el Mo'allaqa)
- Eingang
- Griechisch-katholischer Friedhof
- Linie 1
- Qasr al-Scham
- 0   60   120 m

Gleich am Eingang fällt die Unregel-
mäßigkeit der Kirchenschiffe auf, die
dem Standort der Kirche geschuldet ist.
Säulen konnten nur da errichtet werden,
wo im Untergrund die Festungsmauern
die Lasten tragen konnten. Sehr schön
restauriert wurde der offene Dachstuhl,
ein charakteristisches Element der frühen
koptischen Kirchen. Der Versammlungs-
raum wird durch eine mit Intarsienarbei-
ten verzierte Ikonostase vom Altarraum
getrennt. Nur zu den höchsten Feiertagen der koptischen Kirche werden die
Türen zu diesem Bereich geöffnet – die

Priester versammeln sich dann direkt um
den Altar. Unter der Woche finden koptische Gottesdienste freitags und sonntags
vormittags statt. Aus dem altägyptischen
Kult übernommen hat die koptische
Kirche das Sis-trum als Rasselinstrument
und die leichte Rahmentrommel; eine
Orgel gehört nicht zur Ausstattung. Predigten werden überwiegend auf arabisch
gehalten, nur zu Ostern oder Weihnachten – das wie in der orthodoxen Kirche
am 6. Januar gefeiert wird – werden
Teile der Messe auf Koptisch gelesen.
Mehrere Stunden versammelt sich dann

die Gemeinde vom Kleinkind bis zu den Großeltern und nimmt nach Geschlechtern getrennt in den Kirchenbänken Platz. Gerade die Kleinen dürfen aber durchaus zwischendurch im Hof vor der Kirche spielen, die Stimmung erinnert mitunter eher an ein ausgelassenes Familienfest. Während des Gottesdienstes wird wie in der katholischen Kirche Weihrauch verbrannt, am Ende verabschieden sich die Gläubigen von ihrem ›Baba‹ mit einem respektvollen Handkuss.

Auch wenn hier im alten Koptenviertel die Kirchen zu den wöchentlichen Gottesdiensten nicht ganz gefüllt sind, ist die Bindung an den Glauben in der koptischen Gemeinde Ägyptens sehr stark. Streng beachten die meisten Kopten ihre Fastengebote, die ihnen zweimal wöchentlich jegliche tierische Nahrung verbieten. Dazu kommen lange Fastenzeiten wie zum Beispiel während der 40 Tage vor Ostern. Insgesamt zählt das koptische Kirchenjahr rund 180 Fastentage.

An den Wänden der Kirche hängen zahlreiche Ikonen, Reliquien hochverehrter Heiliger sind im Eingangsbereich und an der Nordseite aufbewahrt. Kleine Zettel mit Bitten oder Danksagungen sind Zeichen des gläubigen Vertrauens. Im Eingangsbereich der Kirche erlaubt ein holzgerahmter Glasstreifen im Boden einen Blick zu den Fundamenten.

Vorbei an den Festungstürmen und der Georgskirche erreicht man einen Treppenabgang, der zu den tieferliegenden Teilen von **Qasr es-Schama**, der **Festung der Kerzen**, führt. Klöster, Wohnhäuser und weitere alte Kirchen sind in ihren schmalen Gassen zu finden.

■ Abu-Serga-Kirche

Die den beiden syrischen Soldatenheiligen Sergius und Bacchus geweihte Abu-Serga-Kirche steht an einem besonders heiligen Ort. Während ihres Aufenthalts in Ägypten soll die heilige Familie hier gewohnt haben, da Joseph in der Römerfestung Arbeit als Zimmermann gefunden hatte. Die Grotte, in der Maria, Jesus und Joseph gelebt haben sollen, ist heute nicht mehr zu besichtigen, da sie besonders schwer unter dem eindringenden Wasser zu leiden hat.

Ähnlich wie die Mo'allaqa-Kirche wurde die Kirche im 4., 5. oder 7. Jahrhundert gegründet und nach mehreren schweren Bränden während des 11. bis 13. Jahrhunderts grundlegend renoviert. Ebenfalls im 11. Jahrhundert auf älteren Fundamenten errichtet wurde die **Kirche der Märtyrer Kyrill und Johannes**. Da zu diesem Zeitpunkt die Reliquien der heiligen Barbara hierher gelangten, wurde der Neubau kurzerhand umgeweiht.

■ Ben-Esra-Synagoge

Inmitten des Koptenviertels findet sich auch ein jüdisches Gotteshaus. Die Ben-Esra-Synagoge wurde mit großer Sorgfalt restauriert und beeindruckt mit ihren

Kairo

Ikonostase der Mo'allaqa-Kirche

reichen Einlegearbeiten. Sie steht an der Stelle einer älteren Michaelskirche, die im 12. Jahrhundert von der koptischen Gemeinde verkauft wurde – die Zahl der Christen war deutlich zurückgegangen, und man brauchte Geld. Günstigerweise war die jüdische Gemeinde gerade auf der Suche nach einem neuen Bauplatz. Es war die Zeit des großen Sultans Salah ed-Din, in der die drei Religionen auch während der Kreuzzüge gut miteinander auskamen.

Moses Maimonides, der angesehene Arzt, Theologe, Rechtsgelehrte und Philosoph, hatte mit seiner Familie vom intoleranten Omaijadenreich in Cordoba über Marokko die Flucht nach Ägypten angetreten. Hier wurde er Leibarzt des Wesirs von Salah ed-Din und übernahm 1177 die Leitung der jüdischen Gemeinde. Nach seinem Tod im Jahr 1204 blieb die Führung der Gemeinde noch für weitere 170 Jahre in der Familie. Es war eine Zeit der wirtschaftlichen Blüte, in der Kairo als Handelsdrehscheibe zwischen dem Mittelmeerraum und Indien gute Geschäfte machte. Jüdische Händler hatten dabei ihren Anteil, wie Texte belegen, die man 1890 bei einer Renovierung der Synagoge entdeckte. Rund 250 000 Schriftstücke waren aufbewahrt worden, da sie den Namen Gottes trugen. Darunter fanden sich auch Briefe von Händlern aus Kairo, die mit ihren Geschäftspartnern im Jemen korrespondierten. 150 verschiedene Güter werden aufgelistet, darunter Farbstoffe, Arzneien, Rosinen, Papier und Gewürze. Auf den langen Reisen gingen immer wieder Waren verloren, wie einer der Briefe berichtet: »Das eine Schiff des Scheichs Abu al-Hassan bin Dja'far war in Richtung auf Berbera gesegelt, wurde aber gegen das Bab el-Mandab (Übergang vom Roten Meer zum Indischen Ozean) geworfen, wo es sank. Der Pfeffer ist völlig verloren ....«.

▲ Karte S. 338

So wie die Abu-Serga-Kirche der Legende nach über der Wohnhöhle der heiligen Familie errichtet wurde, kann auch die Ben-Esra-Synagoge auf ein biblisches Ereignis verweisen, das ihren Standort adelt. Der Nil, dessen Bett vor Jahrhunderten deutlich weiter östlich lag, spielt dabei eine wichtige Rolle. Denn auf dem Fluss trieb ein kleines Körbchen, welches das Interesse der Tochter des Pharaos erweckte. »Und da sie das Kästlein im Schilf sah, sandte sie ihre Magd hin und ließ es holen ... und es ward ihr Sohn, und sie hieß ihn Mose.« Tatsächlich ist Moses ein gut altägyptischer Name, der als ›Sohn‹ übersetzt werden kann.

Koptisches Museum

Dem unermüdlichen Sammler Markus Simaika Pascha, einem angesehenen Kopten aus reicher Familie, ist es zu verdanken, dass über mehrere Jahrzehnte hinweg das Koptische Museum in Alt-Kairo erbaut wurde. Liebevoll mit hölzernen Fenstergittern (Mashrabijas) und herrlich bemalten Holzdecken sowie Stuckornamenten aus älteren koptischen Bauten wurde zunächst der Alte Flügel des Hauses ausgestattet. Die Ausstellungsstücke kamen aus den Kirchen und Klöstern des Landes und den beiden älteren großen Museen Ägyptens in Kairo und Alexandria. Die Eröffnung der ersten Schau koptischer Kunst fand 1910 statt, der ›Neue Flügel‹ des Museums konnte erst 1947 eingeweiht werden. Wasserschäden und das schwere Erdbeben von 1992 erschütterten die Fundamente des Hauses so sehr, dass eine grundlegende und aufwändige Restaurierung nötig wurde.

Der Eingangsbereich verbindet die beiden Flügel des Museums – nach links gelangt man in den älteren Teil, der zunächst mit der sogenannten **Galerie der Meisterwerke** den Auftakt des

Rundgangs bildet. Zu den bedeutendsten Produkten koptischer Kunst zählen die feingewebten und teilweise bestickten Textilien. Als Sondersteuern von römischen Herrschern erhoben oder eigens bei koptischen Webern in Auftrag gegeben, zeigen sie häufig dem hellenistischen Mythenkreis verwandte Szenen. Charakteristisch sind auch die von byzantinischer Kunst beeinflussten koptischen Malereien. Säulen, Nischen oder Stelen zierten als Architekturschmuck Kirchen, Klöster und Grabbauten – ihre Bildsprache zeigt mitunter eine faszinierende Mischung altägyptischer und mediterraner Elemente.

Der Kalksteinfries mit symmetrisch um ein Kreuzzeichen angeordneten Akanthusmedaillons stammt aus dem Jeremias-Kloster von Saqqara und datiert ins 6. Jahrhundert. Vom gleichen Fundort kommt auch die großformatige Wandmalerei mit vier Heiligen. Interessant ist die Darstellung des nur noch teilweise erhaltenen Heiligen am linken Bildrand, der im Gegensatz zu seinen in weite Gewänder gehüllten Kollegen

lediglich von seinem lang herabwallenden Haupt- und Barthaar bedeckt ist. Bei ihm handelt es sich um den koptischen Heiligen Onophrios, welcher sich der Legende nach 60 Jahre lang ausschließlich von Datteln ernährte. Der Name des Heiligen am rechten Bildrand lautet Pamun und weist – wie auch der Name des Onophrios – auf die altägyptische Herkunft der beiden: Onophrios war ein geläufiger Beiname des Gottes Osiris, und der mächtige Reichsgott Amun ist im zweiten Namen leicht zu entdecken.

■ **Griechisches Erbe am Nil**

Im angrenzenden Raum 3 sind die Bezüge zum griechischen Kulturkreis deutlich zu erkennen: Architekturteile sind geschmückt mit Bildnissen von Orpheus und Eurydike, Aphrodite oder Europa auf dem Stier. Allerdings fällt auf, dass es sich nicht um Kunstwerke ersten Ranges handelt, eher schon etwas ungelenk wirkende Provinzarbeiten. Sie stammen überwiegend aus Ehnas im Faijum und entstanden im ausgehenden 4. Jahrhundert. In der damals bedeutenden Bischofsstadt lebten

Kairo

Eingang zum Koptischen Museum

offenbar auch viele nicht zum Christentum übergetretene Menschen, die ihre Gräber mit Bildnissen der griechischen Mythologie ausstatten ließen.

■ Altägyptisch oder christlich?

Im nächsten Raum finden sich Belege für die Übernahme altägyptischer Elemente in die frühchristliche Kunst. So ist das Hieroglyphenzeichen ›anch‹ für Leben ganz selbstverständlich als Variante des Kreuzzeichens übernommen worden. Mitunter erinnern die großen Reliefs dieses Henkelkreuzes mit weit ausschwingenden ›Flügeln‹ fast an Rauschgoldengel. Weintrauben – eng mit Osiris verbunden – sind auch im Christlichen Symbole für Jesus, der wie sein altägyptischer Vorgänger die Hoffnung auf Wiedergeburt und Gerechtigkeit verkörpert.

■ Klosterkunst aus Saqqara und Bawit

Das Mönchtum – im Ägypten des 4. Jahrhunderts entstanden – breitete sich rasant an den Ufern des Nils und den angrenzenden Wüstengebieten aus. Zahl-

In altägyptischen Tempeln halten die Götter das Leben in der Hand

reiche Klöster sowohl für Mönche wie Nonnen entstanden innerhalb weniger Jahrzehnte. Aus dem über rund fünf Jahrhunderte bewohnten Jeremias-Kloster von Saqqara stammen eine Reihe von Säulen, Kapitellen und besonders eindrucksvollen Wandmalereien. Sie sind im Raum 2, den Sälen 5 bis 9, dem offenen Innenhof und im ersten Stock des Museums in Raum 11 ausgestellt. Die Malereien zierten ursprünglich Gebetsnischen in den einfachen Mönchszellen – die Bilder aus der Hauptbasilika haben sich nicht erhalten.

Das Kloster von Bawit in Mittelägypten wurde nach dem heiligen Apollo benannt, der wohl selbst im 6. Jahrhundert die mönchische Gemeinschaft dort leitete. Neben den Architekturteilen sind es besonders die Wandmalereien, die von der Qualität der hier engagierten Künstler überzeugen. Sowohl rein geometrische Muster wie bildliche Szenen mit Heiligen, der Muttergottes und Jesus beeindrucken in Ausgewogenheit und Farbigkeit.

■ Nag-Hammadi-Codex

Aufsehen erregte 1945 der Fund gnostischer Handschriften in der Nähe der Stadt Nag Hammadi in Oberägypten. Es handelt sich um koptische Übersetzungen griechischer Texte, die teils schon im 2. Jahrhundert nach Christus angefertigt wurden und hier in späteren Abschriften des 4. Jahrhunderts vorliegen. Die Lehre der Gnosis (Erkenntnis) war in den ersten nachchristlichen Jahrhunderten ausgesprochen populär und stellte offenbar eine ernste Bedrohung für das noch junge Christentum dar. Ganz ohne Priester oder Theologen sollte es dem Gnostiker möglich sein, den ihm innewohnenden göttlichen Lichtfunken zu erkennen und so letztendlich der Verhaftung in der körperlichen Welt zu entfliehen. In den Texten von Nag Hammadi finden sich

Säulen aus dem Jeremias-Kloster

neben altägyptischem, neuplatonischem und alttestamentarischem auch christliches Gedankengut – so wird zum Beispiel Jesus als Lehrer auf dem Weg zur Erkenntnis gedeutet. Frühe christliche Theologen wie Clemens von Alexan-dria, Irenäus, Athanasius und Schenute verdammten in ihren Predigten diese ihrer Ansicht nach ketzerische Lehre. Ein Teil dieser spannenden Handschriften ist in Raum 15 im 1. Stock des Museums ausgestellt. Im angrenzenden Raum 16 finden sich teilweise reich illuminierte Bibeln in koptischer und arabischer Sprache, Psalter und Sammlungen von Predigten. Spätestens ab dem 10. Jahrhundert verdrängte das Arabische als allgemeine Umgangssprache das Koptische, die letzte Sprachstufe des Altägyptischen. Die älteste vom koptischen Patriarchat offiziell anerkannte arabische Bibelfassung stammt allerdings erst aus dem 13. Jahrhundert.

■ Ikonen

Die Räume 20 bis 22 gehören zum Neuen Flügel des Museums, der über eine Verbindungsgalerie zu erreichen ist. Sie sind der eindrucksvollen Sammlung von Ikonen gewidmet, deren älteste bis ins 6. Jahrhundert zurückdatieren. Viele dieser heiligen Bilder stammen aus der direkten Nachbarschaft des Museums und schmückten einst die Wände der Kirchen Alt-Kairos. Beachtung verdient ein nahezu quadratisches Bild am Übergang zwischen Raum 20 und 21, das zwei der ganz großen Heiligen der koptischen Kirche zeigt: den heiligen Antonius und den heiligen Paulus.

Stern der Wüste, Vater der Mönche – so wurde der große Lehrer und Eremit Antonius voller Bewunderung genannt. Schon mit 18 Jahren bekannte sich der in der Gegend von Beni Suef geborene Sohn einer wohlhabenden Familie zum Christentum. Nach dem Tod der Eltern vermachte er sein gesamtes Erbe den Bedürftigen und zog sich als Eremit in das Ostgebirge zurück. Schon bald scharten sich zahlreiche Jünger um ihn. Als er im Alter von 105 Jahren sein nahes Ende spürte, verabschiedete er sich von seinen Anhängern und zog sich in die Einsamkeit zurück. Er wollte wohl vermeiden,

Koptisches Kloster im Wadi Natrun

dass sich nach seinem Tod an seinem Grab ein Heiligenkult etablierte. Dass dieser Plan keinen Erfolg hatte, belegt das Antoniuskloster, das bis heute zu den großen koptischen Pilgerstätten gehört. Nur ein paar Bergrücken entfernt hatte sich ein weiterer Großer der frühen Christenheit zurückgezogen und fristete in strenger Askese sein Leben. Paulus, um 230 in Alexandria geboren, hatte bereits als 16-Jähriger die Flucht vor den damals wütenden Christenverfolgungen ergriffen. Seine Weltabgeschiedenheit war so extrem, dass er sich nicht einmal um seine eigene Versorgung kümmerte – dafür aber mit den wilden Tieren in seiner Umgebung in friedlichem Einvernehmen lebte. Daher sandte Gott ihm jeden Tag einen Raben, der ihn mit frischem Brot versorgte. Als Paulus im Alter von 115 Jahren starb, waren es der Legende nach zwei Löwen, die dem Heiligen das Grab ausscharrten. Auch ihm zu Ehren wurde später ein Kloster im Ostgebirge erbaut, das ebenfalls bis heute von Mönchen bewohnt wird.

▲ **Koptisches Museum**; tgl. 9–16 Uhr.

Azhar-Moschee

Mitten in dem wogenden Gewühl der Straßen Kairos gibt es stille Friedensorte, in deren Innerstes das Stimmengewirr und Geräusch der Straßen nur wie ein melodischer Hauch hereintönt: die Moscheen.
Meyers Universum, 1863

Im Zentrum der islamischen Altstadt steht eine der bedeutendsten Moscheen der Welt: Die Azhar-Moschee gilt nach den großen Heiligtümern von Mekka und Medina als die führende Instanz in Glaubensfragen. Seit dem 10. Jahrhundert ist dem Gotteshaus eine Hochschule angeschlossen, in der heute nicht mehr nur die kanonischen Fächer Theologie, Arabische Sprache oder Islamisches Recht unterrichtet werden. Längst hat sich die Azhar zu einer Voll-Universität mit Dependancen im ganzen Land entwickelt. Studenten aus der ganzen Welt kommen nach wie vor hierher, um Islamwissenschaft zu studieren. Da die Azhar noch immer als Moschee und Schule benutzt wird, sollten Besucher daran denken, sich angemessen zu kleiden – körperverhüllend, und die Damen mit Kopftuch. Am Eingang

Karte S. 338

müssen die Schuhe ausgezogen werden. Während der Zeit der Aijubiden versank die von den Fatimiden gegründete Moschee in eine Art Dornröschenschlaf. Salah ed-Din hatte 1171 das schiitische Symbol schließen lassen in seinem Bestreben, den sunnitischen Islam in Ägypten wieder fest zu installieren. Die Mamluken übernahmen jedoch knapp 100 Jahre später die Moschee wieder und eröffneten auch den Hochschulbetrieb aufs Neue. In dieser Zeit begannen die Sultane mit den zahlreichen Erweiterungsbauten, die unter anderem dazu führten, dass die Moschee im Lauf der Zeit sieben Minarette besaß, von denen heute noch drei erhalten sind.

Die Azhar war als große Freitagsmoschee das Herz der fatimidischen Residenzstadt. Ihr Name ›die Blühende‹ hatte für die schiitischen Fatimiden eine besondere Bedeutung, war es doch der Beiname der Tochter des Propheten gewesen, jener Fatima, von der die neuen Herrscher am Nil abstammten. Der große Versammlungshof war auf drei Seiten von Säulenhallen umgeben. Die Gebetsrichtung nach Mekka zur Ka'aba wurde durch eine tiefere, fünfschiffige Halle betont, an deren Rückwand eine überkuppelte Nische den Platz des Vorbeters markiert. Die heutige Fassade der Moschee wird von Bauten aus unterschiedlichen Epochen geprägt: Das **Tor der Barbiere** entstand 1752 unter dem osmanischen Herrscher Abd er-Rahman Katchoda, als auf dem Platz davor die Friseure ihrer Arbeit nachgingen.

Links und rechts von einem schmalen Gang, der auf den Hof führt, liegen sehr feindekorierte **Schulbauten** aus dem 14. Jahrhundert, die heute als Bibliotheken genutzt werden. An der Stelle des ursprünglich fatimidischen Eingangs zum Hof erhebt sich seit 1468 ein prunkvoll mit arabesken Steinreliefs verziertes

Portal, über dem sich das große Mittelminarett erhebt. Sultan Qaitbay – unter dessen Herrschaft die Architektur eine Blütezeit erlebte – hatte diese Erweiterung in Auftrag gegeben. Rund 50 Jahre später ließ Sultan el-Ghuri ein weiteres Minarett über dem Eingang errichten: Mit seinen doppelten Kuppeltürmchen als oberem Abschluss gilt es als Wahrzeichen der Azhar.

An den Seiten des Hofs liegen die sogenannten **Riwaqs**, wo Studenten einfache Unterkünfte finden, auf der Nordseite liegt auch der **Hof der Waschungen**. Der Weg zum **ältesten Mihrab** wird betont durch eine Erhöhung des Mittelschiffs, ein charakteristisches Element der Fatimidenzeit. In diesem Bereich kann man auch heute noch auf einen Kreis von Studenten treffen, die den Ausführungen ihres Professors lauschen – gerade die traditionellen Fächer werden hier noch auf althergebrachte Weise vermittelt.

Hinter dem ältesten Teil der Moschee schließt sich nach einer Stufe eine zweite

Eingang der Azhar-Moschee vom Hof aus

Bab el-Futuh

Bab en-Nasr

el-Hakim-Moschee

Friedhof

Ataba

Sharia el-Geish

Sharia Bur Sa'id

El-Aqmar-Moschee

Beit es-Suheimi

EL-GAMALIJA

Linie 3

Sharia el-Muski

Emir-Bashtak-Palast

Qala'un-Komplex

Gamal-ed-Din el Ustadar-Moschee

Katchoda-Brunnenhaus

Sharia el-Azhar

Port Said

Sharia Muizz

Basar Khan el-Khalili

Hussain-Moschee

Baybars-Moschee

Al Azhar

Hussain-Platz

Fußgänger-unterführung

Sharia el-Mansurija

el-Ghuri-Moschee

el-Azhar-Moschee

Islamisches Museum

Kaufhaus Wakalat el-Ghuri

Mu'aijad-Moschee

Sharia Ahmed Maher

Bab es-Suweila

Citadel View Alain Le Notre

Salah Salim Terminal

Sharia Bur Sa'id

Basar der Zeltmacher

Eingang

El-Azhar-Park

Nördliche Totenstadt

Sharia el Qala

Sikket el-Tibbana

Sharia Muizz li-Din Allah

Trianon

Lakeside

Sharia Salah Salim

Sharia Ahmad Omar

Bab el-Wazir

Sharia Salah Salim

Ibn-Tulun-Moschee, Gayer-Anderson-Museum

Midan el-Qal'a

er-Rifa'i-Moschee

Sultan-Hassan-Moschee

Sharia el-Bab el-Gedid

Zitadelle

Kairo, die islamische Altstadt

0   250   500 m

Säulenhalle aus der Zeit Abd er-Rahman Katchodas an.

Von ihrer Nordseite ist ein weiterer **Nebenkomplex** zugänglich, der eine Kombination von Mausoleum und Schule darstellt. Wohlhabende Muslime stifteten gerne zu ihrem eigenen Seelenheil Schulen oder andere gemeinnützige Einrichtungen. In der Hoffnung, von den Gebeten der Gläubigen zu profitieren, ließen sie sich in der Nähe bestatten. So hielt es auch der Emir Gauhar Qunqubay, dem als Schatzmeister des Mamlukensultans Baybars sicher die nötigen Mittel zur Verfügung standen. Die Verzierungen des um 1450 erbauten Trakts bieten ein schönes Beispiel mamlukischer Kunst.

Zwischen den Toren der Fatimidenstadt

Vom Bab el-Futuh im Norden zum Bab es-Suweila im Süden zog sich eine von Palästen gesäumte Prachtstraße durch die für die Masse gesperrte Stadt der fatimidischen Herrscher. Aus dieser Zeit haben sich nur die Tore, Teile der Stadtmauer und einige wenige Moscheen erhalten. Nach dem Ende der schiitischen Dynastie ließ Salah ed-Din die Stadttore öffnen und gab das Gelände zur Bebauung frei. Heute säumen mamlukische Moscheen und Mausoleen sowie Bauten aus der osmanischen Zeit den Weg zwischen den Toren.

■ Basar Khan el-Khalili

Ganz in der Nähe der Azhar-Moschee lockt der Basar Khan el-Khalili. Seinen Namen erhielt der seit dem 11. Jahrhundert weltberühmte Handelsplatz vom Handelshaus des Djarkas el-Khalili, der 1382 ein besonders prächtiges Haus für seine exquisiten Waren erbauen ließ. Zwischen den zahllosen Geschäften, die vom Touristenkitsch bis zu teurem Goldschmuck und Teppichen aller Art nahezu alles im Angebot haben, laden Cafés zum Verweilen ein. Berühmt ist das altehrwürdige Kaffeehaus **Fischawi**, das in einer schmalen Gasse parallel zum Midan Saijidna Hussain liegt. Dieser Platz wird von der **Hussain-Moschee** beherrscht, die heute als Freitagsmoschee der Stadt Kairo dient. Sie wurde zu Ehren des bei Kerbela getöteten Enkels des Propheten Mohammed errichtet, der vor allem von schiitischen Muslimen sehr verehrt wird. Der Platz vor der Moschee ist gerade während des Fastenmonats Ramadan einen Besuch wert. Kurz vor Sonnenuntergang werden überall Tische aufgestellt, an denen die Fastenden auf den Kanonenschuss von der Zitadelle warten – das Zeichen, dass gegessen werden darf. Bis tief in die Nacht hinein herrscht dann noch buntes und fröhliches Treiben in den Gassen des Khan el-Khalili.

In einem groß angelegten Projekt wurde im ganzen Viertel restauriert, um die Schönheit der alten Bausubstanz zu retten, die teilweise durch schäbige moderne Einbauten arg verschandelt war. Die **Sharia el-Muski**, die Haupt-

Verkaufsstand am Midan Saijidna Hussain

Die Hussain-Moschee

Spitzendekor überzieht Kuppel und Minarettschaft, das hohe Tor zum Mausoleum zeigt herrlichste Stuckschnitzerei, und das wunderbar restaurierte Holzgitter um die Grablege ist ein Beispiel schönsten Kunsthandwerks. Vom Dach des Mausoleums geht der Blick auf die Nachbarbauten von Sultan en-Nasir Mohammed – dem Sohn Qala'uns – und Sultan Barquq. Die Minarette beider Bauten sind mit einer Fülle von Sternmotiven, Inschriften und Pflanzenranken überzogen. Auch die schweren Bronzetüren zeigen das beliebte Sternenmuster.

Auf der gegenüberliegenden Straßenseite erbaute Sultan en-Nasirs Schwiegersohn, der **Emir Bashtak**, von 1334 bis 1339 seinen **Palast**. Seiner Stellung bei Hofe entsprechend eindrucksvoll empfängt die hohe Empfangshalle die Besucher. Im Haus gab es fließendes Wasser, der Springbrunnen in der Halle war ein repräsentativer Beleg dafür. Die Privatgemächer befanden sich im dritten Stock. Um das große Haus unterhalten zu können, vermietete man zur Straßenseite kleine Geschäfte.

straße durch den Basar, beginnt an der Südwestecke des Hussain-Platzes und zieht sich nach Westen. An der Kreuzung der Sharia el-Muski mit der zwischen den Stadttoren verlaufenden Sharia Muizz li-Din Allah erheben sich links und rechts zwei Moscheen. Mit ihrem rot-weißen Streifenmuster fällt die **Madrasa-Moschee** des Sultans Ashraf Baybars aus dem Anfang des 15. Jahrhunderts ins Auge. Von ihrem Minarett bietet sich ein guter Blick über das Herz der Stadt.

■ Prachtbauten an der Muizz li-Din-Allah-Straße

Im Norden der Sharia Muizz li-Din-Allah liegen zwei der schönsten Bauten der Innenstadt: Der aus Madrasa, Moschee und Mausoleum bestehenden Komplex des **Qala'un**, dem einst ein berühmtes Krankenhaus angeschlossen war, ist ein Prachtwerk mamlukischer Baukunst des 13. Jahrhunderts. Filigran geschnitter

Wenige Meter weiter Richtung Norden liegt in einer Straßengabelung ein vom osmanischen Emir Abd er-Rahman Katchoda 1744 gestiftetes Gebäude. Dieser **Sabil-Kuttab** verbindet ein mit herrlichen Fliesen geschmücktes Brunnenhaus im Erdgeschoss mit einem Unterrichtsraum im pergolaartigen Obergeschoss – entsprechend der islamischen Tradition, die es als besonders verdienstvolle Tat betrachtet, anderen Menschen Zugang zu Wasser und Bildung zu ermöglichen. Die **El-Aqmar-Moschee** – 100 Meter weiter auf der rechten Seite – gehört zu den wenigen Bauten aus der Fatimidenzeit. Wesir El-Bataihi gab sie 1125 in Auftrag. An der Fassade finden sich Muschelnischen mit strahlenförmigen Rippen sowie Rechtecke mit tief eingeschnittenen Stalaktiten. Am oberen Rand zieht sich ein umlaufendes Schriftband über die Fassade. Diese Schmuckelemente sind hier zum ersten Mal für Kairo belegt – aus ihnen entwickelt sich der noch üppigere mamlukische Baudekor. Ein **Sammelticket** erlaubt den Besuch von sieben Monumenten an der Sharia Muizz li-Din Allah.

Beit es-Suheimi

Schon seit einigen Jahren wiederhergestellt sind die Häuser reicher Kaufleute des 17. und 18. Jahrhunderts in der Darb el-Asfar, die rund 100 Meter weiter nördlich nach rechts abzweigt. Besonders das Beit es-Suheimi von 1648 lohnt den Besuch: Nach außen wirkt das Haus verschlossen, die Privatsphäre seiner Bewohner sollte geschützt werden. Durch einen schmalen Korridor gelangt man in einen schönen Innenhof, in dem ein Brunnen plätscherte. An seiner Nordseite lud ein überdachter Platz Gäste zum Sitzen ein. Ein Rundgang durch die Räume zeigt die durchdachte Anordnung öffentlicher und privater Gemächer. Der Haremsbereich befindet sich im Obergeschoss, von wo aus die Damen durch feingeschnitzte Holzgitter fast alles beobachten konnten, was sich im Männerbereich zutrug – ohne aber selbst gesehen zu werden. Raffiniert ist auch die Anordnung von Fenstern und Balkonen, die vor allem in den Sommermonaten für eine angenehme Klimatisierung sorgten. Ein zweiter Hof liegt hinter dem Haus; hier waren Wirtschaftsräume wie die Küche, ein Brunnen und eine Mühle untergebracht, aber auch ein schön überkuppeltes Bad.

El-Hakim-Moschee und Bab el-Futuh

Zurück zur Hauptstraße, führt der Weg nach Norden zur el-Hakim-Moschee und dem Bab el-Futuh. Der Zugang zum fati-midischen Stadttor erfolgt über das Minarett der Hakim-Moschee. Von dort hat man auch einen guten Blick in den großen Hof dieser schiitischen Moschee aus dem 10./11. Jahrhundert. Die ungewöhnlichen Minarette mit ihrem gerippten Abschluss stammen aus einer späteren Umbauphase, als nach dem großen Erdbeben von 1303 auch die Fundamente mit einem massiven Stützkorsett umzogen wurden. Die **Stadtmauer**, die ab 1087 zum größten Teil mit Blöcken aus dem Friedhofsgebiet von Gisa erbaut wurde, ist eins der Meisterwerke armenischer Architekten, die unter Badr el-Gamali el-Gujushi die ältere Lehmziegelmauer ersetzten. Wer genau hinschaut, findet das Relief eines Nilpferds unter einem der Fenster im Inneren der Wehrmauer über dem Bab el-Futuh.

Bis zum nur 400 Meter entfernten **Bab en-Nasr**, dem Siegestor, ist die Mauer begehbar. Von dort führt der Weg zurück nach Süden vorbei an der **Chanqa** (Sufikloster) und dem **Mausoleum des**

Der Sabil-Kuttab des Emirs Abd er-Rahman Katchoda

Kairo

Minarett der Barquq-Moschee

Baybars el-Gashankir, der vor allem aufgrund seiner Restaurierungsarbeiten an der Azhar- und der el-Hakim-Moschee nach dem Erdbeben bekannt ist.

■ **Durch das Viertel El-Gamalija**
Liebevoll restauriert wurde die 1408 erbaute **Moschee des Gamal ed-Din el-Ustadar**, die zwischen zwei mächtigen osmanischen Lagerhäusern aus dem 17. Jahrhundert steht. Sie ist ein schönes Beispiel einer um einen kleinen Hof angelegten Moschee mit bunten Glasfenstern und exquisiten Steineinlegearbeiten. 12 000 Golddinare soll Gamal ed-Din für seine Grabmoschee bezahlt haben.

Nach rund 200 Metern erreicht man die Rückseite der großen Hussain-Moschee. Genehmigen Sie sich einen Mokka oder Minztee und gönnen Sie Ihren Füßen eine kleine Pause, bevor Sie sich auf den Weg Richtung Bab es-Suweila machen.

■ **Sultan el-Ghuris Schatzkästlein**
Durch den Fußgängertunnel gelangt man vom Hussain-Platz zur anderen Seite der el-Azhar-Straße, wo man an der Fassade der Azhar-Moschee vorbeigeht und dann nach rechts abbiegt. Ein großer **Obst- und Gemüsemarkt** versteckt sich dort – schließlich müssen die Bewohner der Altstadt ja auch irgendwo einkaufen. Kleine Limonen oder Berge duftenden Knoblauchs liegen als Appetitanreger direkt am Eingang.

Auf dem weiteren Weg nach Süden passiert man die Fassade der **Wakalat el-Ghuri**, eines großen Warenhauses vom Beginn des 16. Jahrhunderts. Sultan el-Ghuri war auch der Bauherr der **Moschee** und des **Mausoleums** mit anschließender Chanqa, die den Zugang zur Südhälfte der Sharia Muizz li-Din Allah flankieren. Die elegante Fassade beider Bauwerke beeindruckte schon im 19. Jahrhundert

den berühmten Maler David Roberts, der sie in einem seiner Gemälde festhielt. Wer noch kein Minarett bestiegen hat, sollte die Gelegenheit nutzen und durch die wunderschön restaurierte Moschee hindurch den Weg nach oben wagen. Zu Füßen der Moschee haben Kleiderhändler ihre Stände installiert, schon im Mittelalter lag hier der Basar der Seidenhändler. Bis zur großen **Hofmoschee des Sultan Mu'aijad** und dem Bab es-Suweila windet sich die Straße vorbei an weiteren Geschäften und an Baumwolllagern – hier im Süden der Altstadt ist das Angebot deutlich weniger auf Touristen ausgerichtet. Die beiden traditionellen Fez-Hersteller mit ihren blinkenden Messinggeräten auf der Westseite der Straße ziehen die Blicke auf sich.

■ **Bab es-Suweila**
Frisch renoviert leuchtet das helle Mauerwerk der **Mu'aijad-Moschee** aus dem Dunkel der Gassen. Das zwischen 1415 und 1422 errichtete Gotteshaus entstand infolge eines Gelübdes von Mu'aijad: Aufgrund einer der damals durchaus üblichen Intrigen war Mu'aijad von seinem Vorgänger ins Gefängnis geworfen worden, das sich einst an dieser Stelle befand. Nicht nur die Wärter, sondern vor allem Flöhe und Läuse quälten ihn so sehr, dass er schwor, diesen Kerker abreißen zu lassen und durch einen heiligen Platz für Gelehrte zu ersetzen – falls eine der nächsten Intrigen ihn an die Macht bringen sollte. So geschah es dann auch. Angeblich mussten vor Baubeginn erst tagelang die Knochen der Armen, die im Gefängnis vergessen worden waren, beiseitegeschafft werden.

Moschee, Mausoleum, Madrasa, Chanqa und Krankenhaus wurden zu einem mächtigen Komplex zusammengeschlossen. Das gewaltige, von einer hohen Nische

die Männer in ihren kleinen Budenwerkstätten und nadeln eifrig an den bunten Applikationsarbeiten. Zwar werden heute nur noch selten große Festzelte in dieser aufwändigen Technik bestellt, aber Kissen und Wandbehänge finden ihre Käufer. Neben den traditionellen Arabesken haben die Meister der Nadel im Hinblick auf die Liebe der Touristen zu altägyptischen Designs ihr Repertoire erweitert.

■ Museum für Islamische Kunst

Minarett der el-Ghuri-Moschee

Vom Bab es-Suweila führt die Sharia Ahmed Maher nach Westen zum Platz **Bab el-Chalq**. Dort befindet sich das eindrucksvolle Gebäude des Islamischen Museums, das durch eine Autobombe 2014 schwer beschädigt worden war. Zwei Jahre dauerte der Wiederaufbau des 1880 gegründeten Hauses, jetzt sind die Objekte aus der Zeit seit dem 7. Jahrhundert wieder zu bewundern. Holzschnitzereien aus der Zeit der Fatimiden zeigen Jagdszenen und Tänzerinnen, aus der mamlukischen Epoche stammen die Glaslampen der Sultan-Hassan-Moschee. Aus Moscheen und Häusern der Oberschicht stammen die Teppiche, die auch die große Kollektion von Ibrahim Ali Pascha umfassen. Keramik und Porzellan aus Persien oder China belegen die weiten internationalen Handelsbeziehungen der großen islamischen Imperien. Ein Highlight der Sammlung sind die herrlichen Koranhandschriften, die überwiegend aus der osmanischen Zeit stammen. Neu in der Präsentation sind über 2000 Münzen aus verschiedenen Epochen. Ebenfalls neu gestaltet wurde der Teil der Ausstellung, der sich dem Thema Alltagsleben widmet. Dazu gehören beispielsweise Musikinstrumente und Kinderspielzeug.

betonte **Portal** bildet bereits einen majestätischen Auftakt – üppige Stalaktiten zieren den oberen Abschluss. Das mit Sternenmuster verzierte Metalltor gehörte ursprünglich zur Moschee Sultan Hassans – Mu'aijad scheute nicht davor zurück, es für sich zu requirieren.

Ein großer Hof bildet das Kernstück der Moschee, in seiner Mitte erhebt sich der **Brunnen** für die rituellen Waschungen. Elegante Einlagen aus verschiedenfarbigem Marmor schmücken die **Kibla-Wand**. Ungewöhnlich ist der Standort der beiden **Minarette**: Sie wurden einfach frech auf die Türme des Bab es-Suweila aufgesetzt. Von hier aus startete in der Mamlukenzeit die jährliche Karawane nach Mekka, die den mit Silberfäden bestickten Überwurf für die Ka'aba in einem feierlichen Zug zur heiligsten Stätte des Islam geleitete.

Außerhalb der Stadtmauern führt der Weg weiter zu dem gedeckten **Basar der Zeltmacher**. Hier sitzen nach wie vor

Eine der interessantesten **Kräuterapotheken** ist ganz in der Nähe zu finden: Das Geschäft von Abderrahman Mohammed

Karte S. 346

Harraz ist seit 1868 in Familienbesitz und hat für jedes Wehwehchen die richtige Medizin.

Unterhalb der Zitadelle

In dem Gebiet unterhalb der Ausläufer des Moqattam-Gebirges wurde bereits im 9. Jahrhundert eine großzügige Neustadt angelegt, von der jedoch nur noch die **Moschee des Ibn Tulun** erhalten ist. In einem zweiten Anlauf wurde das Gelände von baufreudigen Mamluken und später auch osmanischen Würdenträgern erschlossen. Der Bereich zwischen den Stadttoren der Fatimidenzeit war schnell zu eng geworden, die prunksüchtigen Sultane brauchten mehr Platz. So findet sich heute unterhalb der Zitadelle eine ganze Kollektion von architektonischen Schmuckstücken verschiedener Epochen, von denen viele in den letzten Jahren nach und nach restauriert wurden.

■ **Ibn-Tulun-Moschee**

Im 9. Jahrhundert verlegte Ahmad Ibn Tulun, der ehrgeizige neue Herrscher Ägyptens, die Residenz von el-Fustat nach Nordosten. Nach zeitgenössischen Schilderungen muss el-Qata'i, wie er die Stadt nannte, prachtvoll angelegt gewesen sein. Ein großer Palast, Pferderennbahnen, Gärten und eine gewaltige Hofmoschee beeindruckten die Besucher. Doch nur wenige Jahrzehnte nach ihrer Gründung wurde die Stadt im Auftrag der Abbasiden dem Erdboden gleich gemacht. Nur die Moschee wurde verschont, da es sich nicht ziemte, eine heilige Stätte zu zerstören. Die auf einer Fläche von 2,5 Hektar erbaute Ibn-Tulun-Moschee hebt sich in dem dichtbebauten Gebiet südwestlich der Zitadelle deutlich ab. Eine abweisend wirkende, fensterlose Mauer umzieht sie völlig. Sie wird lediglich von dem ungewöhnlichen, schneckenförmig gedrehten **Minarett** überragt.

Innerhalb der Mauer erhebt sich die in nur drei Jahren zwischen 876 und 879 aus gebrannten Lehmziegeln erbaute **Hofmoschee**. Ihre Bauweise ist typisch für Samarra, die irakische Heimat Ibn Tuluns.

Den großen Hof umziehen auf allen Seiten Arkadenreihen, deren Bögen mit ab-

Kairo

Gänsemarkt beim Bab es-Suweila

wechslungsreichen Stuckmustern verziert sind, die deutliche byzantinische Einflüsse aufweisen. Die Ausrichtung nach Mekka wird durch eine tiefere Säulenhalle an der Südostseite betont. In der Mitte ihrer Rückwand ist ein sehr schöner **Mihrab** eingesetzt, der unter Sultan Lagin im Jahr 1296 mit einem typisch mamlukischen Steinmosaik geschmückt wurde. Aus seiner Zeit stammt auch die geschnitzte Holzkuppel über dem Mihrab und die mit Sternmuster verzierte Holzkanzel sowie das **Brunnenhaus** in der Mitte des Hofs. Der Sultan hatte gute Gründe für seine Großzügigkeit: Ein paar Jahre zuvor hatte er sich in der verfallenen Moschee versteckt, nachdem sein Putschversuch gescheitert war. Er gelobte, diese Ruine wieder in einen respektablen Zustand zu versetzen, sollte er je an die Macht kommen. Er erfüllte sein Gelübde und ließ sogar eine Schule für Recht und Medizin in der Moschee einrichten. Doch schon bald verfiel die Moschee wieder und wurde zur Karawanserei für Pilger und Händler umfunktioniert. Noch schlimmer wurde es im 19. Jahrhundert, als erst

eine Weberei und später ein Irrenhaus im Umgang eingerichtet wurden. Seither ist die Moschee mehrfach restauriert worden, die letzten, sehr aufwändigen Arbeiten wurden erst 2006 beendet.

■ Gayer-Anderson-Museum

An der Südostecke des großen Moschee-Umgangs liegt das Museum des Gayer Anderson. Der britische Major und Liebhaber islamischer Kunst ließ zwischen 1935 und 1942 zwei Wohnhäuser aus dem 16. und 17. Jahrhundert renovieren, um sich mit seiner Sammlung wohnlich darin einzurichten. Der Rundgang beginnt im älteren der beiden Häuser auf der linken Seite, das überwiegend orientalisch eingerichtet ist. Im ersten Stock liegt eine sehr schöne, von Holzgittern umgebene Terrasse. Über einen Verbindungsgang erreicht man das zweite Haus, das die europäische Sammlung von Möbeln und Gemälden enthält. James-Bond-Fans mag das Haus bekannt vorkommen: Teile des Films ›Der Spion, der mich liebte‹ wurden hier gedreht. Das Museum ist täglich von 9 bis 16 Uhr geöffnet.

■ Sultan-Hassan-Moschee

Von der Ibn-Tulun-Moschee führt die Sharia es-Salibija zum **Midan el-Qala'a**, dem Platz unterhalb der Zitadelle. An dessen Westseite erheben sich zwei der imposantesten Moscheen Kairos, die des Sultan Hassan und die des heiligen er-Rifa'i. Mitte des 14. Jahrhunderts – in der Blütezeit der Bahri-Mamluken – begann man mit dem Bau der Sultan-Hassan-Moschee, die Madrasa, Gebetsstätte und Mausoleum miteinander verband. Schön und vor allem sehr groß sollte sie werden, koste es was es wolle.

Das leicht schräg angesetzte **Portal** ragt 68 Meter empor. Seine überaus reiche Dekoration mit einer Stalaktitenkuppel und mehreren Steinmosaiken wurde je-

Brunnenhaus im Hof der Ibn-Tulun-Moschee

Minarett der Ibn-Tulun-Moschee

doch nie ganz fertiggestellt. Wäre es nicht eine Schande für das ganze Land, wenn ein ägyptischer Sultan seine Moschee nicht fertig bauen könnte, so würde er am liebsten den Bau einstellen, soll Sultan Hassan gesagt haben, als ihm die Kosten allmählich über den Kopf wuchsen. Über dem Portal sollte einst ein Minarett aufragen, das aber schon 1360 einstürzte und dabei 300 Menschen erschlug.

Hinter dem hohen Tor liegt ein reich mit Steinmosaiken dekorierter **Empfangsraum**, der in luftiger Höhe von einer eleganten Kuppelkonstruktion gekrönt wird. Ein langer, mehrfach abknickender Gang führt vorbei an den Zugängen zu den Studentenwohnräumen zu einem offenen Hof. Vier weite, von hohen Kielbögen gerahmte Hallen öffnen sich an seinen Seiten, sie sollten als Unterrichtsräume dienen. In der Mitte des Hofs liegt der **Brunnen**, der von einem mächtigen Kuppeldach, das auf schlanken Säulen ruht, beschirmt ist. Zum Gebet versammelten sich die Gläubigen in der hohen

östlichen Halle, an deren Rückwand ein prächtiger Mihrab zu sehen ist. Ein breites, plastisch gearbeitetes Inschriftband umzieht die drei Seiten dieses Raums: ›Im Namen Gottes, des Erbarmers, des Barmherzigen! Siehe, wir haben dir einen offenkundigen Sieg gegeben, zum Zeichen, dass dir Gott deine früheren und späteren Sünden vergibt und seine Gnade an dir erfüllt und dich auf einem rechten Pfad leitet, und dass Gott dir mit mächtiger Hilfe hilft. Er ist es, welcher herabgesandt hat die Ruhe in die Herzen der Gläubigen, damit sie zunehmen an Glauben – und Gottes sind die Heere der Himmel und der Erden, und Gott ist wissend und weise –, auf dass er die Gläubigen, Männer und Frauen, einführe in Gärten, durcheilt von Bächen, ewig darinnen zu weilen, und ihre Missetaten zuzudecken; und dies ist bei Gott eine große Glückseligkeit.‹ Dieser Beginn der

Kairo

Verzierte Metalltür der Sultan-Hassan-Moschee

Mihrab und Minbar der Sultan-Hassan-Moschee

Siegessure mag für den verhassten Sultan tröstlich gewesen sein, wird ihm dort doch in Aussicht gestellt, dass seine Sünden vergeben werden.

Hinter der Kibla-Wand liegt das **Mausoleum** für den Bauherrn, das von einer mächtigen Kuppel überwölbt wird. Es ist allerdings nicht mehr das Original, das 1660 ersetzt werden musste. Zu oft hatten von der Zitadelle abgeschossene Kanonenkugeln das Dach getroffen und Löcher hineingerissen. Mamlukische Soldaten hatten sich hier verschanzt, die mit dem herrschenden Sultan unzufrieden waren und vom Dach der Moschee aus dessen Residenz auf der Zitadelle unter Beschuss genommen hatten. Sultan Hassans Ruhe hat das jedoch nicht gestört – er war 1363 nach 15 Jahren an der Macht ermordet und nie in seiner prachtvollen Grabmoschee beigesetzt worden.

■ **Er-Rifaʿi-Moschee**
Von der Monumentalität her ebenbürtig und im Stil ähnlich erhebt sich die er-Rifaʿi-Moschee neben der des Sultan Hassan. 1869 wurde sie von der Mutter des Khediven Ismail in Auftrag gegeben, konnte aber erst nach einer langen Pause – wegen Finanzierungsproblemen – 1912 fertiggestellt werden.

An dieser Stelle befand sich bereits das Mausoleum des Sufi-Heiligen er-Rifaʿi. Sein Grab und das von Sheikh Abdallah el-Ansari, einem Gefährten des Propheten Mohammed, bilden das Kernstück der riesigen Grabmoschee. Außer ihnen fanden auch eine Reihe gekrönter Häupter dort ihre letzte Ruhestätte: König Fuad (1917–1936) und auch König Faruq, der 1952 abdanken und das Land verlassen musste, sind im Westtrakt bestattet.

In einem reichverzierten Raum liegt das Grabmal des letzten Schah, Reza Pahlevi, dem der ägyptische Präsident Sadat nach der Revolution im Iran 1979 Asyl gewährte.

Nach Osten hin öffnet sich der riesige **Gebetssaal**. Neunzehn verschiedene Marmorarten wurden verwendet, und

Karte S. 346
▲

aus der Türkei importiertes Blattgold
ziert die Wände und die Decke.
An der Nordseite der Moschee befindet
sich ein weiterer Mausoleumstrakt. Hier
sind der Khedive Ismail, seine Mutter
Chushair, zwei seiner Töchter, zwei
Söhne und drei Ehefrauen bestattet.
Auch der von den Briten auf den Thron
gesetzte König Hussain Kamil fand hier
eine würdige Grabstatt.

Die Zitadelle
Der Zugang zur Zitadelle erfolgt heute
über das **Bab el-Gebel** ❶ auf der den
Moqattam-Bergen zugewandten Ostseite. Strenge Kontrollen am Eingang
stehen vor dem Besuch – Taschenmes-
ser und Alkoholika jeder Art werden
gefunden und müssen beim Wächter
deponiert werden. Vorbei an den Mauern der mamlukischen **Küchengebäude**
❷ und den Ruinen der **Münze** ❸ führt
der Weg zunächst in die südwestliche
Ecke des weitläufigen Geländes. In der
Mamlukenzeit war dieser Teil nicht für
die Öffentlichkeit zugänglich, denn hier

lagen der Palast und die Privatbereiche
der Herrscher mit den Unterkünften für
die Damen des Hofs. Heute erhebt sich
hier der unter Mohammed Ali erbaute
Gohara (Juwelen)-Palast ❹, und von der
Grünfläche davor bietet sich der schönste
Blick auf die große Alabaster-Moschee.

■ Ibn-Qala'un-Moschee
Zunächst empfiehlt sich der Besuch der
kleineren, um rund 500 Jahre älteren
**Moschee des en-Nasr Mohammed Ibn
Qala'un** ❺. Antike Säulen unterschiedlichster Größe tragen die Arkaden um
den kleinen Innenhof – um die Kapitelle
auf gleiche Höhe zu bringen, wurden die
Sockel individuell angepasst. Spezialisten
aus Täbris waren an den ägyptischen Hof
gerufen worden; ihr Einfluss ist deutlich
an der Gestaltung des Minaretts und
den grünglasierten Fliesen der Kuppel
zu erkennen.
Das Innere der Moschee muss einst
außerordentlich prachtvoll gewesen sein;
Reste der reichen Marmorverkleidung
sind an den Wänden noch zu erkennen.

Kairo

Hof der Ibn-Qala'un-Moschee in der Zitadelle

Kairo, Zitadelle

0   100   200 m

1 Bab el-Gebel, Eingang
2 Ruinen der mamlukischen Küchen
3 Ruinen der Münze
4 Gohara- (Juwelen-)Palast
5 en-Nasr Mohammed Ibn
   Qala'un-Moschee
6 Josephsbrunnen
7 Polizeimuseum
8 Terrasse des Polizeimuseums
9 Bab el-Azab (geschlossen)
10 Alabaster-Moschee
11 Bab el-Gedid (geschlossen)
12 Militärmuseum
13 Suleiman-Pascha-Moschee
14 Gartenmuseum
15 Kutschenmuseum
16 Moqattam-Turm

Der osmanische Sultan Selim der Grausame ließ sie demontieren und nach Istanbul verschiffen.

Neben der kleinen Moschee liegt der Hauptzugang zum nördlichen Teil der Zitadelle, wo im 14. Jahrhundert das Militär stationiert war und die **Brieftaubenpost**. 900 Tauben soll Sultan el-Kamil Anfang des 13. Jahrhunderts gehabt haben, die Briefe durch ganz Ägypten transportierten.

Hinter der Moschee liegt der **Josephsbrunne**n 6, der nicht an den Joseph der Bibel erinnert, sondern an Jusuf Salah ed-Din – den berühmten Saladin. Er ist der Begründer der Zitadelle, die er nach seiner Machtergreifung im Jahre 1171 als sicheren Herrschaftssitz nach dem Vorbild syrischer Stadtburgen errichten ließ. Zur Sicherung der Wasserversorgung wurde ein 87 Meter tiefer Brunnenschacht durch den Fels getrieben. Von

Ochsen gedrehte Wasserräder förderten das Grundwasser nach oben. Eine Wendeltreppe um den Schacht ermöglichte den Zugang bis zum Fuß des Brunnens.

■ **Suleiman-Pascha-Moschee**

Durch das Tor gegenüber der Nordseite der en-Nasr-Moschee gelangt man vorbei am **Militärmuseum** 12 in den Garten-Hof. Ganz im Norden wölben sich dort die Kuppeln der ältesten osmanischen Moschee in Ägypten. Selten besucht, ist die **Suleiman-Pascha-Moschee** 13 doch ein echtes Kleinod mit herrlicher Kuppeldekoration und eleganten Wandmosaiken. Im anschließenden kleinen **Mausoleum für den heiligen Saijid Sarija** zieren mächtige Turbane die Grabplatten der später hier bestatteten Janitscharen.

■ **Aussichtsterrasse**

Dort, wo heute im Westen der Zitadelle das **Polizeimuseum** 7 und eine **Terrasse** 8 mit Blick auf den Midan el-Qala'a liegt, standen noch in der Zeit der Mamluken der Palast und die Gerichtshalle. Unter Mohammed Ali wurde das gesamte Gelände umstrukturiert. Von der Terrasse bietet sich an klaren Tagen ein herrlicher Blick über ganz Kairo bis zu den Pyramiden von Gisa. Die hochaufragenden Türme des Außenministeriums, der schlanke Netzschaft des alten Fernsehturms auf der Insel Gezira sowie die Hotels und großen Shopping-Malls zeigen an, wo der Nil verläuft. Näher an der Zitadelle, Richtung Südwest, erkennt man im Häusermeer das große Viereck der Ibn-Tulun-Moschee. Beim Blick nach Norden verblüfft die Vielzahl der Minarette, die sich im Bereich der islamischen Altstadt gen Himmel recken. Nicht umsonst trägt Kairo den Beinamen ›Stadt der tausend Minarette‹.

Im tieferen Trakt direkt unterhalb der Terrasse waren einst die Stallungen untergebracht. Rechter Hand sind die beiden vorspringenden Türme des **Bab el-Azab** 9 zu erkennen, die auf den Platz mit der Sultan-Hassan- und er-Rifa'i-Moschee weisen. Ein schmaler, von hohen Mauern gesäumter Gang zieht sich von dort zu

Kairo

Kuppel der Suleiman-Pascha-Moschee

Die Alabastermoschee

einem der inneren Tore. An dieser Stelle endete für viele der mamlukischen Emire das große Fest, zu dem Mohammed Ali geladen hatte, auf blutige und endgültige Weise. Der neue Herr Ägyptens hatte 1811 die wichtigsten Mamlukenführer eingeladen und sie beim Empfang im Palast gebeten, ihre Waffen abzulegen. Das Fest endete in einem Gemetzel, bei dem der Legende nach nur einem Mamluken die Flucht gelang, indem er kühn mit seinem Pferd über die Zitadellenmauer setzte. Alle anderen wurden getötet, viele von ihnen wohl in jenem engen Gang. So viel Blut soll geflossen sein, dass es die Gassen unterhalb der Zitadelle rot färbte …

■ Alabastermoschee des Mohammed Ali

Da Mohammed Ali gerade eine neue Zeit einläutete, kam es ihm sicher zupass, dass 1827 bei einer Explosion im Arsenal der alte Palast und ein paar weitere

mamlukische Bauten in die Luft flogen. Er nutzte den freigewordenen Platz, um dort seine große **Alabaster-Moschee** 🔟 zu errichten. Ihren Spitznamen erhielt sie aufgrund der bis zu einer Höhe von elf Metern angebrachten Verkleidung aus hellem Alabaster. Im Stil der Blauen Moschee von Istanbul erbaut, war die Mohammed-Ali-Moschee mit ihrer mächtigen Kuppel und den 82 Meter hohen, bleistiftdünnen Minaretten eine klare Machtdemonstration gegenüber der Hohen Pforte. Gleichzeitig verbirgt sich in vielen Details aber auch eine Art Liebeserklärung des Bauherrn an das von ihm so bewunderte Frankreich. Allein der rein dekorative **Brunnen** im großen Vorhof der Moschee wirkt mit seinen Blumengirlanden wie frisch aus Versailles importiert. Tatsächlich aus Frankreich stammt der schwere **Uhrturm**, der an der Westseite auf den Arkaden thront: Als Gegengeschenk für den Obelisken von Luxor hatte ihn König Louis Philippe an

Karte S. 358

den Nil geschickt, wohl wissend, dass Mohammed Ali ein leidenschaftlicher Fan der neuesten technischen Errungenschaften war. Man kann nur hoffen, dass dem damals schon in geistige Umnachtung gefallenen Herrscher nicht auffiel, dass das Uhrwerk nie richtig funktionierte. Mohammed Ali starb vor Vollendung seiner Moschee und wurde in einem weißen Marmorsarkophag in der Südwestecke des Gebetsraums beigesetzt. Vier monumentale Pfeiler tragen die 52 Meter hohe und im Durchmesser 21 Meter große **Mittelkuppel** und die kleineren flankierenden Halbkuppeln. Aus Stabilitätsgründen wurden die Kuppeln aus Holz erbaut, das an der Innenseite mit Stuck überzogen wurde, während an der Außenseite leichtes Metallblech aufliegt. Sie gehören nicht mehr zum originalen Baubestand, denn 1930 hatten Risse in den Kuppeln und Pfeilern grundlegende Überarbeitungen nötig gemacht.

Die Dekoration der Moschee zeigt eine Mischung osmanischer und europäischer Elemente – ob die Sonnensymbole mehr an das Osmanische Reich oder eher an Frankreich erinnern, ist wohl nicht so ganz zu entscheiden. Besonders auffällig ist diese Stilmischung an dem großen grün-goldenen **Minbar**, der sehr weit in den Raum hineinragt. Ein zweiter, kleinerer Minbar aus Alabaster wurde 1939 von König Faruq gestiftet. Beim Verlassen der Moschee durch das südliche Tor betritt man eine weite **Terrasse**, die noch einmal einen guten Rundblick über die Stadt und auf die Moqattam-Berge ermöglicht. Mit Glück und etwas Wind, der den Dunst über der Stadt vertreibt, erkennt man am westlichen Horizont sogar die Pyramiden!

Öffnungszeiten Alabastermoschee: tgl. Winter 8–16 Uhr, Sommer 8–17 Uhr. Die Alabastermoschee ist freitags während des Mittagsgebets nicht zugänglich.

Kairo

In der Alabastermoschee

Kairo-Informationen

Allgemeine Informationen

Vorwahl: +20/2.

Bitte achten Sie beim Besuch der Moscheen, aber auch der Kirchen im Koptenviertel auf angemessene Kleidung: Damen mit körperbedeckender Kleidung und ggf. Kopftuch – vor allem beim Besuch der el-Azhar-Moschee, aber auch Herren nicht in kurzen Hosen! Halten Sie eventuell ein paar Zweitsocken bereit, falls Sie nicht barfuß gehen möchten. In einigen Moscheen gibt es Überzieher für die Schuhe, in anderen können Sie die Schuhe am Eingang abgeben (Trinkgeld bereithalten).

An- und Abreise

■ Mit dem Flugzeug

Internationaler Flughafen Kairo (CAI), im Südosten der Stadt. Mit mittlerweile drei Terminals ist der Flughafen die große Drehscheibe des Landes. **Star-Alliance-Partner**,

Zuckerwatteverkäufer in der islamischen Altstadt

zu denen u.a. Lufthansa, Austrian Airlines und Egyptair gehören, nutzen Terminal 3, Inlandsflüge starten und landen gegenwärtig ebenfalls an Terminal 3. Terminal 2 wurde 2016 wiedereröffnet, u.a. die Flüge von SkyTeam und OneWorld werden dort abgefertigt. Nahezu alle großen internationalen Airlines fliegen die ägyptische Hauptstadt an. Von hier starten (mitunter mehrfach) täglich Flüge von Egypt Air nach Luxor, Assuan, Sharm el-Sheikh und Hurghada, auch zu den Oasen der Westwüste. Laut offizieller Planung soll schon 2019 die Linie 3 der Metro den Flughafen erreichen.

■ Mit der Bahn

Hauptbahnhof, Midan Ramsis. Vom Hauptbahnhof in der Innenstadt fahren täglich mehrmals Züge nach Alexandria, zum Suezkanal und Richtung Oberägypten (z.B. Minya, Luxor, Assuan); die Preise liegen je nach Strecke und Klasse zwischen 60 und 250 Pfund. Tel. Hotline +20/225748279.

Für die Langstrecke empfiehlt sich die Fahrt im **Nachtzug** mit Schlafwagen, www.wataniasleepingtrains.com, Midan Ramsis, Ramses Station Mall, 1. Stock, Location no. 205, Tel. +20/2/25761319; die Preise für die Strecke Kairo–Assuan lagen 2017 bei 100 US-Dollar in einer Doppelkabine inkl. Abendessen und Frühstück; unbedingt rechtzeitig reservieren (laut Website mind. 3 Tage im Voraus).

Generell sollte man sich auch für Kurzstrecken eine Fahrt **1. Klasse** leisten (mit Platzreservierung) – und vorsichtshalber Jacke/Pullover/Schal bereithalten. Wenn die Klimaanlage eingeschaltet ist, wird es richtig kalt im Abteil!

■ Mit dem Bus

Zur Zeit der Drucklegung dieses Buchs wurde von **Überlandfahrten** in öffentlichen Bussen **abgeraten**. Auf dem Sinai und im westlichen Grenzgebiet zu Libyen galt der Ausnahmezustand, Reisen in diese Region sind deshalb bis auf Weiteres generell nicht erlaubt.

Tuktuk-Taxi

Vom **Turguman-Busbahnhof** nordwestlich der Metrostation ›Orabi‹ fahren die Busse Richtung Delta, Alexandria und weiter nach Marsa Matruh sowie nach Hurghada. Von der gleichen Station starten die Busse nach Oberägypten und in die Oasen der Westwüste. Für Reisen in die Wüstengebiete werden Sondergenehmigungen verlangt, es kann auch mit Permit zu Zurückweisungen kommen.

Unterkunft

Kairo bietet für jeden Geldbeutel die entsprechende Unterkunft. Die augenblicklich exklusivste und auch teuerste Adresse im Zentrum ist das **Four Seasons** direkt am Nil. Viele Pauschalreisende steigen in den **4- bis 5-Sterne-Häusern** der internationalen Hotelketten wie ›Safir‹, ›Sheraton‹, ›Sofitel‹, ›Mövenpick‹, ›Hilton‹ oder ›Conrad‹ ab – entweder in der Innenstadt oder am Stadtrand in Gisa oder Heliopolis.
Die größte Auswahl an **Billighotels** findet sich im Stadtzentrum. Hier lohnt es sich, einen Blick auf die Bettwäsche und ins Bad zu werfen, bevor man einzieht.

■ 4- bis 5-Sterne-Kategorie

Four Seasons at Nile Plaza, Corniche El Nil 1089, Garden City, Tel. +20/2/27917000, Fax 27916900, www.fourseasons.com/caironp; sehr teuer. 2007 eröffnet, gehört dieses elegante Nobelhotel zu den anspruchsvollsten Verwöhnadressen direkt am Nil. Die Zimmer sind sehr großzügig geschnitten (46–89 m², Suiten bis zu 320 m²), ein Spa-Bereich bietet mit eigenem Pool, Sauna, Dampfbad, Ruheraum und 15 Behandlungszimmern ausreichend Gelegenheit zum Entspannen. Wie wär's mit einem Milchbad à la Kleoptra? Sechs Restaurants und drei Bars sorgen für's leibliche Wohl.

Sofitel Nile El Gezirah, Tel. +20/2/27373737, Fax +20/2/27363640, www.sofitel.com; teuer. An der Südspitze der Insel Gezira erhebt sich der hohe Rundturm mit schönem Blick auf den Nil. Elegant ausgestattete Zimmer, mehrere schöne Restaurants und Bars (unter anderem direkt am Nil).

Le Riad Hotel De Charme, Sh. Muiz Li Din Allah 114, Gamalija, Tel. +20/2/278760-74, -75, Fax +20/2/27862438, www.leriadhotel.com; teuer. In der islamischen Altstadt nicht weit vom Bab el-Futuh und den herrlich renovierten Gebäuden der Mamlukenzeit steht dieses Juwel. Gediegene Einrichtung und aufmerksamer Service – hier ist alles ›wonderfully old school‹.

Im Restaurant Estoril

■ 2- bis 3-Sterne-Kategorie

Windsor Hotel, Sh. Alfi Bey 19, Innenstadt, Tel. +20/2/25915810, Fax 2+20/2/5921621, www.windsorcairo.com; mittel. Keine 5 Min. zu Fuß von der Metrostation ›Ataba‹, etwa auf halber Strecke zwischen dem Khan el-Khalili und dem Tahrir-Platz. Selbst schon eine Institution, verspricht das gut 100-jährige Haus den kolonialen Charme vergangener Tage.

Longchamps, Sh. Ismail Mohammed 21, Zamalik, Tel. +20/2/27352311, Fax +20/2/2735-9644, www.hotellongchamps.com; mittel. Das freundliche Hotel mit den ebenso gestalteten Zimmern (Standard, Superior, Executive) liegt günstig im Zentrum und ist dennoch relativ ruhig.

■ Unklassifiziert

Freedom Cairo Hostel, Sh. Bank Misr 6, Ecke Sh. Sherif, Innenstadt, Tel. +20/2/23926157, www.freedomcairohostel.com; günstig. Trotz Innenstadtlage gibt es ruhige Zimmer, vom Mehrbettzimmer mit Gemeinschaftsdusche bis zum Doppelzimmer mit eigenem Bad und Klimaanlage. Kleine Gästeküche, Gepäckraum, WIFI, Wäscheservice.

Paris Hostel, Sh. Talaat Harb 15, Innenstadt, Tel. +20/100/4007126; günstig. Das beliebte Budget-Hotel liegt sehr zentral, bietet auf Wunsch Flughafen-Shuttle, Wäscheservice und Gepäckaufbewahrung. 8 Zimmer im 3. Stock (kein Lift), mit Gemeinschaftsbad; Frühstück, Klimaanlage, WLAN.

Restaurants

L'Aubergine, Sayed al-Bakry/26th of July; mittel. Das ehemals rein vegetarische Restaurant hat mittlerweile auch Tierisches auf der Karte. In angenehmer Atmosphäre genießt man wirklich leckere Gerichte und zieht für den weiteren Abend in die im oberen Stock gelegene Bar. Der ideale Ausgangspunkt für einen entspannten Tagesausklang mit guten Freunden.

Taboula, Sh. Latin America 1, Garden City, Tel. +20/2/27925261; mittel. Phantastische libanesische Küche mit den berühmten Vorspeisen (*mezze*) und sehr guten Hauptgerichten (wie wär's mit Knoblauch-Hühnchen?) macht dieses Kellerlokal schon lange zu einem Dauerbrenner in der Innenstadt. Am Wochenende unbedingt reservieren.

Café Naguib Mahfouz und **Restaurant Khan el Khalili**, Sikket el Badistan (im Herzen des Khan el Kalili, ca. 150 m geradeaus von der Südwest-Ecke der Hussein-Moschee in die Basargasse hinein), Tel. +20/2/27957377; mittel. Das von der Hotelkette ›Oberoi‹ betriebene Café und Restaurant bietet gepflegte Atmosphäre und gutes ägyptisches Essen mitten im Basar.

Felfela, Sh. Hoda Sharawi 15 (zwischen Midan et-Tahrir und Midan Talaat Harb), Tel. +20/2/2392751; mittel. Aus einem einfachen Lokal hat sich im Lauf der Jahrzehnte eine Institution entwickelt – günstig im Zentrum gelegen, bietet die Speisekarte eine große Auswahl ägyptischer Speisen zu angemessenen Preisen. Probieren Sie Fûl und Taamija oder die leckere Linsensuppe!

Estoril, Sh. Talaat Harb 12 (Passage zur Sh. Qasr el-Nil), Tel. +20/2/25743102, Innenstadt; günstig. Hier gibt es ägyptische Gerichte wie Molochiya wa frêch oder Fatta und eine kleine Zeitreise in das Kairo von Naguib Mahfus.

Abou Tarek Koshary, Sh. Champollion, Ecke Sh. Maaruf, Innenstadt; 9–23 Uhr. In ca. 10 Min. Laufentfernung vom Ägyptischen Museum gibt es in diesem Fastfood-Lokal das meiner persönlichen Meinung nach beste Koschari (Reis, Nudeln, Kichererbsen, Linsen) in der Stadt. Mit einer sehr leckeren Sauce und viel gerösteten Zwiebeln.

Auch im Azhar-Park (→ ›Unterwegs am Abend‹) finden sich nette Lokale – das **Citadel View Alain Le Notre** bietet Süßes und Snacks, im **Lakeside Restaurant** (Tel. +20/2/25109162) serviert man libanesische Küche, und im **Trianon Café** gibt es üppige Sandwiches, Snacks und Eiscreme.

Unterwegs am Abend

Ein Hinweis vorab: In Ägypten wird in Lokalen noch geraucht – das mag für Besucher aus Europa mittlerweile ein Problem sein, speziell die abendlichen Hotspots fühlen sich dann an wie ein Tauchgang im Aschenbecher an.

Makan – Egyptian Center For Culture & Arts, Sharia Saad Zaghloul 1, Al Munira, südlich des alten AUC-Campus, ca. 5 Min. zu Fuß von der Metrostation ›Saad Zaghlul‹, Tel. +20/2/27920878, www.egyptmusic. org. Meist mittwochs um 20 Uhr traditionelle Zar-Musik mit der Mazaher-Band.

El Sawy Cultural Wheel, Sharia 26 Julio (unter der Brücke des 15. Oktober am Westufer von Zamalik), Zamalik, Tel. +20/2/27368881, www.culturewheel. com. In zwei Veranstaltungsräumen – der ›River Hall‹ und der ›Wisdom Hall‹, wird ein abwechslungsreiches Programm von Sufi-Musik bis zu modernem ägyptischen Pop geboten, und auch internationale Konzerte bereichern das Angebot. Daneben gibt es eine kleine Open-air-Bühne und ein einfaches Café direkt am Nil. Die Preise – auch für die Konzerte – sind sehr günstig.

Cairo Jazz Club, Sh. 26. Juli 197, Agouza, Tel. +20/10/8804764 (15–21 Uhr), www. cairojazzclub.com. Wer in Ägypten Live-Jazz hören will, findet hier die richtige Adresse.

Vor und nach den Konzerten kümmern sich verschiedene DJs um den richtigen Sound. Drinks und kleine Speisen gibt es ebenfalls.

Al-Azhar-Park, Zugang an der Sh. Salah Salem zwischen Azhar-Straße und Zitadelle, www.azharpark.com; der Eintrittspreis ins Gelände variiert je nach Wochentag, ist aber generell sehr moderat. Nicht nur am Abend lohnt der Azhar-Park einen Besuch – ein Spaziergang durch die gepflegten Grünanlagen ist auch tagsüber erholsam. Mehrere Lokale bieten von ägyptischer Küche bis zu Apple pie eine große Bandbreite leckerer Verführungen. Besonders schön sitzt es sich im ›Lakeside‹-Restaurant am künstlichen See oder im Open-air-Café ›Trianon‹ auf dem mitten im Park liegenden Hügel mit herrlicher Rundumsicht.

Blue Nile Boat, Sh. Saray El Gezira 9a, (hinter dem ›El Andalous Garden‹), Tel. +20/2/27353114, +20/2/27353112; teuer. Ausgesprochen edles Restaurantboot mit mehreren Restaurants, Nightclubs und Bars: Von Sea-Food, italienischer Pasta und Pizza, asiatischen Köstlichkeiten bis zu edel-ägyptischer Küche wird auf den verschiedenen Decks alles geboten. Das Dar el-'amar (Haus des Mondes) befindet sich auf dem offenen Terrassendeck. Tanzen kann man hier übrigens auch.

Cairo Opera, El Borg Gezira, www.cairo opera.org. Im Süden der Insel Gezira lockt das Kulturzentrum mit Oper und Konzerthaus zu einem Besuch. Hier finden auch alljährlich das Festival für Arabische Musik und das Internationale Filmfestival statt.

Pub 28, Sh. Shagaret El-Dorr 28, Zamalik, Tel. +20/2/27359200; tgl. mittags–2 Uhr nachts; preiswert bis mittel. Typisch britische Pub-Atmosphäre, dafür gibt es auch eine gute Auswahl an alkoholhaltigen Getränken. Wer an einem der wenigen Tische zum Essen Platz finden will, sollte vorher reservieren.

Einkaufen

■ Bücher

L'Orientale, Sharia Qasr el-Nil 15, www. orientalebooks.com. Große Auswahl an alten

Kairo

Büchern über Ägypten und Lithografien von David Roberts.

Shorouk Bookstore und **Madbouli Bookstore**, beide am Midan Talaat Harb. Große Auswahl an Fachbüchern, Romanen, Zeitschriften und Wörterbüchern (überwiegend auf Arabisch, Englisch, Französisch). Nicht nur bei Arabisch-Studenten beliebt.

■ Kosmetik
Nefertari Body Care Shop, Sh. Mohammed Maraashly 15a, Zamalik, www.nefertari bodycare.com; tgl. 9–21 Uhr. Bietet eine breite Palette in Ägypten handgemachter Naturprodukte rund um die Schönheitspflege für den ganzen Körper.

■ Kunsthandwerk zu Festpreisen
Fair Trade Center, Sharia Jahja Ibrahim 27, Zamalik, 1. Stock, App. 8, www.fairtrade egypt.org; Sa–Do 9–20, Fr 9–17 Uhr. Wenn Sie Zeit in Kairo haben, lohnt sich der Besuch der Verkaufsstelle des Fair Trade Centers. Hier haben sich verschiedene Organisationen zusammengeschlossen, um ihre Waren direkt zu verkaufen: Es gibt Teppiche der Beduinenfrauen aus Marsa Matruh, von Achmim kommen koptische Textilarbeiten und handgewebte Stoffe; Kissen und Wandbehänge fertigen Frauen einer Selbsthilfegruppe aus Kairo an. Die Preise sind fest und korrekt – und man tut etwas Gutes beim Einkauf. Die Sharia Jahja Ibrahim liegt im Norden von Zamalik, nicht weit vom ›Marriott‹-Hotel.

Kunsthandwerkszentrum Souk El-Fustat, neben der Amr Ibn el-As-Moschee; die meisten Läden haben Sa–Do 10–16 Uhr geöffnet. Unbedingt einen längeren Abstecher wert. Einige Geschäfte bieten Waren von verschiedenen Kooperativen aus dem ganzen Land an, so z.B. schöne handgewebte Stoffe aus Achmim oder Stickarbeiten aus dem Sinai (El Arish Needlework Program), Papiere und Patchworkarbeiten der Müllsammler von Kairo – darunter liebevoll gemachte Stoffbilderbücher für die ganz Kleinen. Aber auch elegant mit arabischer Kalligrafie verzierte Taschen, Lampen oder

Wandbehänge und orientalische Kosmetik sowie Keramik sind im Angebot.

Khan Misr Touloun, gegenüber der Ibn Tulun-Moschee; Mo–Sa 10–17 Uhr. Bietet ebenfalls eine Vielfalt von Produkten: Glasperlen, Schmuck, Keramik aus dem Faijum, reichbestickte Gewänder im Stil der Beduinen, bestickte Wandbehänge – hier findet sich garantiert das gesuchte Mitbringsel.

Nomad, Sh. Saray el Gezira 14, Zamalik und im ›Nile Hilton Hotel‹ am Midan et-Tahrir bzw. im ›Marriott-Hotel‹ auf Zamalik; tgl. 10–19 Uhr bzw. in den Hotels bis 21 Uhr. Hier gibt es unter anderem eine gute Auswahl an Tüchern, Silberschmuck, Metall- und Keramikarbeiten zu angemessenen Preisen.

■ Applikationen
Die beste Auswahl der traditionellen Arbeiten findet man im Zeltmacherbasar außerhalb des Bab es-Suweila, z.B. bei **Fatooh Sons** (in einem neugestalteten Hinterhof der Zeltmachergasse) oder schräg gegenüber bei **Ashraf Hashem**. Achten Sie darauf, dass die Stoffe mit feinen Stichen auf den Untergrund genäht wurden. Die Auswahl an Motiven ist bei den meisten Händlern groß: Arabesken, Kalligraphie, pharaonische Motive und ganze Bildergeschichten sind als Kissenbezug, Wandbehang, Bettüberwurf oder kleiner Tischläufer zu haben. Die Preise können verhandelt werden, allerdings sind sie bei kleineren Kissen oder Wandbehängen von vornherein nicht allzu hoch angesetzt.

Mitten im Khan el-Khalili gibt es ein paar Geschäfte, in denen die Händler mit moderaten Preisen aufwarten: Im 1. Stock einer alten Karawanserei liegt der **Suq es-Silahdar**, wo schöne Metallarbeiten (Lampen, Teller, Tischplatten), Holzintarsien und Kelims angeboten werden. Man erreicht den Suq am besten vom bekannten Café ›Naguib Mahfus‹ aus, indem man von dort nach Süden Richtung Sh. el Muski geht. Wenige Meter nach der ersten Gassenkreuzung führt linkerhand eine steile Treppe nach oben.

Reisetipps von A bis Z

Alkohol

Ägypten als überwiegend muslimisches Land ist nicht das Paradies der Weintrinker, aber in den großen Hotels hat man sich auf die Wünsche der Gäste eingestellt. Die ägyptischen Weine hatten von 1998 bis 2002 einen kurzen Höhenflug, seither kämpft man wieder um den sauberen Geschmack. Dafür ist ägyptischer Wein wesentlich günstiger als alle importierten Weine. Sekt ist sehr teuer und eher selten zu haben.

Es gibt gutes einheimisches Bier, Importbier ist deutlich teurer. Harte Getränke gibt es an jeder Hotelbar in recht großer Auswahl, sie sind nicht überteuert. Preise werden übrigens je nach Hotelkategorie vom Staat vorgeschrieben.

Nicht alle Lokale haben eine **Lizenz zum Alkoholausschank** – im Bereich des Khan el-Khalili um die el-Azhar- und die Hussain-Moschee wird grundsätzlich kein Alkohol serviert. Überwiegend alkoholfrei sind auch die kleineren Lokale, selbst in so touristischen Orten wie Luxor oder Assuan. Einheimische Spirituosen sind aus Gesundheitsgründen eher nicht zu empfehlen.

Im **Ramadan** ist das Trinken von Alkohol während des Tages in der Öffentlichkeit problematisch, verlegen Sie es besser in die späteren Abendstunden in die Hotelbar – oder gönnen Sie Ihrer Leber einfach eine Pause.

Anreise

Die meisten Besucher kommen mit dem Flugzeug nach Ägypten. Kairo, Luxor und die Badeorte am Roten Meer haben internationale Flughäfen und werden von zahlreichen Linien- und Charterfluggesellschaften angeflogen.

Schiffsverbindungen von Italien oder Griechenland sind seit Jahren nicht mehr im Angebot.

Von einer Einreise mit dem Auto wird derzeit seitens der Auswärtigen Ämter abgeraten, die Grenzregion zu Libyen gilt weitgehend als Sperrzone, aus Israel kommend ist der Grenzübergang auch aufgrund der angespannten Sicherheitslage auf dem Sinai schwierig. Bitte informieren Sie sich gegebenenfalls bei Ihrem Auswärtigen Amt (www.auswaertiges-amt.de) über die aktuelle Situation.

Reisetipps von A bis Z

Grafitti in Minya

Fûl-Geschäft in Minya

Apotheken

Die Versorgung mit Apotheken ist in den größeren Städten sehr gut. Das Angebot entspricht nicht immer dem bei uns üblichen – halten Sie den Beipackzettel bereit. Die meisten ApothekerInnen sprechen ganz gut Englisch. Die Preise sind im Vergleich zu Europa niedriger. Tampons sind nur in den auf ausländische Kundschaft eingestellten Apotheken in Kairo oder Alexandria und vereinzelt in Luxor zu erhalten.

Ärztliche Versorgung

Die ägyptischen Ärzte genießen seit der Antike hohes Ansehen. Die größeren Hotels haben alle Verbindungen zu Englisch oder Französisch sprechenden Ärzten, die ins Hotel kommen. Behandlungen müssen direkt bar bezahlt werden – die Quittung können Sie zu Hause bei der Versicherung einreichen.

Sollte ein Krankenhausaufenthalt nötig werden, stellen Sie sich auf ganz andere Verhältnisse ein, und nehmen Sie am besten einen Ägypter oder eine Ägypterin mit, die Ihnen den Weg von der Aufnahme bis zum Behandlungszimmer und zur eventuell folgenden Betreuung ebnen. Geben Sie Pflegern und Krankenschwestern im Voraus ein Trinkgeld – das ägyptische Kranken-haussystem kennt keine Rundumversorgung, denn darum kümmert sich im Normalfall die Familie. Bei schwierigen Fällen kontaktieren Sie Ihre Botschaft und deren Vertrauensärzte.

Regional aufgeschlüsselte Informationen zu Ärzten und Krankenhäusern finden Sie auf folgender Seite der deutschen Botschaft Kairo: www.kairo.diplo.de/Vertretung/kairo/de/13/Regionalarztstelle.html.

Banken und Wechselstuben

Die meisten großen Hotels haben eigene Bankfilialen, die (fast) rund um die Uhr geöffnet haben. Hier wird Bargeld eingetauscht. Es lohnt sich mitunter, die Kurse verschiedener Banken bzw. Wechselstuben zu vergleichen. Reiseschecks sind mittlerweile weltweit ziemlich aus der Mode gekommen und werden nur ungern angenommen, dann meist in Banken mit großem bürokratischem Aufwand.

Geldautomaten sind zwar weit verbreitet, doch verlassen Sie sich nicht darauf, überall per Karte an Geld zu kommen! Mit Visa oder Maestro stehen die Chancen jedoch gut, dass Ihre Karte akzeptiert wird.

Die **Öffnungszeiten der Banken** sind täglich außer freitags von 8.30–13.30 und von 18–20 Uhr.

Behinderte

Gleich vorweg: Ägypter sind außerordentlich hilfsbereit und reagieren sehr schnell auf die Bitte um Unterstützung. Allerdings ist das Gelände um die Antiken oder auch in der islamischen Altstadt von Kairo für Rollstuhlfahrer nur sehr eingeschränkt tauglich. Auch in Restaurants oder Museen sowie den kleineren Hotels sind Rampen oder ähnliche Hilfsmittel nicht immer vorhanden – aber, wie gesagt, es wird gerne geholfen. Spezielle Reisen für Behinderte bieten u.a. **mare nostrum** oder **Egypt for all** an (www.mare-nostrum.de, Oudenarderstr. 7, 13347 Berlin, Tel. 030/45026454; www.egyptforall.net).

Botschaften und diplomatische Vertretungen

In Deutschland:
Botschaft der Arabischen Republik Ägypten
Stauffenbergstr. 6/7

10785 Berlin
Tel. +4930/4775470, 47901880 (Konsularabteilung)
www.egyptian-embassy.de
Ägyptisches Generalkonsulat
Eysseneckstr. 34
60322 Frankfurt am Main
Tel. +49/69/9551340
Ägyptisches Generalkonsulat
Mittelweg 183
20148 Hamburg
Tel. +49/40/4133260
In Österreich:
Botschaft der Arabischen Republik Ägypten (mit Konsularabteilung)
Hohe Warte 50–54
1190 Wien
Tel. +43/1/3708104
In der Schweiz:
Botschaft der Arabischen Republik Ägypten
Elfenauweg 61
3006 Bern
Tel. +41/31/3528055
Vertretungen in Ägypten:
Deutsche Botschaft
2, Sh. Berlin/Seitenstraße Sh. Hassan Sabri
11211/Kairo
Tel. +20/2/27282000
Fax +20/2/27282159
info@kairo.diplo.de

www.kairo.diplo.de
Österreichische Botschaft
Sh. El-Nil/Ecke 5, Sh. Wissa Wassef, 5. Stock, Riyadh-Tower
Gisa, 11111 Kairo
Tel. +20/2/3570297-5, Fax -9
kairo-ob@bmeia.gv.at
www.aussenministerium.at/kairo
Botschaft der Schweiz
Sh. Abdel Khalek Sarwat 10
11511 Cairo
Tel. +20/2/27951536
Fax +20/2/27943638
cairo@eda.admin.ch
www.eda.admin.ch/cairo

Ein- und Ausreisebestimmungen

Für die Einreise brauchen Sie einen **Reisepass**, der noch mindestens sechs Monate gültig ist. Bei einer Einreise mit Personalausweis, die für Deutsche möglich ist, unbedingt Passfotos für die dann auszufüllenden Formulare mitbringen, an den Flughäfen gibt es keine Fotoautomaten! Am Flughafen erhalten Sie das einen Monat gültige **Touristenvisum**, es kostet derzeit (Stand Anfang 2017) 25 US-Dollar bzw. ca. 22 Euro. Da Ägypten Anfang 2015 ankündigte, die Visabedingungen ändern zu wollen, erkundigen Sie sich bitte vor Ihrer Reise, ob es neue Einreisebestimmungen gibt!

Reisetipps von A bis Z

In einem Café in Kairo

Geld kann in unbegrenzter Menge einge-führt werden, muss aber bei Beträgen über 10 000 US-Dollar deklariert werden. Ägyptische Währung kann zwar ebenfalls eingeführt werden, doch ist es nicht sinnvoll, vorab zu Hause zu tauschen, da der Kurs in Ägypten günstiger ist. Geld wechseln können Sie schon bei den Bankschaltern am Flughafen – allerdings akzeptiert man hier keine Reiseschecks!

Bei der Einreise sind 200 Zigaretten oder 200 g Tabak oder 25 Zigarren frei sowie 1 l Spirituosen und Gegenstände für den persönlichen Bedarf.

Bei der Ausreise sind zollfrei erlaubt: 200 Zigaretten oder 100 Zigarillos oder 50 Zigarren oder 250 g Rauchtabak, 1 l Spirituosen über 22‰ (Schweiz: 15‰) oder 2 l Spirituosen unter 22‰ (Schweiz: 15‰), Waren und Geschenke bis zu einem Gesamtwert von 175 Euro oder 300 Schweizer Franken.

Die **Ausfuhr von Antiquitäten** – alles, was älter als 100 Jahre ist! – ist strengstens verboten und wird kontrolliert. Sollten Sie im Land Repliken erworben haben, melden Sie dies bei der Zollkontrolle an und weisen Sie unbedingt die Kaufquittung vor! Pflanzen und Tiere aus Naturschutzgebieten sowie Korallen dürfen nach den Bestimmungen des Artenschutzabkommens weder aus Ägypten aus- noch nach Europa eingeführt werden.

Elektrizität

220 Volt Wechselstrom. Unterschiedliche Steckdosen sind noch in Gebrauch, nehmen Sie einen Adapter mit.

Feiertage

Der ägyptische Kalender kennt eine Fülle von Feiertagen, die sich in staatliche, christliche und islamische unterteilen lassen:

► **Staatliche Feiertage**

1. Januar: Neujahr

25. Januar: Jahrestag der Revolution von 2011

22. Februar: Tag der Einheit

25. April: Befreiung des Sinai

1. Mai: Tag der Arbeit

23. Juli: Jahrestag der Revolution von 1952

6. Oktober: Tag der Streitkräfte (Erinnerung an den Yom-Kippur-Krieg).

24. Oktober: Suez-Tag

23. Dezember: Tag des Sieges

Frühlingsbeginn: Scham en-Nassim (›Der Duft des Windhauchs‹) ist ein noch auf altägyptische Bräuche zurückreichender Festtag, der am Montag nach dem koptischen Osterfest gefeiert wird.

► **Koptische Feiertage**

11. September: Neujahr

Touristen in Aktion

6./7. Januar: Weihnachten
Etwa eine Woche nach dem westlichen Osterfest feiern die Kopten Ostern, 49 Tage danach Pfingsten.

▶ **Islamische Feiertage**
Das islamische Jahr ist als Mondjahr etwa 11 Tage kürzer als das Sonnenjahr, daher wandern die Festtage durch den Gregorianischen Kalender. Auch die Jahreszählung weicht ab: Das Jahr 2016 AD entspricht dem Jahr 1437/38 AH. AH steht für Anno Hidjra, das Jahr, in dem der Prophet Mohammed von Mekka nach Medina zog. Die Daten können um ein bis zwei Tage schwanken.

1. Moharram: Neujahr, **21.9.2017, 11.9.2018, 31.8.2019**.
10. Moharram: Ashura, **1.10.2017, 20.9.2018. 9.9.2019**.
12. Rabi el-Awwal: Maulid en-Nabbi (Geburtstag des Propheten), **1.12.2017, 20.11.2018, 9.11.2019**.
1. Ramadan: Beginn des Fastenmonats, **26.5.2017, 16.5.2018, 5.5.2019**.
27. Ramadan: Lailat el-Qadr, in dieser besonders heiligen Nacht wurde die erste Sure des Koran herabgesandt.
Id el-Fitr: Fest des Fastenbrechens, **25.6.2017, 14.6.2018, 3.6.2019**.
Id el-Adha: Das große dreitägige Opferfest wird zur Erinnerung an die Bereitschaft Abrahams, seinen Sohn zu opfern, gefeiert. **1.9.2017, 22.8.2018, 11.8.2019**.

FKK

Nackt baden oder auch nur oben ohne ist in Ägypten verboten. Im Hinblick auf die sehr traditionelle Haltung der muslimischen und koptischen Bevölkerung sollten sich solche Freizügigkeiten von selbst verbieten.

Fotografieren und Filmen

Alle Jahre wieder wechseln die Bestimmungen:
Gegenwärtig ist das Fotografieren und Filmen in allen **Gräbern und in den Tempeln von Abu Simbel** verboten; für die **Museen** gibt es Fototickets à 50 EGP.

Auf dem **Hochdamm von Assuan** ist das Filmen mit Video und der Einsatz von Zoom-Teleobjektiven nicht gestattet.
Überall sonst ist Fotografieren erlaubt. Aber bitte denken Sie vor allem beim **Ablichten von Menschen** daran, deren Einverständnis einzuholen. Es ist eine Frage der Höflichkeit, eine Ablehnung auch zu akzeptieren.
Sollte Ihnen das **Film-/Fotomaterial** ausgehen, können Sie vor Ort aufstocken, Qualität und Preise sind in Ordnung. Bei neuen oder sehr speziellen Digitalkameras sollten Sie ausreichend Speicherchips mitbringen, hier ist die Versorgung nicht überall gewährleistet.

Gesundheit

Bitte beachten: Sonnenschutz, ausreichend trinken, ausreichend salzen, Salzstangen oder ähnliches mitnehmen.
Lieber nicht: Baden im Nil, eiskalte Getränke, grüne Salate, rohe Tomaten.
Oft liegt es nicht am ungewohnten Essen allein, wenn der ›Fluch des Pharao‹ zuschlägt. Hitze und Sonneneinstrahlung sind meist Mit-Auslöser – die trockene Hitze und das daraus resultierende Gefühl ›Ich schwitze ja gar nicht so sehr‹ täuschen darüber hinweg, dass der Körper doch stärker belastet ist. Achten Sie unbedingt auf ausreichende Flüssigkeitszufuhr. Nehmen Sie am besten Brausetabletten mit, um dem kohlesäurelosen Mineralwasser etwas Geschmack zuzuführen, dann macht das Wassertrinken mehr Spaß. Und tragen Sie Hut – das schmückt (manchmal) und schützt (immer). Leitungswasser eignet sich nicht als Trinkwasser, auf dem Schiff sollten sich empfindliche Menschen sogar die Zähne mit Mineralwasser putzen.
Womit man eher nicht rechnet, sind **Erkältungskrankheiten**. Aber dank Klimaanlagen kommt der Schnupfen oft schneller als gedacht. Hier helfen Schals und – falls es doch passiert ist – heißer Limonensaft oder Karkadé mit Honig. Wen der Husten im Hals kratzt, der probiere Anistee (*yansûn*) oder heißen Ingwertee (*ganzabîl*) mit Honig.

Etwas knapp bekleidete Touristin am Grabräubereingang der Cheops-Pyramide

Haustiere

Es empfiehlt sich für einen zwei- oder dreiwöchigen Urlaub in Ägypten nicht, Haustiere mitzunehmen. Auch für Vierbeiner oder Federvieh ist die klimatische Umstellung schwierig, ganz abgesehen von Problemen bei der Ein- und Ausreise, Nahrungsbeschaffung und eventuell unbekannten Tierkrankheiten.

Informationen vor Reiseantritt

Die ägyptischen Fremdenverkehrsämter bieten einen sehr schwankenden Service – mal gibt es prompt viele schöne Broschüren, mal kommt keine Antwort oder völlig veraltete Information. Vermutlich erhalten Sie in Ihrem Reisebüro bessere Auskunft. Oder suchen Sie gezielt im Internet (→ S. 386). Dennoch hier die Adressen:

Ägyptisches Fremdenverkehrsamt Deutschland
Kurfürstendamm 151
10709 Berlin
Tel. +49/30/88724670
Ägyptisches Fremdenverkehrsamt Österreich
Operngasse 3
1010 Wien
Tel. +43/1/587663-3

Internet

Internetcafés gibt es in Ägypten wie Sand in der Wüste. Speziell Luxor hat sich sehr auf die Bedürfnisse der Gäste eingestellt und bietet im Stadtzentrum und an der Corniche eine große Auswahl. Nicht überall sind die Verbindungen sehr schnell, dafür aber recht billig.

In den großen Hotels stellen meist die Business-Center Online-Anschlüsse zur Verfügung, das mitunter aber zu horrenden Preisen.

Kleidung

Ägypten ist ein konservatives Land. Auch wenn die Masse der Besucher das nicht zur Kenntnis nimmt, knappe Bekleidung brüskiert die Gastgeber. Ein Sprichwort sagt ›Kleide dich, wie es deinem Nachbarn gefällt und iss, was dir schmeckt‹.

Abgesehen davon, dass es nicht schön aussieht, wenn Menschen in knappsten Hosen und bloßem Oberkörper ihren Sonnenbrand spazierentragen, wirkt es auch in **Heiligtümern** oder **Museen** deplaziert – selbst wenn die Menschen, deren kulturelle Leistungen da bestaunt werden, längst tot sind.

Kirchen und **Moscheen** dürfen in zu knapper Kleidung nicht betreten werden. Dazu ein Zitat des Auswärtigen Amtes: »Die Rücksichtnahme auf die Moralvorstellungen einer islamisch geprägten Gesellschaft beim Aufenthalt in Ägypten ist ein allgemein geltendes Gebot der Achtung, Höflichkeit und des gesunden Menschenverstandes.«

Am sinnvollsten ist leichte, weite **Kleidung aus Naturfasern**. Damit schützt man sich am besten vor den klimatischen Herausforderungen Ägyptens.

Ab November bis in den März hinein kann es abends und frühmorgens noch kühl sein, eine **Jacke** oder ein **Pullover** sollten im Gepäck dabei sein. Auch in den heißen Monaten ist ein warmes Kleidungsstück angeraten – Klimaanlagen in Hotels, Bussen oder Flugzeugen schaffen mitunter Kühlschranktemperaturen.

Für ausgedehnte Besichtigungstouren empfehlen sich **bequeme Schuhe**, die meisten Denkmäler liegen in sandig-gerölligem Gebiet, allerdings muss man nicht mit Tiefsand rechnen.

Da nicht überall Schattenplätze zu finden sind, ist eine **Kopfbedeckung** wichtig, die auch vor Sonnenstich schützt. Im Zweifel hilft ein Regenschirm – aber wählen Sie bitte aus Rücksicht auf andere Besucher ein kleines Modell!

Wer in den heißeren Monaten unterwegs ist, sollte einen **Fächer** einpacken.

Öffnungszeiten

Generell kann man in Ägypten rund um die Uhr an jedem Tag der Woche einkaufen. Dafür wird über die Mittagszeit zwischen 13 und 15 Uhr Pause gemacht.

Freitag ist der gesetzliche Feiertag, an dem Banken, die Post, Ämter und viele Büros geschlossen bleiben. Aber die Geschäfte sind überwiegend geöffnet, nur zur Gebetszeit am Mittag wird geschlossen.

Im **Khan el-Khalili** in Kairo ist ein Großteil der Geschäfte sonntags zu – viele Ladenbesitzer sind Kopten.

Lebensmittelgeschäfte und fast alle **Souvenirläden** haben abends bis 22 Uhr geöffnet, im Ramadan sogar bis Mitternacht.

Polizei

Zum Schutz der Gäste gibt es in Ägypten die **Touristenpolizei**, die überall in der Nähe touristisch interessanter Stätten präsent ist. Bei Schwierigkeiten wenden Sie sich an die uniformierten Herren mit der Armbinde, auf der ›Tourist Police‹ steht.

Seit 2014 stehen vielerorts zusätzlich sehr martialisch wirkende Einheiten der Sicherheitskräfte in gepanzerten Fahrzeugen, verbarrikadiert hinter Sandsäcken, Schilden, Absperrungen oder sogar Stacheldraht. In Mittelägypten kann es vorkommen, dass man bei Landausflügen vom Nilschiff von vermummten Truppen, die an SEK-Einsätze deutscher Krimiserien erinnern, begleitet wird. Alles zur Sicherheit der Gäste – und flugs werden ein paar völlig harmlos wirkende junge Männer und Frauen barsch vom Bürgersteig verbannt. Was sie wohl davon halten?

In den **Wüstengebieten Ägyptens** und auf dem **Sinai** sollten Sie die geltenden

Ein Touristenpolizist

Sicherheitsvorkehrungen befolgen – dazu gehört auch, dass Sie die Reisen unbedingt im Voraus anmelden!

Im Nord-Sinai galt Anfang 2017 der Ausnahmezustand mit Ausgangssperre zwischen 19 und 6 Uhr. Die Grenzregionen zu Libyen und zum Sudan wurden von der ägyptischen Regierung zu Sperrgebieten erklärt, Reisen dorthin sind nicht möglich, auch Reisen ins westliche Faijum-Gebiet sowie nach Baharija waren Anfang 2017 nicht erlaubt.

Polizei-Notruf: 122
Touristenpolizei: 126
Ambulanz: 123

Post und Telekommunikation

Ägyptens **Postdienst** wurde unter Mohammed Alis Nachfolgern effektiv ausgebaut – was nicht heißt, dass er mit den drastisch gestiegenen Anforderungen der Neuzeit noch Schritt gehalten hat. Post aus Ägypten nach Mitteleuropa braucht im Schnitt eine Woche. Sie können Ihre Urlaubskarten in den meisten Hotels oder auf den Schiffen an der Rezeption abgeben oder in den Hotelbriefkasten werfen. Sie wird weitergeleitet und nicht – wie zweifelnde Gäste immer wieder befürchten – entsorgt.

Telefonieren vom Hotel ist relativ teuer, in den Städten finden sich Telecommunication-Centers, von denen man billiger nach Hause telefoniert. Handybenutzer sind in Ägypten gut erreichbar – lediglich auf dem Nassersee und auf kurzen Abschnitten in Ober- und Unterägypten sowie in den Wüsten und auf dem Sinai gibt es Funklöcher. Erkundigen Sie sich vor der Abreise bei Ihrem Netzanbieter über seine Roamingbedingungen. Mit Prepaid-Karten kann es zu Schwierigkeiten bei der Netzeinwahl kommen.

Vieltelefonierer bzw. alle, die nicht mehr ohne ihre Social networks leben wollen, können sich bei **etisalat**, **mobinil** oder **vodafone** vor Ort eine ägyptische sim-Karte kaufen – Pass mitnehmen! Fragen Sie nach special packages wie zum Beispiel call & surf.

Presse

Internationale Zeitungen kommen in der Regel mit nur kurzer Verzögerung am Nil an. In Ägypten gibt es einige englisch- und französischsprachige Zeitungen: **Al-Ahram Weekly** und die französische **Al-Ahram Hebdo** bieten gute Informationen zu Kultur, Wirtschaft und Politik – wenn auch der Tenor sehr staatstreu ist. Mehr zur Politik bietet die **Middle East Times**. Seit 2013 publizieren unabhängig-kritische Journalisten das Online-Magazin **Mada Masr**. Kritisch sind auch die Berichte der Internationalen Gesellschaft für Menschenrechte FIDH (www.fidh.org/International-Federation-for-Human-Rights/north-africa-middle-east/egypt, auf Englisch). Internationale Journalisten sehen die Freiheit der Presse in Ägypten deutlich eingeschränkt, vor allem ägyptische Kollegen werden inhaftiert und teils zu langen Haftstrafen verurteilt.

Reiseveranstalter

Studienreisen mit Nilkreuzfahrt

Folgende Veranstalter bieten gegenwärtig Kombinationen von Nilkreuzfahrten zwischen Luxor und Assuan und auf dem Nassersee, dazu optional Aufenthalte in Kairo:

Helios-Reisen
Paul-Heyse-Str. 12
80336 München
Tel. +49/89/54495100
www.helios-reisen.de

Studiosus Reisen
Postfach 500609
80976 München
Tel. +49/89/500600
www.studiosus.com

Phoenix Reisen
Pfälzer Str. 14
53111 Bonn
Tel. +49/228/9260200
www.phoenixreisen.com

Hier wird die lange Kreuzfahrt zwischen Kairo und Assuan angeboten – vorzugsweise von Süd nach Nord zu absolvieren.

Dahabija oder Sandal-Reisen

Ein besonderes Schmankerl sind die Reisen mit den im Stil des 19. Jahrhunderts gebauten Zweimaster-Segelbooten, den sogenannten Dahabijas bzw. den etwas einfacher ausgestatteten Sandals. Sie verkehren zwischen Assuan und Esna, mitunter auch Luxor und ankern meist an etwas abseits gelegenen, ruhigen Anlegestellen:

Belle Epoque Travel Bureau
Tel. +20/2/25169649
dahabiya@dahabiya.com
www.dahabiya.com
Nicht billig, aber gediegen und ›very old school‹ sind die Boote von Belle Epoque Travel Bureau, dem Veranstalter, der auch die zwei Nostalgie-Schiffe MS Eugenie und MS Kasr Ibrim auf dem Nassersee betreibt.

Nile Dahabiya Boats
Djed Egypt Travel
Tel. +20/2/23959124
info@nile-dahabiya.com
www.nile-dahabiya.com
Drei neu gebaute Dahabijas stehen zur Auswahl, sie fahren 3–4 Tage zwischen Assuan und Esna.

Dahabeya Travel
Büro Leipzig Susann Kleinfeld
Könneritzstr. 63
04229 Leipzig
Tel. +49/341/1495673
http://dahabeya-travel.com
www.aegypten-consulting.de
Individuelle, ägyptologisch intensive Touren auf einer Sandal – der schlichteren Schwester der Dahabiya-Segelschiffe.

Souvenirs

Papyrus, Parfum, T-Shirts, Gewürze und Goldschmuck gehören zu den Klassikern der ägyptischen Souvenirs. Qualität und Preis variieren mitunter beträchtlich; wenn möglich, vergleichen Sie – und handeln Sie – unbedingt!
In Kairo lohnt sich der Besuch der Verkaufsstelle des **Fair Trade Centers**, www. fair-tradeegypt.org: Es gibt Teppiche, koptische Textilarbeiten und handgewebte Stoffe, Kissen und Wandbehänge zu festen Preisen (→ S. 366). Auch in Luxor finden sich Verkaufsstellen für derartige Fair-Trade-Produkte (→ S. 272).

Gewürze kaufen Sie am besten auf dem Basar – entweder im Khan el Kahlili, z.B. im Umfeld der Ashrafija-Moschee – oder in Assuan.

Die Auswahl an **Goldschmuck** ist in Kairo und Luxor am größten – der Handelsspielraum in den Goldgeschäften des Khan el-Khalili ist eher gering. Beobachten Sie die ägyptischen Frauen beim Feilschen und lernen Sie von ihnen.

Ziselierte **Messing- und Kupferwaren** finden Sie in großer Auswahl im Khan el-Khalili in Kairo, vor allem in der Richtung Bab el-Futuh führenden Sharia Muizz li-Din Allah.

Im Herzen des Khan el-Khalili gibt es das blasige bunte **Muski-Glas**: Vom Wasser- oder Weinglas über die Karaffe bis zur Weihnachtskugel sind die Produkte von Kairos Glasbläsern eine Augenweide. Wenn Sie sich von der Sharia Muski zum Café ›Naguib Mahfus‹ durchfragen, kommen Sie direkt an der Glasgasse vorbei.

Typisch sind auch die mit Intarsien versehenen **Holzkästchen** – wollen Sie wissen, wie die gemacht werden? Dann machen Sie auf dem Weg zu den Glaswaren einen kurzen Abstecher die steile Treppe hinauf zum Suq es-Silahdar, einer der alten Karawansereien. Dort werden in einer kleinen Werkstatt in Handarbeit Kästchen und Möbel dekoriert.
Zu den traditionellen Handarbeiten gehören die gestickten **Applikationen** vom Zeltmacherbasar südlich des Bab es-Suweila. Auch hier lohnt sich ein Vergleich der Qualität – die Preise sind für diese aufwändige Handarbeit in der Regel sehr zivil.
Luxor ist berühmt für seine **Alabasterfabriken,** → S. 272.

Telefonvorwahlen

Ägypten: +20
Assiut: +20/(0)88
Assuan (inkl. Abu Simbel): +20/(0)97
Hurghada: +20/(0)65
Kairo (inkl. Gisa): +20/(0)2
Luxor: +20/(0)95
Minya: +20/(0)86
Sharm el-Sheikh: +20/(0)69

Reisetipps von A bis Z

Reliefs zum Mitnehmen in Luxor

Trinkgeld

Bakschisch – ein Wort, das bei vielen Reisenden Irritation oder sogar Aggression auslöst. Aber Trinkgeld ist für die meisten der im Tourismus arbeitenden Menschen von größter Bedeutung, da oft die Grundgehälter sehr niedrig sind. Wenn Sie also zufrieden sind mit dem Busfahrer, dem Zimmerservice, dem Kellner oder Reiseleiter, dann drücken Sie das nicht nur in Worten – doch, darüber freuen sich die Menschen auch! –, sondern auch in Geldscheinen aus.

Auf den **Schiffen** ist es üblich, am Ende der Reise für die ganze Crew – vom Schiffskoch bis zum Wäscher und Ingenieur – ein Sammeltrinkgeld an der Rezeption abzugeben.

Geben Sie aber nicht einfach aus Mitleid bettelnden Kindern Geld, Süßigkeiten oder Kugelschreiber – damit korrumpieren Sie die jungen Menschen und bringen eventuell sogar das häusliche Sozialgefüge ins Wanken. Wenn Kinder mehr erbetteln als der Vater durch Arbeit verdienen kann, ist das problematisch – nicht nur, weil die Kinder dann nicht mehr in die Schule gehen.

Unterkunft

Ägypten als Land des Massentourismus bietet für jeden Geschmack und jeden Geldbeutel die passende Unterkunft. Die meisten Pauschalreisenden sind in Hotels und Nilschiffen der Drei- bis Fünf-Sterne-Kategorie untergebracht. Nicht immer sind die berühmtesten Hotels auch die besten – der Massenansturm bzw. das massenweise Ausbleiben von Gästen erschwert die nötigen Instandhaltungsarbeiten. Zur Standardausstattung gehören das eigene Bad, Fernseher, Telefon und Kühlschrank. Aufgrund leidiger Probleme beim Bezahlen haben die meisten Hotels den Minibar-Service in den Zimmern eingestellt. Bestellungen rund um die Uhr nimmt der Room Service entgegen.

Nilkreuzfahrten werden meist als Paket in Kombination mit Landaufenthalten in Kairo und/oder am Roten Meer angeboten. Die im Buch beschriebenen Unterkünfte sind in vier Preiskategorien unterteilt, → S. 14. Bei Nilkreuzfahrten schwanken die Preise je nach Anbieter für dasselbe Schiff mitunter deutlich, je nach den außer Unterbringung und Verpflegung eingeschlossenen Leistungen.

Unterwegs im Land

Größere Entfernungen legt man am besten mit dem Flugzeug zurück. Alternativ kann man sich mit Bus und Bahn durchs Land bewegen. **Überlandfahrten** sollten aus Sicherheitsgründen bei der Polizei angemeldet werden. Erkundigen Sie sich bitte nach den aktuellen Bestimmungen – sie sind je nach Sicherheitseinschätzung durch die ägyptischen Behörden änderungsanfällig. Die Anmeldung sollte mindestens einen Tag im Voraus erfolgen. Ende 2015 waren Konvoifahrten nur für die Strecke zwischen Assuan und Abu Simbel vorgeschrieben, wurden teilweise aber auch für die Strecke zwischen Rotem Meer und Luxor durchgeführt.

Für längere **Bahnfahrten** empfiehlt es sich, erster Klasse zu reisen. Die Preise sind durchaus erschwinglich, und man hat eine Sitzplatzgarantie. Die Wagen sind klimatisiert und meist sehr kühl. Kaufen Sie die Tickets mindestens einen Tag im Voraus am Bahnhof.

Innerhalb Kairos bewegt man sich am besten per Taxi – Preise sind Verhandlungssache, erfragen Sie vorab an der Rezeption einen Richtwert und stellen Sie sich darauf ein, den Preis vorher zu verhandeln. Seit der Revolution sind die Preise an den Tankstellen enorm gestiegen, sodass selbst die Taxameterpreise neuerer Taxis nicht mehr realistisch sind - deshalb werden Taxameter auch nicht mehr eingeschaltet. Zur Orientierung: Eine Fahrt vom Flughafen in die Innenstadt kostete 2017 ca. 12 Euro, von den Pyramiden in die Innenstadt Kairos ca. 9 Euro, vom Zentrum Luxors nach Karnak nicht mehr als 3,50 Euro.

In Kairo kann man auch mit der Metro fahren, gerade im innerstädtischen Bereich ist das die schnellste und staufreiste Variante, auch die billigste. Dafür kann es zu den Stoßzeiten eng werden, selbst im nur für Frauen reservierten Abteil. Ein- und Aussteigen klappt dann nur mit Mut, Schwung und Nachdruck. Als AusländerIn kann man aber mit ägyptischer Unterstützung rechnen.

Währung

Livre Égyptienne (EGP, LE), ägyptisches Pfund, 1 EGP: 100 Piaster (fils); 100 EGP: 5,70 Euro oder 6,10 Schweizer Franken (Stand 3/2017). In Scheinen erhältlich sind 1, 5, 10, 20, 50, 100 und 200 Pfund. Die kleineren Einheiten zu 25 oder 50 Piaster, überwiegend mittlerweile auch 1 Pfund, gibt es als Münzen. Mit großen Scheinen bringen Sie in Restaurants oder Geschäften mitunter den Kellner oder Kassierer in Verlegenheit.

Horten Sie Münzen und kleine Scheine – ganz Ägypten tut es auch. Einzelne Pfunde sind besonders begehrt, geben Sie sie nie ohne echte Not (Toilette) her. Alternativ eignen sich 1-Dollar-Scheine oder 50 Euro-Cent bzw. 1 Euro-Münzen als Trinkgelder. Daher werden Sie unterwegs sicher mehrfach gebeten, Euro-Münzen zu wechseln – entweder in kleine Euro-Scheine oder in ägyptische Währung. Dahinter steckt keine betrügerische Absicht, die Banken in Ägypten nehmen wie weltweit keine Fremdwährung in Münzen zum Tausch an. Wenn Sie ein paar zusätzlich 5- oder 10-Euro-Scheine mitnehmen, können Sie einigen Menschen eine Freude bereiten.

Zeit

Seit 2011 gibt es keine Sommerzeit mehr in Ägypten, daher sind wir in den Sommermonaten zeitgleich, im Winter ist Ägypten eine Stunde voraus.

Reisetipps von A bis Z

Das berühmte ›Old Cataract‹-Hotel in Assuan

Sprachführer

Die arabische Sprache hat sich längst in viele Dialekte aufgespalten. Das Ägyptische ist dank der Filmstudios von Kairo fast überall bekannt und gilt als eine besonders liebliche Form des Arabischen. Das liegt unter anderem daran, dass man im Ägyptischen den Kehllaut ›q‹ meist einfach gänzlich ignoriert und nur durch ein Absetzen der Stimme andeutet: Der Ausruf ›misch ma'qûl‹ wird so zu ›misch ma'ûl‹ (in etwa: ›nicht zu fassen!‹), ›qalbi‹ – mein Herz – wird zu ›albi‹. Damit entfällt dann auch die Verwechslungsmöglichkeit mit ›kalbi‹, das ›mein Hund‹ heißt und wahrlich nicht als liebevolle Anrede durchgeht.

Der dem italienischen ›g‹ in ›giorno‹ ähnliche Laut klingt am Nil einfach wie ein deutsches ›g‹: Deswegen heißt der Ort, wo die Pyramiden stehen, Gisa und nicht Dschiza. ›A‹ wird häufig zu ›e‹ verschliffen – deshalb lesen Sie öfter auch die Namensvariante Gize.

Dass deutsch-, französisch- und englischsprechende Menschen jeweils eine ihnen einleuchtende Umschrift entwickelt haben und dann noch Wissenschaftler und Laien unterschiedliche Schreibungen pflegen, führt zu den zahlreichen Schreibvarianten arabischer Worte in lateinischer Schrift: Sharif (engl.) oder Charif (frz.) oder Scharif (deutsch) – chalas (schluss! aus, fertig) oder khalas. Daher stammt das ›z‹ als Umschrift für das auch im Englischen gebräuchliche stimmhafte ›s‹. Denn im Arabischen unterscheidet man drei verschiedene s-Laute: sîn – ein scharfes ›s‹, sâd – eine dunklere, weiter im Rachen artikulierte Variante - und zain, das stimmhafte ›s‹.

Daneben gibt es fünf Laute, die dem ungeübten Hörer alle wie ›d‹ oder ›t‹ – je nach Dialekt auch wie ›s‹ – klingen.

›Gh‹ entspricht dem Rachen-r Norddeutschlands, das ›normale‹ ›r‹ wird süddeutsch gerollt; ein ›h‹ nach Vokalen dient nicht als Dehnungsvokal, sondern wird gesprochen (aha!), Langvokale haben ein ^. Verzweifeln Sie nicht, wenn es mit der Aussprache nicht auf Anhieb klappt – schließlich finden auch wir einen ausländischen Akzent im Deutschen reizvoll.

Im Arabischen unterscheidet man deutlich zwischen männlichen und weiblichen Formen: Du/Sie (männlich) heißt ›enta‹, die weibliche Variante lautet ›enti‹. ›Schön‹ heißt ›gamil‹ (m) oder ›gamila‹ (w), ich brauche: ana aiz (m) oder ana aiza (w). Kurz und knapp kann man Sätze ganz ohne Verb formulieren: ›Der Tempel ist groß‹ heißt dann einfach ›el-ma'abad kebîr‹.

Im Folgenden ist die Umschrift so vereinfachend wie möglich gewählt und entspricht dem ägyptischen Dialekt und deutschen Lesegewohnheiten. Vor Ort in Ägypten werden Sie die unterschiedlichsten Umsetzungen arabischer Schrift in lateinische Buchstaben finden – manchmal braucht man etwas Phantasie beim Lesen. Aber was würde wohl passieren, wenn wir unseren fremden Gästen Straßenschilder auf Japanisch, Arabisch oder Kyrillisch bieten wollten?

Allgemeines

z	stimmhaftes s
gh	Rachen-r
h	nach Vokalen dient nicht als Dehnungslaut, sondern wird gesprochen
Vokale mit ^	werden lang gesprochen

Deutsch	Arabisch
ja	aiwa
nein	la
bitte	min fadlak/min fadlik
danke	schukran
gut/in Ordnung	kwaijs/tammâm
Herr/Frau	saijid/saijida
Guten Morgen	sabah el-cheir (bis mittags)
Guten Tag/Abend	misaê el-cheir (ab mittags)
Gute Nacht	laila saêida/tisbah(i) ala cheir
Mein Name ist ...	ismi ...
Wie heißt Du?/heißen Sie?	mâ ismak?
Wie geht es Dir/Ihnen?	Izzaijak/izzajik?
Gott sei Dank	Al-hamdu li-llah
Es geht mir gut	ana bi-cheir
Ich bin krank	ana aijan(a)
Ich bin etwas angeschlagen/müde	ana ta'abân(a)
heute	en-naharda
morgen	bukra
gestern	embârah

Im Restaurant

Wo finde ich das Restaurant ...?	fên matam ...?
Bitte ein Glas/Tasse Wasser/Tee	min fadlak fingan maja/schai
Ich möchte bitte ...	ana aiz(a) min fadlak ...
Wasser	maja
Bier	bîra
Brot	äisch
Suppe	schurba
Butter	zubda
Paprika	filfil
Fisch	samaka
Salz	milh
Pfeffer	filfil aswad
Zucker	sukar
Essig	chall

Deutsch	Arabisch
Öl	zait
ein bisschen	schwaija
heiß	harr/hâmi
kalt	bârid
Ich möchte ...	aiz(a) ...
Was kostet es ?	bikam
Haben Sie ...?	hal ändakum .../fi...?
Geben Sie mir bitte ...	aêtini min fadlak...
Herr/Frau Ober ...	lau samacht(i) (wörtlich: wenn es gestattet ist)
Auf dein Wohl	fi sahitak – fi sahi-tik
Bezahlen bitte!	al hisâb min fadlak

Orientierung

Museum	mathaf
Tempel	ma'abad
Hotel	fundu'
Bank	bank
Straße	sharia
Platz	midan
Krankenhaus	mustaschfa
Basar	sû'
Restaurant	mat'am
Bahnhof	mahattat el-(q)itar
Flughafen	matâr
Wo ist das Stadtzentrum?	fên wast el-medina?
Wo ist die Straße ...?	fên es-sharia-...?
Wo ist der Tahrirplatz?	fên el-maidan et-tahrir?
Wo ist das Hotel ...?	fên el-funduk ...?
Wo ist der Bahnhof?	fên el-mahattat el-(q)itâr?
Wo ist die Bank?	fên el-bank?
Wo ist ein Krankenhaus/Apotheke?	fên el-mustaschafa/es-saidalia?
Wo ist ein Postamt?	fên elmaktab el-barid?
Wo ist der Markt ?	fên es-sû'
Wo ist die Toilette?	fên et-toalet?
Wo ist ein Taxi ?	fên et-taksi?
Zum Flughafen	ila-l-matâr
Zum Hotel	ila-l-funduk

Deutsch	Arabisch
In die Nil-Straße bitte!	ila as-schära n-nil, min fadlak
links	schemal
rechts	jamîn
geradeaus	alatul
hier	hunna
dort	hunnâka
hinter	chalfa
neben	ganb
unter	tacht
geöffnet	maftûh
geschlossen	mughla'
weit	ba'îd
nah	'uraib

Bank und Post

Ich möchte Euro wechseln	aiz(a) asraf juro
Reisepass	gawâs es-safr
Geld	fulûs
Was kostet ein Brief nach Deutschland?	bikam er-risâla ila almanija?
Was kostet eine Briefmarke?	bikam et-tabaiê-l-barîd?

Zahlen

0	sifr
1	wahid
2	ithnain
3	thalâtha
4	arba'
5	chamsa
6	sitta
7	sabaêa
8	thamânia
9	tisa
10	aschara
100	mija
200	mijatain
1000	alf

Zwei Dahabijas vor Gebel es-Silsile

Glossar

Abydosfahrt Darstellung einer Schiffsreise nach Abydos, die den Transport des Verstorbenen zum Hauptkultort des Osiris zeigt. Dort wäre man gerne bestattet worden, um, wie Osiris, zu neuem Leben zu erwachen. Da man aber gleichzeitig auch zu Hause begraben werden wollte, damit die Familie sich um die kultische Versorgung kümmern konnte, wurde die Reise nach Abydos in den Gräbern des Neuen Reichs nur im Bild verwirklicht.

Amduat → Unterweltsbücher.

Chanqa Eine Art Kloster für die Angehörigen der mystischen Orden des Islam (Sufis), erstmals unter Salah ed-Din in Ägypten eingeführt.

Dahabija Wörtlich: Die Goldene. Große Segelschiffe mit Kajüten und kleinem Sonnendeck, wie sie Ende des 19. Jahrhunderts in Mode waren. Seit ein paar Jahren fahren sie wieder – teils restauriert, teils neu gebaut – zwischen Assuan und Luxor.

Erschlagen der Feinde Dieses Bild zieht sich durch die gesamte Kunst Ägyptens seit der Frühzeit. Als heraldisches Motiv dient es dazu, die Bedrohung durch alles Feindliche zu bannen. Unverzichtbar an der Fassade eines Pylons, wo der Pharao vor ihm kniende Feinde mit Keule oder Schwert bedroht. Der Gott empfängt die neuen Untertanen, gleichzeitig aber gewährt er auch immer aufs Neue den Sieg. So spricht Horus in Edfu: ›Ich gebe dir Kraft, um diese Feinde zu töten, und ich mache deinen Arm stark gegen deine Widersacher. ... Ich gebe, dass die beiden Länder (Ober- und Unterägypten) von deiner Faust umschlossen, dass die Neunbogenländer (Feindesländer) allesamt unter deinen Sohlen sind.‹

Hadsch/Hadj Ägyptisch Hagg, weiblich Hagga: Ehrentitel für Mekka-Pilger, wird aus Respekt aber gerne allgemein bei der Anrede älterer Menschen verwendet.

Heb-Sed Regierungsjubiläum des Pharao, das in der Regel zum erstenmal im 30. Regierungsjahr eines Herrschers gefeiert wurde. Beim Heb-Sed musste der Pharao nachweisen, dass er körperlich noch in der Lage war, das Land zu regieren: Ein Kultlauf und ein Kampf mit einem Wildstier gehörten zu den verwickelten Abläufen dieses uralten Rituals. Dabei wurde der König von den Göttern ›verjüngt‹ – oft zeigen Bildnisse der Herrscher nach ihrem 30. Jahr ein regelrecht ›geliftetes‹ Gesicht. Je nach innenpolitischer Lage konnte das Fest auch schon früher gefeiert werden.

Hohlkehle Obere Mauerbegrenzung bei altägyptischen Tempeln, in der meist die geflügelte Sonnenscheibe als Relief abgebildet ist.

Horussöhne Vier Gottheiten mit Menschen-, Falken-, Schakal- und Paviankopf. Beschützer der mumifizierten Eingeweide.

Ichneumon Mungoähnliche Schleichkatze, in Afrika beheimatet.

Imam Wörtlich ›Anführer‹, ›der, der vorne steht‹. Wenn mehrere Menschen gemeinsam beten, bestimmen sie einen Imam, der den Rhythmus des Gebetes mit seinen Verneigungen und Niederwerfungen vorgibt. In diesem Sinne muss ein Imam keine theologische Ausbildung haben. An großen Moscheen werden jedoch in der Regel ausgebildete Geistliche als Imame eingestellt.

Ka Lebenskraft eines Menschen, Teil seiner Seele. Der Ka wird gleichzeitig mit dem Körper des Menschen geschaffen und existiert auch nach dem Tod weiter. Der Ka ist es auch, der auf die Versorgung mit Opfern angewiesen ist. Nicht nur Menschen oder Lebewesen besitzen einen Ka, auch Dinge wie zum Beispiel Speisen.

Kibla Ausrichtung nach Mekka, in Moscheen meist durch eine Nische, den Mihrab, gekennzeichnet.

Madrasa-Moschee Schul-Moschee; unter Salah ed-Din in Ägypten eingeführte Kombination von (Hoch-)Schule und Moschee, wobei dem Studium der vier Rechtsschulen besondere Bedeutung zukam. Im Grundriss spiegelt sich das in vier von einem zentralen Hof abgehenden Räumen wieder.

Mammisi Göttliches Geburtshaus, das zu jedem Tempel gehört. Analog zu den Geburtslauben, die Ägypterinnen zur Niederkunft aufsuchten, zog auch die schwangere Muttergöttin zur Geburt aus dem Haupthaus aus. In der Regel wurde das Mammisi vor dem Pylon und im rechten Winkel zur Achse des Hauptheiligtums angelegt. Typisch sind die Hathorkapitelle auf den Säulen, die das Gesicht der Muttergöttin Hathor zeigen.

Mastaba Quaderförmige Grabbauten aus dem Alten Reich mit geböschten Seitenwänden.

Mihrab Nische an der Rückwand einer Moschee, die die Gebetsrichtung nach Mekka anzeigt. Meist von einer Kuppel überkrönt, die als Verstärker für die Stimme des Vorbeters diente.

Minbar Kanzel in einer Moschee, die vom Imam während der Freitagspredigt benutzt wird.

Nilometer Nilstandsmesser, der zu jedem Tempel gehört. Skalen an den Wänden dienten zur Beobachtung des Nilstands während der Überschwemmungszeit. Je nach Höhe wurden von den Priestern die Steuern auf die zu erwartende Erntemenge vorausberechnet.

Obelisk Griechisches Wort für ›kleiner Bratspieß‹, bezeichnet die überwiegend aus Granit geschlagenen, monolithen Steinnadeln, die meist paarweise vor den Tempeltoren aufgestellt waren.

Pharao Aus dem altägyptischen Ausdruck per-a'a, ›das Große Haus‹, leitet sich der Titel für den regierenden Herrscher ab.

Pronaos Vorhalle; vor allem bei ptolemäischen Tempeln schließt sich an den offenen Hof ein erster Säulensaal an, dessen Fassade nur durch halbhohe Mauern vom Hof abgetrennt ist.

Pylon Torturm eines Tempels, der als mächtiges Bauwerk schützend und abwehrend die Fassade bildet. In der Regel erscheint der Pharao hier beim Erschlagen der Feinde. Vor dem Pylon stehen Obelisken, Statuen und in Nischen eingepasste Fahnenmasten. Die Bauweise mit geböschten Wänden,

Rundstab und Hohlkehle geht auf Vorbilder der Lehmziegelarchitektur zurück.

Sanktuar Allerheiligstes; kleine Kapelle im hinteren Teil des Tempels, in der die Götterstatue aufgestellt war.

Scharia Arabisch für Weg, Straße. Im übertragenen Sinn die Bezeichnung des islamischen Rechts, wie es aus den Vorschriften des Koran und den Aussprüchen des Propheten (Hadith) hergeleitet wird. In präzedenzlosen Rechtsstreitigkeiten ist die Diskussion der Gelehrten (Ulama) gefordert, deren ›Idjtihad‹ (Anstrengung, Bemühung) bei einer den Prinzipien des Koran entsprechenden Urteilsfindung verlangt wird. Vier bedeutende Rechtsschulen gehören zur Sunna: die in Ägypten überwiegend vertretenen Schafi'iten (Imam as-Schafi'i ist in Kairo bestattet – sein Grab in der Totenstadt gilt als Pilgerstätte), die Malikiten, die Hanbaliten und die Hanafiten. Daneben gibt es auch eigene schiitische Rechtsschulen wie die der Zajidija oder der Zwölfer-Schia.

Scheintür An der Westwand eines Grabes angebrachte Nische in Gestalt einer Türe. Vor ihr lag ein Opferstein, auf dem Gaben für die Versorgung im Jenseits niedergelegt wurden. Im Bildfeld der Scheintür findet sich meist eine Darstellung des Verstorbenen vor einem Speisetisch und eine Liste der wichtigsten Opfergaben. Die Scheintür bildet die Kontaktstelle zwischen Diesseits und Jenseits. Aus der Sargkammer konnte der Ka des Verstorbenen auftauchen, um sich mit dem Ka der Opfergaben zu stärken.

Schiiten Vom arabischen Ausdruck ›Schi'at Ali‹ – Partei des Ali – abgeleitet, bezeichnete das Wort diejenigen, die Ali als nahen Verwandten des Propheten Mohammed für den geeignetsten Führer der Muslime hielten. Dahinter steht der Gedanke, dass Gottes Segen (baraka) nicht nur Mohammed, sondern auch seine Nachkommen aus der Masse der Menschen heraushebt und mit besonderen Fähigkeiten ausstattet. Nach dem Tod der drei ersten Kalifen Abu Bakr, Omar und Uthman wurde schließlich

Ali zum Stellvertreter (Chalifa) gewählt. Daraus entwickelte sich bei seinen Anhängern der Anspruch auf eine Art Erbdynastie, die von den sunnitischen Muslimen abgelehnt wird. Schon in der Frühzeit des Islam kam es zu heftigen Auseinandersetzungen zwischen den Gruppen. Von besonderer Bedeutung wurde der Kampf zwischen Hussain, einem Sohn Alis, und seinem Widersacher Yazid – bei Kerbela wurde Hussain getötet, sein Kopf als Trophäe nach Damaskus gebracht (heute in Kairo, → Hussain-Moschee, S. 347). Diese traumatisierende Erfahrung beförderte vor allem ab der Zeit der Safawiden (16. Jahrhundert) im Iran die Ausbreitung von Märtyrerkulten. Die Safawiden führten zur Stabilisierung ihres Reiches einen hierarchisch organisierten Klerus als staatstragende Institution ein, wie er ansonsten in der islamischen Welt unbekannt ist.

Die Anhänger der Schi'at Ali spalteten sich im Lauf der Jahrhunderte in weitere Untergruppen, deren Mitglieder jeweils andere Erben als letzte rechtgeleitete Führer (Imame) anerkannten. Daher stammen Bezeichnungen wie Fünfer-Schia (Zajidija, überwiegend im Jemen), Siebener-Schia (Ismailiten, mit weiteren Untergruppen wie den vom berüchtigten Hassan-i-Sabah geleiteten Assassinen des 12./13. Jahrhunderts oder den Nachfolgern der Nizarija unter dem bis heute amtierenden Aga Khan; auch die Fatimiden zählten zu den Ismailiten) oder Zwölfer-Schia (seit der Safawidenzeit besonders im Gebiet des Iran und Irak). Mit dem Tod des zwölften Imam endet die Reihe der schiitischen Imame. In der Zwölfer-Schia entwickelte sich die Hoffnung auf die Wiederkehr des ›entrückten‹ letzten Imams – des Mahdi (Rechtgeleiteten) – und die damit verbundene Herstellung paradiesischer Zustände. Alle Schiiten zusammen stellen etwa zehn Prozent der Muslime weltweit.

Sed-Fest → Heb-sed.

Sistrum Musikinstrument, das im Kult weiblicher Gottheiten benutzt wurde und heute noch in der koptischen Kirche Verwendung findet. Das Geräusch des rasselartigen Instruments ahmt das Rascheln des Papyrusdickichts nach.

Stationskapelle In vielen Tempeln finden sich in den offenen Höfen oder vor dem Eingangspylon kleine Kapellen, die während der Prozessionen als eine Art ›Pausenstation‹ genutzt wurden.

Sunniten Von Sunna – Tradition, Übereinstimmung. Sunniten sind die Anhänger der islamischen Glaubenslehre, die sich streng nach der Offenbarung im Koran und der Sammlung der Aussprüche des Propheten (Hadith) sowie seiner exemplarischen Lebensführung (Sira) richten. Eigentlich sind damit alle Muslime bezeichnet, erst in der Auseinandersetzung zwischen Schiiten, Charidschiten (einer frühen fundamentalistischen Gruppierung) und anderen Gruppen entwickelt sich eine Einschränkung. Auch bei den Sunniten gilt den Nachkommen des Propheten und seines Stammes – den Quraisch – besondere Achtung. Doch soll die Leitung der Gläubigen durch Wahl und Konsens der Gemeinde einem vorbildlichen Muslim anvertraut werden, im Gegensatz zur Vererbung des Amts. Zumindest in der ersten Zeit des Islam handelte es sich dabei auch um Mitglieder aus dem ›Haus des Propheten‹. Als Scharifen wird ihnen bis heute Respekt gezollt. Die sunnitischen Haschemiten in Jordanien sowie das sunnitische marokkanische Königshaus legitimieren ihren Machtanspruch auch aus der Abstammung vom Stamm des Propheten. Die Sunniten machen heute rund 90 Prozent aller Muslime aus.

Totenbuch Eine Zusammenstellung von Sprüchen, die dem Verstorbenen die Reise in die Unterwelt erleichtern und helfen sollen, eventuelle Gefahren zu erkennen. Im Gegensatz zu den Unterweltsbüchern nicht nur für den König, sondern auch für normale Ägypter benutzt. Bekannt ist die Szene des Totengerichts mit dem Wiegen des Herzens.

Unterweltsbücher In verschiedenen Büchern wurde ›das Wissen von dem, was in der Unterwelt ist‹ zusammengefasst. Dabei sind die Nachtfahrt der Sonne vom West- zum Osthorizont, die Einteilung des Jenseits in zwölf Bereiche, die Verjüngung und Wiederbelebung der Jenseitigen, das Totengericht und die Überwindung der Götterfeinde die wichtigsten Themen. Die wichtigsten Unterweltsbücher sind das Amduat, das Pfortenbuch, das Höhlenbuch, das Buch von der Erde und das Buch vom Tag und von der Nacht.

Uschebti ›Antworter‹, kleine mumiengestaltige, meist aus Fayence gearbeitete Statuetten, die den Verstorbenen als Diener mit ins Grab gelegt wurden. Im Idealfall gab es für jeden Tag des Jahres eine Figur. Nicht nur die reiche Oberschicht konnte sich diese genialen Helfer leisten, für die einfache Bevölkerung wurden schlichte Männlein aus Tonwülsten geformt. Selbstverständlich besaßen Pharao und sein Hofstaat deutlich exquisitere Exemplare.

Ägypten im Internet

Im weltweiten Netz findet sich eine unübersehbare Fülle von Links zu Ägypten – hier soll eine kleine Auswahl den Einstieg ins Thema erleichtern.

Aktuelles

www.egypt.travel
Das Tourismusministerium hat eine Website gestaltet, die mit Infos zu Ausgrabungen und Badeorten, einem kleinen Crashkurs Ägyptisch-Arabisch und Tipps zu Reisen, sportlichen Aktivitäten und Ähnlichem aufwartet. Seit der Revolution wurden die Informationen nur sehr vereinzelt aktualisiert.

www.egyptdailynews.com
Englischsprachige Seite mit einer Vielzahl von Informationen, von aktuellen Nachrichten bis zu Links zu Religion, Popmusik, der ägyptischen Luftwaffe und Reden von Präsident Sisi sowie dem täglichen Wetterbericht.

www.egypttoday.com
Englische Monatszeitschrift, die durchaus kritische Artikel zu Politik und Gesellschaft bringt, aber auch News aus Kunst und Kultur. Online sind nicht immer die aktuellsten politischen Artikel abrufbar.

www.communitytimes.me
Onlne-Version der englischsprachigen Hochglanzzeitschrift mit Artikeln zu Wirtschaft, Kultur und Gesellschaft.

www.gem.gov.eg
Das Grand Egyptian Museum entsteht ganz in der Nähe der großen Pyramiden von Giza. Hier finden sich die aktuellen Informationen zum Baufortschritt und *in sha Allah* in absehbarer Zeit auch zur Eröffnung (engl.).

www.leben-in-luxor.de
Die Nachfolgeseite von www.luxor-westbank.com bietet nach wie vor auf Deutsch und Englisch viele Infos rund um Luxor, aber auch zu ganz Ägypten. Zum Beispiel auch zu ›Man-made forests‹ im Wüstengebiet um Luxor: Mit Abwasseraufbereitung bzw. - nutzung und Aufforstung gewinnt man in zwei Projekten vielfältigen Nutzen. So wird beim Anbau von Jatropha Biosprit, aber auch Tierfutter produziert (www. leben-in-luxor.de/luxor_essays_wald.html).

www.muellkinder-von-kairo.de
Der 2001 gegründete Verein hilft vor Ort in der Siedlung Ezbet el-Nakhl am Stadtrand von Kairo, wo ein großer Teil der insgesamt etwa 60 000 Zabbalîn leben.

Historisches

www.selket.de
Eine schöne Seite mit Informationen zum Alten Ägypten. Von Totenkult, Göttermythen und modernen Mythen bis zu Bücher- und Ausstellungstipps ist hier viel zu finden.

www.maat-ka-ra.de
Bietet einen umfassenden Überblick zu Hatschepsut, ihrer Zeit und ihren Denkmälern.

www.aegyptologie.com
Im Forum der Site wird allen möglichen ägyptologischen Fragen akribisch nachgegangen (dt.).

www.osirisnet.net
Sehr detaillierte Beschreibungen vieler Gräber in Ägypten (engl., frz.).

Literatur

Landeskunde, Religion, Zeitgeschichte

Alexanderlied des Pfaffen Lamprecht, http://scrineum.unipv.it/wight/alexsv.htm.

Armstrong, Karen, Im Namen Gottes. Religion und Gewalt, Pattloch 2014.

Assmann, Jan, Stein und Zeit: Mensch und Gesellschaft im alten Ägypten. Wilhelm Fink Verlag 2003.

Ders., Ägyptische Hymnen und Gebete. Paulusverlag, Fribourg 1999.

Bongioanni, Alessandro/Sole Croce, Maria, Ägyptisches Museum Kairo. Mairs Geographischer Verlag, Ostfildern 2002.

Brunner, Hellmut, Altägyptische Weisheit – Lehren für das Leben. Artemis&Winkler, Leipzig 1998.

Boochs, Wolfgang (Hrsg.), Geschichte und Geist der koptischen Kirche, Bernardus 2009.

Brunner-Traut, Emma (Hrsg.), Altägyptische Märchen. Bechtermünz 2000, Diederichs Verlag, e-Book edition 2014.

El Difraoui, Asiem, Ein neues Ägypten? – Reise durch ein Land im Aufruhr. Edition Körber Stiftung, Hamburg 2013. (Interview mit dem Autor: www.koerber-stiftung.de/mediathek/player/ein-neues-aegypten-1.html).

Flores, Alexander, Zivilisation oder Barbarei? Der Islam im historischen Kontext. Suhrkamp Verlag der Weltreligionen, Frankfurt 2015. Sachlich, informativ und lesbar.

Haase, Michael, Das Vermächtnis des Cheops. Herbig, Leipzig 2003. Gut lesbare Informationen nicht nur zur großen Pyramide.

Hesemann, Michael, Jesus in Ägypten: Das Geheimnis der Kopten. Herbig 2012.

Hermann, Alfred, Ägyptische Königsnovelle. Leipzig 1938.

Hobbs, Joseph, Bedouin life in the Eygptian Wilderness. University of Texas Press 1992.

Hornung, Erik, Der Eine und die Vielen: Altägyptische Götterwelt. Zabern, e-book 2012.

Ders., Das Totenbuch der Ägypter. Patmos, Düsseldorf 2004.

Ders., Altägyptische Dichtung. Reclam Verlag 1995.

Höveler-Müller, Michael (Hrsg.): Das Hatschepsut-Puzzle, Nünnerich-Asmus, Mainz 2015.

Jelloun, Tahar Ben, Papa, was ist der Islam? Gespräch mit meinen Kindern. Berlin Verlag, Berlin 2013.

Ders., Der Islam, der uns Angst macht. Berlin Verlag 2015.

Kurth, Dieter, Treffpunkt der Götter. Artemis&Winkler, Leipzig 1998. Alle Zitate im Edfu-Kapitel dieses Reiseführers stammen aus diesem Buch. Nur noch antiquarisch erhältlich.

Napoleons Aufruf an die Ägypter, www.thuto.org/ubh/afhist/egypt.htm#nap.

Papyrus Ebers, www.medizinische-papyri.de/PapyrusEbers. Eine leicht zugängliche Online-Übersetzung des medizinischen Papyrus.

Perthes, Volker, Das Ende des Nahen Ostens, wie wir ihn kennen: Ein Essay. edition suhrkamp 2015.

Pink, Johanna, Geschichte Ägyptens von der Spätantike bis zur Gegenwart. C.H. Beck, München 2014.

Ranko, Annette, Die Muslimbruderschaft, Edition Koerber-Stiftung, Hamburg 2014.

Reeves, Nicholas/Wilkinson, Richard H., Das Tal der Könige – Geheimnisvolles Totenreich der Pharaonen. Bechtermünz, Augsburg 2000. Ein Überblick über alle Gräber im Tal (antiquarisch).

Sauneron, Serge/Stierlin, Henri, Die letzten Tempel Ägyptens. Atlantis, Stolberg 1978.

Anhang

Schlögl, Hermann A., Echnaton - Tutanchamun: Daten, Fakten, Literatur. Harrassowitz 2013. Gute Zusammenstellung zu dieser spannenden Zeit.

Ders., Ramses II., rororo 1993.

Schneider, Thomas, Lexikon der Pharaonen. dtv, München 1996.

Shedid, Abdel Ghaffar, Das Grab des Sennedjem. Zabern, Mainz 1994.

Schimmel, Annemarie, Die Religion des Islam. eine Einführung. Reclam 2010.

Studienkreis für Tourismus und Entwicklung: ›Ägypten verstehen‹ und ›Islam verstehen‹. Zwei der sehr gut gemachten Sympathiemagazine des Studienkreises.

Weeks, Kent R./DeLucca, Araldo, Im Tal der Könige, Frederking&Thaler, München 2001. Toller Bildband, leider nur noch antiquarisch erhältlich.

Weeks, Kent R., Ramses II., Das Totenhaus der Söhne, Droemer Knaur, München 2001.

Wilkinson, Toby, Aufstieg und Fall des Alten Ägypten: Die Geschichte einer geheimnisvollen Zivilisation vom 5. Jahrtausend v. Chr. bis Kleopatra. Pantheon 2015.

Wieczorek, Alfried/Rosendahl, Wilfried (Hrsg.), Mumien. Der Traum vom ewigen Leben. Zabern 2015. Nicht nur ägyptische Mumien werden hier vorgestellt.

Ägypten für Kinder

Hauswaldt/Kock, Frag doch mal … die Maus! Ägypten (Die Sachbuchreihe, Band 20). cbj 2011.

Kaddor/Müller, Der Islam. Für Kinder und Erwachsene. C.H. Beck 2012. Ausgezeichnet als eines der schönsten deutschen Bücher 2013.

Rebscher, Susanne, Ägypten. Reich der Pharaonen. Als Buch oder Audio-CD, Loewe Verlag bzw. Jumbo Neue Medien 2011.

Rachlé, Sabrina, Was ist was, Band 70: Das Alte Ägypten, Tessloff 2017.

Mumien. memo Wissen entdecken, Band 74. Doring Kindersley 2013.

Ägyptische Schriftsteller

El-Hakim, Tawfik, Die Sprache der Steine, in: UNESCO Kurier 2/3 1980.

Ibn Iyas, Alltagsnotizen eines ägyptischen Bürgers. 1501, Bibliothek Arabischer Klassiker. Edition Erdmann, Lenningen 2004.

Mahfus, Naguib, Echnaton: Der in der Wahrheit lebt. Unionsverlag 2011.

Ders., Die Kinder unseres Viertels. Unionsverlag 1995.

Ders., Die Midaq-Gasse. Unionsverlag 2015.

Bakr, Salwa, Der goldene Wagen färt nicht bis zum Himmel. Lenos 1997.

Diess., Die einzige Blume im Sumpf. Geschichten aus Ägypten. E-Book, Lenos 2013.

Mourad, Ahemd, Diamantenstaub. Auch als e-book, Lenos 2014.

Ders., Vertigo. Lenos, Zürich 2015. Zwei Polit-Krimis aus Kairo.

Salih, Tajjib, Zeit der Nordwanderung. Lenos, 2014.

Salmawy, Mohammed, A Concerto for the Nay, aus: Hutchins, W. M. (Hrsg.), Egyptian Tales and Short Stories. AUC Press, Kairo 1987.

Schanda, Susanne, Literatur der Rebellion: Ägyptens Schriftsteller erzählen vom Umbruch, e-book Rotpunktverlag Zürich, 2013.

Soueif, Ahdaf, Landkarte der Liebe. Goldmann, München 2003. Eingebettet in zwei bi-kulturelle Liebesgeschichten wird die Geschichte Ägyptens von der Kolonialzeit bis zu den Terrortaten von Islamisten spannend erzählt.

Belletristik und Reiseberichte

Belzoni, Giovanni Battista, Entdeckungsreisen in Ägypten 1815–1819. In den Pyramiden, Tempeln und Gräbern am Nil. DuMont, Ostfildern 1982.

Beyer, Ursula (Hrsg.), Kairo – Die Mutter aller Städte. Insel Taschenbuch, Frankfurt am Main 1983. Enthält u.a. Zitate von Georg Ebers und Hans Ludwig von Lichtenstein.

Clayton, Peter A., Das wiederentdeckte Alte Ägypten in Reiseberichten und Gemälden des 19. Jahrhunderts. Gondrom Verlag, Bindlach 1987. Enthält u.a. Zitate von Gustave Flaubert und Vivant Denon.

Edwards, Amelia, A Thousand Miles Up the Nile, 1888. Online-Ausgabe der 2., verbesserten Auflage (http://www.tour-egypt.net/amelia, engl.). Tausend Meilen auf dem Nil: Die Ägyptenreise der Amelia Edwards 1873/74, Phoibos, Wien 2009.

Eggebrecht, Eva, Ägypten, Faszination und Abenteuer. Zabern, Mainz 1982.

Freier, Elke/Grunert, Stefan, Eine Reise durch Ägypten. Henschel, Berlin 1988. Enthält u.a. einen Brief von Richard von Lepsius an Alexander von Humboldt.

Herodot, Historien, 2. und 3. Buch (z.B. www.sacred-texts.com/cla/hh/index.htm, griech./engl.).

Lessing, Gotthold E., Nathan der Weise, 1779. Der Klassiker zum Thema religiöse Toleranz (z.B. Reclam 2013).

Mathes, Judith, Tage des Ra. Area, Erftstadt 2005. Gründlich recherchierter historischer Roman, der in die chaotischen Zeiten Ende der 19. Dynastie führt.

Peters, Elizabeth, Kreuzfahrt ins Ungewisse. Ullstein, Frankfurt am Main 2004.

Dies., Der Donner des Ra. Ullstein, Frankfurt am Main 2003. Da die Autorin Ägyptologie studiert hat, sind ihre witzigen Krimis aus der viktorianischen Zeit auf dem Stand der Forschung des 20. Jahrhunderts! Zu empfehlen sind auch die anderen Ägyptologen-Krimis der Amelia-Peabody-Reihe im Ullstein Verlag (teilweise nur noch antiquarisch).

Pückler-Muskau, Hermann Fürst von, Aus Mehmed Alis Reich, 1844. Gutenberg Edition, www.projekt.gutenberg.de.

Rademacher, Cay, Mord im Tal der Könige. Lübbe, Bergisch Gladbach 2004. Schön in den Texten von Deir el-Medina recherchierter Who-dunnit-Krimi. (antiquarisch)

Rilke, Rainer Maria, In Karnak war's, aus: Ausgesetzt auf den Bergen des Herzens. Insel Taschenbuch, Frankfurt am Main 1975.

Sole, Robert/Walter, Marc/Arque, Sabine, Legendäre Reisen in Ägypten, Frederking&Thaler, München 2004.

Strabo, Geographica XVII (z.B. https://web.archive.org/web/20101010024435/http://www.chufu.de/Strabon/strabon.html).

Hinweise zu den Zitaten

Alle Zitate im Edfu-Kapitel dieses Reiseführers stammen aus Dieter Kurths ›Treffpunkt der Götter‹. Die Osirishymnen wurden aus Jan Assmanns ›Hymnen und Gebete‹ zitiert, die Totenbuch-Sprüche aus Erik Hornungs ›Das Totenbuch der Ägypter‹. Die Zitate von Georg Ebers und Hans Ludwig von Lichtenstein stammen aus dem von Ursula Beyer herausgegebenen Werk ›Kairo – Die Mutter aller Städte‹ und die Zitate von Gustave Flaubert und Vivant Denon aus Peter A. Claytons ›Das wiederentdeckte Alte Ägypten‹. Der Beduine Saalih Ali wurde zitiert nach Joseph Hobbes' ›Bedouin life in the Eygptian Wilderness‹.

Wandbild im Menena-Grab in Theben-West

Über die Autorin

Barbara Kreißl, 1961 geboren, studierte in München Ägyptologie, Arabisch und Ethnologie. Seit 1985 arbeitet sie als Studienreiseleiterin am Nil und in anderen arabischen Ländern. Daneben verfasste sie mehrere Bücher zum Thema Reisen in Ägypten, aber auch ägyptologische Publikationen in Zusammenarbeit mit dem Ägyptischen Museum in München. Es ist ihr in ihrer Arbeit ein wichtiges Anliegen, anderen Menschen Ägyptens reiche und bis heute spannende Geschichte näherzubringen und ihnen durch die Beschäftigung mit dem ›Anderen‹ neue Wege zum Verständnis fremder Kulturen zu öffnen.

Bitte an die Leser: Seit 2011 ist der Tourismus am Nil stark eingebrochen. Viele kleine Geschäfte und Restaurants kämpfen ums Überleben, auch Hotels und Nilschiffe sind betroffen. Sollten daher die Angaben im Buch nicht mehr zutreffen, bitten wir um Nachsicht und sind dankbar für Ihre Hinweise!

Barbara Kreißl unterwegs in Ägypten

Zeichenlegende

- **ℹ** Allgemeine Informationen, Anreisemöglichkeiten
- **🛏** Hotels
- **⛴** Kreuzfahrtschiffe, Bootsfahrten
- **✕** Restaurants, Cafés
- **♫** Ton- und Lichtshows
- **🛒** Märkte, Einkaufsmöglichkeiten, Souvenirs

Hinweis

Namen, die den arabischen Artikel ›el‹ (oder Varianten) haben, sind üblicherweise unter dem ersten Buchstaben des folgenden Wortes zu finden, zum Beispiel el-Charga → Charga, et-Till → Till, el-Sadat → Sadat.

Bildnachweis 399

Bildnachweis

Alle Bilder von Barbara Kreißl, außer:
Abumalek ahmed mohamed/
    Wikimedia: S. 219
Ottmar Kreißl: S. 60, 87, 126, 203,
    225, 226, 278, 333, 339, 341

Guiseppina Mango: S. 230
Roland Unger/Wikimedia: CairoCoptMu-
    seumJeremias.jpg: 343

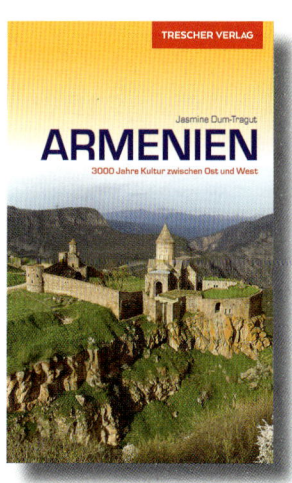
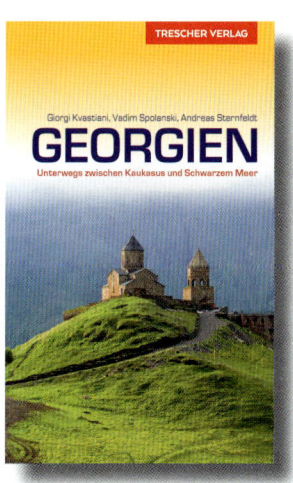

Willkommen
an Bord!

PHOENIX
REISEN GMBH BONN

Quality Group

**FLUSS &
KÜSTEN** 2017

Willkommen an Bord – Willkommen zu Hause!

Donau – Deutschlands schönste Flüsse – Holland/Belgien – Frankreich – Portugal – Kroatien –
Türkische Ägäis – Russland – Ukraine – China – Kambodscha/Vietnam – Myanmar –
Indien – Ägypten – Brasilien

Der Katalog
"Fluss & Küsten 2018"
erscheint
Ende Juli 2017.

Seit über 40 Jahren –
Urlaub mit
Phoenix Reisen

**In Ihrem Reisebüro finden
Sie diese Kataloge für Ihren
Urlaub mit Phoenix Reisen!**

Internet: www.PhoenixReisen.com — **Tel.: (0228) 9260-200**

ENTDECKEN SIE DIE SCHÖNHEIT ÄGYPTENS

Fliegen Sie ab **Berlin**, **Frankfurt** und **München**

nach Kairo und genießen Sie besten Verbindungen

zu unseren Flusskreuzfahrt-Destinationen:

Luxor und **Assuan**.

EGYPTAIR

A STAR ALLIANCE MEMBER

EGYPTAIR serviert Speisen und Getränke an Bord und bietet eine großzügige Freigepäckmenge

www.egyptair.com

MEHR WISSEN. BESSER REISEN.
REISEFÜHRER AUS DEM TRESCHER VERLAG

Kartenlegende

- 🚢 Autofähre
- 🚉 Bahnhof
- $ Bank
- ⚓ Brunnen
- 🏰 Burg/Festung
- 🚌 Busbahnhof
- ☕ Café
- 🗼 Denkmal
- ⛪ Dorfkirche
- ⛴ Fähre
- ✈ Flughafen
- 🏨 Hotel
- ⛪ Kloster
- ⛪ Klosterruine
- ✚ Krankenhaus

- 🎪 Markt
- ☪ Moschee
- 🏛 Museum
- P Parken
- ✉ Post
- 🍴 Restaurant
- ★ Sehenswürdigkeit
- ✡ Synagoge
- 🚕 Taxistand
- ⚏ Tempel/Ausgrabungen
- 🚻 Toiletten
- 🚪 Tor
- ℹ Touristeninformation
- 🗼 Turm

- ★ Sehenswürdigkeit
- Burg
- Kirche
- † Friedhof
- Ⰰ Zeltplatz
- ▲ Berggipfel
- ○—○ Seilbahn

- Autobahn
- Schnellstraße
- Hauptstraße
- sonstige Straßen
- E 65 Europastraße
- A 65 Autobahn
- 243 Bundesstraße
- Eisenbahn
- ⊖ Grenzübergang
- Staatsgrenze
- Hauptstadt
- ● Stadt/Ortschaft

Kartenregister